환경 위기와 창조 세계의 희망
환경 재해와 인적 재난에 대한 선교적 대응

Hope for Creation
Missional Responses to Environmental and Human Calamities

환경 위기와 창조 세계의 희망

환경 재해와 인적 재난에 대한 선교적 대응

지은이 | 김진봉·마이클 G. 디스테파노·조나단 J. 봉크·J. 넬슨 제닝스·이재훈 외 36인
옮긴이 | 박기홍, 신영미
초판 발행 | 2024. 5. 14
등록번호 | 제1988-000080호
등록된 곳 | 서울특별시 용산구 서빙고로65길 38
발행처 | 사단법인 두란노서원
영업부 | 2078-3352   FAX | 080-749-3705
출판부 | 2078-3331

책 값은 뒤표지에 있습니다.
ISBN 978-89-531-4844-4 03230

독자의 의견을 기다립니다.
tpress@duranno.com   www.duranno.com

· 이 책의 한글 성경본문은 개역개정 성경으로 번역하였으며 그 외에 다양한 버전을 사용하였습니다.

두란노서원은 바울 사도가 3차 전도여행 때 에베소에서 성령 받은 제자들을 따로 세워 하나님의 말씀으로 양육하던 장소입니다. 사도행전 19장 8-20절의 정신에 따라 첫째 목회자를 돕는 사역과 평신도를 훈련시키는 사역, 둘째 세계선교(TIM)와 문서선교(단행본·잡지) 사역, 셋째 예수문화 및 경배와 찬양 사역, 그리고 가정·상담 사역 등을 감당하고 있습니다. 1980년 12월 22일에 창립된 두란노서원은 주님 오실 때까지 이 사역들을 계속할 것입니다.

환경 위기와 창조 세계의 희망

환경 재해와 인적 재난에 대한 선교적 대응

김진봉 · 마이클 G. 디스테파노 · 조나단 J. 봉크

· J. 넬슨 제닝스 · 이재훈 외 36인

두란노

차례

제1부 **성경과 신학**

제2부 역사와 문화

그림

표

머리말

　"책무"와 "기독교 선교", 이 두 가지 주제는 2011년 시작된 이래 격년으로 개최되는 한국 글로벌 선교지도자 포럼(Korean Global Mission Leaders Forum)을 이끌어 왔다. 현재 7차에 걸친 KGMLF 포럼과 그 결과로 출간된 책들은 각각 특별한 주제를 가지고 있지만, 모든 KGMLF 포럼을 관통하여 하나로 엮는 주제는 "책무"와 "기독교 선교"다. 2023년 11월에 개최된 KGMLF는 기독교 선교 관련 교회, 기관, 선교사 및 관심 있는 이들이 하나님이 만드신 창조 세계 돌봄에 있어서 하나님과 사람, 그리고 모든 피조물에게 부여된 책무를 놓고 고심했다.

　이 책은 KGMLF 2023에서 발표된 논문들로 구성되어 있으며, 제목은《환경 위기와 창조 세계의 희망: 환경 재해와 인적 재난에 대한 선교적 대응》이다. 창조 세계 돌봄, 환경 재앙, 희망이 이끄는 기독교 선교 노력, 그리고 이러한 현실들이 어떻게 상호 관련되는지에 대한 주제는 분명히 거대하고 벅차다! 그럼에도 불구하고 이번 포럼은 미리 준비된 논문과 사례 연구 중심, 상대적으로 적은 수의 참가자(관련 분야에서 인정받는 전문가들 포함 약 70명), 그리고 토론 중심 형식을 통해 도전적이고 어려운 주제를 다루도록 설계되었다.

　이미 앞서 출간된 여섯 권의 KGMLF 책들도 어렵고 민감한 주제들을 다룬 바 있다.

1. 《선교 책무: 21세기 한국과 북미 선교 연구》(생명의말씀사, 2011)

2. 《선교사 가정에 대한 책무: 한국과 서구의 사례 연구》(두란노, 2013)

3. 《대형 교회의 선교 책무: 글로벌 사례 연구를 통한 비판적 평가》(두란노, 2016)

4. 《난민, 이주민, 탈북민에 대한 선교 책무》(두란노, 2018)

5. 《선교사의 정신건강과 책무: 교회와 선교단체의 지원 체계》(두란노, 2020)

6. 《선교와 돈: 전 세계적 현실과 도전》(두란노, 2022)

KGMLF 포럼들과 책들은 주제와 관련된 모든 질문에 답하려고 시도한 적이 없으며, 더구나 모든 난감한 문제들을 해결하려고 시도한 적도 없다. 다만 각 주제에 대한 질문을 선명하게 제시하는 것이 항상 중요한 목적이었으며, 우리 기독교 선교 실천가들이 특정 문제를 다루는 방법에 대해 책임을 질 수 있기를 바랐다. 환경적 위험을 다룬 이 책에서 필자들은 하나님의 선한 창조 세계가 직면하고 있는 무수한 재앙들에 대해 희망에 기초한 선교적 대응이 더 많이 이루어질 것이라고 기대한다.

일부 서구 그리스도인들에게는 아직 알려지지 않았지만, 아시아 전역과 전 세계 선교 대상자들을 포함해 기독교 선교에 적극적으로 참여한 대부분의 사람들은 지난 세대에 걸쳐 한국 선교사들이 두각을 나타냈다는 것을 잘 알고 있다. 그들의 수는 2만 명이 훨씬 넘으며, 힘든 환경에도 불구하고 선교 사역을 위해 헌신하고자 하는 그들의 열성적인 영성과 열망은 많은 사람에게 영감을 주었다. 그간 언어와 문화적 장벽이 있었다 치더라도 한국인과 다른 '세계적' 선교 사상가들 사이에 진지하고 의도적인 선교학적 교류가 일어나기 시작한 것은 훨씬 더 최근의 일이다. 2011년에 시작된 KGMLF는 이러한 교류를 촉진하고자 하는 열망에서 탄생되었기에 격년으로 열리는 각 포럼에는 약 절반의 한국인과 절반의 외국인이 참여했다. 함께 모인 사람들은 동료이자 동등한 입장에서 학문적, 영적, 비공식적 상호 작용을 통해 서로에게서 배우기를 기대했다.

더욱이 KGMLF의 모든 책은 영어와 한국어로 출판되는데, 동일한 콘텐츠를 두 언어로 이용할 수 있도록 하는 것은 한국인과 비한국인 선교사 및 기관 간의 협력, 상호성, 그리고 절실히 필요한 교류를 가능하게 하려는 KGMLF의 의도를 강조한다. 이번에도 전문적이며 협력적인 동역자인 윌리엄케리 출판사와 두란노가 각각 영어와 한국어로 책을 발행하였다.

또한 포럼이 초교파적으로 열렸다는 점도 주목할 가치가 있다. 많은 교회와 기관들이 KGMLF와 같은 적당한 규모의 단체들을 수용할 수 있는 훌륭한 시설을 갖추고 있으며, 그러한 장소를 잘 섭외한 온누리 교회(이재훈 위임목사)에 감사를 드린다. 그리고 KGMLF는 어느 특정 단체나 교단 중심이 아니라 기독교 초교파 중심으로 진행하고 있다. 이러한 자유로움 덕분에 포럼과 책은 대형 교회, 난민과 이주민, 선교사의 정신 건강, 선교와 돈, 그리고 환경 위기 등에 대해 논의함에 있어서 특정 기독교 교파에 얽매이지 않을 수 있었다. 또 특정 그룹이 다루기에는 너무 민감하거나 위험할 수 있는 주제도 다룰 수 있게 되었으며, 지금까지와 이번 책은 전 세계 선교 운동과 관련된 문제를 좀 더 도전적이고 책임감 있게 탐구할 수 있게 되었다.

기독교 선교에 참여하는 우리는 이러한 도전들에 어떻게 대처할 것인지에 대한 책임이 있다. 현재 다음 포럼과 책에서 기독교 운동 대부분에서 휘젓고 있는 또 다른 민감하고 매우 심각한 토픽을 다루려고 준비하고 있다. 독자들은 현재 진행 중인 KGMLF 시리즈가 생각과 행동을 위한 영양가 있는 양식을 제공해 주리라 기대할 수 있다.

하나님이 지으신 그 모든 것을 보시니 보시기에 심히 좋았더라 창 1:31

인간의 반역과 그로 인한 피조물에 대한 저주는 하나님이 보시기에 '심히 좋은' 창조를 더럽혔고, 산업혁명 이후 인간은 우리의 지상 거주지를 이전에는 상상할 수 없었던 극단으로 훼손할 수 있는 새롭고 파괴적인 방법을 발견한 것 같다. 이 책은 그 설명과 분석에서 선언문이나 깔끔한 해결책을 제시하지는 않지만 몇 가지 선교적 대응을 기술하였으며, 또한 독자와 다른 이들이 고려할 수 있는 단계를 제안한다. 우리의 창조주이시며 구속자 되신 하나님이 우리가 긴급하고 현명하게, 그리고 우리의 선교적 대응에 대한 책임을 질 수 있도록 인도해 주시기를 간구한다.

J. 넬슨 제닝스
Global Mission Leadership Forum Inc. 이사장

서문

"What If(만약에)?"에서 "Who Is(누구인가)!"로

"*What If(만약에)?*" 우리는 좋지 않은 소식이 난무하는 시대, 즉 전 세계적으로 연결된 통신 기술이 멀리서 일어난 재난 소식도 마치 가까운 곳에서 일어난 것같이 알려 주는 시대, 상업적으로 주도되고 있는 스마트폰 알고리즘이 나쁜 뉴스의 빈도와 양을 증폭시키는 시대, 정보와 가짜 정보를 보편적으로, 동시에 알려 주는 시대에 살고 있다. 마치 희망이라고는 보이지 않는 세계에 살고 있는 듯 하다.

우리는 인류세(Anthropocene, 인류가 지질학과 생태계에 상당한 영향력을 미치기 시작한 이후의 시대) 또는 인간 시대(Human Epoch)에 살고 있는데,[1] 이 시기는 '진보'된 기술, 과학, 의학, 불평등한 경제 체제, 구조적으로 제 기능을 못하는 통치 방식으로 인해 전례 없는 기후 재앙, 재난, 불안, 난민, 전쟁을 낳는 재앙과 공포의 시대다. 선과 악 모두에 대한 인간의 능력이 증폭된 탈 산업화 시대에 우리는 뿌린 대로 거두고 있으며, 지구의 어느 곳도 예외는 없다. 안타깝게도, 우리는 이 지구상의 생명체를 구성하는 모든 종 중에서 우리가 우리 자신을 포함하여 식물, 해양, 동물의 생명을 멸종시킬 수 있는 능력을 가진 가장 큰 침입종이라는 것을 깨닫게 되었다. 역사에는 후진 기어가 없기 때문에, 우리는 우리 스

---

1 "인류세: 인간 시대"(Anthropocene: The Human Epoch)는 캐나다 다큐멘터리 영화의 제목이다. 부록, 자료 소개 섹션에서 전체 참조와 공식 트레일러를 확인하라. 내셔널 지오그래픽, 2023년 10월 19일 접속, https://education.nationalgeographic.org/resource/anthropocene/.

스로 만든 암울한 미래를 두려움 가운데 바라볼 수밖에 없다.

사실 타락 이후 모든 시대는, 적어도 인간의 관점에서 볼 때, 인류세 또는 인간이 중심이 되어 온 시대였다. 자신이 가치 중심이 되어 있기 때문에 사회적, 경제적, 언어적, 종교적으로 다른 인간들을 포함하여 주변에 존재하는 모든 것의 가치를 인정하는 것이 인간으로서는 어려운 일이었다. 위기가 닥치면 이 '다른 인간들'은 인간 이하의 피조물로 전락해 노예가 되거나 몰살되어야 마땅한 존재로 간주되곤 했다.

우리가 듣고 보고 경험하고 있는 것이 절대적인 전례가 있는지 여부는 분명하지 않지만, 모든 인류, 국가, 해양, 문명, 대기, 따라서 지구에 영향을 미치는 재앙들은 전례가 없는 것처럼 보이며, 그 전망이 두려운 만큼 실제적으로도 파괴적이다.

"*Who Is(누구인가)!*" 의심할 나위 없이 우리는 전쟁, 전쟁의 소문, 지진, 가뭄, 기근, 홍수 및 환경 파괴로 점철된 위기의 시대에 살고 있다. 약 2천 년 전에 예수님(인간의 육체로 오신 하나님)은 우리에게 충격을 주는 무서운 사건들을 예언하셨다(마 24:1-14). 그리고 마태의 기록보다 약 500년 전에 이사야는 바벨론 유배 중에 쓴 글에서 고레스에게 하나님은 즐거운 때뿐만 아니라 모든 상황에서 하나님이시라는 것을 상기시켰다.[2]

나는 여호와라 나 외에 다른 이가 없나니 나 밖에 신이 없느니라 너는 나를
알지 못하였을지라도 나는 네 띠를 동일 것이요 해 뜨는 곳에서든지 지는 곳

---

2 이 책에 실린 마이클 G. 디스테파노(Michel G. Distefano)의 "재난(재앙)에 대한 성경적 신학을 향하여"(4장)는 이 주제에 대한 중요성을 소개한다.

에서든지 나 밖에 다른 이가 없는 줄을 알게 하리라 나는 여호와라 다른 이가 없느니라 나는 빛도 짓고 어둠도 창조하며 나는 평안도 짓고 환난도 창조하나니 나는 여호와라 이 모든 일들을 행하는 자니라 하였노라 사 45:5-7

마태보다 적어도 700년 전에, 시편 기자는 당시의 인류를 압도하는 재앙을 이해하고 대응할 수 있는 믿음의 틀을 제공했다.

하나님은 우리의 피난처시요 힘이시니 환난 중에 만날 큰 도움이시라 그러므로 땅이 변하든지 산이 흔들려 바다 가운데에 빠지든지 바닷물이 솟아나고 뛰놀든지 그것이 넘침으로 산이 흔들릴지라도 우리는 두려워하지 아니하리로다 (셀라) 한 시내가 있어 나뉘어 흘러 하나님의 성 곧 지존하신 이의 성소를 기쁘게 하도다 하나님이 그 성 중에 계시매 성이 흔들리지 아니할 것이라 새벽에 하나님이 도우시리로다 뭇 나라가 떠들며 왕국이 흔들렸더니 그가 소리를 내시매 땅이 녹았도다 만군의 여호와께서 우리와 함께하시니 야곱의 하나님은 우리의 피난처시로다 (셀라) 와서 여호와의 행적을 볼지어다 그가 땅을 황무지로 만드셨도다 그가 땅끝까지 전쟁을 쉬게 하심이여 활을 꺾고 창을 끊으며 수레를 불사르시는도다 이르시기를 너희는 가만히 있어 내가 하나님 됨을 알지어다 내가 뭇 나라 중에서 높임을 받으리라 내가 세계 중에서 높임을 받으리라 하시도다 만군의 여호와께서 우리와 함께하시니 야곱의 하나님은 우리의 피난처시로다 (셀라) 시 46편

위대하신 하나님("Who Is!")에 대한 믿음이 우리 시대의 만약("What if?")에 대한 두려움을 초월한다는 확신 위에, 믿음은 언제나 실제적인

행동과 건설적인 선교적 반응으로 나온다. 그리고 야고보는 행함이 없는 믿음은 위선의 악취를 풍기는 썩은 시체에 지나지 않음을 일깨워 준다(약 2:14-26).

이 책은 2023년 11월 7일부터 10일까지 한국 여주시에 위치한 마임 비전빌리지에서 부르키나파소, 필리핀, 베트남, 중국, 싱가포르, 아일랜드, 영국, 호주, 뉴질랜드, 미국, 자메이카, 캐나다, 한국의 기독교 리더들이 모인 포럼의 결실이다. 이들은 절망의 시대에 소망의 복음에 대해 진지하게 생각했으며, 우리 시대를 특징짓는 환경 재해와 인적 재난에 대한 선교적 대응에서 희망과 영감을 발견하려 했다.

믿음은 바라는 것들의 실상이요 보이지 않는 것들의 증거니 히 11:1

소망 속에서

조나단 J. 봉크

Global Mission Leadership Forum Inc. 명예 이사장

감사의 글

성경은 천지가 하나님에 의해 창조되었고, 하나님이 그 모든 것을 보시고 심히 좋아하셨다고 선언한다(창 1:31). 안타깝게도 아름다운 세상을 더 좋게 만들어야 할 책임이 있는 인간이 오히려 세상을 파괴하고 있는 시대에 KGMLF 2023의 주제는 매우 적절하다고 생각한다. 필자가 만난 많은 한국의 목회자들 가운데 주일 설교에서 '환경'에 대해 언급하는 분은 거의 없었다. 아마도 그들은 그 중요성을 과소 평가하고 있을지 모르겠다. 따라서 필자는 교회의 지도자들이 이 책을 읽고 자신의 관점을 돌아볼 수 있는 기회가 되었으면 한다.

미국에서 2011년 첫 KGMLF를 시작으로 어느덧 2023년 한국에서 제7회 KGMLF를 성공적으로 마쳤다. 그 결과물로 7권의 책이 영어와 한국어로 출판되었다. 이러한 귀중한 자료들이 나오기까지 많은 분들의 수고와 헌신 그리고 후원이 있었다. 그분들의 감사를 언급하기 전, KGMLF의 태동에 대해 간략히 설명하겠다. 필자에게 있어 두 가지 중요한 이유가 KGMLF를 시작하는 배경이 되었다.

첫째, 필자가 아프리카 선교지에 있을 때 서양에서 만든 한 국제팀 소속으로 사역할 때 대부분의 서양 선교사가 한국 문화와 한 국제팀에서 사역할 때 대부분의 서양 선교사들이 한국 문화와 한국 교회에 대한 이해가 부족하기 때문에 발생하는 여러 가지 어려움에 직면했었다. 그래서 필자는 그분들이 한국 문화와 교회를 배울 수 있는 좋은 방법으로 한국 교회 관련 영어 책을 미국에서 출간 및 발행하는 것이라고 생각했다. 감사한 것은 종종 국제컨퍼런스에서 만나는 글로벌 선교리더들이 필자에게 KGMLF 책을 통해 한국 교회와 선교를 배우게 되었다는 격려의 말을 한다. 둘째, 필자는 미국 북동부에 있는 OMSC(Overseas Ministries Study Center: 해외 사역 연구 센터) 스태프로 있으면서 자주 선교리더십 포럼(Mission Leadership Forum)에 참석했다. 주로 미국의 선교단체 대표와 신학교 교수들이 21세기 선교 이슈들을 논의하는 포럼인데 가끔 중국이나 한국 교회 관련 토픽을 다루는데도 동양 참석자들은 극소수이고 대부분 서양의 강사들이 그 포럼을 이끄는 것을 보면서, 어떻게 하면 동양과 서양의 선교 지도자들이 함께 동등한 입장에서 선교를 논의할 수 있을까 생각하게 되었다. 바로 이러한 이유로 인해 한국 글로벌 선교지도자 포럼(KGMLF: Korean Global Mission Leaders Forum)이 태동하게 되었다.

그러나 필자가 아무리 좋은 계획이나 또는 꿈이 있다 해도 조나단 봉크 박사를 만나지 않았다면 오늘의 KGMLF는 존재하지 않았을 것이다. 2008년 OMSC에서 만난 문상철 박사와 KGMLF에 대한 생각을 나눈 후 그 당시 원장이었던 봉크 박사님께 새로운 형태의 국제 포럼을 제안했었다. 그리고 그분의 중심적인 역할과 OMSC 직원들의 수고와 헌신으로 2011년과 2013년에 미국 OMSC에서 두 번의 KGMLF를 성공적으로 치를 수 있었다. 그리고 2015년 세 번째 KGMLF는 한국에서 개최를 결정하였다. 그런데 이 행사를 위해 온누리교회 이재훈 목사님의 적극적인 지원 아래 온누리교회 스태프들의 열정적인 준비 중인 그 당시 OMSC의 새로운 원장이었던 넬슨 제닝스 박사님이 물러나는 일이 생겼다. 그리고 OMSC의 새로운 이사진은 필자에게 KGMLF의 중단을 요구하는 큰 어려움이 생겼다. 사실 필자는 그때 KGMLF를 포기하고 다시 아프리카 선교지로 가려는 심각한 고민과 갈등이 있었다. 하지만 지금 일곱 번째 발행된 KGMLF 책을 보면서 그 어려운 상황에서 커다란 격려와 힘이 되어 주신 이재훈 목사님과 OMSC 공동체에 계셨던 드와이트 베이커 박사님의 지혜로운 조언과 실제적인 도움으로 그 큰 어려움을 극복할 수 있었다. 사실, 베이커 박사님을 통해 그 때부터 지금까지 윌리엄캐리 출판사에서 KGMLF 책을 시리즈로(전자책 포함) 출간해 주고 있다. 또한 KGMLF 포럼의 핵심은 발행되는 책의 내용이다.

감사한 것은 2011년부터 다섯 번에 걸쳐 크리스토퍼 라이트 박사님이 KGMLF 성경 강해 강사로 섬기고 있다. 세계적인 명성을 지닌 라이트 박사님의 깊은 통찰력과 삶의 적용이 뛰어난 성경 강해는 KGMLF를 매우 풍성하게 하고 있다. 필자는 그분이 2025년 제8회 KGMLF의 주제인 "기독교 선교와 인간의 성"(Christian Mission and Human Sexuality)에 대한 성경 강해를 위해 한국을 방문해 주실 것으로 기대한다. 전 세계에서 한국을 방문하는 글로벌 리더들이 이구동성으로 현장에서 KGMLF를 섬기는 온누리교회 성도들의 수고와 헌신에 크게 감동한다. 항상 겸손한 성품으로 최선을 다하는 김홍주 목사님과 그의 팀원들에게 깊은 감사를 드린다. 필자가 거의 20년 가까이 출석하고 있는 뉴헤이븐 한인교회의 김도훈 담임목사님과 온 성도님들의 변함없는 재정 지원과 신실한 격려에 감사를 드린다.

사실, 지면상 이유로 여러 교회들과 개인들의 재정 지원과 후원에 대해 일일이 언급하지 못해 죄송할 뿐이다. 또한 KGMLF가 지속적으로 잘 진행되도록 한마음으로 동역하고 있는 GMLF(Global Mission Leadership Forum Inc.: 글로벌 선교 리더십 포럼)의 모든 이사님들께 감사를 드린다. 지난 15년 동안 초대 이사장의 역할을 감당했던 조나단 봉크 박사님께 존경과 감사를 표한다. 그리고 2대 이사장으로 섬기는 넬슨 제닝스 박사님께도 고마움을 전한다. 그분은 필자의 동역자이자 친구면서 형님과 같은 분이다. 그리고 미국에서 같은 동네에 살고 있는 가까운 이웃이기도 하다. 마지막으로 쉽지 않은 다양한 소논문들을 편집하느라 수고한 마이클 G. 디스테파노 박사의 노고에 찬사를 보낸다. 또한 한국어 번역에 최선을 다한 박기홍 박사와 신영미 박사께도 진심으로 감사를 드린다. 그리고 영어 책을 출간한 윌리엄캐리 출판사와 한국어 번역책을 발행한 두란노 관계자에게도 심심한 감사를 표하고 싶다.

지금 여러분이 읽고 있는 KGMLF 책은 바쁜 일정 속에서도 소논문을 준비하고 포럼에 참석한 많은 필자들의 작품이자 그분들의 전문적인 경험과 헌신의 결과물이다. 때로는 KGMLF를 섬기는 믿음의 여정 속에 힘들고 외로울 때 항상 곁에서 큰 힘과 격려 그리고 응원을 아끼지 않는 아내와 두 아들이 있음에 감사하다. 아무리 생각해도 필자는 KGMLF를 섬길 자격도 능력도 없는 부족한 자이지만 이 국제 포럼이 지금까지 지속될 수 있었던 한 가지 이유를 찾는다면 그것은 **오직 하나님의 은혜**임을 고백한다. 그분의 영광스러운 이름을 우리 인간들은 물론 그분이 만드신 온 창조 세계 또한 높이기를 소원하면서 마라나타, 주여 속히 오시옵소서!

김진봉

Global Mission Leadership Forum Inc. 대표

Korean Global Mission Leaders Forum 코디네이터

제1부

성경과 신학

01
하나님을 부인하고 반역하는 민족을 향한 하나님의 말씀

예레미야 1장

———

크리스토퍼 J. H. 라이트(Christopher J. H. Wright)

이 시대에 설교자, 목사, 선교사가 된다는 것은 무엇을 뜻하는 것일까? 일부 문화권에서는 누군가의 주장이나 가정에 대해 뿌리 깊은 회의론이 존재할 수 있다. 즉 '너의 진실', '나의 진실', '그 사람의 진실'이 있을 수 있지만, 그 누구도 '참된 진실'을 알고 있다고 말하기는 힘들다. 예전에는 이러한 상대주의가 특정한 의견을 주장할 때나 혹은 종교적 신념의 문제에만 국한되어 있었지만, 이제는 소위 '사실'과 '대안적 사실'의 '현실 세계'에서도 만연하다. 이러한 모습은 코로나19 대유행 기간에 볼 수 있었는데, 그 시기에 심각하게 다루어졌던 백신 반대론과 음모론이 증명했듯이 많은 사람이 이제는 과학조차도 신뢰하지 않는다. 물론 일부 다른 문화권에서는 종교 근본주의의 극단적인 형태로든 단일 정당이나 독재자의 전체주의 폭정 형태로든 국가가 지시하는 것이라면 무엇이든지 그것을 따르는, 오직 하나만 허용된 진실이 있기도 하다.

한편, 우리는 엄청난 규모의 부와 시궁창 수준의 빈곤 사이에서 잔인하고 터무니없는 불평등을 안고 살아가고 있다. 이러한 불평등은 전 세계적으로 부유한 국가와 빈곤에 시달리는 국가 사이에 있어 왔지만, 이제는 가장 부유한 국가들 안에서도 파괴적이고 부끄러운 수준에 이르렀다. 부패와 탐욕이 이 땅을 휩쓸고 있으며, 대량 빈곤의 고통과 분노를 계속해서 가중시키고 있는 것이다.

동시에, 이미 일부 지역에서는 기후 혼돈으로 말미암아 도래한 실재적인 위협이 생명을 지속 불가능하게 하고 있으며, 최근 IPCC(Intergovernmental Panel on Climate Change: 기후 변화에 관한 정부 간 협의체) 보고서가 보여 주듯이 지구 전체가 "부인할 수 없고 돌이킬 수 없는" 위기를 맞닥뜨리고 있다. 어쩌면 지난 반세기 동안 이러한 과학적 진실이 밝혀졌음에도 불구하고 자신의 기득권을 위협받는 사람들에 의해 기후 위기가 거부되기도 했지만, 지금은 모두가 그것을 받아들일 수밖에 없게 되었다.

세계적으로 유명한 기후 과학자들로부터 적어도 40여 년 동안 꾸준히 경고를 받아 왔다. 그럼에도 불구하고 회의주의, 조작된 혼란, 정치적 이해가 우리를 세계적인 재앙으로 몰고 가고 있는 것이다. 40년이라는 그 기간은 하나님이 예레미야라는 어린 소년을 불러 유다에 다가오는 재앙을 경고하신 날부터 느부갓네살의 바벨론 군대라는 '손'에 의해 그 일이 실제로 일어난 날 사이의 시간과 대략적으로 비슷하다. 여기서 '손'은 '칼', '창', '사슬', '화염', '강간과 약탈'을 의미하며, 주전 587년에 예루살렘이 멸망함으로써 유다 백성은 부정한 땅으로 유배되어 끌려갔다.

이와 같은 시대에 40년 동안 설교자로 산다는 것은 어땠을까! 대부분의 유다 백성은 40년 동안 그의 경고를 무시했으며, 하나님께 오랫

01 하나님을 부인하고 반역하는 민족을 향한 하나님의 말씀

25

동안 불순종했다. 특히 후반기의 유다는 회의주의, 부정, 반역의 깊이가 깊었다. 예레미야는 이러한 유다 백성의 반응이 어떠했는지를 매우 직설적으로 이야기하고 있다. 다음에 나열한 목록은 예레미야 시대 유다 백성의 모습을 문화적으로 명시하고 있는데(이것들은 단지 예레미야서 앞부분의 일부일 뿐이다), 오늘날 일부 사회에서도 여전한 유사점을 발견할 수 있다.

회의주의적인 사회의 특징

• 그들은 실질적으로 큰 가치가 없는 것에는 가치를 부여하지만, 오히려 완전히 무가치하고 공허한 것들에 더욱더 높은 가치를 둔다.
나 여호와가 이와 같이 말하노라 너희 조상들이 내게서 무슨 불의함을 보았기에 나를 멀리하고 가서 헛된 것을 따라 헛되이 행하였느냐 렘 2:5

• 그들은 죄책감이 없다고 자신의 결백을 반복적으로 주장하는데, 이는 그들의 문화 자체가 도덕적으로 부정하기 때문이다.
또 네 옷단에는 죄 없는 가난한 자를 죽인 피가 묻었나니 … 그러나 너는 말하기를 나는 무죄하니 그의 진노가 참으로 내게서 떠났다 하거니와 보라 네 말이 나는 죄를 범하지 아니하였다 하였으므로 내가 너를 심판하리라 렘 2:34-35

• 그들은 선을 행하는 것이 아니라 악을 행하는 데 더욱 익숙하다.
내 백성은 나를 알지 못하는 어리석은 자요 지각이 없는 미련한 자식이라 악을 행하기에는 지각이 있으나 선을 행하기에는 무지하도다 렘 4:22

• 그리고 이것은 고칠 수 없을 정도로 뿌리 깊게 자리 잡았으며 그

들은 변할 수도 없다.

구스인이 그의 피부를, 표범이 그의 반점을 변하게 할 수 있느냐 할 수 있을진대 악에 익숙한 너희도 선을 행할 수 있으리라 렘 13:23

• 진리, 정직, 성실이 완전히 상실되었다.

너희는 예루살렘 거리로 빨리 다니며 그 넓은 거리에서 찾아보고 알라 너희가 만일 정의를 행하며 진리를 구하는 자를 한 사람이라도 찾으면 내가 이 성읍을 용서하리라 그들이 여호와께서 살아 계심을 두고 맹세할지라도 실상은 거짓 맹세니라 렘 5:1-2

• 그들은 '하나님'을 인정하지 않았으며, 자신과 관련이 없는 듯 취급한다.

그들이 여호와를 인정하지 아니하며 말하기를 여호와께서는 계시지 아니하니 재앙이 우리에게 임하지 아니할 것이요 우리가 칼과 기근을 보지 아니할 것이며 렘 5:12

• 그들은 어리석고 무분별하며 완고하고 반항적인 특징을 가지고 있다.

어리석고 지각이 없으며 눈이 있어도 보지 못하며 귀가 있어도 듣지 못하는 백성이여 이를 들을지어다 … 그러나 너희 백성은 배반하며 반역하는 마음이 있어서 이미 배반하고 갔으며 렘 5:21, 23

• 부를 가진 사람들은 가난한 사람들에게는 관심이 없으며, 이는 불공정의 만연함을 보여 준다.

새장에 새들이 가득함같이 너희 집들에 속임이 가득하도다 그러므로 너회가 번창하고 거부가 되어 살지고 윤택하며 또 행위가 심히 악하여 자기 이익을 얻으려고 송사 곧 고아의 송사를 공정하게 하지 아니하며 빈민의 재판을 공정하게 판결하지 아니하니 렘 5:27-28

- 그들은 성경을 증오하고 조롱하기까지 한다.
  내가 누구에게 말하며 누구에게 경책하여 듣게 할꼬 보라 그 귀가 할례를 받지 못하였으므로 듣지 못하는도다 보라 여호와의 말씀을 그들이 자신들에게 욕으로 여기고 이를 즐겨하지 아니하니 렘 6:10

- 각 분야의 유명한 전문가들과 평론가들은 피상적인 낙관론을 퍼뜨린다.
  그들이 내 백성의 상처를 가볍게 여기면서 말하기를 평강하다 평강하다 하나 평강이 없도다 렘 6:14

- 그들은 뻔뻔하고 고집이 세며, 심지어는 악한 짓을 할 때도 얼굴을 붉히는 부끄러움이 없다.
  그들이 가증한 일을 행할 때에 부끄러워하였느냐 아니라 조금도 부끄러워하지 않을 뿐 아니라 얼굴도 붉어지지 않았느니라 렘 6:15

- 자기 기만적인 오만한 문화가 있는데, 이는 거짓말과 다름없다.
  너희가 어찌 우리는 지혜가 있고 우리에게는 여호와의 율법이 있다 말하겠느냐 참으로 서기관의 거짓의 붓이 거짓되게 하였나니 지혜롭다 하는 자들은 부끄러움을 당하며 두려워 떨다가 잡히리라 보라 그들이 여호와의 말을 버렸으니 그들에게 무슨 지혜가 있으랴 렘 8:8-9

- 아무도 믿지 못하는 사회 속에 정직이 상실되며 속임수가 만연하다.

  너희는 각기 이웃을 조심하며 어떤 형제든지 믿지 말라 형제마다 완전히 속이며 이웃마다 다니며 비방함이라 그들은 각기 이웃을 속이며 진실을 말하지 아니하며 그들의 혀로 거짓말하기를 가르치며 악을 행하기에 지치거늘 네가 사는 곳이 속이는 일 가운데 있도다 렘 9:4-6

- 그러나 참으로 역설적이게도 그들은 주변에 있는 헛된 우상들을 믿는다.

  네가 나를 잊어버리고 거짓을 신뢰하는 까닭이라 렘 13:25

- 그리고 한 세대에서 다음 세대로 계속해서 악을 쌓는다. 이러한 상황들이 시간이 흐름에 따라 더 나빠지고 있다는 것이다.

  네가 이 모든 말로 백성에게 말할 때에 그들이 네게 묻기를 여호와께서 우리에게 이 모든 큰 재앙을 선포하심은 어찌 됨이며 우리의 죄악은 무엇이며 우리가 우리 하나님 여호와께 범한 죄는 무엇이냐 하거든 너는 그들에게 대답하기를 여호와께서 말씀하시되 너희 조상들이 나를 버리고 다른 신들을 따라서 그들을 섬기며 그들에게 절하고 나를 버려 내 율법을 지키지 아니하였음이라 너희가 너희 조상들보다 더욱 악을 행하였도다 보라 너희가 각기 악한 마음의 완악함을 따라 행하고 나에게 순종하지 아니하였으므로 렘 16:10-12

- 그들은 더 이상 하나님의 음성을 순종하지 않는 민족이 되었다.

  너는 그들에게 말하기를 너희는 너희 하나님 여호와의 목소리를 순종하지 아니하며 교훈을 받지 아니하는 민족이라 진실이 없어져 너희 입에서

실제로 유다 왕국과 예레미야에게 결정적인 순간은 온 백성을 대표
하는 정부와 왕이 하나님의 말씀(바룩이 약 23년 동안 예레미야의 모든 경고
와 함께 그토록 공들여 기록한 두루마리)을 불태우기로 결정했을 때였다. 이
것은 단지 두루마리만 태운 것이 아니라, 그것을 소리 내어 읽게 한 후
칼로 잘라서 불에 태운 사건이었다(렘 36장). 주전 605년 여호야김이 이
일을 저지른 후로는 부정과 혼란으로 내리막길을 걷다가 결국 재앙이
나라를 휩쓸어 버렸다.

우리는 구약의 사건을 현시대와 비교하는 것이 해석학적으로 옳으
냐는 의문이 생길 수 있다. 한국을 포함한 어떤 나라도 이스라엘과 같
은 언약 관계에 서 있지는 않다. 하지만 필자가 다른 곳에서도 주장했
듯이, 이스라엘의 사회적, 경제적, 정치적 삶은 패러다임적이며, 하나
님이 그들에게 주신 율법에서도 드러나듯 하나님께 순종하기를 원하
는 나라들에게 보여 주시는 인간 사회의 가시적인 모델이라고 할 수 있
다.[1] 그들은 '이방 사람들에게 빛'이 되도록 지음 받았지만, 비극적이게
도 (이스라엘도 다른 나라들과 마찬가지로 죄인들의 나라였기 때문에) 그들은 아
브라함에게 주신 하나님의 언약대로 모든 민족에게 하나님의 축복이
되지 못한 채 주변의 이교도 국가의 사람들처럼 더욱 악하게 행하였
고, 심지어 어떤 면에서는 그들보다 더욱 심하기도 했다. 이러한 유다
백성의 사회적인 붕괴는 하나님이 선지자들을 통해 주신 경고와 더불
어 하나님의 심판 속에 있는 재앙의 원인이라 할 수 있다. 그리고 이런

---

1 Christopher J. H. Wright, *Old Testament Ethics for the People of God* (Leicester: IVP, 2004). 한국어판, 《현대를 위한 구약 윤리》(크리스토퍼 라이트, IVP, 2015)로 번역 출간되었다 (옮긴이 주).

모습들은 현시대에서도 충분히 찾아볼 수 있다.

"너희는 너희 하나님 여호와의 목소리를 순종하지 아니하며"(렘 7:28)라고 성경은 말하고 있다. 이는 약 300년 전에 일어났던 '계몽주의' 운동이 '종교적 의식과 주술적 립서비스를 제외한 모든 영역에서 하나님을 공적으로 배제하는 것이 인간의 번영에 더 좋을 것'이라는 주장을 하게 되었고 이 주장이 전 세계적으로 현실 사회를 지배하게 된 서구 문화를 묘사하지 않는가? 여기서의 하나님은 군주로서 온갖 장식과 화려함으로 치장했지만 실제적으로는 어떠한 목적을 가진 실질적 권력과 연결성이 전혀 없는 입헌군주와도 같았다.

우리는 또한 구약의 이스라엘을 하나님의 백성, 즉 교회로서 우리의 이야기로 볼 수 있기 때문에, 그들이 하나님의 음성을 듣지 못했던 것 또한 서구 교회에서도 반영되는 것은 아닐까? 우리 역시 하나님의 음성을 듣는 것을 멈췄고, 성경 말씀을 더 이상 듣지 않았으며, 계몽주의로부터 영향을 받은 학문적 객관성과 세속적 전제를 주장하는 자유주의가 성경을 비평하는 결과를 낳기에 이르렀다. 이는 교회의 교사들과 신학교를 감염시켜 '성경에서 하나님의 음성을 듣는다'는 진리를 공적이고 권위 있는 설교의 영역에서 사적이면서도 개인적인 헌신의 영역으로 가치를 떨어뜨렸다.

우리는 예레미야 시대로 돌아갈 필요가 있다. 예레미야서에서 설명하는 민족에 대한 하나님의 대답은 무엇이었을까? 매우 놀라운 사실은, 하나님은 자신의 어깨에 맡기신 일을 감당하기에는 자신이 전혀(당연히) 부적절하다고 느낀 한 회의적인 청년 설교자를 회의적인 세상으로 보내셨다는 것이다!

회의적인 설교자의 부르심

하나님이 예레미야에게 하신 말씀은 신학적이면서 개인적인 의미가 풍부하다.

여호와의 말씀이 내게 임하니라 이르시되 내가 너를 모태에 짓기 전에 너를 알았고 네가 배에서 나오기 전에 너를 성별하였고 너를 여러 나라의 선지자로 세웠노라 하시기로 렘 1:4-5

우리 중 누구도 정확한 예언적 소명이나 성경적 지위를 주장할 수는 없지만, 열방의 모든 민족과 땅끝까지 복음을 전하라는 하나님의 말씀은 부르심을 받은 사람이라면 누구나 알 수 있다. 목회나 복음주의적인 사역, 또는 하나님이 당신의 백성이 교회와 세상을 섬기도록 하시는 선교적 사명으로의 부르심은 항상 확실한 예언적인 의미를 가지고 있는데, 이는 성경에 뿌리를 내린 우리의 일과 복음 전함이 (바울이 말한 것처럼) 함께 가기 때문이다.

잠시 뒤에 언급할 하나님의 말씀에서 보겠지만, 먼저 예레미야 1장 6절에서 예레미야의 반응을 보자. "내가 이르되 슬프도소이다 주 여호와여 보소서 나는 아이라 말할 줄을 알지 못하나이다." 예레미야가 자신이 누구와 이야기하고 있는지 알고 있음에도, "슬프도소이다 주 여호와여"(Alas, Sovereign Lord)라고 자유롭게 반론할 수 있다는 사실은 참으로 아이러니가 아닐 수 없다. 그는 복화술사가 끈으로 조종하는 꼭두각시가 아니었다. 그의 반론은 무능함("나는 말할 줄을 알지 못하나이다")과 자격 없음(미숙한 젊음)을 결합한 것이었다. 그리고 이 두 가지 감정은 우리도 사역의 어떤 단계에 있든, 또한 사명감을 가지고 있든지 간에 모두에게 너무나 납득이 되는 감정이기도 하다.

때로 하나님의 말씀을 유능하고 효과적으로 전달해야 할 때 극심한 무능함이나 자격이 불충분하다는 느낌을 가지지 않을 사람이 우리 중에 있을까? 성경은 그토록 깊이와 능력이 있는데, 내가 누구이기에 그것을 나 자신의 연약한 말과 표현으로 담아낼 수 있겠는가? 예레미야도 (디모데와 마찬가지로) 자신이 너무 어리다고 느꼈을 것이며, 반대로 모세 또는 우리 중 일부는 자신이 아마도 너무 늙었다고 느낄 것이다. (적어도 가끔은 필자도 그런 기분이다.) 과연 우리는 아주 분명하고 강력한 메시지를 전하는 설교를 듣고도 '무시할 수' 있을까? 당신은 어떤 역동적인 젊은 설교자가 성경 본문 자체에 흠뻑 빠져 감탄할 만한 창의성과 달변으로 성경을 해석하는 것을 듣고 궁금해한다. '나도 한때 저러했을까?'

그리고 우리 모두에게는 '그것이 정말로 어떤 변화를 가져올까? 몇 년이 지난 후에 실제로 어떤 변화를 만들어 낼까? 정말 듣고 있는 사람이 있을까?'라고 생각하려는 유혹이 있다. 우리는 주어진 사역에 대해 회의적이고 우울하고 분개하기 쉽다. 이것은 예레미야의 하나님을 향한 하소연과 고통스럽기까지 한 정직한 고백을 생각하면, 그가 평생 겪은 시험이었을 것이다. 그래서 예레미야는 하나님의 부르심에 대해 극도로 회의적인 반응을 보이며 자신의 무능함과 자격 없음을 호소한 것이다. 당신은 어떠한가?

어쩌면 예레미야의 반응은 우리 중 누구도 나쁘다고 말할 수 없을 것이다. 왜냐하면 그 반대("당연하죠! 저는 할 수 있어요! 사실 저는 이 일에 탁월합니다. 저는 완벽히 준비가 되어 있고, 훈련도 마쳤고, 자격증도 있어요. 제가 여기 있어요! 저는 당신이 원하는 사람입니다. 여러분, 제 말 좀 들어 보세요!")는 분명히 최선의 태도가 아닐뿐더러 하나님이 원하시는 것도 아니기 때문이다. 또한 이러한 태도의 결과가 좋지 않은 경우가 많을 것이다. 그렇지 않은가?

주권자이신 하나님의 확신

예레미야가 필자가 방금 묘사한 방식("저는 당신이 원하는 사람입니다!")으로 대답하지 않은 것처럼, 그가 무능함과 자격 없음을 표현했을 때 하나님도 "너는 괜찮을 거야! 너는 스타야! 나는 네가 필요한 것을 가지고 있어! 너 자신을 믿으면 큰 성공을 거둘 거야"라는 격려의 말로 응답하지 않으셨다. 오히려 하나님의 응답은 우리가 고려해야 할 네 가지에 초점을 맞추고 있다.

- 주어진 설교자
- 주어진 말씀
- 하나님 말씀의 이중적 영향
- 하나님 임재에 대한 확신

1) 주어진 설교자(렘 1:5)

5절에는 '하나님'을 주어로 하는 네 개의 동사가 있다. "지었다", "알았다", "구별하였다", "주었다", 마지막 동사는 일반적으로 "임명하다"로 번역된다. 그것은 히브리어 동사 '나단'이며 "두었다"로 번역된 9절에서 다시 사용된다. 설교자와 말씀 자체는 모두 하나님에 의해 '주어진' 것이기 때문이다.

인간 예레미야의 삶과 선지자 예레미야가 남긴 책은 예레미야의 개인적인 인생 계획의 부산물이 아니라 영원 전부터 오직 하나님의 생각과 계획으로 이루어진 것이다. 그것은 이스라엘 민족의 행위가 하나님께 큰 슬픔과 고통과 분노를 불러일으켰지만, 하나님을 놀라시게 하지 않았다는 것을 의미한다. 하나님은 주권적인 섭리로 이러한 상황을 예상하셨고 예레미야가 태어나기 전부터 이를 위해 준비하셨다. 그의 생명 또한 그의 아버지(힐기야)와 어머니의 혼인으로 인한 단순한 생물학적 산물이 아니었다.

① "내가 너를 지었노라" — 토기장이가 진흙으로 그릇을 만들 때 같은 단어가 사용되며 하나님이 세상을 주권적으로 통치하신다는 은유로 쓰이기도 한다. 모든 국가의 운명을 결정하시는 하나님이 예레미야를 그 국가들의 선지자로 만드셨다(지으셨다).

② "나는 너를 알았노라" — 개인적인 친밀함과 관계적 헌신이 있는 단어다. 이런 맥락에서 "나는 너를 선택했다"라는 말로 적절하게 번역될 수 있다. 그러므로 하나님이 예레미야의 잉태와 출생 전부터 그를 미리 아시고 택하신 것은 그의 훌륭한 자질 또는 능력과는 무관하며, 그러하기에 예레미야는 이러한 부르심에 자부심을 가질 수 없었다.

③ "내가 너를 구별하였노라" — 이 말은 이스라엘 민족에게 자주 쓰이는 표현이다. 그들은 하나님의 제사장 백성으로서 이방 사람들과 구별되었다. '거룩하게 하심'이란 다르고 구별되고 다른 나머지와는 분리됨을 의미한다. 예레미야가 그의 가족과 공동체, 다른 예언자들과 제사장들, 심지어 왕(또는 대부분의 정치권 사람들)과도 분리되어 있는 것은 문자 그대로 사실이었을 것이다. 많은 하나님의 충성된 종들, 목회자들, 설교자들, 그리고 선교사들이 여전히 그러하듯이, 그러한 삶은 어쩌면 외로운 성화일 것이다.

④ "내가 너를 주었노라" — 문자 그대로 하면 "열방을 위해 한 선지

자를 너희에게 주었다"라는 것이다. 이것이 바로 필자가 말하는 '주어진 설교자'이다. 하나님은 예레미야에게 하나의 직업을 주신 것이 아니었다. 예레미야는 사역 전반에 걸쳐서 숨기지 못했던 설교에 대한 강박감이 설명해 주듯이, 달변가와 같이 말을 잘하는 재능이 있는 사람도 아니었다. 그는 하나님의 말씀을 전파하도록 억지로 '강요'받지는 않았지만, 그것을 하지 않을 때 힘든 고통을 겪었기에 그에게는 사실 다른 선택권이 주어지지 않았다. 그는 말 그대로 이 일을 위해 태어났고, 때로는 이 일이 그를 너무 우울하고 화나게 해서 자신이 태어나지 않았더라면 좋았을 것이라고 생각하기도 했다.

그렇다면 이 모든 것은 하나님의 말씀을 전파하고 가르치며 하나님의 백성을 인도하는 지도자로서 우리의 사역과 사명에 무슨 의미를 던지는가? 물론 우리는 예레미야처럼 직접 영감을 받은 선지자는 아니지만, 우리 또한 하나님에 의해 그분의 백성에게 '주어졌다'고 할 수 있다. 이것은 바울이 에베소서 4장 11-13절에서 강조하는 바다.

> 그가 어떤 사람은 사도로, 어떤 사람은 선지자로, 어떤 사람은 복음 전하는 자로, 어떤 사람은 목사와 교사로 삼으셨으니 이는 성도를 온전하게 하여 봉사의 일을 하게 하며 그리스도의 몸을 세우려 하심이라 우리가 다 하나님의 아들을 믿는 것과 아는 일에 하나가 되어 온전한 사람을 이루어 그리스도의 장성한 분량이 충만한 데까지 이르리니 엡 4:11-13

이 말씀은 사실 교회의 성직자들에 대한 일반적인 견해와 정반대인 것처럼 보인다. 하나님은 목회 사역을 위해 목회자에게 회중을 주지는 않으신다. 정반대로, 하나님은 목회자를 회중에게 주셔서 세상을 위한 사역을 준비시키신다! 신학교를 갓 졸업한 일부 젊은 목회자들은 자신들을 '교회에 주신 하나님의 선물'이라고 생각할 수 있지만, 그렇지 않다!

필자는 이러한 '주어진 설교자'가 설교나 다른 목회적, 선교적 과제들이 허무하고 성과가 없을 때 우리를 삼킬 수 있는 어떠한 피로감이나 환멸에 대해서 효과적인 해독제가 될 수 있는지 궁금하다. 그것은 '하나님이 내가 부르심을 받았다는 것을 의식하기도 전에 이 일을 나에게 맡기셨다'는 것을 생각하게 하는 것이다. 이것은 사역과 선교라는 선물을 받는 것이 아니라, 그 자체로 선물, 즉 하나님의 선물이 되는 것을 말한다.

이는 또한 사역에 대한 우리 자신의 헌신에 더 강한 기초와 진실함을 제공한다고 생각한다. "나는 정말로 이 사역에 나 자신을 바쳤다"와 같은 말을 해 본 적이 있지 않은가? 물론 우리는 진심이다! 그러나 실제로 자기희생은 하나님이 먼저 이 일에 나를 '주셨다'는 사실을 반영하는 것이다.

사실 이 조합은 예수 그리스도를 설명하는 관점에서 비슷하다. 바울은 "나를 사랑하사 나를 위하여 자기 자신을 버리신 하나님의 아들"(갈 2:20)을 아는 것을 기뻐한 반면에, 요한은 "하나님이 세상을 이처럼 사랑하사 독생자를 주셨으니"(요 3:16)라는 '주셨음'을 강조한다. 우리도 마찬가지다. 우리가 하나님을 섬기는 일에 우리 자신을 바치는 것은 하나님이 먼저 우리를, 세상에서 그분의 사명을 감당하게 하도록 그분의 백성에게 주셨기 때문이다.

그래서 '주어진 설교자'라는 개념이 있음에도 불구하고, '교회에 주신 하나님의 선물'이라는 잘못된 개념이 사역자들의 자존감이나 지위를 대변할 수 있는 경우에 우리는 다시 한 번 '주어진 말씀'이라는, 하나님으로부터 주어진 자격을 얻게 된 것을 상기해야 한다.

2) 주어진 말씀(렘 1:7, 9)

7절은 예레미야의 사역에 대한 구체적인 범위와 한계를 이야기한다. 문자 그대로 "내가 너를 누구에게 보내든지 너는 가며", "내가 네게 무엇을 명령하든지 너는 말할지니라"라는 것이다.

이는 모든 사람과 모든 것, 어디서든지와 무엇이든지 적용된다. 예레미야는 청중이나 메시지 중 어느 것도 자유롭게 선택할 수 없었다. 사실 그는 그를 좋아하는 사람이나 돈을 잘 버는 사람들에게만, 그들이 듣고 싶어 하는 말을 해도 문제 될 것이 없었다. 왜냐하면 그 당시 유다 왕국에는 이미 그렇게 하는 선지자들이 많았기 때문이다(렘 23:9-40 참조).

"내가 너를 누구에게 보내든지"와 "내가 네게 무엇을 명령하든지"라는 두 가지 명령은 예레미야를 끊임없이 압박해 시간이 지날수록 더욱 가중되어 큰 고통을 안겨 주었다["나의 마음이 불붙는 것 같아서 골수에 사무치니 답답하여 견딜 수 없나이다"(렘 20:9)]. 하지만 9절에서는 하나님이 훨씬 더 분명하게 말씀하신다.

여호와께서 그의 손을 내밀어 내 입에 대시며 여호와께서 내게 이르시되 보라 내가 내 말을 네 입에 두었노라 렘 1:9

그리고 "두었노라"라는 단어는 앞서 5절에서 언급한 히브리어 '나단'과 동일하다. 신명기 18장 18절에서도 하나님이 모세와 같은 선지자를 일으켜 하나님의 말을 그 입에 두겠다고 말씀하신 바 있다.

예레미야는 하나님께로부터 우리에게 주어진 설교자이며, 주어진 말씀을 가지고 있었다. 사실 설교자와 말씀은 둘 다 하나님의 선물이다. "예레미야의 말"(렘 1:1)과 "여호와의 말씀"(렘 1:2) 사이에는 매우 근소한 차이가 있다. 2절은 관계대명사 ăsher(אֲשֶׁר)로 시작하며 종종 "누구에게"로 번역된다. 인간인 예레미야를 언급하는 것이 아니라 "예레미야의 말씀"으로 언급하는 것이 더 자연스럽다. 즉 우리는 두 구절을 "예레미야의 말씀은 주께서 그에게 주신 말씀으로"로 번역할 수 있다. 그리고 예레미야서의 시작처럼 마지막 부분(렘 51:64)에서도 (52장은 일종의 부록이기 때문에) 메아리같이 "예레미야의 말이 이에 끝나니라"로 마무리된다. 다시 말해, 그 사이에 있는 모든 것을 담고 있는 책 전체가 예레미야의 말인 동시에 하나님의 말씀인 것이다.

앤드류 셰드(Andrew Shead)는 '주님의 말씀'은 그 자체로 이 책의 주요 등장인물 중 하나라고 주장해 왔다.[2] 일부 통계 자료들은 이를 충분히 뒷받침하며, 셰드는 다음 예시들보다 더 많은 것을 제시하기도 한다.

- *dbr*(דבר, 명사와 동사형)는 구약의 다른 어떤 책보다 예레미야서에서 더 자주 등장한다(다바르[dbr] 동사는 기본 어근이며, '말하다'를 의미함-옮긴이 주).
- *davar*(דָּבָר, 단수형)는 이사야서보다 예레미야서에 세 번 더 많이 나온다.
- 예레미야는 다른 어떤 선지자보다 '말씀'을 "여호와의 말씀이 임하시니라", "여호와께서 이같이 말씀하시니라", "여호와의 말씀

---

2 Andrew Shead, *A Mouth Full of Fire: The Word of God in the Words of Jeremiah* (Nottingham: Apollos, an imprint of IVP, 2012).

이니라"라는 식으로 자주 사용한다.

예레미야서 곳곳에서는 한편으로는 하나님의 말씀과 뜻이, 또 다른 한편으로는 백성의 말과 뜻이 끊임없이 공격적으로 논쟁하거나 대립하는데, 우리는 결국 하나님의 말씀이 이긴다는 것을 알고 있다! 하나님은 이 책의 고뇌에 찬 이야기가 끝날 무렵, 그 도시가 멸망한 뒤 예레미야의 경고를 무시하고 유다 땅을 떠나 애굽으로 피난 갔던 사람들에게 이렇게 말씀하셨다.

> 그런즉 칼을 피한 소수의 사람이 애굽 땅에서 나와 유다 땅으로 돌아오리니 애굽 땅에 들어가서 거기에 머물러 사는 유다의 모든 남은 자가 내 말과 그들의 말 가운데서 누구의 말이 진리인지 알리라 렘 44:28

그리고 그들의 말이 아닌 하나님의 말씀이 이루어진다!

- 왕이 두루마리를 불태웠지만(렘 36장 참조) 말씀은 지속되었다.
- 또 다른 왕이 선지자를 가두었지만(렘 32-33장 참조) 말씀은 자유로이 전파되었다.
- 백성들은 부정한 땅으로 끌려갔지만, 말씀은 그곳에서도 그들에게 전해졌다(렘 29장 참조).
- 바벨론은 잠시 동안 세상을 지배할 수 있겠지만, 하나님의 말씀은 유프라테스에서 바벨론을 멸망시킬 것이다(렘 50-51장 참조).

그래서 하나님은 주권적인 말씀을 주심으로 예레미야를 안심시키셨다. 그러한 확신은 예레미야가 40년 동안 회의적이고 반역적인 나라에서의 외로운 사역을 지탱하기 위해 필요한 것이었다.

　다시 한 번 말하지만, 우리는 예레미야와 같은 선지자가 아니다. 우리는 "주께서 이같이 말씀하시니라"라고 주장하면서 우리의 설교나 강의에서 말할 수 없다. 하나님의 말씀은 성경에서 지금 현재에도, 그리고 영원토록 하나님으로부터 '주어진' 것이다. 그런데 놀랍게도 하나님은 우리가 성경을 말하고 전파할 때 하나님의 말씀을 우리 입에 맡기신다. 베드로전서 4장 11절에서 베드로가 "만일 누가 말하려면 하나님의 말씀을 하는 것같이 하고"라고 말하듯이, 하나님의 말씀을 우리 입술에 올리는 것은…

- 엄청난 특권이며,
- 떨리는 책임이고,
- 강한 확신이다. 왜냐하면 하늘에서 내리는 비가 풍요와 성장을 이루어 내는 것처럼 하나님의 말씀은 그 일을 할 것이기 때문이다(사 55:10-11).

　만일 당신이 이 세상의 혼돈, 예측할 수 없는 불길한 예감, 국가들의 전쟁, 지구 환경의 신음, 교회의 무능함과 기능적 장애, 그리고 지금까지 이루어 낸 선교적인 노력들 가운데서 말할 수 없는 좌절이나 피로감, 또는 환멸을 경험하고 있다면 이러한 사실이 당신에게 새로운 힘과 동기를 제공해 주지 않는가? 하나님이 당신을 부르셨다면 예레미야 1장 5, 7, 9절 말씀을 이중적인 관점으로 진지하게 생각해 보기를 바란다.

- 당신은 하나님이 그분의 백성에게 주신 선물이고, 그들을 통해 세

상에 주신 선물이다.

• 당신이 공부하고 설교하고 순종하고자 하는 말씀은 하나님이 그
분의 백성에게 주시는 선물이며, 그것들을 통해 세상에 주시는 선
물이다. 이는 당신 자신의 의견이나 견해, 개인적 신념의 문제가
아니라 살아 계신 하나님께로부터 주어진 말씀이다.

그렇다면 그 말씀은 무엇을 이룰 수 있을까? 하나님은 10절에서 그
것을 자세히 설명하신다.

3) 하나님 말씀의 이중적 영향(렘 1:10)

보라 내가 오늘 너를 여러 나라와 여러 왕국 위에 세워 네가 그것들을 뽑고
파괴하며 파멸하고 넘어뜨리며 건설하고 심게 하였느니라 하시니라 렘 1:10

예레미야가 놀라워했던 것 중에 하나는 단지 작은 유다 백성뿐 아니
라, '여러 나라와 왕국을 다스리는' 다른 나라의 지도자들에게도 그의
메시지가 잘 알려졌다는 것이다. 바벨론의 국가적 정보를 전문적으로
다루는 사람들은 예레미야가 유다(및 주변의 작은 나라들)에게 느부갓네
살에 항복하라고 촉구한 것에 대해 확실히 알고 있었다. 그는 예루살
렘에서는 반역자로 낙인찍혔지만, 바벨론이 그 도시를 점령했을 때 이
러한 이유로 목숨을 건질 수 있었다.

그러나 훨씬 더 깊은 의미에서 이것은, 인류의 역사를 지배하는 것
은 선지자들을 통해 전해지기도 하고 성경에 기록되기도 하는 하나님
의 말씀이라는 사실을 알려 주는 것이다. 하나님은 계획을 가지고 말
씀으로 분명히 그 뜻을 밝히신다. 그 계획들은 가장 강력한 국가와 제
국들의 계획과 음모들을 압도하며 하나님의 목적을 달성하는 역할을

한다.

이것은 시편 33편이 확실하게 단언하는 진리이기도 하다. 시편 본문에는 세상을 변화시키시는 하나님의 말씀(4-5절, 정의와 변함없는 사랑으로 세상을 바로잡으심)과 세상을 창조하시는 하나님의 말씀(6-9절, 그의 입 기운으로 온 우주를 존재하게 하심)에 이어, 10-11절에 세상을 다스리시는 하나님의 말씀이 나온다.

여호와께서 나라들의 계획을 폐하시며 민족들의 사상을 무효하게 하시도다
여호와의 계획은 영원히 서고 그의 생각은 대대에 이르리로다 시 33:10-11

그리고 구약 자체가 그 주장의 증거이기도 하다. 사실 필자는 이것이 하나님이 우리가 구약이라고 부르는 이 방대한 이야기들을 우리에게 주신 주요한 이유들 중 하나라고 생각한다. 이 땅의 왕국과 제국은 흥망성쇠를 거듭하지만, 하나님의 말씀과 사명은 계속된다. 이는 (애굽, 가나안, 시리아, 앗수르, 바벨론, 바사, 그리스… 로마) 역사서와 예언서에 걸쳐 순차적으로 나열되어 있다. 국가들이 흥하고 망하며, 제국들이 세워지고 사라지지만 하나님의 말씀과 하나님의 백성과 하나님의 계획은 영원하다!

우리는 지난 2천 년의 역사에서도, 심지어 지난 50년의 역사에서도 동일한 진리가 있음을 알 수 있다. 우리는 때때로 눈앞에 펼쳐지는 위기에서, 심지어는 세계적 규모의 임박한 재앙을 생각할 때, 눈을 들어 모든 것이 하나님의 선교적 사명에 입각해 하나님의 말씀을 전파하는 것을 확인할 수 있었다. 바울도 우리에게 모든 창조물과 모든 민족을 향한 하나님의 궁극적인 계획과 목적을 알려 주었다.

[하나님이] 그 뜻의 비밀을 우리에게 알리신 것이요 그의 기뻐하심을 따라 그리스도 안에서 때가 찬 경륜을 위하여 예정하신 것이니 하늘에 있는 것이나 땅에 있는 것이 다 그리스도 안에서 통일되게 하려 하심이라 엡 1:9-10

우리의 역사는 하나님의 계획과 통치 안에 있기 때문에 만약 우리의 선교적 사명이 하나님께로부터 주어진 사명과 일치한다면 우리는 '역사의 올바른 방향'에 서 있는 것이다. 그리고 이러한 역사는 예수님이 '겨자씨 비유'에서 하나님 나라에 대해 분명히 말씀하신 것처럼, 너무나 작고 보잘것없지만 엄청난 성장을 만들어 내는 놀라운 방향으로 움직인다.

그렇다면 당신의 교회나 선교단체는 어떠한가? '거대한 세상'에 비해 너무 작아 보일 수 있지만, 당신은 하나님의 통치를 행하는 대리인이고, 바울이 디도에게 편지한 것처럼 그레데와 같은 죄악의 소굴까지도 변화시킬 수 있는 "경건함에 속한 진리"(딛 1:1)로 하나님의 백성을 준비시키고 가르치고 인도하는 것이 당신의 특권이자 책임이다. 그러므로 어떤 형태로든 당신의 사역이 겨자씨같이 되게 하고, 하나님이 하나님 되시게 하고, 하나님의 말씀이 그 일을 하도록 하자. 그러면 당신은 마르틴 루터를 동역자로 두게 될 것이다. 여기에 그가 비텐베르크 종교개혁 초기에 설교한, '말씀의 능력'(그리고 탁월한 맥주에서 오는 위로)에 대한 그의 찬사를 인용한다.

"나는 아무것도 하지 않았다. 단지 하나님의 말씀을 가르치고 설교하고 기록했을 뿐이다. 그리고 내가 잠을 자고 난 후, 내 친구 필립과 암스도르프와 함께 비텐베르크 맥주를 즐기던 중 [막 4:26-29 참조] 하나님의 말씀이 교황권을 크게 약화시켰다는 (어떤 군주나 황제도 교황권에 그러한 손실을 가한 적이 없다) 것을 알게 되었다. 나는 아무것도 하지 않았다. 말씀이 모든 것을 한 것이다."[3]

하나님 말씀의 이중적 영향에 주목해 보자.

- 뿌리 뽑다, 허물다, 파괴하다, 전복하다
- 건설하다, 심다

말씀의 비유는 참으로 인상적이다. 새로운 나무를 심기 위해 야생 나무나 열매 맺지 않는 나무를 파내는 일이 있는가 하면, 낡고 안전하지 않은 건물을 부수어 새롭고 오래가는 건물을 지을 때가 있다. 예레미야도 예언적 비전의 긍정적인 면도 보았지만(특히 렘 30-33장 참조) 가장 시급히 해야 할 일이 더 많았다. 다시 말해, 우리의 사역은 두 가지 요소를 모두 가져야 한다. 사역과 선교에서 우리의 업무는 파괴적이면서도 건설적인 차원이 있다. 우리가 준비하고 있는 설교나 우리가 구상하는 프로젝트에 대해 이렇게 물어볼 가치가 있다.

- 어떤 거짓과 악을 뿌리 뽑고 파괴할 것인가?
- 어떤 진리와 축복들을 쌓아 올리고 심게 될 것인가?

이 두 가지를 함께 고려하며 사역을 하는 것은 참으로 지혜로울 것이다.

---

3 Martin Luther, "The Second Sermon, March 10, 1522, Monday after Invocavit" in *Luther's Works*, vol. 51, *Sermons I*, ed. and trans. John W. Doberstein (Philadelphia: Fortress Press, 1959), 77.

마지막으로, 이렇듯 복잡하고 힘든 사명을 위해 예레미야는 하나님의 최종적인 말씀이 필요했다.

4) 하나님 임재에 대한 확신(렘 1:8, 19)

너는 그들 때문에 두려워하지 말라 내가 너와 함께하여 너를 구원하리라 나 여호와의 말이니라 하시고 렘 1:8

그들이 너를 치나 너를 이기지 못하리니 이는 내가 너와 함께하여 너를 구원할 것임이니라 여호와의 말이니라 렘 1:19

예레미야는 모세에게 주신 불가능한 임무에 대해 하나님이 하신 말씀을 확실히 기억하고 있었을 것이다. 당신이 너무 늙었다고, 혹은 어리다고 생각하는가? 들어 보라. 살아 계신 하나님이 말씀하신다. "내가 너와 함께 있느니라."

예레미야는 40년이라는 긴 세월 동안 이런 확신이 필요했을 것이다. 당신과 나도 마찬가지다. 그는 엄청난 대중적 저항에 직면했던 극소수(그와 바룩, 그리고 궁정에 있는 소수의 친구들뿐이었다)였고, 열등감, 거의 자살 충동에 가까운 우울증, 유다 민족에 대한 열정과 미래에 대한 두려움이 있었으며, 하나님과의 관계를 끊임없이 고민하며 힘들어했고, 거기에서 나오는 분노에 온몸을 떨었고, 슬픔의 눈물을 흘리기도 했다.

그러나 결국 성경에 예레미야서가 속해 있다는 사실이 누가 옳았는지를 증명한다.

- 외롭게 하나님의 말씀을 전한 예레미야가 옳았는가
- 아니면 거짓 낙관주의가 만연하여 현혹된 문화와 폭압적인 정치

문화가 옳았는가

"내가 너와 함께 있느니라." 예레미야와 우리에게 하나님이 말씀하신다. 하나님의 말씀과 함께하라. 하나님은 당신과 함께하실 것이다.

02
미혹과 허구적 안정의 문화 속의 하나님의 말씀

예레미야 7장

크리스토퍼 J. H. 라이트

이 모든 것은 예루살렘에서 여느 날과 다름없이 시작되었다. 유다 백성은 아침 희생 제사 시간에 맞춰 문을 통과하여 바깥뜰로 들어가기 위해 성전을 향해 출발했다. 다른 무리들과 함께 성전에 도착했는데, 그곳은 모든 사람이 모이는 성문 바로 안쪽의 분주한 곳이었으며, 거기서 백성들은 아주 열정적인 목소리로 소리 높여 선포하던 음성, 즉 아나돗의 선지자 예레미야의 확신에 찬 음성을 듣는다.

> 너는 여호와의 집 문에 서서 이 말을 선포하여 이르기를 여호와께 예배하러 이 문으로 들어가는 유다 사람들아 여호와의 말씀을 들으라 만군의 여호와 이스라엘의 하나님께서 이와 같이 말씀하시되 렘 7:2-3

사람들은 유년 시기부터 지난 18년 이상 예레미야가 예루살렘 전역에서 설교하는 것을 들었기 때문에 친숙했다. 그렇기 때문에 그 말씀들은 그들에게는 점점 더 지루하고 인기가 없어졌다. 특히 권력을 가진 사람들에게는 더 그러했다.

이제 왕좌에 앉은 새로운 왕 여호야김(주전 609년경, 렘 26:1 참조)의 정책 방향은 예레미야의 경고와 상당히 달랐다. 수년 동안 예레미야는 '북쪽으로부터' 잔인하고 위험한 위협에 대해 경고해 왔으며, 이러한 하나님의 경고를 국가가 직면할 수 있는 가장 끔찍한 재앙으로 생생하게 묘사했다. 그리고 바벨론이 그 지역의 지배 세력이었던 앗수르를 축출한 이래로, 이제 그는 '북쪽으로부터 오는 적'이 바벨론이라고 분명히 지적했다. 이러한 때에 소수의 정치권력은 바벨론에게 우호적으로 협력해야 한다는 입장을 추구했는데, 예레미야는 그들과 마음을 같이했다. 그러나 여호야김과 그의 정부는 훨씬 더 호전적으로 반바벨론 정책을 취하기로 결정했다. 그러나 이러한 길은 예레미야의 환상과 같이 완전한 멸망으로 이어질 뿐이었다.

유다가 추구했던 정치적 방향과 그들의 국제적 입장은 부흥하고 있는 메소포타미아 제국을 대적하기에는 너무나 작은 왕국으로서 터무니없이 오만했을 뿐만 아니라 그 길은 재앙뿐인 길로 나아가고 있었다. 그리고 그것은 상상할 수 없는 큰 재난과 고통이 될 것이었다. 이는 왕과 그의 정부뿐 아니라 그 성읍의 모든 주민과 그 땅에게도 재앙이 이르게 하는 것이었다.

그래서 예레미야는 수년 동안 이렇게 말씀을 전했다(렘 2-6장 참조). 하지만 그 재앙을 피할 수 있었을까? 그들의 마음과 지향하는 것들이 바뀔 가능성이 있었을까? 예레미야의 초기 설교를 살펴보면, 처음에는 그들의 마음과 방향이 변하여 재앙을 피할 수 있을 것이라고 생각했다는 것을 알 수 있다. 예레미야의 확신에 찬 경고는 그들의 회개와 변화를 바라는 것이었고, 결국에는 이러한 재앙이 닥치지 않거나 적어도 그 경고처럼 끔찍한 재앙이 되지 않기를 바랐다. 그리고 그것은 또한 하나님의 갈망이기도 했는데, 왜냐하면 하나님이 그날 예레미야를 성전 뜰로 보내시면서 이렇게 말씀하셨기 때문이다.

> 너는 여호와의 성전 뜰에 서서 유다 모든 성읍에서 여호와의 성전에 와서 예배하는 자에게 내가 네게 명령하여 이르게 한 모든 말을 전하되 한 마디도 감하지 말라 그들이 듣고 혹시 각각 그 악한 길에서 돌아오리라 그리하면 내가 그들의 악행으로 말미암아 그들에게 재앙을 내리려 하던 뜻을 돌이키리라 렘 26:2-3

예레미야는 순종했고, 그러하기에 그때에 백성들은 성전으로 가면서 설교하고 강해하고 경고하고 도전하고 호소하는 예레미야의 반복적인 음성을 들을 수 있었다.

하지만 그들은 예레미야의 말씀을 믿었을까? 그 아침에 그들과 성전 뜰에 있던 다른 무리들도 그 말씀을 믿었을까? 물론 이전부터 많이 들었던 말씀일 것이다. 현실과 너무나 동떨어진 것 같은 연이은 경고들, 과장되어 보이는 '프로젝트 공포'(project fear, 선택으로 인해 야기되는 부정적인 결과들을 강조하는 것-옮긴이 주), 가짜 뉴스 등. 어쨌든 많은 다른 선지자들과 정반대의 말씀을 선포하는 '소수 집단의 반대 의견서'(minority report)였다. 아마도 그들은 예레미야의 암울한 예언에 너무나 익숙해져 많은 군중에 파묻혀서 이미 그 예언을 마음에서 지워 버렸을 것이다.

하지만 그날 아침은 달랐다. 그때에 예레미야가 한 예언의 말씀은 너무나도 충격적이고 수치스럽고 배신적이어서 사람들은 그를 체포하기에 이르렀다. 그리고 그가 이 모든 말씀은 이스라엘의 하나님 여호와께서 주신 것이라고 말했을 때, 사실상 신성모독으로 여기고 그를 그 자리에서 처형할 뻔하기도 했다. 다행히 그는 겨우 무사히 탈출했고, 집에 가서도 아내와 아이들에게 무슨 말을 해야 할지조차 모르는 일을 당했던 잊지 못할 하루를 보냈다.

그렇다면 예레미야는 실제로 무엇을 말했던 것일까? 당시 경험 많은 설교자들처럼 예레미야도 먼저 7장 3절과 4절에서 두 가지 주요 요점을 언급한 후, 다음 절에서 차례로 각 요점을 확장하여 설명했다. 먼저 "너희 길과 행위를 바르게 하라"라는 명령이 나오고(3절) 그 말씀이 의미하는 바는 5-7절에서 설명된다. 그리고 두 번째 경고가 나오고(4절, "거짓말을 믿지 말라") 그 뜻은 8-11절에 설명되어 있다. 그런 다음 그는 백성들이 들어 본 것만큼이나 극명했던 그들의 역사에서 얻은 교훈으로 마무리한다.

1. 너희 길과 행위를 바르게 하라(렘 7:3, 5-7)

> 만군의 여호와 이스라엘의 하나님께서 이와 같이 말씀하시되 너희 길과 행위를 바르게 하라 그리하면 내가 너희로 이곳에 살게 하리라 렘 7:3

그것은 아주 익숙한 방식에서부터 시작된다. 하나님은 이스라엘 백성을 그들의 길과 행위를 바꾸고, 새롭게 하며, 말 그대로 다시 '그 백성들을 선하게' 하시려고 부르신다. 앞에서 이야기했듯이, 그들은 이 선지자로부터 그 부르심을 여러 번 들어 보았을 것이다. 계속해서 떠드는 소리에 그들은 한 번쯤 생각할 수도 있었을 것이다. 그러나 그다음에 충격적이고 암묵적인 위협이 전해진다. 그들이 자기들의 삶의 방식을 바꾸지 않는다면 그들이 사는 땅에서 더 이상 살지 못하게 될 것이라는 것이다.

여기서 위협의 정확한 의미는 "이곳"이 무엇을 의미하는지에 달려 있다. 7절에 "내가 … 너희 조상에게 영원무궁토록 준 땅"이라고 설명하고 있기에 예루살렘 도시, 또는 유다 땅을 가리킬 수 있다. 그렇다면 여기서 말하는 위협은 만약 사람들이 예레미야의 경고를 듣고도 변하지 않는다면 그들이 계속해서 그 땅에 사는 것을 하나님이 허락하지 않으신다는 것이다. 즉 하나님이 자신의 백성에게 수 세기 전에 주신 그 땅에서 그들을 쫓아내신다는 말도 안 되는 위협이다. 상상도 할 수 없는 일이다!

또 다른 한 가지는 "이곳"이 예레미야와 백성들이 서 있던 바로 그 장소, 즉 성전(흔히 "그 장소"라고 언급됨)을 의미할 수도 있다. 다른 말로 (모음이 변화된 ㅁㅁㅆ을 생각했을 때) "내가 이곳에 너와 함께 거하리라"로 해석될 수 있다. 여기서 말하는 위협은 만약 백성들이 더 나은 방향으로 변화되지 아니하면 하나님이 더 이상 그분의 백성 가운데 거하지 않으실 것이라는 것이다. 이는 이스라엘 백성이 하나님의 성막이 지어지기 전, 광야에서 처음으로 들었던 경고이기도 하다(출 33장). 하나님이 자신의 성전을 떠나신다는 것인데, 이는 상상할 수도, 믿어지지도 않는 너무나 충격적인 경고이며, 이를 하나님으로부터 직접 들었던 예레미야는 4절에서 백성들에게 호소하며 그들의 반응을 촉발한다. "이것이 여호와의 성전이라, 여호와의 성전이라, 여호와의 성전이라." 하나님이 자신의 성전을 버리실 수도 있다는 것을 어떻게 감히 상상할 수 있을까? 이에 대해서는 잠시 후에 살펴보도록 하겠다.

"이곳"이 땅을 가리키는지, 성전을 가리키는지는 그렇게 중요하지 않으며, 두 가지 다를 포함할 수도 있으며, 이를 의도적이고 모호하게 표현했을 수도 있다. 그러나 여기서 전하고자 하는 메시지의 요점은 완전히 명백하다. 그것은 하나님의 백성이 소중히 여기는 모든 것, 즉 그들의 땅, 도시, 성전, 그리고 여호와 하나님과의 관계에 대한 참으로 노골적인 위협이었다. 예레미야는 이렇게 외친 것이다. "당신들이 길을 바꾸지 않으면 모든 것이 멸망될 것입니다. 그렇지 않으면 앞으로는 포로 생활, 파괴, 버림받음이라는 끔찍한 재앙이 닥칠 것입니다. 여러분은 더 이상 이곳에 살 수 없을 것이고, 하나님도 더 이상 여러분과 함께 계시지 않을 것입니다." 얼마나 충격적인 경고인가!

그러면 5-7절에 나오는 '길과 행위를 바르게 하는 것'은 무엇을 의미할까? 예레미야는 백성들이 예배에 더 진실하거나, 그 태도가 바뀌거나, 더욱 경건하거나, 더 열심으로 기도하는 것에 대해서 말하는 것이 아니다. 여느 하나님의 선지자들과 마찬가지로 예레미야 또한 그들이 살아가는 사회에서의 일상생활 가운데 실제적이고 사회적이고 윤리적인 측면에 초점을 맞추며 이야기한다. 이는 이스라엘 언약의 전통적인 요구 사항이었다.

- 공동체 안에서 서로 공의를 행하라.
- 약하고 취약한 사람들, 땅 없는 사람들, 집 없는 사람들, 가족 없는 사람들을 억압하지 말라.
- 무고한 사람에 대한 폭력을 금지하라.
- 주변 문화의 거짓된 신을 좇아 자신을 해하는 일을 하지 말라.

이것은 언제나 하나님의 땅에서 안전하고 축복되게 거하기 위한 법이었다. 신명기는 그것들을 끈질기게 설명해 왔다.

7절에서는 이러한 조건에 날카로운 긴장감을 불어넣지만, 다른 한편으로 5절의 "만일"이라는 분명한 조건도 제시된다. 만일 사람들이 변한다면 하나님은 그들이 그 땅에서 계속 살도록 허락하실 것이지만,

그렇지 않다면 그들을 쫓아내신다. 레위기 18장 27-28절과 20장 22절에서 하나님이 말씀하셨던 이전의 경고들이 매우 직접적으로 언급된 것처럼, 그때에 하나님이 가나안 족속에게 행하신 것처럼 그들을 쫓아내실 것이다.

반면에 7절에는 그 땅에 대한 공식적으로 야기되는 신학적 입장도 포함되어 있다. 아브라함 시대 이후의 수많은 성경 본문에 따르면, 그 땅은 "내가 … 너희 조상에게 영원무궁토록 준 땅"이었다. 그 땅이 만약 "영원무궁토록" 주어진 것이라면, 어떻게 그것을 빼앗길 수 있을까? 하나님이 땅을 주신 것이 무조건적일까, 아니면 조건적일까? 신학적으로 말한다면 둘 다 중요하다고 할 수 있다.

그렇다. 그 땅은 아브라함에게 약속되었고, 그 약속에 대한 거룩하신 하나님의 신실하심으로 그의 후손들에게도 주어졌다. 그 땅은 여호와의 신실하심을 보여 주는 기념비적이고 실질적인 증거다. 그리고 그들이 그것을 받을 어떤 일도 하지 않았음에도 그들에게 주어졌다는 측면에서 보면 참으로 무조건적인 것이다. 그들은 오직 하나님의 구원의 은혜와 약속에 빚을 지고 있었다. 그러나 하나님은 "토지는 다 내 것"(레 25:23)이라고 말씀하셨고, 여전히 여호와의 땅이었다. 하나님은 신성한 땅의 주인으로서, 임차인인 이스라엘 백성에게 주인이 소유하고 있는 땅에서 살 수 있도록 조건을 결정할 권리를 가지고 계셨다. 원래 땅을 증여하는 데는 아무런 조건이 없었지만, 그 땅을 계속해서 누리기 위해서는 확실한 조건이 필요했다. 그것은 사회, 경제, 정치 등 모든 삶의 영역에서 하나님의 백성으로서 정의와 긍휼을 베풀며 언약의 율법을 순종하는 조건이었다.

땅 자체는 무조건적인 은혜의 선물이었다. 그 땅에서 계속되는 삶과 번영은 하나님의 은혜에 대한 그들의 감사와 순종의 반응에 달려 있었다. 그리고 그 순종하는 삶이 실패했을 때 사람들은 이러한 선물 자체를 계속 즐길 수 없게 되었다. 하나님이 자신의 약속을 버리신 것이 아니라, 언약의 특권과 그것을 누리는 축복에서 그 백성을 배제하실 것이라는 뜻이다.

그러면 이제 주전 609년 성전 뜰에서의 예레미야의 말씀을 그 범주와 시간에 따라 재해석해 보고자 한다. 구약 시대의 하나님, 이스라엘 백성, 그리고 땅이라는 삼각 구조는 세계 모든 국가와 온 땅에 대한 하나님의 주권을 모델화하거나 패러다임화한 것임을 기억해야 한다. 그리고 실제로 구약에서는 이와 비슷한 개념으로 땅 전체와 그곳에 거하는 인류를 가나안 땅과 그곳에 거하는 이스라엘 백성에 적용한다. 하나의 땅에 있는 한 나라가 온 땅의 모든 나라를 뜻하기 때문이다.

시편 기자는 "땅 … 은 다 여호와의 것이로다"(시 24:1)라고 노래한다. 신명기에서 모세는 "하늘과 모든 하늘의 하늘과 땅과 그 위의 만물은 본래 네 하나님 여호와께 속한 것이로되"(신 10:14)라고 말한다. 하나님은 모든 것의 주인이시며, 모든 만물의 주재가 되시며, 우리가 거하는 이 땅의 주가 되신다. 그럼에도 불구하고 하나님은 그 땅을 사람에게 주셨다(시 115:16). 그 땅은 청지기인 남자와 여자를 포함한 모든 인류에게 맡겨졌으며, 하나님은 그들이 하나님의 형상으로 말미암는 거룩한 다스림으로(창 1:26-28), 그리고 제사장 직분으로 섬기고 지키도록 하셨다(창 2:15). 이런 의미에서 실제로 하나님이 노아에게 말씀하셨듯이 땅과 거기 충만한 모든 것은 우리 모두에게 주시는 무조건적인 은혜의 선물이 되는 것이다.

하나님이 노아와 그 아들들에게 복을 주시며 그들에게 이르시되 생육하고 번성하여 땅에 충만하라 땅의 모든 짐승과 공중의 모든 새와 땅에 기는 모든 것과 바다의 모든 물고기가 너희를 두려워하며 너희를 무서워하리니 이 것들은 너희의 손에 붙였음이니라 모든 산 동물은 너희의 먹을 것이 될지라 채소같이 내가 이것을 다 너희에게 주노라 창 9:1-3

그리고 그 선물은 언약과 함께 주어졌다. 모든 창조물, 명확하게는 "모든 생물"(창 9:10, 12), "땅에 있는 모든 생물"(창 9:17)에 대한 노아 언약이다.

땅이 있을 동안에는 심음과 거둠과 추위와 더위와 여름과 겨울과 낮과 밤이 쉬지 아니하리라 창 8:22

그렇다면 창세기 8장 22절에서는 그 선물이 영원한 것이라고 묘사되었나? 정말 그러할까? 이 구절의 첫 부분은 히브리어로는 "땅이 있을 동안에"로 풀이된다. 그리고 이 문구는 창세기 5장에 나오듯이 아담부터 라멕까지 이르는 대홍수 이전 시대 여러 조상들의 인생을 반복적으로 이르는 말("누구는 몇 년을 살고 죽었다")이다. 그들의 인생은 길었지만, 또한 제한되어 있었다. 그들 중 이 땅에서 영원히 사는 사람은 아무도 없었다.

지금 필자가 하고 있는 이야기를 이해하겠는가? 필자는 하나님이 노아를 통해 지상의 모든 생명체와 맺으신 언약의 근본적인 중요성을 굳게 믿는다. 하나님은 땅의 모든 날 동안 지상의 생활 상태를 보존하겠다고 약속하셨다. 그러나 그 날들의 수와 길이는 하나님이 정하신다. 하나님은 노아 이전 세대의 날들뿐 아니라 그 날들이 끝나는 각 세대의 날들도 결정하셨다. 땅의 날들에 대한 하나님의 생각과 결정은 어떠한가?

한편으로는 인류에게 주신 하나님의 땅의 선물이 노아와 맺으신 언약 아래 놓여 있다면(이스라엘에 대한 하나님의 땅의 선물이 아브라함에게 주신 언약 아래 있었던 것처럼), 다른 한편으로는 인류의 어리석음과 반역이 이 땅을 사람이 살 수 없는 곳으로 만들어 우리가 더 이상 '이 땅에 거할' 수 없게 만드는 것이 가능할까? 이스라엘 백성의 어리석음과 반역으로 그들의 땅, 성읍, 그리고 성전이 황폐화된 것처럼 말이다.

필자는 예레미야 같은 선지자는 아니지만, 적어도 다가오는 재난에 대한 예레미야의 경고와 그 재난을 피하고 완화하는 방법으로 우리가 변화해야 한다고 열정적으로 호소하는 예레미야의 소망 사이의 비유적인 말씀들을 우리가 생각하고 고민해야 한다고 생각한다. 너무 늦기 전에 우리는 변화해야 하며, 지구에 임박한 기후 재앙에 대한 IPCC와 범국가적 과학자들의 경고(예레미야의 전반적인 사역보다 더 오랫동안 계속되었던)와 함께 각 나라의 정부와 국가적 긴급 조치를 통한 열정적 호소로 너무 늦기 전에 지구 온난화의 잠재적 최악의 결과를 방지하기 위해 노력해야 할 것이다. 그리고 예레미야의 호소와 환경 위기에 대한 호소를 비교했을 때, 이것이 정당하다면, 교회와 많은 선교단체는 이러한 긴박한 경고와 변화에 대한 열정적인 호소, 그리고 우리 자신의 삶의 방식을 변화시키는 것에도 동참해야 하지 않을까?

그리고 다시 한 번, 본문의 어떠한 예언적 요소를 내려놓고 단순하게 물어본다. 하나님이 당신의 주권으로 인간을 그 땅에 살게 하시는 가운데 정말 '땅의 모든 날'이 하나님의 '마지막 신호'로 끝날 수 있을까? 특히 우리가 반역적이고 어리석은 모습으로 하나님이 인간의 손, 인간의 피 묻은 죄 된 손에 맡기신 땅을 그 목적에서 너무나도 벗어나게 하고 파괴하며 무너뜨리고 오염시키는 가운데, 마지막 나팔 소리가 그리스도의 재림을 알릴 수 있을까? 우리는 하나님이 예전의 모든 질서를 없애시고, 새 하늘과 새 땅, 곧 하나님이 우리와 함께 영원히 거하실 새 피조물을 바라보게 하실 것을 안다. 이것이 사실 이 이야기의 궁극적인 결말이며, 이에 대해서는 이후 내용에서 다시 다룰 것이다. 예레미야는 아직 끝나지 않았기 때문이다.

2. 허구화된 안정에 대한 도전(렘 7:4, 8-11)

그렇다면 이제 당신이 성전 뜰에 서 있다고 생각해 보라. 사실 당신은 요즘 어느 정도 불길한 예감이 들어 성전에 간다는 것을 인정할 수도 있다. 예레미야의 맹렬한 말씀을 무시한다 하더라도 예루살렘에 들리는 소식은 매우 충격적이었다. 앗수르는 150년 이상 그 지역 전체에서 항상 큰 짐승 같은 나라였지만, 이제 그 제국이 무너지는 것처럼 보였다. 이는 유다를 포함해서 그 이웃의 작은 나라들에게 좋을 수도 있지만, 다른 한편으로는 바벨론이라는 신흥 세력이 있었기 때문이다. 그들의 야망은 무엇일까? 한 제국이 다른 제국을 단순히 대체한다면 그 옆의 작은 국가들은 어떻게 될까? 아프리카인들이 말했듯이(아직 이 말을 들어 본 적은 없지만), 이는 마치 "코끼리가 싸우면 풀이 짓밟힌다"와 같은 상황이 되는 것이다.

이러한 상황에서 사람들은 성전에 갔다. 왜냐하면 사람들이 그곳에서는 안전할 것이라고 확신한 유일한 장소이기 때문이다. 실제로 그 당시, 유다의 온 도시와 왕국이 여호와의 성전이기 때문에 안전할 것이라고 단언했다. 여호와의 성전이기 때문에! 그리고 사람들은 군중의 흐름에 동참하여 그 사실에 대해서 이곳이 참으로 우리가 있어야 할 곳이라며 확신하고 따랐다. 그들은 하나님의 선지자 예레미야가 아무리 부르짖더라도 자신들은 안전하다고 생각했다. 예레미야가 계속해서 간절하게 "거짓입니다! 거짓입니다! 제발 거짓된 말을 믿지 마십시오! 여러분은 모두 자신을 속이고 있습니다!"라고 부르짖을 때까지…(4, 8절).

두 번째로 충격적인 사실은 앞서 언급한 첫 번째 소식보다 더 심각하다. 예레미야는 "여호와의 성전"을 외치고 있는데 이것은 도대체 무슨 뜻일까? 물론 그것은 진리를 가리킬 것이다. 그리고 실제로 그것은 사실이다. 그 성전 건물과 뜰은 약 4세기 전 영광스러운 솔로몬왕이 지은 것이었지만, 그 기원은 하나님이 다윗에게 약속하신 때로 거슬러 올라가며, 또 실제로는 광야에 있던 모세의 장막에까지 도달한다. 이스라엘의 하나님 여호와의 이름을 지닌 성읍과 성전인 시온에 있는 모든 곳이 하나님의 임재로 가득 차 있었다. 그들은 그것에 관해 이야기하고 찬송했다.

그리고 그보다 100여 년 전에 위대한 왕 히스기야의 통치 아래, 선지자 이사야가 앗수르 왕 산헤립의 무시무시한 위협을 물리쳤다는 사실을 누가 잊을 수 있겠는가? 하나님이 그들에게 "내가 나를 위하며 내 종 다윗을 위하여 이 성을 보호하며 구원하리라"(사 37:35; 사 37:33-34 참조)라고 말씀하시지 않았는가? 그들에게 이러한 하나님의 약속은 확실한 보증이었고 전부였다. 하나님은 항상 그분의 도시, 특히 그분의 성전을 보호하실 것이며, 이곳은 지구상에서 가장 안전한 곳이라고 할 수 있었다. 그러나 예레미야는 이 모든 것이 "거짓말"이라고 이야기한다.

그렇다. 하나님은 이사야 시대에는 예루살렘과 그 성전을 아주 훌륭하게 보호하셨다. 문제는 이스라엘 백성이 이러한 하나님의 보호하심을 구실 삼아 안일함과 헛된 안정감에 머무르고 있다는 것이었다. 그들은 예루살렘이 영원히 침범당할 수 없을 것이라고 생각했고, 하나님은 결코 그곳이 멸망하도록 놔두지도 않으실 것이고, 그렇게 하실 수도 없으며, 결코 허락하지 않으실 것이라고 생각했다. 즉 하나님은 어떤 일이 있어도 항상 그분의 성전을 지키실 것이라고 생각했다.

그러므로 하나님을 예배하는 자들의 말씀은 그 자체로 진실이었고, 그 성전은 참으로 하나님의 성전이었다. 그러나 그 예배에는 속임수가 존재한다. 또는 그 예배는 오히려 자기기만이기도 하다(서로 비판하기 좋아하는 소셜 미디어의 세계가 충분히 증명하듯이). 그렇다. 하나님은 그 성전 건물 자체에 묶여 계시는 분이 아니다. 성전에 묶여 있는 하나님의 이름표는 사람들이 하나님을 지속적으로 불순종하고 반역하는 것에 대한 거룩한 응답이 아니었다. 여호와의 성전이라는 진리는 이제는 다시 거짓이 되었다(하나님이 그 성전과 함께 그들도 멸망하지 않게 하실 것이라고 생각했다면).

그들은 성전 뜰에 들어갈 수만 있다면 어떤 적으로부터도 안전할 것이라고 생각했다. 예레미야는 말한다. 이러한 상황은 바로 그들이 끈질기게 하나님의 언약을 어김으로써 나타난 결과라는 것을. 그리고 하나님이 그들의 적이 되신다면 하나님의 성전은 가장 위험한 곳이 된다는 것을. 이는 마치 도둑들이 범죄를 저지른 후 안전하다고 느끼는 소굴과 같다. 그 소굴 속에서도 법의 추격은 계속되고 있으며 일거수일투족이 감시당하고 있다는 사실을 알지 못한 채 말이다.

> 내 이름으로 일컬음을 받는 이 집이 너희 눈에는 도둑의 소굴로 보이느냐 보라 나 곧 내가 그것을 보았노라 여호와의 말씀이니라 렘 7:11

그렇다면 성전에 대한 그들의 믿음을 아무것도 아닌 것으로 만든 것은 정확히 무엇을 의미할까? 8-11절에 그 답이 나온다. 즉 그들의 형식적인 경배가 아무 쓸모없는 거짓으로 드러난 근거는 그들의 삶이 매일 십계명을 어기는 삶이었기 때문이다. 다음 말씀에는 그들의 삶의 목록이 나온다.

> 너희가 도둑질하며 살인하며 간음하며 거짓 맹세하며 바알에게 분향하며 너
> 희가 알지 못하는 다른 신들을 따르면서 내 이름으로 일컬음을 받는 이 집에
> 들어와서 내 앞에 서서 말하기를 우리가 구원을 얻었나이다 하느냐 이는 이
> 모든 가증한 일을 행하려 함이로다 렘 7:9-10

여기에서 언급하는 내용에는 첫 번째, 여섯 번째, 일곱 번째, 여덟 번째, 아홉 번째 계명, 즉 폭력, 유혈, 성적 난잡함, 경제적 억압, 법적인 부패, 노골적인 우상 숭배의 중독성이 포함된다. 이러한 여호와 하나님의 기본적인 법을 무시하면서도 그들은 매주 그분의 보호를 받고자 성전을 찾았다. 이러한 모습을 예레미야는, 데릭 키드너(Derek Kidner)가 "십계명을 찢은 후, 마치 죄에서 구원받은 것처럼 교회에 출석하는 어리석음과 뻔뻔함"[1]이라고 묘사한 것과 같이, 아주 적나라하게 드러낸다. 그들의 예배는 거짓되고 자기기만적이며 도덕성과는 동떨어진 것이었다. 그들의 삶은 그들이 한 말과 하나님께 주장하는 것들을 너무나 무시하고 비웃는 것이었다.

그들은 완전히 잘못된 안일함에 기초해 진리를 기괴한 거짓말로 바꾸었다. 그리고 더 심각한 것은, 그 당시 국가 전체의 정책 방향이 이러한 자기기만에 빠져 있다는 것이었다. 그들은 하나님이 그들 편에 계시기 때문에 자신들의 거짓된 삶에도 불구하고 아무런 처벌도 받지 않을 것이고 바벨론에 대항할 수 있다고 믿는 것 같았다. 그들은 유다 민족주의 깃발을 흔들며, 외세의 힘을 무시하고, 다윗과 솔로몬 시대처

---

1 Derek Kidner, *The Message of Jeremiah: Against Wind and Tide*, The Bible Speaks Today (Leicester and Downers Grove, IL: IVP, 1987), 49.

럼 유다를 다시 위대하게 만들 수 있다고 생각했다. 바벨론은 앗시리아(앗수르)처럼 북쪽에서 내려올 수도 있지만, 그대로 놔두어도 괜찮다고 생각했다. 하나님이 그들을 보호하실 것이고, 하나님의 보호하심을 증명할 성경 말씀이 이사야서에 기록되어 있기에 걱정할 이유가 없었다. 주님이 주시는 평화를 외치며….

잘못된 안일함에 기초한 그들의 행동과 선택(이는 선지자 예레미야가 촉구한 방향으로 나아가기를 거부한 것을 이름)은 결국 성경에서 말하는 진리를 자기기만적으로 왜곡시키는 거짓이었다.

이러한 맥락에서, 지금 이 시대에 우리는 그리스도인 한 사람 한 사람, 교회들, 그리고 기독교 전체의 전통과 문화를 통해서 그리스도인들이 (성경 본문을 이용해) 만들어 낸 아주 타당하고 진실된 것을 거짓으로 바꾸어 보려는 다양한 방법을 찾아낼 수 있다고 생각한다. 그것은 바로 우리 모두에게 헛된 안일함, 헛된 소망, 헛된 위로를 주는 것들이다. 인간의 번영과 믿음에 대한 보상, 그에 대해 성경에서 말하는 하나님의 뜻을 기반으로 한 '번영 신학'은 왜곡된 속임수로 우리를 잔혹하게 속인다. 세상의 권위에 복종하라는 성경 말씀은 맹목적인 민족주의와 부패하고 강압적인 정권에 대해서 '복음주의적'으로 지지하라는 말씀으로 왜곡된다.

그러나 이 포럼이 개최되기 전, 이곳에서의 주요 쟁점(환경 위기)이 그럴듯한 성경적, 교리적 논리로 말미암아 환경 위기와 기후 변화에 관련된 올바른 조치들을 거부하는 것이 정당화되지는 않는가? 여기서 우리가 생각해 봐야 하는 첫 번째는 앞서 이야기한 노아 언약이다. 그 언약에서 하나님은 우리가 이 땅에 살아갈 수 있도록 모든 조건을 보호하겠다고 약속하셨다. 이는 그 모든 것이 오직 하나님께 달려 있다고 말할 수 있다. 그렇다. 이 주장에 따르자면, 이 지구의 미래는 우리 손에 달려 있지 않다. 왜냐하면 하나님이 친히 지구를 구원하실 것이고, 우리의 책임이라고 생각하는 것은 순전하지 않기 때문이다. 지구 전체에 닥친 위험한 생태적 위기에 대해 우리는 아무것도 할 필요가 없으며 그냥 앉아서 하나님이 하나님 되시도록 해야 한다고 주장할 것이다.

두 번째로 이러한 주장과 정반대되는 주장이 있다. 베드로후서 3장에서 베드로가 심판 때에 불로 소멸되는 모든 것과 땅을 묘사한 내용을 문자 그대로 받아들이는 경우다. 이 경우에 사람들은 결국 그때에 다 타 버릴 것이라면 왜 굳이 지금 우리가 지구의 환경과 자연을 보존하고 보살펴야 하냐는 질문을 한다. 이러한 논리는 개인적으로 필자에게는 참으로 어리석고 비합리적으로 해석된다. 비록 현재 이 땅의 모든 만물이 베드로가 언급하듯이 하나님의 새 창조의 수단이 되어 불과 함께 사라질 것이라 할지라도, 이는 우리에게 그것들을 다스리고 돌보라고 하신 하나님의 명령에 불순종해야 한다는 근거가 되지 못하기 때문이다.

이러한 논리는 지금 이 땅의 모든 만물과 땅 자체에 대한 책임을 성경을 기반으로 (성경 본문을 자의적으로 해석해) 아주 인간 중심적, 자기기만적으로 포기하게 한다. 이는 마치 의사가 확실하게 아픈 환자에게 "글쎄요, 당신은 언젠가 죽을 것이고 죽은 후에 화장터에서 몸이 모두 불에 타 버릴 것인데, 왜 제가 지금 당신을 돌보아야 합니까?"라고 말하는 것과 같다.

또 다른 경우는 "이것은 하나님의 선교요 사명이다"라고 하며 선교에 열정적으로 헌신하는 사람들이 있다. 이들은 예수님의 지상명령이 복음 전파와 제자화에만 초점이 맞추어져 있다고 말한다. 특별히 예수님의 지상명령은 모든 성경 말씀과 마찬가지로 믿기만 하는 것이 아니라 '실천'하고 순종해야 하는 위대한 진리다. 그러나 지상명령에 대한 제한된 해석을 성경 전체로부터 이끌어 낸 더 넓은 선교적 책임으로부터 자기 자신이나 교회를 변명하는 방법으로 사용하는 것은 필자에게는 자기기만적으로 위험해 보인다.

다시 한 번 예레미야가 전하고 있는 핵심을 진지하고 깊게 생각해 보자. 급박하게 다가오는 재앙에 직면한 상황에서, 예레미야는 이러한 재난을 피하거나 감소시킬 수 있는 여러 가지 방안을 무시하고 거부하는 백성들과 마주하고 있었다. 그리고 그들의 이러한 안일함의 이유 중 하나는 조상들이 남겨 준 믿음의 유산이 있기에, 어떻게 살든 어떠한 일이 일어난다 할지라도 자신들의 안전은 보존될 것이라는 생각이었다. 그들은 예레미야의 경고와 호소에 어떠한 반응도 보이지 않았다. 지금 우리 모두는, 우리 교회들은, 그리고 선교단체들은 어떤 면에서 알지 못하게 자기기만적인 죄를 범하고 있지는 않을까? 우리 안에 계신 성령님이 우리 모두에게 그러한 면을 분별하고 그에 따른 위험을 일깨우는 음성을 들려주시기를 원한다.

예레미야는 아직 끝나지 않았다! 그에게는 마지막으로 쏠 화살이 하나 남아 있다. 마지막으로 충격적인 사실을 전한다.

3. 당신의 이야기를 살펴보라(렘 7:12-15)

너희는 내가 처음으로 내 이름을 둔 처소 실로에 가서 내 백성 이스라엘의 악에 대하여 내가 어떻게 행하였는지를 보라 렘 7:12

실로를 기억하는가? 그곳은 예루살렘에서 북쪽으로 몇 마일 떨어진 곳으로, 예전에는 북쪽 이스라엘 왕국의 영토였지만 그 당시에는 앗수르 제국의 지배 하에 있었다. 예레미야 시대에 이곳은 험악한 유령 도시였고, 고고학적 유적지였으며, 폐허가 된 곳이었을 것이다. 그러나 이곳은 한때 '하나님의 처소'(מְקֹומִי)였고(12절), 이스라엘 지파들의 성소에 성막과 언약궤가 있던 곳이었다. 선지자 사무엘 또한 이곳에서 자랐다. 즉 예루살렘에 성전이 건축되기 수 세기 전에 하나님이 머무신 곳이었다.

그러나 지금은 유기되고 버려진 곳이며, 아마도 주전 11세기 중반에 블레셋 사람들이 파괴했을 것으로 알려져 있다. 여기서 예레미야는 백성들에게 실로에 가서 잘 둘러보고 오라고 제안하며, 그것이 우리의 미래일 것이라고 경고한다. 하나님이 실로에게 행하신 일을 너희가 안 일함으로 안심하고 있는 이 땅에서도 행하실 것이라고 말한다.

그러므로 내가 실로에 행함같이 너희가 신뢰하는 바 내 이름으로 일컬음을 받는 이 집 곧 너희와 너희 조상들에게 준 이곳에 행하겠고 내가 너희 모든 형제 곧 에브라임 온 자손을 쫓아낸 것같이 내 앞에서 너희를 쫓아내리라 하셨다 할지니라 렘 7:14-15

유다 백성은 사실 왜 하나님이 실로와 사마리아를 멸망시키고 그 북쪽 지파들을 앗수르 제국으로 뿔뿔이 흩어 버리셨는지 알고 있었다. 그 이유는 모두 열왕기하 17장에 나와 있다. 그곳 사람들은 하나님을 배신하고 우상 숭배를 일삼았다고 기록되어 있고, 이는 다윗의 후손인 왕들은 그러하지 않았다고 말한다. 반면, 유다 백성은 다윗의 자손이 왕좌에 앉아 있고, 여호와의 성전이 그 백성 가운데 하나님의 축복과 보호 안에 있기에 실로에 일어난 일은 결코 예루살렘에 일어날 수 없다고 생각했다. 그러나 예레미야는 예루살렘 또한 실로처럼 될 것이라고 주장했다. 그렇지만 그들은 하나님의 교훈을 배운 적이 없기에 순종할 수 없었다. 실로의 경우를 보여 주면서 예레미야가 한 무서운 경고는 그들을 회개시키지 못했으며, 그들의 교만과 안일함을 더욱 키울 뿐이었다.

> 내가 … 너희를 불러도 대답하지 아니하였느니라 렘 7:13

이는 그 당시 예레미야를 거짓 선지자로 모는 주장들("성전 뜰에서 여러 무리들과 충분히 들었듯이 이것은 신성모독이다! 아나돗 출신의 미친 설교자는 거짓을 말하는 선지자임이 분명하다") 속에서 예레미야가 죽음의 위협 가운데 실로에 대한 핵심 말씀을 선포한 것이다. 이사야 26장은 이렇게 말한다.

> 의인의 길은 정직함이여 정직하신 주께서 의인의 첩경을 평탄하게 하시도다 여호와여 주께서 심판하시는 길에서 우리가 주를 기다렸사오며 주의 이름을 위하여 또 주를 기억하려고 우리 영혼이 사모하나이다 밤에 내 영혼이 주를 사모하였사온즉 내 중심이 주를 간절히 구하오리니 이는 주께서 땅에서 심판하시는 때에 세계의 거민이 의를 배움이니이다 사 26:7-9

자, 이제는 나머지 본문에 묘사된 예레미야의 아슬아슬한 탈출 이야기를 살펴보자. 왜냐하면 필자는 이러한 모든 냉혹하고 참담한 예레미야의 설교 여정 후, 희망적인 마무리를 보여 주고 싶기 때문이다. 알다시피 예레미야는 자신의 말이 전해지지 않을 것이고, 생각조차 할 수 없었던 끔찍한 눈물을 흘리게 되는 재난이 반드시 닥칠 것임을 점점 더 확신했지만, 그것이 마지막이 아니라는 것 역시 알고 있었다. 그것은 그 세대에 대한 종말의 메시지였다. 앞으로 몇 년 동안 그들은 죽음이나 유배밖에 직면할 수 있는 것이 없을 것이다. 그러나 그것은 당신의 백성을 향한 하나님의 계획과 목적, 그 땅을 향한 마지막은 아니었다. 앞으로 그들에게 닥칠 심판은 그 규모가 총체적으로 끔찍할 것이었는데, 예루살렘은 포위되어 모든 백성이 학살과 강간, 괴롭힘을 당하고 포로가 될 것이고, 성전은 약탈되고 무너질 것이며, 도시 전체는 불타 없어질 것이다.

그러나 그 어두움의 공격이 지나고 심판의 끝이 가까워지자 예레미야는 밭을 샀다. 그 이야기는 예레미야 32장에 나오는 놀라운 이야기로서, 그것은 너무나 확실하게도 아무런 유익도 없는 행위였다(그 땅은 아무 쓸모가 없었고 바벨론 군대에 의해 완전히 파괴되었다. 또한 예레미야는 미혼이었기에 그 땅을 물려줄 상속자가 없었다). 그러나 이는 미래에 대한 아주 뚜렷한 예언적 희망의 행위였으며, 하나님은 이러한 자신의 순종에 당혹감을 감추지 못하는 예레미야에게 "땅이 회복될 것이다! 사람들은 돌아올 것이다!"라고 설명하셨다. 심판 너머에는 하나님의 은혜가 있다. 하나님의 이야기는 계속될 것이다. 노아에게든, 아브라함에게든, 다윗에게든, 우리에게든 하나님의 약속은 끊임없이 계속되기에 우리는 소망을 가질 수 있다.

그리고 이러한 소망은 우리에게 이렇게 전한다. 그 누가 이 경이로운 지구, 하나님의 땅, 우리 땅에 앞으로 무슨 일이 있을지 알 수 있을까? 그러나 우리가 지구를 온난화하고 고통받고 있는 인류와 모든 만물이 살아가기에 힘든 땅으로 만드는 것 또한 하나님의 주권 안에 있다고 하더라도, 여전히 우리가 이 땅을 돌보고 예레미야가 그 밭을 구입한 것과 같은 행위를 하는 것은 '세상의 끝'(그것이 무엇을 의미하든) 너머에 무엇이 있는지에 대한 지침으로 가치가 있을 것이다. 출처를 정확히 알 수 없지만, 마르틴 루터가 "내일 세상이 끝날 것을 안다면 무엇을 하겠는가?"라는 질문에 "나무를 심겠다"고 답한 것과 같은 의미일까? 그렇다. 나무 한 그루조차도 새 창조의 이정표가 될 수 있다.

우리는 하늘과 땅의 주인이신 그리스도의 이름으로 무엇이든 할 수 있다. 땅과 거기 충만한 모든 것이 여호와의 것이다. 우리는 이 땅의 모든 피조물과 함께 하나님의 저주와 우리의 부패한 어리석음에서 완전히 벗어나기를 고대한다.

마라나타. 주 예수여 오시옵소서.

03
온 세상에 임할 심판과 구원에 대한 하나님의 말씀

이사야 24-25장

———

크리스토퍼 J. H. 라이트

    선교단체는 종종 '미전도 종족'을 언급한다. 이는 우리가 아직 그들에게 복음을 전하지 못했다는 뜻이며, 그들 중에는 알려진 신자가 없다는 뜻이다. 이는 우리가 선교적 노력의 범위와 한계를 고려하며 접근하는 적절한 선교의 방법이다. 그러나 어떤 종족이 사람들에 의해 '미전도'되었다고 해서 그 종족이 하나님에 대해 알 수 없다거나 하나님이 그분의 선하심, 공의, 진노와 자비 가운데 이미 존재하시지 않는다는 의미는 아니다. 왜냐하면 하나님의 임재와 진리는 어느 곳에나 존재하기 때문이다. 하나님은 아직은 알려지지 않은 신일 수 있지만 부재하는 신은 아니시다. 성경의 하나님은 모든 피조물, 모든 인류, 모든 나라, 모든 역사, 모든 과거, 현재, 미래의 하나님이시기 때문이다. 그분은 하늘과 땅과 그 모든 거민의 주재이시다.

    그러므로 우리가 선교에 임할 때 모든 곳으로 증인을 보내어 자신의 편재하심을 증거하시는 하나님, 피조물 안에서 모든 인류에게 그 존재와 능력을 볼 수 있게 하시는 하나님, 그리스도로 말미암아 이미 모든 곳에 임재하시는 하나님의 이름으로 나아가야 한다. 바울이 아덴의 세련된 청중에게 말했듯이, 하나님은 만민에게 생명과 호흡과 만물을 친히 주시는 분이시다. 이는 사람으로 혹 하나님을 더듬어 찾아 발견하게 하려 하심이며 그분은 우리 각 사람에게서 멀리 계시지 않는다. 우리가 그를 힘입어 살며 기동하며 존재하기 때문이다(행 17:25, 27-28).

이것이 바로 이사야서 본문에서 발견할 수 있는 보편적인 언어의 의미이며, 이러한 맥락은 더욱 놀라움을 가져다준다. 왜냐하면 이 책이 유다라는 작은 왕국이 극도로 위험했던 시기에 나온 것이기 때문이다. 사실 당시는 국제적으로 큰 혼란의 시기였으며 국가적, 정치적, 영적 혼란의 시기이기도 했다. 앗수르라는 거대한 전쟁 기계가 사실상 문을 두드리고 있었으며, 그들은 지중해와 애굽까지 정복하려는 '세계적인' 야망을 가지고 있었다. 유다는 그들의 제국적 의도를 가로막는 작은 왕국에 불과했으며, 앗수르의 관점에서 볼 때 유다는 짓밟아야 할 모기와 같은 존재에 불과했다.

그러나 하나님의 관점에서 볼 때 앗수르는 단지 하나님의 손에 있는 막대기, 즉 여호와 하나님의 세계를 다스리는 주권의 대리자일 뿐이었다. 유다와 앗수르, 그리고 다른 모든 나라는 서로를 공격하는 것보다는 여호와의 심판을 더 두려워했다.

그러므로 작은 유다 왕국의 여호와 하나님이 그분의 전 세계를 아우르는 주권을 세계적으로 광범위하게 단언하시는 맥락은 바로 전쟁과 파괴적인 침략, 임박한 위험과 위협, 두려움의 세계가 그분의 심판과 구원 안에 있음을 명시하며, 우리는 그분의 심판과 구원, 두 가지 모두를 염두에 둘 필요가 있다.

전 세계를 향한 하나님의 심판(사 24장)

이사야 24장은 정말 놀라운 장이며, 떨림 없이는 읽기가 어렵다. 이는 인류 전체에 대한 하나님의 보편적 심판, 즉 묵시적인 이미지로 생생하게 묘사된 최후 심판에 대한 예언적 미래의 실상을 보여 준다. 특별히 1절은 직접적으로 그 사실을 요약하여 기술하고 있는데, 죄 많은 인간이 거주하는 땅은 그 죄로 인하여 하나님의 파괴적인 심판을 받게 되어 있다고 말한다.

> 보라 여호와께서 땅을 공허하게 하시며 황폐하게 하시며 지면을 뒤집어엎으시고 그 주민을 흩으시리니 사 24:1

이 놀라운 선포에 이어 이 장의 나머지 부분에서는 심판에 관한 네 가지 엄청난 내용을 설명한다(특별히 그중 마지막 내용은 상당히 놀랄 만하다).

1) 포괄적이고 예외가 없는 하나님의 심판(사 24:2)

우리의 삶에서 많은 좌절과 분노를 불러일으키는 것들 중 하나는 정의가 갑자기 멈추어질 때다. 즉 어떤 범죄에 대한 모든 책임과 처벌을 단순히 어떤 특권이나 부패, 또는 그들에게만 적용되는 면제 조항으로 피하는 경우다. 최근 영국에서는 일반 시민이라면 해고나 무거운 벌금을 물어야 할 행동을 한 정치인, 심지어 총리까지 무책임하게 빠져나가는 모습을 보아 왔다. 이를 역겨워하는 대중은 "그들과 우리가 다른 규칙을 가지는 것인가!"라고 외친다.

그러나 하나님의 심판에서는 그렇지 않을 것이라고 2절은 말한다. 다른 '규칙'은 없다. 규칙은 '같을 것'이다. 다음 목록을 보라.

백성과 제사장이 같을 것이며 종과 상전이 같을 것이며 여종과 여주인이 같을 것이며 사는 자와 파는 자가 같을 것이며 빌려주는 자와 빌리는 자가 같을 것이며 이자를 받는 자와 이자를 내는 자가 같을 것이라 사 24:2

그러하기에,

- 엘리트 종교 지도자에 대한 특별 면책은 없다.
- 사회적 지위를 가진 자나 직원을 소모품 취급하는 부유한 고용주에 대한 면책은 없다.
- 경제적인 권력을 소유하고 책임을 회피할 수 있는 사람에게도 면책은 없다.

이러한 사실에 어떠한 안도감이 느껴지지 않는가? 결함 많고 부패하기 쉬운 인간의 정의와 달리, 하나님의 정의는 돈으로 사거나 피할 수 없다. 하나님의 정의는 모든 것에 적용될 것이기 때문에 참으로 공평할 것이다. 면책은 없다. 무료 통과는 없다. 면제 조항 또한 없다.

2) 인간의 폭력에 대해 내려지는 하나님의 심판(사 24:4-6)

땅이 슬퍼하고 쇠잔하며 세계가 쇠약하고 쇠잔하며 세상 백성 중에 높은 자가 쇠약하며 땅이 또한 그 주민 아래서 더럽게 되었으니 이는 그들이 율법을 범하며 율례를 어기며 영원한 언약을 깨뜨렸음이라 그러므로 저주가 땅을 삼켰고 그중에 사는 자들이 정죄함을 당하였고 땅의 주민이 불타서 남은 자가 적도다 사 24:4-6

5절 하반절에 나오는 "영원한 언약"은 홍수 후에 하나님이 노아를 통해 "땅에 있는 모든 생물"(창 9:17)과 맺으신 언약을 의미한다. 창세기는 노아의 홍수가 인간의 타락을 구체적으로 보여 주는 인간의 부패와 폭력에 대한 하나님의 반응이었음을 확실하게 보여 준다.

> 그때에 온 땅이 하나님 앞에 부패하여 포악함이 땅에 가득한지라 하나님이 보신즉 땅이 부패하였으니 이는 땅에서 모든 혈육 있는 자의 행위가 부패함이었더라 하나님이 노아에게 이르시되 모든 혈육 있는 자의 포악함이 땅에 가득하므로 그 끝 날이 내 앞에 이르렀으니 내가 그들을 땅과 함께 멸하리라 창 6:11-13

안타깝게도 홍수 후에도 씻겨 나가지 않은 폭력의 세상에서 하나님은 인간의 삶에 대한 책임을 요구하신다.

> 내가 반드시 너희의 피 곧 너희의 생명의 피를 찾으리니 짐승이면 그 짐승에게서, 사람이나 사람의 형제면 그에게서 그의 생명을 찾으리라 다른 사람의 피를 흘리면 그 사람의 피도 흘릴 것이니 이는 하나님이 자기 형상대로 사람을 지으셨음이니라 창 9:5-6

피 흘림은 성경의 여러 곳에서, 즉 율법서, 선지서, 시편, 지혜서에서 죄를 결정하는 최악의 악 중 하나로 일관되게 묘사되고 있다. 그것은 하나님이 가증하게 여기시는 것이며, 그분의 심판을 재촉하는 것이다. 우리는 인간의 피로 가득한 세상에 살고 있다. 모든 대륙에는 갈등과 전쟁, 잔혹 행위가 명백하게 존재하며, 그중 일부는 인간의 삶에 막대한 비용을 초래한다. 또한 인종 차별, 노예 제도, 역사적 대량 학살과 관련된 유혈 폭력 등 수 세기 동안 이어져 온 장기적인 역사의 산물도 있다. 미국에서는 총기 폭력과 총기 난사 사건으로 거의 매일 끔찍한 유혈 사태가 벌어지고 있다. 그리고 우리 모두에게는, 적어도 서구 국가들에게는 식료품, 의류, 소도구들과 관련해 우리의 값싸고 소비주의적인 생활양식이 공급 과정에서 여전히 노예로 남아 있는 노동자들에 대한 잔인함, 억압, 폭력의 피로 얼룩져 있다는 피할 수 없는 사실이 있다.

이 구절에서 강조하듯이, 이러한 다양한 형태의 인간 폭력(전쟁, 인종 청소, 소비주의적 탐욕 등)이 모두 땅 자체에 피해를 준다는 것을 엄연한 예언적 통찰력으로 지적하고 있다는 점에 주목해야 한다(사 24:4, 6상 참조). 이는 우리가 살고 있는 지구 전체가 불안한 이 시대에 충격적인 사실이며 명백한 경각심을 가지지 않을 수 없다. 하나님의 심판은 인류의 집단적 죄악뿐만 아니라 하나님이 창조하신 땅의 모든 것에도 무섭게 영향을 끼칠 것이다.

3) 우주적 규모와 범위에서의 하나님의 심판(사 24:18-23)

이는 위에 있는 문이 열리고 땅의 기초가 진동함이라 땅이 깨지고 깨지며 땅이 갈라지고 갈라지며 땅이 흔들리고 흔들리며 땅이 취한 자같이 비틀비틀하며 원두막같이 흔들리며 그 위의 죄악이 중하므로 떨어져서 다시는 일어나지 못하리라 그날에 여호와께서 높은 데에서 높은 군대를 벌하시며 땅에서 땅의 왕들을 벌하시리니 그들이 죄수가 깊은 옥에 모임같이 모이게 되고 옥에 갇혔다가 여러 날 후에 형벌을 받을 것이니라 그때에 달이 수치를 당하고 해가 부끄러워하리니 이는 만군의 여호와께서 시온산과 예루살렘에서 왕이 되시고 그 장로들 앞에서 영광을 나타내실 것임이라 사 24:18하-23

경험해 보지는 않았지만, 지진은 정말 무서운 일임에 틀림없다. 최근 튀르키예와 시리아, 에콰도르, 아이티, 파키스탄, 일본에서 발생한 지진으로 인한 엄청난 파괴와 인간의 고통에 대한 종말론적 이미지를 누가 잊을 수 있겠는가? 또한 그 상황 속에서 가난한 사람들은 어떻게 견뎌 냈을까? 우리가 상상할 수도 없는 트라우마와 두려움이 그들을 덮었을 것이다. 성경은 이곳들뿐 아니라 다른 곳에서도 얼마든지 하나님의 심판의 엄중함과 공포를 나타내는 상징으로 지진을 사용하고 있다. 즉 요한계시록 16장에 나오는 가장 큰 최후의 지진에 대한 묘사는 다음과 같다.

> 일곱째 천사가 그 대접을 공중에 쏟으매 큰 음성이 성전에서 보좌로부터 나서 이르되 되었다 하시니 번개와 음성들과 우렛소리가 있고 또 큰 지진이 있어 얼마나 큰지 사람이 땅에 있어 온 이래로 이같이 큰 지진이 없었더라 큰 성이 세 갈래로 갈라지고 만국의 성들도 무너지니 큰 성 바벨론이 하나님 앞에 기억하신 바 되어 그의 맹렬한 진노의 포도주 잔을 받으매 계 16:17-19

그러나 의미심장하게도 (요한계시록의 짐승과 용을 예언하는) 이사야의 말은 땅에서의 하나님을 향한 반역의 죄가 단지 인간에게만 있는 것이 아니라는 점을 지적한다. 이사야 24장 21절의 "높은 군대"는 하나님께 반역하는 악의 영적 세력들, 즉 바울이 "통치자들과 권세들"이라고 묘사한 바로 그 악의 세력들을 의미한다.

성경은 처음부터 타락의 본질, 즉 죄와 악이 인류 역사에 들어온 것은 인간이 뱀, 즉 신비하고 오묘한 사탄의 유혹과 악의 근원과 공모한 결과였음을 분명히 명시하고 있다. 또한 오늘날 인간의 잔인함과 폭력의 잔혹 행위 안팎에, 그리고 그 배후에 악마의 악이 작용하고 있음은 그 어느 때보다도 명백하다. 인간의 생명, 인류의 문명과 문화, 그리고 하나님이 창조하신 모든 것을 파괴하는 전쟁의 압도적이고 무자비한 광기를 달리 무엇으로 설명할 수 있겠는가.

그러나 우리는 또한 높은 곳에서 벌거벗고 뻔뻔스럽게 거짓말을 늘어놓는 것에서, 즉 전쟁 중인 국가들의 전통적인 선전 기구에서뿐만 아니라 정치 지도자들의 거의 일상적인 거짓과 일상화된 속임수에서 '거짓의 아비'의 흔적을 볼 수 있다. 시편 12편의 부르짖음은 우리 정치의 비열함과 오만함을 다소 과장된 인식으로 묘사한다.

> 여호와여 도우소서 경건한 자가 끊어지며 충실한 자들이 인생 중에 없어지나이다 그들이 이웃에게 각기 거짓을 말함이여 아첨하는 입술과 두 마음으로 말하는도다 여호와께서 모든 아첨하는 입술과 자랑하는 혀를 끊으시리니 그들이 말하기를 우리의 혀가 이기리라 우리 입술은 우리 것이니 우리를 주관할 자 누구리요 함이로다 시 12:1-4

"높은 군대"와 "땅의 왕들"(사 24:21)은 사탄의 악과 정부 권력이 합쳐져서 초래하는 모습이 참으로 강력하고 파괴적인 면모를 가짐을 보여 준다. 또한 이 구절은 우리가 국제 질서(또는 무질서)에서 다양한 형태로 관찰할 수 있는 현상들을 아주 간결하게 묘사하고 있다. 이사야의 환상은 그가 살았던 시대인 고대 근동과 마찬가지로 오늘날에도 전 세계적으로 의미가 있다. 그러나 그의 주장은 전능하신 하나님이 보시며 아시며 속지 않으시고, 하나님은 결국 모든 음침한 "무리"에게 책임을 묻고 보복하실 것이라는 것이다.

4) 좋은 소식으로서의 하나님의 심판(사 24:14-16)

14-16절은 24장 중에 흥미로운 사실이 나오는 구절이다.

> 무리가 소리를 높여 부를 것이며 여호와의 위엄으로 말미암아 바다에서부터 크게 외치리니 그러므로 너희가 동방에서 여호와를 영화롭게 하며 바다 모든 섬에서 이스라엘의 하나님 여호와의 이름을 영화롭게 할 것이라 땅끝에서부터 노래하는 소리가 우리에게 들리기를 의로우신 이에게 영광을 돌리세 하도다 사 24:14-16상

우주적 심판의 장 한가운데 정말로 기쁨이 묘사되어 있는가? 그렇다. 왜냐하면 이것은 성경적 신앙의 가장 큰 주제 중 하나인 하나님의 공의의 승리를 기뻐하는 것이기 때문이다. 이것은 또한 "세상을 심판하시는 이가 정의를 행하실 것이 아니니이까"(창 18:25)라는 아브라함의 수사학적 질문에서 처음으로 분명하게 표현되었듯, 여호와는 공의를 사랑하시는 하나님이며, 정의와 공의를 보좌의 기초로 삼으신 하나님이기에 이것은 정말 기뻐해야 할 만한 좋은 소식이다.

악이 결단코 하나님이 창조하신 우주에서 최종 결정권을 가지지 못하기 때문에 이러한 승리는 기쁨의 소식이 될 수 있다. 절제하지 않고 회개하지 않는 악을 행하는 자들이 책임과 공의를 영원히 피할 수 없다는 것은 좋은 소식이다. 즉 심판의 절정을 묘사한 요한계시록을 포함하여 이사야서 본문뿐 아니라 성경의 여러 곳에서 하나님의 궁극적인 심판에 대한 기대와 확실성은 좋은 소식 그 자체다. 잘못된 것은 바로잡힐 것이며 악은 멸망당할 것이다. 하나님은 요한계시록의 메시지를 통해 알려 주신 것처럼 모든 것을 새롭게 하시기 전에 모든 것을 바로잡으실 것이다. 우리가 상상할 수도 없이 크고 총체적인 우주적 심판이

다가오고 있다. 그리고 이사야서와 마찬가지로 요한계시록에서도 "바벨론이 무너졌다"는 소식이 들릴 때 19장에서 반복되는 "할렐루야"가 증언하듯이, 이러한 심판을 기쁨으로 맞이해야 할 것이다.

그러나 우리는 이것이 복수심에 불타는 샤덴프로이데(schadenfreude, 독일어로 남의 불행을 보았을 때 기쁨을 느끼는 심리-옮긴이 주)의 기쁨이 아니라는 점을 아주 깊이 명심해야 한다. 이는 하나님의 진노로 인해 악인들이 고난당하는 것을 기뻐하는 것이 아니라 하나님의 공의의 승리를 기뻐하는 것이다. 앞의 구절들은 완성된 구절이 아니며, 이사야는 자신이 전하는 환상에 대해 이렇게 탄식하며 마무리한다.

> 그러나 나는 이르기를 나는 쇠잔하였고 나는 쇠잔하였으니 내게 화가 있도다 배신자들은 배신하고 배신자들이 크게 배신하였도다 사 24:16하

분명한 것은 하나님은 악인의 죽음을 기뻐하지 않으신다는 점이다. 심판은 하나님의 '해야만 하는 일'이며, 하나님의 악과 죄에 대한 심판은 꼭 필요하지만 그렇게 달갑지 않은 반응이다. 하나님이 심판하시는 것은 매우 실제적이지만 하나님의 "본심"은 아니다(애 3:33; NIV의 "not willingly"[내키지 않는]를 직역하면 "not from his heart"[그의 마음에서 우러나온 것이 아닌]). 오히려 하나님이 바라시는 것은 회개와 용서와 생명이다.

하나님은 악인의 죽음을 기뻐하지 않으시며, 우리도 기뻐해서는 안 된다. 하나님은 악인의 죽음을 기뻐하시기보다는, 자신의 심판으로 고통받는 사람들을 위해 눈물을 흘리신다. 예레미야서에서는 하나님의 계시로 예언하는 중 모압을 정죄하는 부분에서, 하나님은 모압의 굴욕적인 패배와 끔찍한 황폐화에 대해 다음과 같은 놀라운 감정을 표현하신다.

그러므로 내가 모압을 위하여 울며 온 모압을 위하여 부르짖으리니 무리가 길헤레스 사람을 위하여 신음하리로다 십마의 포도나무여 너의 가지가 바다를 넘어 야셀 바다까지 뻗었더니 너의 여름 과일과 포도 수확을 탈취하는 자가 나타났으니 내가 너를 위하여 울기를 야셀이 우는 것보다 더하리로다 … 그러므로 나의 마음이 모압을 위하여 피리같이 소리 내며 나의 마음이 길헤레스 사람들을 위하여 피리같이 소리 내나니 이는 그가 모은 재물이 없어졌음이라 렘 48:31-32, 36

고대 유대 랍비들의 전통에 따르면, 모세와 미리암의 노래인 출애굽기 15장은 폭군 바로에 대한 하나님의 승리와 노예 생활에서 이스라엘 백성을 구원하신 것에 대한 하나님의 공의를 기뻐하고 송축하는 노래이지만, 주님은 "내 손으로 만든 것이 바다에 빠졌는데 너희는 노래를 부르느냐?"(탈무드-산헤드린 39b)하며 축하의 노래를 따라 부르려고 하는 천사들을 꾸짖으셨다고 한다. 이사야와 예레미야는 환상 속에서 자신들의 어리석음, 반항, 반역, 고집의 궁극적인 대가를 치르는 사람들의 고통을 보며 흐느끼시는 하나님의 통곡과 울음을 들었다. 이러한 하나님의 울부짖음은 하나님이 나사렛 예수로 성육신하셨을 때 예루살렘에 다가오는 멸망과 그것이 초래할 고통을 내다보면서 우셨던 것과 같이 문자 그대로 육체적인 슬픔으로도 나타났다.

가까이 오사 성을 보시고 우시며 이르시되 너도 오늘 평화에 관한 일을 알았더라면 좋을 뻔하였거니와 지금 네 눈에 숨겨졌도다 날이 이를지라 네 원수들이 토둔을 쌓고 너를 둘러 사면으로 가두고 또 너와 및 그 가운데 있는 네 자식들을 땅에 메어치며 돌 하나도 돌 위에 남기지 아니하리니 이는 네가 보살핌 받는 날을 알지 못함을 인함이니라 하시니라 눅 19:41-44

"나를 위해 울지 마라." 주님은 갈보리에서 십자가를 지고 넘어지시면서도 그 옆에서 함께 울고 있는 여자들에게 말씀하셨다. "너희 자신과 다가올 일을 위해 울어라."(눅 23:27-31 참조).

그러므로 하나님의 최후 심판은 포괄적이고 우주적일 것이다. 그 어떠한 것도, 그 누구도 그분의 최후 심판 앞에서 숨김없이 드러날 것이고, 그분의 완전한 공의를 피할 수 없을 것이다. 그러나 이것이 좋은 소식이라는 사실(기쁨과 슬픔이 동시에 일어나는 문제)은 이사야서의 다음 장으로 넘어가면서 우리를 두 번째 요점으로 이끈다.

전 세계적으로 확장된 하나님의 구원(사 25장)

심판하시는 하나님은 또한 구원하시는 하나님, 오직 한 분이신 하나님이다. 이사야서 후반부에서는 그들의 무능한 신들 때문에 정죄받고 패배하고 멸시당하는 바로 그 나라들이 하나님께 구원을 받고자 그들을 심판하셨던 그 하나님께로 돌아오라는 부르심을 받는다.

> 너희는 알리며 진술하고 또 함께 의논하여 보라 이 일을 옛부터 듣게 한 자가 누구냐 이전부터 그것을 알게 한 자가 누구냐 나 여호와가 아니냐 나 외에 다른 신이 없나니 나는 공의를 행하며 구원을 베푸는 하나님이라 나 외에 다른 이가 없느니라 땅의 모든 끝이여 내게로 돌이켜 구원을 받으라 나는 하나님이라 다른 이가 없느니라 사 45:21-22

이사야 25장은 24장과 놀라울 정도로 대조된다. 우리는 우주적 심판(24장)에서 갑자기 영원한 구원(25장)으로 나아가게 된다. 이사야 25장 1절은 다시 한 번 하나님의 신실하심과 그분의 주 되심에 대한 이사야 선지자의 개인적인 찬양을 요약한 것인데, 그 내용은 다음과 같다.

여호와여 주는 나의 하나님이시라 내가 주를 높이고 주의 이름을 찬송하오리니 주는 기사를 옛적의 정하신 뜻대로 성실함과 진실함으로 행하셨음이라 사 25:1

다음 내용을 통해서 구원에 관한 하나님의 중요한 세 가지 관점을 살펴보도록 하겠다.

1) 원수에게도 향한 하나님의 구원(사 25:2-3)

주께서 성읍을 돌무더기로 만드시며 견고한 성읍을 황폐하게 하시며 외인의 궁성을 성읍이 되지 못하게 하사 영원히 건설되지 못하게 하셨으므로 강한 민족이 주를 영화롭게 하며 포학한 나라들의 성읍이 주를 경외하리이다 사 25:2-3

2절의 "성읍"은 아마도 바벨론이나 두로를 가리킬 것이며, 결국에는 요한계시록에 나오는 타락한 창녀 "바벨론"으로 묘사되는 축적된 인간의 오만, 탐욕, 폭력을 상징한다. 이 성읍은 하나님께 반역하여 죄 많고 부패하고 파괴적이고 압제당하는 '사람의 도시'로서 멸망을 가리키고 있다.

그러나 놀랍게도 3절은 성경이 여러 곳에서 단언하듯이, 심판이 임하는 대적과 성읍에서도 하나님을 인정하고 경외하며 결국에는 구원에 이르는 사람들이 하나님께로 돌아올 것임을 이야기하고 있다. 이사야 25장 3절은 그 끊임없는 희망을 보여 주는 작은 예이지만, 그럼에도 불구하고 실제적인 희망을 보여 주기도 한다.

이사야 19장에는 훨씬 더 실제적이고 숨 막힐 듯한 환상이 묘사되어 있다. 이 장의 전반부에서는 애굽이 사회, 정치, 농업, 경제, 영적 생활의 모든 측면에서 무자비하게 하나님의 심판 아래 놓여 있음을 보여 준다. 그러나 후반부에서는 종말론적으로 반전되어, 마치 이스라엘 백성을 출애굽시키셨을 때처럼 "그날에" 하나님이 애굽에 직접적으로 개입하시고, 그들은 하나님께 부르짖을 것이고, 하나님은 구원자를 보내실 것이다. 그리고 그 절정에서 그들은 앗수르와 함께 이스라엘 하나님의 백성이 될 것이다. 다시 말해, 모든 대적이 하나님의 백성으로 변하게 된다.

이 모티브는 요한계시록에서 그 정점에 도달한다. 요한계시록 전체에서 민족과 왕은 '나쁜 놈들'이다. 그들은 하나님을 거역하고, 하나님의 백성을 핍박하고 살해하며, 용과 짐승과 동맹을 맺는다. 그들은 틀림없이 '원수들'이며 하나님 심판의 표적이 되는 대상이다. 그러나 일말의 기대도 할 수 없는 상황에서 하나님의 구속으로 반전을 마주하게 되고, 새로운 창조에 대한 요한의 비전은 만국과 왕들이 겸손하게 변화된 가운데서 그들의 모든 영광을 더 이상 큰 창녀의 도시가 아니라 하나님의 도시로 가져오는 것을 묘사한다. 요한계시록 21장에서 묘사하는 이 구절들은 이사야 25장 3절의 간결한 요약을 확장시킨 주석과 같은 역할을 한다.

그 성은 해나 달의 비침이 쓸데없으니 이는 하나님의 영광이 비치고 어린양이 그 등불이 되심이라 만국이 그 빛 가운데로 다니고 땅의 왕들이 자기 영광을 가지고 그리로 들어가리라 낮에 성문들을 도무지 닫지 아니하리니 거기에는 밤이 없음이라 사람들이 만국의 영광과 존귀를 가지고 그리로 들어가겠고 무엇이든지 속된 것이나 가증한 일 또는 거짓말하는 자는 결코 그리

로 들어가지 못하되 오직 어린양의 생명책에 기록된 자들만 들어가리라 계
21:23-27

그러므로 우리의 장래 희망은 하나님이 참으로 자신의 공의로 땅을
심판하실 것이며, 또한 하나님이 회개하여 그분께로 돌아서는 자들은
그분의 원수들 가운데에도 구원하실 것이라는 것이다. 할렐루야! 물론
여기에는 우리 모두가 포함된다. 우리가 아직 원수 되었을 때에 하나님
이 우리를 사랑하시고 그리스도가 우리를 위하여 죽으셨다(롬 5:8-10).

2) 가난하고 궁핍한 사람들을 향한 하나님의 구원(사 25:4)

우리는 앞에서 하나님의 심판은 포괄적이고 공평하다는 것을 살펴
보았다(사 24:2). 하지만 하나님은 이 또한 차별되게 행하시며, 특별히
억압받고 착취당하는 사람들, 가난하고 궁핍한 사람들, 유린당하고 피
해를 입은 사람들의 부르짖음을 들으시는 분이다. 그리고 하나님은 그
들에게 피난처가 되신다.

주는 포학자의 기세가 성벽을 치는 폭풍과 같을 때에 빈궁한 자의 요새이시
며 환난당한 가난한 자의 요새이시며 폭풍 중의 피난처시며 폭양을 피하는
그늘이 되셨사오니 사 25:4

"폭풍"은 무엇을 의미하는가? 다음 구절에서 이 단어는 침략하는 적
을 비유해서 설명한 것이지만, 더 넓은 맥락에서는 하나님의 심판을
의미한다. 왜냐하면 이스라엘의 이야기에 나오는 적들은 역사적으로
볼 때 하나님이 임시적으로 심판하시는 행위의 대리인들이었기 때문
이다. 그러나 우리가 24장에서 살펴본 것처럼 이러한 폭풍 같은 하나

님의 심판은 궁극적이고 전 우주적인 규모일 것이다.

그러면 "피난처"는 어디에 있을까? 그것은 다름 아닌 하나님 안에 있다. "빈궁한 자의 요새이시며"라는 구절에는 놀라운 역설이 있는데, 그것은 바로 하나님 자신이 자신의 진노와 심판의 폭풍우를 피할 피난처가 되신다는 것이다! 그리고 하나님의 자비하심이 자신이 행하시는 공의의 심판으로부터 우리를 보호해 준다는 것이다. 참으로 신비롭지 않을 수가 없다. 이스라엘의 역사와 믿음의 여정에서도 이러한 사례를 찾아볼 수 있다. 애굽에 내린 마지막 끔찍한 재앙인 장자의 죽음에서 하나님은 이스라엘 백성에게 '멸망시키는 자', '죽음의 천사'라고 불리는 자로부터 '피난처'를 제공하셨다. 즉 하나님은 유월절 어린양의 피를 바르게 하셔서 자신의 심판 대리자로부터 피난처를 마련해 주셨다.

물론 궁극적으로, 성경의 나머지 부분은 하나님 자신이 아들 예수 그리스도 안에서 그 심판을 감당하기로 선택하심으로써만 자신의 심판의 폭풍으로부터 피난처가 되실 수 있다고 설명한다. 공의로우신 하나님은 우리를 대신하여, 그리고 우리를 위하여 십자가에서 불의한 심판을 받기로 선택하셨다. 그렇기 때문에 우리는 "하나님은 우리의 피난처시요 힘이시니"(시 46:1)라는 시편 기자의 말과 시편 46편에 나오는 모든 말씀에 진심으로 감사하고 확신할 수 있다.

"예수님의 십자가 아래서 나는 기꺼이 서고 싶습니다. 메마른 땅속 위대한 바위의 그림자…."[1]

---

1 Elizabeth Cecilia Clephane, *Beneath the Cross of Jesus.*

3) 죽음을 뛰어넘는 하나님의 구원(사 25:6-8; 사 26:19 참조)

죽음을 뛰어넘는 하나님의 구원은 선지자들의 가장 놀라운 비전들 중 하나다. 고대 이스라엘은 주변의 문화, 특히 애굽과는 달리 사후의 삶에 대해서는 큰 관심이 없었다는 것이 잘 알려져 있다. 그렇다고 해서 그들에게 죽음을 초월하는 믿음이 없었다는 의미는 아니다. 한나가 이스라엘의 신앙 여정 초기에 노래했던 것처럼(삼상 2:6), 여호와께서는 참으로 삶과 죽음의 주님이시다. 그리고 시편에서 때때로 신실한 의인들에게서 죽음을 불사하는 미래를 엿볼 수 있다(예: 시 16:9-11; 49:15; 73:23-26). 그러나 여기서 이사야는 그 단순한 진리를 넘어 여호와께서 죽음을 완전히 없애 버리셨다는 영광스러운 환상으로 나아간다.

> 만군의 여호와께서 이 산에서 만민을 위하여 기름진 것과 오래 저장하였던 포도주로 연회를 베푸시리니 곧 골수가 가득한 기름진 것과 오래 저장하였던 맑은 포도주로 하실 것이며 또 이 산에서 모든 민족의 얼굴을 가린 가리개와 열방 위에 덮인 덮개를 제하시며 사망을 영원히 멸하실 것이라 주 여호와께서 모든 얼굴에서 눈물을 씻기시며 자기 백성의 수치를 온 천하에서 제하시리라 여호와께서 이같이 말씀하셨느니라 사 25:6-8

다음 두 가지의 생생한 이미지가 합쳐져서 놀라움을 자아낸다.

① 모든 민족을 위한 잔치(6절) : 이사야 24장 7-11절에서 끔찍한 하나님의 심판 중 하나는 음식과 포도주가 없어지고, 굶주리고 배고프며 목마르게 되는 것이다. 이는 고통과 죽음에 대한 아주 강한 이미지를 나타내는 것이기도 하다. 그러나 이러한 하나님의 영광이 드러날 수 없는 상황에서도 하나님은 유다 민족뿐만 아

니라 잔치에 초대될 수 있는 모든 사람, 즉 "만민"을 위해서 가장 좋은 음식과 음료를 제공하는 커다란 잔치를 준비하고 계신다! 이것은 요한계시록에서 묘사하는 어린양의 혼인 잔치, 곧 메시아의 대잔치가 된다. 실제로, 이방인 백부장의 믿음에 놀라신 예수님은 이사야의 말을 되풀이하여 전 세계 사람들이 절기에 오는 것을 상상하면서 이방인 선교와 그 전 세계적인 범위에 대한 놀라운 기대를 가지고 계셨다.

예수께서 들으시고 놀랍게 여겨 따르는 자들에게 이르시되 내가 진실로 너희에게 이르노니 이스라엘 중 아무에게서도 이만한 믿음을 보지 못하였노라 또 너희에게 이르노니 동서로부터 많은 사람이 이르러 아브라함과 이삭과 야곱과 함께 천국에 앉으려니와 그 나라의 본 자손들은 바깥 어두운 데 쫓겨나 거기서 울며 이를 갈게 되리라 마 8:10-12

② 사망이 영원히 사라짐(7-8절) : 생각해 보면, 어차피 당신이 곧 죽을 상황이라면, 너무나 완벽하고 풍성한 식사에 초대받는 것은 별로 의미가 없다. (당신의 삶이 "만약 내일 죽더라도 마지막을 위해 먹고 마시고 즐기세요"라고 말하는 에피쿠로스 철학을 따르는 것이 아니라면.) 그러나 여기서 하나님의 약속은 정말 특별한데, 이 특별함을 "소리가 끊어지고"라고 묘사할 수도 있지만, 실제로는 "생명의 호흡을 주는 것"이라고 묘사할 수 있다. 우리는 여기서 마침내 창세기 3장의 저주가 반전되는 것을 알 수 있다. 즉 바울이 말했듯이, 죄로 인해 죽음이 세상에 들어왔으나 하나님의 심판으로 죄가 영원히 사라질 때에는 죄의 결과인 사망 그 자체도 없어질 것이기 때문이다.

- 엎드려 죽어 있는 시체를 덮고 있던 수의가 사라졌다!
- 죽음의 블랙홀인 거대한 대식가(Great Swallower)가 그 자체를 영원히 삼켜 버렸다!
- 사별할 때마다 사람들의 얼굴을 적셨던 눈물이 닦였다!

그 눈물은 주 하나님이 친히 닦아 주실 것이다. 하나님은 참으로 온유하시며 따뜻한 분이시다. 그리고 이것은 하늘이 이 땅에 임하고 신랑이 신부를 포옹할 때 요한이 하나님의 보좌로부터 직접 반복해서 들은 영광스러운 위로의 약속이다.

모든 눈물을 그 눈에서 닦아 주시니 다시는 사망이 없고 애통하는 것이나 곡하는 것이나 아픈 것이 다시 있지 아니하리니 처음 것들이 다 지나갔음이러라 계 21:4

그러면 하나님은 이 모든 일을 어디에서 하실 것일까? "이 산에서"(사 25:7). 이사야서에서 "이 산"은 바로 여호와의 산인 시온을 의미한다. 그리고 실제로 바로 그곳, 갈보리 언덕에서 하나님은 자기 아들의 죽음으로 사망을 멸하시고, 우리를 위하여 죄를 입고 십자가에 못 박혀 죽으시고 장사되셨다. 그분의 죽음을 통해서 우리는 그분의 부활과 영원한 생명을 누릴 수 있게 되었으며, 이사야 25장 7-8절에서 말하는 근본적인 진리에 대해서 확신을 가질 수 있다.

" 우리를 향한 아버지의 사랑은 너무나 크고 광대하기에 우리는 측량할 수 없다….".[2]

---

2 Stuart Townend, *How Deep the Father's Love for Us*.

그러므로 하나님의 구원은 범세계적인 하나님의 심판을 포괄하는 범세계적인 것이다. 그렇다면 이것은 무슨 의미가 있을까? 우리가 보여야 하는 바람직한 반응은 이사야 선지자가 25장 9절과 26장에서 서술한 것과 같아야 한다.

그날에 말하기를 이는 우리의 하나님이시라 우리가 그를 기다렸으니 그가 우리를 구원하시리로다 이는 여호와시라 우리가 그를 기다렸으니 우리는 그의 구원을 기뻐하며 즐거워하리라 할 것이며 사 25:9

주께서 심지가 견고한 자를 평강하고 평강하도록 지키시리니 이는 그가 주를 신뢰함이니이다 너희는 여호와를 영원히 신뢰하라 주 여호와는 영원한 반석이심이로다 사 26:3-4

04
재난(재앙)에 대한 성경적 신학을 향하여

마이클 G. 디스테파노(Michel G. Distefano)

> 나는 여호와라 다른 이가 없느니라 나는 빛도 짓고 어둠도 창조하며 나는
> 평안도 짓고 환난도 창조하나니 나는 여호와라 이 모든 일들을 행하는 자니
> 라 사 45:6하-7

성경에 나오는 재난·재앙은 일반적인 용어, 다양한 목록, 구체적인
사건으로 설명할 수 있다. 사실 하나님은 재난·재앙의 원인이 되시기
도 한다. 이사야 45장 7절에 이를 확증하는 내용이 나오는데, 이외에
도 수천 개의 성경 구절에도 기록되어 있다. 하지만 하나님은 여전히
자신이 가져오신 재난·재앙에 대해 인간에게 도덕적인 책임이 있다고
말씀하신다. 성경에서 재난·재앙은 구원과 심판을 의미하며, 이는 다
시 말해서 하나님이 그분의 인과응보적인 공의를 언제, 어떻게, 왜 다
루시는가를 이해하는 데 중요한 역할을 한다. 성경에서는 재난·재앙에
대해서 너무나 방대하게 나열하고 있기 때문에 이 논문에서는 대표적
인 구절들만 언급하며 논의해 보고자 한다. 그 후 어떻게 재난·재앙 속

에서 살아가야 하는지, 이러한 폭풍을 어떻게 헤쳐 나갈 수 있는지 이야기하고자 한다.

정의, 규모, 목록 및 카탈로그

메리엄-웹스터(Merriam-Webster) 사전은 재난을 "큰 손실과 지속적인 고통과 괴로움의 특징을 가진 비참한 사건"[1]으로 정의한다. 이 논문에서는 '재앙', '재난', '재해'를 성경 본문 히브리어 단어의 뉘앙스를 지키며 다양한 영어 번역본을 인용하여 살펴보겠다.

대규모 재난 사건

소규모 재난은 개인, 가족, 친족들에게 영향을 미치는 것이며, 성경에서는 이것이 개인적인 증오심과 상해에 대한 결과물로, 하나님의 심판으로 묘사되기도 한다. 그러나 이 논문은 더 많은 사람에게 영향을 미치는 대규모 재난에 초점을 맞출 것이다. 성경은 이러한 대규모적 인구 집단은 성벽이 없는 정착지, 성벽이 있는 도시, 부족 영토 및 국가 등에 모여 산다고 이야기한다. 가장 큰 고난의 때가 다가오면 이 범위는 더욱 확대되어 지구 전체와 온 우주가 영향을 받을 것이다.

목록과 카탈로그

너희가 나에게 순종하지 아니하고 각기 형제와 이웃에게 자유를 선포한 것을 실행하지 아니하였은즉 내가 너희를 대적하여 칼과 전염병과 기근에게 자유를 주리라 렘 34:17

---

1 Merriam-Webster, s. v. "calamity (n.)," accessed January 14, 2023, https://www. merriam-webster. com/dictionary/calamity.

이 구절에서는 칼, 전염병, 기근 등 세 부분으로 구성된 재난의 표준적인 목록을 보여 준다. 또한 다른 성경 구절에서 두 부분으로 구성된 목록에서는 "전염병"이 제외되고, 네 부분으로 구성된 목록에서는 "사나운 짐승"이 추가된다. 두 부분과 세 부분으로 된 목록이 나오는 예레미야 44장 12-13절에서는 하나님이 유다에게 내리기로 작정하신 재앙으로 나타나고(11절), 네 부분으로 구성된 목록은 에스겔 14장 21절에 나오는데 재앙이라고도 불리는 "네 가지 중한 벌"로, 하나님은 예루살렘에 "칼과 기근과 사나운 짐승과 전염병"을 내려 사람과 짐승을 멸하신다. 이 네 가지 재앙은 이전 구절(13, 15, 17, 19절)에서도 언급된다. "사나운 짐승"은 이 목록에 자주 포함되지는 않지만, "수풀에서 나오는 사자가 그들을 죽이며 사막의 이리가 그들을 멸하며 표범이 성읍들을 엿본즉"(렘 5:6)과 같이 카탈로그에는 자주 언급된다고 할 수 있다. 네 부분으로 구성된 목록은 신약 성경에서도 언급된다. 예를 들어, 요한계시록에는 "내가 보매 청황색 말이 나오는데 그 탄 자의 이름은 사망이니 음부가 그 뒤를 따르더라 그들이 땅 사분의 일의 권세를 얻어 검과 흉년과 사망과 땅의 짐승들로써 죽이더라"(계 6:8)라고 기록되어 있다.[2]

이러한 표준 목록들 외에도 다양한 재난 사건을 더욱더 자세하게 설명하는 카탈로그가 있다. 예를 들어 애굽의 재앙(시 78:44-51; 105:28-36), 언약의 저주(레 26:14-39; 신 28:15-68)가 지금까지 언급한 재난을 포함한 끔찍한 모습이며, 예레미야애가는 그것이 어떻게 땅과 그 백성에게 파괴적인 영향을 주는지 생생하게 묘사하며 예언적인 담론을 언급한다. 이러한 재난 중 일부를 간략하게 설명하겠다.

---

2 부분별 다른 예를 보려면 다음을 참조하라: 두 부분(렘 5:12; 11:22; 14:13, 15-16, 18; 42:16; 44:12, 27); 세 부분(렘 14:12; 21:7, 9; 24:10; 27:8, 13; 29:17-18; 32:24, 36; 34:17; 42:17, 22; 겔 5:12; 6:11-12; 7:15); 네 부분(신 32:24-25; 겔 5:16-17). 각각의 경우, 그 사건들이 하나님이 보내신 재앙이라는 것을 직접적인 문맥 속에 구체적으로 언급한다.

재앙적인 사건

자연재해

자연재해는 "대개 심각한 피해와 엄청난 사상자들을 초래하는 자연계에서의 갑작스럽고 끔찍한 사건(예: 허리케인, 토네이도, 홍수)"이다.[3] 성경에서도 이러한 기상 현상을 많이 묘사한다. 번개, 우박, 회오리바람, 홍수, 지진 등 성경에서 하나님은 자연을 다스리시며 이 모든 재앙을 일으키기도 하신다. 재난은 시스템적으로 상호 작용한다. 하나님이 비를 통제하셔서 비를 내리지 않게 하실 수도 있지만, 비를 너무 많이 보내시는 것 또한 똑같이 재난일 수 있다. 가뭄은 기근을 유발하고, 비가 너무 많이 오면 홍수가 발생한다. 이 간단한 메커니즘이 욥기 12장 15절에 "그가 물을 막으신즉 곧 마르고 물을 보내신즉 곧 땅을 뒤집나니"라고 언급되어 있다. 대개 폭풍우는 번개(불), 바람, 우박, 천둥, 어둠 등 다른 재난들도 불러일으킨다.

홍수. 최초의 자연재해는 창세기의 홍수였다. 하나님은 그런 파괴적인 홍수를 다시 보내지 않겠다고 약속하셨다(창 8:21; 9:11, 15; 사 54:9). 그러나 지역적인 홍수의 위력과 파괴력은 잘 알려져 있으며 이는 성경에서 "그의 가산이 떠나가며 하나님의 진노의 날에 끌려가리라"(욥 20:28)라고 묘사되기도 한다. 또한 고대인들도 범람하는 강(예: 유프라테스[사 8:7-8])과 사막에서 일어나는 돌발홍수(Wadis)의 힘을 알고 있었다.

산불. 산불은 폭풍우처럼 번져 가며(시 83:14-15) "그 모든 주위를" 사른다(렘 21:14; 시 83:14 참조). 하나님은 "너희의 악행 때문에 내 분노가

---

3 Merriam-Webster, s.v. "natural disaster (n.)," accessed January 14, 2023, https://www.merriam-webster.com/dictionary/natural%20disaster.

불같이 일어나서 사르리니 능히 끌 자가 없으리라"(렘 21:12; 나 1:6 참조)라고 경고하신다. 고대 세계가 홍수로 멸망된 것처럼, "이제 하늘과 땅은 그 동일한 말씀으로 불사르기 위하여 보호하신 바 되어 경건하지 아니한 사람들의 심판과 멸망의 날까지 보존하여 두신 것"(벧후 3:7)이다.

폭풍우. 폭풍우는 재난의 전체적인 시스템이라 할 수 있다. 폭풍우로 인해 홍수가 발생하며, 이로 인해 여러 가지가 파괴되기도 한다. 천둥소리는 공포스럽고, 번개는 화재를 일으키기도 하며, 우박은 이러한 파괴에 힘을 보탠다. 우리는 폭풍우의 재난적 힘을 다음 말씀에서 정확하게 찾아볼 수 있는데, "보라 주께 있는 강하고 힘 있는 자[앗수르]가 쏟아지는 우박같이, 파괴하는 광풍같이, 큰물이 넘침같이 손으로 그 면류관을 땅에 던지리니"(사 28:2)라는 말씀이다. 이처럼 격렬한 폭풍우가 바다에 이르면 배가 난파되기도 하고 인명 손실이 발생하기도 한다(욘 1장; 행 27장).

가뭄과 기근. 하나님은 "그들이 주께 범죄함으로 말미암아 하늘이 닫히고 비가 없어서 주께 벌을 받을 때에"(왕상 8:35) 비와 가뭄과 기근을 다스리신다. 예를 들어, 하나님은 다윗에게도 그의 범죄함 앞에서 선택할 기회를 주셨는데, 그중 하나는 다윗이 통치하는 땅에 드리운 7년간의 기근이었다(삼하 24:13). 성경에는 가뭄으로 인한 많은 기근이 기록되어 있으며, 그중 일부는 수년 동안 지속되었다는 것을 다음 구절들에서 발견할 수 있다. 가나안의 기근(창 12:10; 26:1), 애굽과 가나안을 포함한 주변 지역의 기근(창 41:54; 47:13, 7년간), 유다의 기근(룻 1:1; 삼하 21:1, 3년간; 느 5:3), 사마리아의 기근(왕상 17:1; 18:1-2, 3년간), 길갈의 기근(왕하 4:38), 수넴의 기근(왕하 8:1, 7년간). 그리고 전체 로마 제국의 기근(행 11:28[성경 외 자료에 따르면 수년간]) 등이 있었다.

전염병. 예레미야 16장 4절에 세 부분으로 구성된 재난의 목록에서

는 예상되는 '재난'(deber)을 "독한 병"으로 보기도 한다. 질병으로서의
전염병은 사망률이 높은 페스트균으로 인한 흑사병이라고 불린다. 한
가지 예는 사무엘상에 나오는 블레셋 사람들에게 내려진 재앙이다. 하
나님("여호와의 손이 아스돗 사람에게 엄중히 더하사", 5:6)은 블레셋 사람들에
게 고통과 죽음(5:11-12)을 초래한 재앙(6:4-5)을 보내셨다. 그리고 이는
블레셋의 도시들인 아스돗(5:6), 가드(5:9), 에그론(5:10-11)으로부터 결
국 가사와 아스글론에 이르기까지, 즉 다섯 개의 요새화된 도시들과 성
벽이 없는 마을을 통해 전국적으로 퍼져 나가게 되었다(6:4-5, 17).

블레셋 사람들은 나중에는 이 전염병이 하나님으로부터 온 것임을
인정했다. 그렇다. 이러한 일은 단지 우연의 일치가 아니었다. 성경은
"그것[여호와의 궤]을 보내어 가게 하고 보고 있다가 만일 궤가 그 본 지
역 길로 올라가서 벧세메스로 가면 이 큰 재앙은 그가 우리에게 내린
것이요 그렇지 아니하면 우리를 친 것이 그의 손이 아니요 우연히 당한
것인 줄 알리라 하니라"(삼상 6:8-9; 12 참조)라고 말한다.

지진. 스가랴 14장 5절에서는 지진을 언급한다. **"너희가 그 산골짜기
로 도망하되 유다 왕 웃시야 때에 지진을 피하여 도망하던 것같이 하리라"**
(암 1:1 참조). 지진(마 24:7-8)은 또한 "출산의 고통"으로 언급되기도 하
고, 특히 묵시록에서는 신현(theophany)에 수반되는 심판과 관련하여
언급된다.

사람으로 인한 재해

전쟁과 그 영향. 행군할 수 있는 군대는 성벽이 없는 마을과 주변의
들판을 쉽게 정복할 수 있고, 땅이나 농작물, 숲을 황폐화시키고 동물
과 사람을 학살하기도 한다. 이러한 군대가 쳐들어오면 많은 사람은

성벽이 있는 요새화된 도시로 도망간다. 그러나 이러한 요새화된 도시에도 포위 공격이 가해지면 식량 공급이 중단되고 때로는 물도 중단된다. 즉 포위되면 식량이 떨어지고 기근이 시작된다고 할 수 있다. 이러한 기아에는 전염병과 질병이 동반된다. **"성읍에 있는 자는 기근과 전염병에 망할 것이며"**(겔 7:15). 이러한 상황에서 성벽 밖으로 도망치는 모험을 하는 자에게는 오직 적들의 칼만이 기다리고 있다. **"칼에 죽은 자들이 주려 죽은 자들보다 나음은 토지 소산이 끊어지므로 그들은 찔림 받은 자들처럼 점점 쇠약하여 감이로다"**(애 4:9). 이러한 군대가 마침내 성벽을 무너뜨릴 때가 이르는데 그때는 더 많은 학살과 약탈이 일어나고 그 도시를 불태움으로 성전, 궁전, 건물, 요새 및 성벽을 거침없이 무너뜨린다. 여기서 버텨 낸 일부 생존자는 곧 그곳에서 추방된다. 군대가 퇴각한 후에도 침략자들은 모든 식량을 먹어 치우고(또는 파괴하고), 그전에 일구어 놓은 전체적 농업 시스템이 파괴되었기 때문에 살아남은 가난한 사람들은 계속해서 기아에 시달리게 된다. 수확할 것도, 뿌릴 씨앗도 없고, 쟁기질할 동물도 남아 있지 않다. 이러한 상황이기에 식량 공급을 보충하는 데는 시간이 걸린다.

자연재해는 이러한 진군하는 군대와 그로 인한 파괴를 은유적으로 보여 준다. 군대는 넘치는 물, 급류(시 124:4-5)와 홍수처럼 휩쓸려 가는 격노하는 물(단 9:26; 11:10, 40), 큰 하수(사 8:7-8), 그리고 다가오는 광풍(겔 38:9; 사 28:2)으로 묘사된다.

대량 학살. 대량 학살을 정의함에 있어서, 고대 근동에서 보여 주는 것처럼 정확하게 어떠한 생존자도 존재하지 않는다는 개념보다 "인종적, 정치적, 문화적 집단의 고의적이고 조직적인 파괴"[4]라는 면으로 본

---

4 Merriam-Webster, s.v. "genocide (n.)," accessed January 14, 2023, https://www.merriam-webster.com/dictionary/genocide.

다면 성경에도 그러한 예가 몇 번 나와 있다. 그중 두 경우는 하나님의 명령에 의한 것으로, 약속의 땅을 차지하고 있는 일곱 족속(신 7:2)과 아말렉 사람들(출 17:14; 신 25:19; 삼상 15:2-3)이다. 두 그룹 모두 처음에는 거의 전멸된 상태로 소수만이 살아남았다(수 16:10과 다른 곳에서는 가나안 족속, 삼하 21:2-3에서는 아모리 족속, 대상 4:43에서는 아말렉 족속). 이러한 집단 학살은 "그 민족들의 가증한 행위"(신 18:9)가 "가득 차"(창 15:16)는 것에 도달했기 때문이었고, 이스라엘의 낙오자들을 향한 아말렉의 공격(신 25:17-18)에 대한 형벌이었다. 또한 사울이 기브온 사람들을 학살하려고 시도했는데(삼하 21:1-2), 하나님은 이를 3년 기근으로 벌하셨다(삼하 21:1).

하나님은 송아지 우상을 숭배한 이스라엘을 멸망시키고 모세와 함께 새롭게 시작하겠다고 경고하셨다(출 32:10). 그러나 모세의 중재로 인해 "여호와께서 뜻을 돌이키사 말씀하신 화를 그 백성에게 내리지 아니"하셨다(출 32:14; 민 14:12-20의 사건 참조). 또한 이스라엘의 열방들은 여러 차례에 걸쳐 이스라엘을 멸망시키려고 시도했지만 하나님은 그들을 막으셨다. 그중 첫 번째는 이스라엘의 모든 남자를 죽이려는 바로의 계획이었는데, 그 계획이 성공했다면 이스라엘 여자들은 이방인 남자와 결혼하게 되고 문화적으로 동화되어 결국 이스라엘 민족은 사라지고 말았을 것이다. 두 번째와 세 번째 사건은 이스라엘이 포로 생활을 하고 있는 동안 일어났다. **"말하기를 가서 그들을 멸하여 다시 나라가 되지 못하게 하여 이스라엘의 이름으로 다시는 기억되지 못하게 하자 하나이다"**(시 83:4). 이는 바사 제국 전역에서 일어난 학살 계획이었다(에 3:12-14; 8:5-6).

창조 파괴(Uncreation)

땅을 황폐화시키는 모든 대규모 재난은 창조의 넷째 날, 다섯째 날, 여섯째 날 등에 세상이 창조되기 이전의 모습과 같다고 볼 수 있다. 어떤 경우에는 물로 뒤덮인 사막 황무지 풍경 같은 창조되지 않은 원래의 상태, 즉 어둠의 땅으로 돌아간다고 할 수 있다. 가장 체계적인 역행은 창세기의 홍수 사건에 묘사되어 있다.[5] 이 기록은 또한 창세기 1장과 같은 순서로 재창조를 묘사하기도 한다. 하나님이 땅에 다시는 홍수를 일으키지 않겠다고 약속하신 후, 창조의 파괴는 원래 어둠의 지점까지만 도달할 수 있었다. 예를 들어, 애굽의 재앙[6]과 바벨론의 유다 멸망을 언급하는 '북방에서 오는 재앙'과 '패망에 패망이 연속되는 재앙'(렘 4:6, 20)에 대한 예레미야의 환상을 보라.

> 보라 내가 땅을 본즉 혼돈하고 공허하며 하늘에는 빛이 없으며 내가 산들을 본즉 다 진동하며 작은 산들도 요동하며 내가 본즉 사람이 없으며 공중의 새가 다 날아갔으며 보라 내가 본즉 좋은 땅이 황무지가 되었으며 그 모든 성읍이 여호와의 앞 그의 맹렬한 진노 앞에 무너졌으니 렘 4:23-26

궁극적인 창조 파괴는 베드로후서와 요한계시록에 나오는데, "이제 하늘과 땅은 그 동일한 말씀으로 불사르기 위하여 보호하신 바 되어 경건하지 아니한 사람들의 심판과 멸망의 날까지 보존하여 두신 것이니라"(벧후 3:7), "처음 하늘과 처음 땅이 없어졌고 바다도 다시 있지 않

---

5 베드로후서에서는 "이는 하늘이 옛적부터 있는 것과 땅이 물에서 나와 물로 성립된 것도 하나님의 말씀으로 된 것을 그들이 일부러 잊으려 함이로다 이로 말미암아 그때에 세상은 물이 넘침으로 멸망하였으되"(벧후 3:5-6)라고 묘사한다.

6 즉 출애굽기 10장 21-23절에 나오는 어둠이다. 고대 이집트의 관점에서 볼 때 전염병은 무질서와 형태가 없고 어둠 속에 있던 원래의 미분화된 상태를 상징했다.

더라"(계 21:1)라는 말씀이다. 하나님의 최후 심판은 그분이 "새 하늘과 새 땅"(계 21:1, 5)을 포함한 모든 것을 새롭게 하시기 전에 하시는 땅의 황폐화일 것이다.

하나님의 주권과 재난에 대한 인간의 책임

신적 인과관계

이제 모든 짐승에게 물어보라 그것들이 네게 가르치리라 공중의 새에게 물어보라 그것들이 또한 네게 말하리라 땅에게 말하라 네게 가르치리라 바다의 고기도 네게 설명하리라 이것들 중에 어느 것이 여호와의 손이 이를 행하신 줄을 알지 못하랴 욥 12:7-9

이사야 40-48장에서 하나님은 자신이 어떠한 것과도 비교할 수 없는 분이라고 말씀하신다(사 40:18, 25; 44:7; 46:5, 9). 그분만이 하나님이시니 현재에도 과거에도 미래에도 다른 이는 없다(사 43:10; 44:8; 45:5-6, 14, 18, 21-22; 46:9). 그분은 재앙이 일어나기 전에 재앙을 알려 주기도 하시는 유일한 분이시며(사 43:9; 44:7; 45:21; 46:10; 48:3, 5, 14-15), 동시에 재앙을 행하거나 가져오기도 하신다(사 41:4; 46:11; 48:3, 16). 그분은 이스라엘에게 재앙을 내리신 분이고(사 42:24-25, 즉 "전쟁의 위력"[42:25], "진멸"[43:28], '욕되게 함'[47:6]과 기타 언급된 여러 가지 예루살렘의 멸망과 유배) 바벨론에 재앙을 내리려고 하셨다(사 47:11에 재해, 재앙, 재난이 강조되어 나타남). 그러나 이스라엘을 포로 생활에서 모아 다시 번영케 하려 하셨으며, 이는 그들의 재난을 되돌리려 하신 그분의 뜻이었다.

또한 하나님은 우상에게 행해지는 번영이나 재난을 가져온다고 하는 어떠한 선악 행위에 대해 질책하셨으며, 그로 인한 재난을 미리 알리신다.

장차 당할 일을 우리에게 진술하라 또 이전 일이 어떠한 것도 알게 하라 우
리가 마음에 두고 그 결말을 알아보리라 혹 앞으로 올 일을 듣게 하며 뒤에
올 일을 알게 하라 그리하면 너희가 신들인 줄 우리가 알리라 또 복을 내리
든지 재난을 내리든지 하라 우리가 함께 보고 놀라리라 보라 너희는 아무
것도 아니며 너희 일은 허망하며 너희를 택한 자는 가증하니라 사 41:22-24

또한 이와 대조적으로, 하나님은 왕과 그의 군대, 고레스와 바사 군
대를 명하여 바벨론을 치러 갈 것이라고 말씀하셨는데, 이는 예루살렘
에는 좋은 소식이 된다(사 41:25-28; 2-4절 & 45:1, 13 참조).

이러한 주제들은 계속해서 서로 얽히면서 커져 가게 되고, 하나님은
자신이 이 모든 일을 주관하고 있음을 거듭 강조하신다. 즉 바벨론에
닥칠 재난(사 45:1-6)과 예루살렘의 회복된 풍요의 원인(사 45:13-17)에 대
해 설명하신다. 그리고 하나님은 이 두 가지 사이에서 일종의 맞춤형
신학적 진술을 하시는데, 자신이 재앙(환난)과 번영(평안)을 주관하고 있
다는 것을 분명히 하신다.

나는 여호와라 다른 이가 없느니라 나는 빛도 짓고 어둠도 창조하며 나는 평
안도 짓고 환난도 창조하나니 나는 여호와라 이 모든 일들을 행하는 자니라
하였노라 사 45:6-7

이와 유사한 다른 말씀도 있다. "화와 복이 지존자의 입으로부터 나
오지 아니하느냐"(애 3:38; 욥 2:10; 전 7:14 참조), "여호와의 행하심이 없는
데 재앙이 어찌 성읍에 임하겠느냐"(암 3:6). 또한 성경에는 하나님만이

예언적 경고와 재난에 대한 예측을 말씀하시고 특정한 재난을 주관하신다는 말씀이 수천 개가 넘는다. 이러한 재난은 오직 하나님만이 미리 알려 주시고 실현하실 수 있다(예: 사 45:7의 직접적인 문맥에서). 그리고 하나님은 그분의 도구로 보내신 압제자와 군대를 통해서 전쟁의 재앙을 일으키시고 저주를 조장하는 것까지 주관하신다.

인간의 책임과 응보적 정의(Retributive Justice)

하나님은 죄에 대한 형벌로 재앙을 내리신다. 간단히 말해서, "응보적 정의는 죄에 비례하는 형벌이다."[7] 하나님이 응보적 정의를 다루신다는 것은 성경의 중요한 주제들 중 하나이며, 첫 계명을 어긴 것에 대한 형벌로 시작해(창 2:17; 3:16-19, 23-24) 요한계시록에서 죄인을 형벌하시는 것으로 정점에 이른다. 그 사이에는 언약의 저주, 언약 위반에 대한 예언적 담론, 상과 형벌에 관한 전통적인 지혜, "죄의 삯은 사망"(롬 6:23)이라는 로마서의 주장, 그리고 가장 중요한 인간을 위한 예수님의 죽음이 있다. 그분은 "의인으로서 불의한 자를 대신"(벧전 3:18)하셨다. 그 이유는 하나님이 "창조의 명공이 되어"(잠 8:30, 표준새번역) 정의로운 길로 행하며 공의로운 길 가운데로 다니는(잠 8:20) 지혜와 함께 도덕적으로 온 우주를 창조하셨기 때문이다.

에스겔 7장은 보복 신학(Retribution Theology)의 좋은 예라고 할 수 있다. "재앙이로다, 비상한 재앙이로다"(5절). "환난에 환난이 더하고"(26

---

7 D. A. Carson, *How Long, O Lord? Reflections on Suffering and Evil*, 2nd ed. (Nottingham: IVP, 2006), 148. 한국어판, 《위로의 하나님》(D. A. 카슨, CLC, 2017)으로 번역 출간되었다 (옮긴이 주). 이 책에서는 성경은 "죄에 비례하는 형벌이라는 단순한 응보적 정의론", "신명기, 잠언, 로마서에서 발견되는 고통과 응보 사이의 연관성"이 모든 경우에 적용되는 것은 아님을 보여 준다. 다른 구절들은 기계론적 응보의 한계에 대해 의문을 제기했다(욥기, 전도서, 시편의 일부). 카슨이 말하듯이, 그들은 "보복의 교리를 단순하고, 수학적으로 정확하고, 즉각적으로 적용하는 것을 거부한다." 우리의 경우 대규모의 재난은 본질적으로 무차별적이며, 무고한 사람들에게도 영향을 미칠 수 있으며, 또한 죄에 비례하지 않는 고통도 있다.

절). 칼, 전염병, 기근(15절)은 "죄악의 몽둥이"(11절)가 되고 "그 죄악으로 말미암아"(13절), 즉 재물을 사랑하고 믿는 것(19-21절), 우상 숭배(20절), 유혈과 포악(23절) 및 교만(24절), 그리고 가증한 행위와 같은 죄악된 행위로 말미암아 임한 심판이다(약간 변형됨, 3-4, 8-9, 27절). 예언에 나오는 죄의 목록을 요약하면 우상 숭배, 간음, 유혈, 폭력, 탐욕, 도둑질, 뇌물 수수와 불의, 사회의 약자에 대한 억압, 오만과 교만이며, 이는 모두 하나님과 그분의 계명에 대한 지식이 부족함에서 비롯된다. 이러한 만족할 줄 모르는 권력과 탐욕을 조장하는 구조적 불의는 하나님의 도덕적 창조 질서를 파괴시킨다.

상호 교환 가능한 인과관계

신성한 주권과 인간의 도덕적 책임은 너무 밀접하게 얽혀 있어 두 인과관계를 서로 바꿔서 사용하기도 한다. 예레미야는 하나님이 "북방에서 재난[바벨론 군대]과 큰 멸망을 가져오리라"(렘 4:6; "패망에 패망이 연속하여 온 땅이 탈취를 당하니"[20절] 참조)라고 언급하며 "네 길과 행위가 이 일들을 부르게 하였나니 이는 네가 악함이라"(렘 4:18)라고 말한다. 이에 대한 또 다른 예는 다음과 같다.

"내[만군의 여호와]가 그들을 바람으로 불어 알지 못하던 여러 나라에 흩었느니라 그 후에 이 땅이 황폐하여 오고 가는 사람이 없었나니 이는 그들이 아름다운 땅을 황폐하게 하였음이니라 하시니라"(슥 7:14). 또한 포로 되기 전에는 "예루살렘과 사면 성읍에 백성이 평온히 거주"(슥 7:7)했으나 이제 그곳은 황폐해졌다. 비록 하나님이 주관하시는 일련의 재앙의 마지막 단계로 그들을 흩어 버리셨지만, 하나님은 "그들이 그 평

안의 땅을 황폐하게 하였음이니라"고 말씀하신다.[8]

도덕적 부패로 인해 황폐화된 지구

앞의 구절은 인간의 도덕적인 부패가 지구를 황폐화시키는 재난의 궁극적인 원인이라는 중요한 점을 지적한다. 이 사실은 항상 그래 왔고, 앞으로도 그럴 것이다. 하나님은 홍수를 보내기 전에 "사람의 죄악이 세상에 가득함과 그의 마음으로 생각하는 모든 계획이 항상 악할 뿐임을 보셨다"(창 6:5). "그때에 온 땅이 하나님 앞에 부패하여 포악함이 땅에 가득한지라 하나님이 보신즉 땅이 부패하였으니 이는 땅에서 모든 혈육 있는 자의 행위가 부패함이었더라"(창 6:11-12). 여기서 '부패하다'는 것은 도덕적 부패를 의미한다.[9] "하나님이 노아에게 이르시되 모든 혈육 있는 자의 포악함이 땅에 가득하므로 그 끝 날이 내 앞에 이르렀으니 내가 그들을 땅과 함께 멸하리라"(창 6:13). 하나님은 인간의 도덕적 부패로 인해 땅과 그 사람들을 홍수로 멸망시키셨다. 이 멸망은 땅의 창조를 파괴하는 것이었고, 땅 위에 호흡이 있는 모든 생명체를 죽였으며, 모든 초목이 멸절되었고, 땅은 원래의 상태로 돌아가서 물이 뒤덮인 사막 황무지가 되었다. 구름과 비가 해를 가려 세상이 어두워졌다는 사실도 기억해야 한다.

마찬가지로, "땅을 망하게 하는 자들을 멸망시키실 때"(계 11:18)가 올 것인데, 이러한 최후의 심판에서 하나님은 불경건한 자들에게 재앙을

---

8 이것은 다른 사람들에게 책임을 전가함으로써 하나님의 도덕적 책임을 면제하려는 것이 아니다. 그분은 의로운 재판관이시다. "하나님은 악조차도 그분의 주권의 범위 밖에서 일어나지 않게 악 뒤에 서 계시지만, 악은 그분에게 도덕적으로 책임을 물을 수 없다. 그것은 항상 이차적 행위자들, 이차적 원인들에 책임이 있다"(Carson, *How Long?*, 189).

9 It is also one of the definitions in David J. A. Clines, ed., *The Dictionary of Classical Hebrew* (Sheffield, Eng.: Sheffield Academic Press; Sheffield Phoenix Press, 1993-2011).

집중적으로 부으실 것이다. 그 과정에서 하나님은 지구를 파괴하게 되실 것이다. 크레이그 코이스터(Craig Koester)는 이 구절의 '멸망시키다'라는 동사 'diaphtheirein'이 어떻게 사용되었는지에 대해 탁월하게 요약한다. 이 단어는 "육체적으로 파괴하고 도덕적으로 파멸시키는 것을 의미할 수 있다. 하나님을 대적하는 자를 향해 사용될 때는 이 두 가지 개념이 모두 작용한다"라고 했다. 또한 하나님은 요한계시록에서 "땅을 도덕적으로 파멸시키는" "멸망의 일꾼들"을 "우상 숭배를 조장하는" 사탄, "숭배의 대상으로 삼는" 짐승, "사람을 속이고 강요하여 파멸시키는" 거짓 선지자로 구별하신다. 이들은 "통치자 숭배에 가담하게 하고", "부패한 창녀, 곧 이익과 사치의 유혹으로 여러 나라들을 얽어매게 하며", "도덕적으로 파멸적인"[10] 모습을 나타내는 바벨론이다.

앞서 구약 성경 구절에서처럼 하나님은 도덕적으로 지구를 파괴하는 자들을 물리적으로 멸하실 것이다. 하나님이 마지막 봉인과 나팔과 대접에 심판을 부으실 때 불경건한 자들은 죽이실 것이고, 그 과정에서 땅은 황폐하게 되어 일부는 창조되지 않은 상태로 돌아갈 것이다.

하나님이 재난을 보내시는 방법과 시기

- 하나님은 오래 참으시고 "노하기를 더디" 하시는 분이다(출 34:6).
- 하나님은 "아무도 멸망하지 아니하고 다 회개하기에 이르기를" 원하신다(벧후 3:9).
- "주께서 인생으로 고생하게 하시며 근심하게 하심은 본심이 아니시로다"(애 3:33).

---

10 Craig R. Koester, *Revelation: A New Translation with Introduction and Commentary*, The Anchor Yale Bible (New Haven: Yale Univ. Press, 2014), 516-17.

- 하나님의 인내는 선지자들을 통한 경고로 나타나며(왕하 17:23), 하나님은 선지자들을 우리에게 끊임없이 보내신다(렘 44:4).
- 하나님은 인내를 가지고 점점 더 큰 재앙을 내리신다(예: 하나님은 점점 더 강한 재앙을 보내신 후에 "그러나 너희가 내게로 돌아오지 아니하였느니라"라고 말씀하신다[암 4장]).
- 마지막으로, 죄가 대규모적으로 어떠한 집단에 가득하여 회개하지 않을 때 하나님은 강하고 끔찍하며 파괴적인 재난을 보내신다(예: 홍수, 소돔과 고모라의 멸망, 약속의 땅을 점령한 국가들, 니느웨와 바벨론).
- 여러 가지 다른 미스터리도 존재하는데, 이는 거룩한 성회(divine councils), 전쟁, 증오심 등 보이지 않는 세계에서의 일들이 이 땅을 사는 우리에게 어떤 영향을 주는지에 대한 것이다.

현 시대의 재난에 대한 예수님의 가르침: 산고의 시작

예수님은 그 시대의 응보적 정의와 재난에 관해 근본적으로 접근하셨다.

그때 마침 두어 사람이 와서 빌라도가 어떤 갈릴리 사람들의 피를 그들의 제물에 섞은 일로 예수께 아뢰니 대답하여 이르시되 너희는 이 갈릴리 사람들이 이같이 해 받으므로 다른 모든 갈릴리 사람보다 죄가 더 있는 줄 아느냐 너희에게 이르노니 아니라 너희도 만일 회개하지 아니하면 다 이와 같이 망하리라 또 실로암에서 망대가 무너져 치어 죽은 열여덟 사람이 예루살렘에 거한 다른 모든 사람보다 죄가 더 있는 줄 아느냐 너희에게 이르노니 아니라 너희도 만일 회개하지 아니하면 다 이와 같이 망하리라 눅 13:1-5

예수님은 이러한 재난에 보복 신학이 중요한 역할을 했다는 사실을 부인하지 않으셨다. 갈릴리 사람들과 예루살렘 사람들은 죄인이었지만, 반드시 그들의 다른 이웃들보다 더 나쁜 죄인은 아니었다. 여기서 예수님의 첫 번째 교훈은 산 자가 죽은 자를 심판해서는 안 된다는 것이고, 두 번째 교훈은 산 자가 회개해야 한다는 것이다. 또 다른 에피소드에서 예수님은 재난을 일반적으로 말세에 발생하는 사건으로 간주하시기도 한다.

> 난리와 난리 소문을 듣겠으나 너희는 삼가 두려워하지 말라 이런 일이 있어야 하되 아직 끝은 아니니라 민족이 민족을, 나라가 나라를 대적하여 일어나겠고 곳곳에 기근과 지진이 있으리니 이 모든 것은 재난의 시작이니라
> 마 24:6-8

전쟁과 기근과 지진은 현 시대에도 곳곳에서 계속될 것이며, 마지막에는 더욱 심해질 것이다. 요한계시록 6장의 처음 네 개의 인은 동일한 예언적 시간표를 따른다. 여섯째 인의 대격변적이고 묵시적인 심판이 있기 전에 정복(2절), 칼(4절), 기근(6절), "땅 사분의 일의 권세를 얻어 검과 흉년과 사망과 땅의 짐승들로써 죽이"(8절)는 일이 있을 것이다. 이 말씀은 예수님의 말씀이기도 하다(계 1:1; 22:16). 간단히 말해서, '장래의 날'(렘 9:25-26)에 선지자들을 통해 예언된 열방의 심판(예: 렘 25:32)은 '여호와의 날'에 대한 환상과 섞여서 연결되어 있다. 이는 예수님의 나타나심으로 시작된 '마지막 날'의 심판이다. 여러 곳에서 일어나는 모든 재난은 종말의 가장 강렬하고 최종적인 재난에 대한 예표이자 경고이기도 하다. 오늘 예수님은 "회개하라. 그렇지 않으면 너희도 멸망하리라"라고 말씀하신다. 이런 맥락에서 그분이 "천지는 없어질지언정 내

말은 없어지지 아니하리라"(마 24:35)라고 말씀하신 것은 현재와 미래의 재난에 관해 가르치시는 것이라 할 수 있다.

재난 속에서 살아가기

재난이 멀리서 닥칠 때

- 우리 산 사람들은 재난으로 죽은 사람들을 함부로 판단해서는 안 된다.
- 우리는 또한 멸망을 기뻐해서는 안 된다. "사람의 재앙을 기뻐하는 자는 형벌을 면하지 못할 자니라"(잠 17:5; 욥 31:29 참조).
- 우리는 회개해야 할 것이 있는지 자신을 살펴보아야 한다.
- 우리는 회개를 촉구하기 위해 재난이 다른 사람들에게 작용하도록 해야 한다.
- 우리는 하나님의 도덕적 창조 질서에 다시 초점을 맞춰야 한다.
- 우리는 전혀 알 수 없는 구원과 심판에 대한 하나님의 주권의 신비를 논의하는 것을 삼가야 한다.
- 마지막으로, 우리는 다른 사람들을 도와야 한다. "제자들이 각각 그 힘대로 유대에 사는 형제들에게 부조를 보내기[구호하기]로 작정하고"(행 11:29).

가정에 재난이 닥쳤을 때

자연재해는 본질적으로 무차별적이어서 누구에게나 영향을 미칠 수 있기 때문에, 우리는 하나님의 구원과 심판에 대한 더욱 큰 계획 속에서 그리스도를 위해 고통받는 자신을 발견하게 될 수도 있다. 하지만 우리는 그분이 자신의 백성에게 경고하시고, 그 백성을 골라 내시어 재난에서 구원하신다는 것을 알고 있다. 또한 그분은 재난이 닥쳤을 때 자신의 백성을 돌보겠다고 약속하셨다. 미래에 어떠한 재난과 사건이 닥치기 전까지 하나님이 우리를 어떻게 돌보실지 알 수 없다는 것은 사실이다. 하지만 그분이 과거에 자신의 백성을 어떻게 돌보셨고, 앞으로도 어떻게 돌보실지에 대해서는 성경에서 읽을 수 있다. 이것은 다음의 짧은 성경 구절 목록으로도 충분히 알 수 있다.

여호와께서 온전한 자의 날을 아시나니 그들의 기업은 영원하리로다 그들은 환난 때에 부끄러움을 당하지 아니하며 기근의 날에도 풍족할 것이나 시 37:18-19

옛 세상을 용서하지 아니하시고 오직 의를 전파하는 노아와 그 일곱 식구를 보존하시고 경건하지 아니한 자들의 세상에 홍수를 내리셨으며 소돔과 고모라성을 멸망하기로 정하여 재가 되게 하사 후세에 경건하지 아니할 자들에게 본을 삼으셨으며 … 주께서 경건한 자는 시험에서 건지실 줄 아시고 불의한 자는 형벌 아래에 두어 심판 날까지 지키시며 벧후 2:5-7, 9

여호와께서 애굽 사람과 이스라엘 사이를 구별하는 줄을 너희가 알리라 출 11:7; 9:4,:26; 10:23 참조

내 백성아, 거기서 나와 그의 죄에 참여하지 말고 그가 받을 재앙들을 받지 말라 계 18:4

하나님의 백성 중 일부는 죽음을 통해서 그리스도의 고난을 경험하는 것이 사실이다. 그러나 우리는 그 가운데서도 끊임없이 소망과 위

로를 발견할 수 있다.

결론

하나님이 예상되는 재난 가운데, 또는 이미 그 속에서 살아가고 있는 그리스도인들에게 주시는 가장 큰 약속은 다음과 같다.

누가 우리를 그리스도의 사랑에서 끊으리요 환난이나 곤고나 박해나 기근이나 적신이나 위험이나 칼이랴 **롬 8:35**

사망이나 생명이나 천사들이나 권세자들이나 현재 일이나 장래 일이나 능력이나 높음이나 깊음이나 다른 어떤 피조물이라도 우리를 우리 주 그리스도 예수 안에 있는 하나님의 사랑에서 끊을 수 없으리라 **롬 8:38-39**

토론 질문

1. 카슨은 "하나님은 재난을 메가폰으로 사용하셔서 회개를 촉구하신다"라고 했다. 그렇다면 하나님은 자신의 메시지를 누구에게 말씀하시는 것일까?

2. 우상 숭배와 탐욕, 즉 우상을 숭배하는 것은 오늘날 어떤 모습으로 나타나는가? 우리는 무엇을 회개해야 할까?

3. 하나님의 주권은 어떻게 현재의 재난에 대한 두려움을 완화시켜 줄 수 있는가? 하나님이 모든 것을 주관하고 계시는가? 하나님의 성품 중 어떤 부분이 이러한 두려움에서 멀어지게 할 수 있는가?

4. 재난이 우리를 그리스도 안에 있는 하나님의 사랑에서 끊을 수 없다는 믿음이 당신의 사명에 어떤 영향을 미치는가?

논찬

이한영

논찬자 중 한 명으로 초대된 것을 큰 영광으로 생각한다. 그러나 먼저 재난 신학에 대한 전문 지식이 없었다는 것을 고백한다. 이 때문에 조나단 J. 봉크 박사로부터 처음 연락을 받았을 때 논찬자는 큰 난관에 빠졌다. 그럼에도 불구하고 코로나19, 러시아의 우크라이나 침공, 지구 온난화 등과 같은 현재의 세계적인 재난을 고려하고 주제가 성경 신학의 범위 내에 있다면 이 기회를 통해 주제에 따라 몇 가지 보완적인 질문을 제시하고 마이클 G. 디스테파노 박사의 연구에 대한 개인적인 생각을 공유하고자 한다. 겸손한 견습생 정신을 바탕으로 여기서 간략한 답변을 제시한다.

I. 논문 요약

마이클 G. 디스테파노 박사의 연구는 주로 다양한 거주지와 지리적 영역에 있는 인구 그룹뿐만 아니라 지구 전체와 우주에 영향을 미치는 성경적 '대규모 재난'에 초점을 맞추고 있다.

1. 필자는 성경 본문(렘 34:17; 겔 14:21; 시 78:44-51; 계 6:8)에서 다양한 재난 목록과 카탈로그를 언급한 후 그중 일부를 다음과 같은 세 가지 주요 범주로 소개한다.

1) 자연재해

    홍수(창 8:21; 욥 20:28; 사 8:7-8)

    산불(시 83:14-15; 렘 21:14; 나 1:6; 벧후 3:7)

    폭풍우(사 28:2; 욘 1장; 행 27장)

    가뭄과 기근, 때로는 몇 년 동안 지속됨(왕상 8:35; 삼하 24:13; 창 12:10; 26:1; 룻 1:1; 삼하 21:1; 느 5:3; 왕상 17:1; 18:1-2)

    전염병(렘 16:4)

    지진(슥 14:5; 암 1:1; 마 24:7-8)

2) 사람으로 인한 재해

    전쟁과 그 영향(겔 7:15)

    대량 학살(출 17:14; 신 7:2; 25:19; 삼상 15:2-3)

3) 창조 파괴

    창세기의 홍수(창 6-7장)

    애굽의 재앙(출 7:14-12:30)

    예레미야의 환상(렘 4:6, 20)

    종말론(베드로후서와 요한계시록)

2. 재난 서술의 성경적 모티브로서의 인과관계와 관련해 필자는 다음과 같은 것들을 선택적으로 노출한다.

1) 신적 인과관계(욥 12:7-9)

2) 인간의 책임과 응보적 정의(창 2:17; 3:16-19, 23-24; 겔 7장; 롬 6:23)

3) 상호 교환 가능한 인과관계(렘 4:6-20)

4) 도덕적 부패로 인해 황폐화된 지구(창 6:5-13)

3. 하나님이 언제 어떻게 재앙을 내리시는가에 대해 필자는 하나님의 인내와 오래 참으심을 기초로 삼고 있다. 심판으로서의 재난은 하나님이 마지막으로 내리시는 조치이며 죄의 강도와 포화도에 비례하여 점진적이다(출 34:6; 벧후 3:9; 왕하 17:23; 렘 44:4).

4. 대부분 구약 성경 본문을 통해 성경의 주요 재난을 설명한 후 현시대의 재난과 관련된 예수의 가르침에 대한 짧은 논의가 간략하게 제시된다. 필자는 누가복음 13장 1-5절을 응보적 정의의 사례로 해석하고, 마태복음 24장 6-8, 35절과 요한계시록 6장 2-8절을 종말론적 산고의 시작, 즉 종말 현상으로 해석한다.

5. 마지막으로 필자는 재난에 대처하는 방법에 관해 엄선된 성경 본문에서 도출된 몇 가지 실용적인 방법을 제안한다. 멀리서 재난이 원격적으로 닥쳤을 때의 키워드는 공감, 자기반성, 신성한 신비, 주권, 안도와 도움이다. 재난이 근접에 닥쳤을 때의 키워드는 희망과 위안, 하나님의 궁극적인 돌보심을 신뢰하는 것이다(시 37:18-19; 벧후 2:5-7, 9; 출 11:7; 계 18:4).

필자는 신자들에게도 재난은 불가피하다고 결론 내린다. 그러나 신자들은 그것에 굴복하지 않고 확신을 갖게 된다. 왜냐하면 그 어느 것도 우리를 그리스도 예수 안에 있는 하나님의 사랑에서 끊을 수 없기 때문이다(롬 8:35-39).

II. 몇 가지 질문과 생각

디스테파노 박사의 글은 매우 유익하고 생각을 자극하며, 특히 전 세계적으로 다양한 범주의 대규모 재난이 일어나고 있는 현재에 비하면 더욱 그렇다. 개인적으로 연구를 자세히 읽으면서 참을 수 없는 극심한 암 통증으로 27년 동안 침대에 누워 있다가 세상을 떠난 누이가 떠오르기도 했다. 그리고 다음과 같은 몇 가지 중요한 문제와 질문을 숙고하게 되었다.

1. 이 연구는 성경적 재앙과 관련된 문제를 최대한 많이 노출하는 데 세심한 주의를 기울였다. 하지만 너무 많은 주제를 다루고 있어서 후반부로 갈수록 세부적인 내용이 부족하다는 느낌이 들었다.

2. 성경적 재난의 선택적인 목록은 자연재해, 사람으로 인한 재해, 창조 파괴로 주어졌다. 과학과 사회가 발전한 현대 시대에 우리는 이 재해 카테고리가 서로 겹치며 종종 구별이 불가능하다는 것을 생각하게 된다. 의학, 지질학, 물리학, 천문학과 같은 학문 분야의 과학적 발전에 비추어 재난에 대한 신학적 성찰 중 일부는 그 의미, 의의 및 논리적 설득력을 잃을 수 있다. 오늘날 진통 완화를 위해 경막외 마취제를 투여하고 있는데, 여전히 산고를 하나님의 형벌로 간주해야 하는가? 엔트로피, 우주 팽창, 별의 죽음 등 천문 현상을 파괴로 봐야 하는가, 아니면 자연적 현상으로 봐

야 하는가? 필자는 재해에 대해 조직 신학이 아닌 성경 신학적인 질문을 주로 다룬 것이 분명한 것 같다.

3. 재난 이야기의 성경적 주제인 인과관계에 관해서는 그것이 신적이든, 인간적이든, 상호 교환 가능하든 그것들의 기초가 되는 것은 대부분 신의 심판이나 보응인 것 같다. 예를 들어, 아모스 5장 1-17절에 나오는 애도와 회개의 촉구에서 슬기로운 자는 전쟁 파괴와 자연재해로 이루어진 재난 앞에서 충격과 번민으로 반응하는데, 이는 악에 대한 하나님의 심판을 반영하기 때문이다.[1] 그리고 이 뉘앙스, 즉 심판 그리고 응보는 예언서의 재난 전반에 걸쳐 매우 일관된다. 불행하게도 이러한 신학적 성찰은 포스트모던 사회에서 정치적으로 올바르지 못하다는 이유로 치열한 도전에 직면해 있다. 또한 인간의 악으로 인해 다시는 땅을 저주하지 않겠다는 하나님의 약속(창 8:21) 같은 성경 말씀 중 일부는 해석의 여지가 있다. 현대 사회에 만연해 있는 "기독교 정통성에 대한 윤리적 반란"[2]에 우리는 어떻게 대응해야 할까?

4. 이 글은 성경적 재난에 대한 강해나 설명으로서 재난에 대한 성경적 신학을 향한 시도이지만, 신적 응보에 관한 비판적인 질문이 담론 전체에 스며들어 있다. 이는 특히 신정론에 관해 많은 중요한 신학적, 현대 목회적 관심을 불러일으킨다. 재난을 일으키시는 공의로우신 하나님을 어떻게 입증할 수 있는가?

---

1 Matthew Goff, "Awe, Wordlessness and Calamity," *Vetus Testamentum* 58 (2008): 642.

2 Andrew Atherstone, "Divine Retribution: A Forgotten Doctrine," *Themelios* 34. no. 1 (2009): 59.

5. 필자는 심판으로서의 재난은 신이 최후의 수단으로 사용하시는 수단이며 죄의 강도와 포화도에 비례하여 점진적이라고 말한다 (출 34:6; 벧후 3:9; 왕하 17:23; 렘 44:4). 논찬자는 전반적으로 이것이 사실이라고 생각한다. 그러나 점진적이나 비례성은 성경 내러티브에서 항상 일관되지는 않는다. 창세기에서는 아담이 죄를 지은 직후 사망이라는 재앙이 한꺼번에 찾아왔다. 민수기에서는 이스라엘 백성이 모세나 하나님을 원망할 때마다 심판으로 온갖 재난이 일어났다(민 11:1-3; 11:4-34; 12:1-16; 13:1-14:45; 16:1-50; 21:4-9). 물론 가나안 정탐 사건에서는 강도가 중요한 역할을 한 것 같다 (민 13-14장).

6. 마지막으로, 이 논문에서는 먼 거리든 혹은 가까운 거리든 간에 재난을 처리할 수 있는 실용적이고 깊이 생각할 몇 가지 방법을 간략하게 언급한다. 이것이 매우 긍정적이고 도움이 된다고 생각한다. 추가 논의를 위한 네 가지 중요한 토론 질문도 나열하고 있다. 그러나 특히 지면의 한계로 처방을 더 자세히 설명하는 것은 이 글의 범위를 넘어섰다는 점을 이해한다.

III. 결론

개인적으로 필자의 글은 많은 깨달음을 주었고 이 주제에 대한 향후 연구를 위한 토대를 마련했다. 재난 자체가 우리의 이성과 신학적 책임을 초월할 수 있다는 것을 깨달았다. 현재의 포스트모던 세계관과 과학적 진보에 비추어, 우리는 성경 본문에 충실해야 할 뿐만 아니라 동시에 기독교 정통의 관점에서, 특히 신적 심판과 응보에 관해 변증 담론을 전달할 때 훨씬 더 조심해야 한다.

찰스 블레이즈델(Charles R. Blaisdell)은 다음과 같이 말했다. "한편으로는 하나님이 모든 것을 뜻하시고 일으키신다고 말하는 것과 다른 한편으로는 하나님이 선을 가져오기 위해 사랑으로 가능한 모든 일 가운데 계시다고 말하는 것 사이에는 결정적인 차이가 있다."[3] 그러나 그러한 통찰력이 우리의 실제 상황에서 어떻게 작동하는지는 계속되는 과제다. 찰스 스윈돌(Charles R. Swindoll)은 다음과 같이 썼다. "우리가 왜에서 무엇으로 초점을 전환할 때, 우리는 성장과 큰 기쁨의 기회로서 인생의 피할 수 없는 어려움에 직면하기 시작할 수 있다."[4] 이 말은 전도서 7장 14절 말씀처럼 들린다. "형통한 날에는 기뻐하고 곤고한 날에는 되돌아보아라 이 두 가지를 하나님이 병행하게 하사." 따라서 우리는 재난에 비추어 성경적 판단과 보응이라는 전통적인 교리를 여전히 고수하고 있지만, 필자는 성경적 판단을 향한 우리의 모든 노력에서 신학적 겸손과 목회적 돌봄의 우선순위가 '재앙의 성경 신학을 향해' 진지하게 고려되어야 함을 암묵적으로 강조하는 것 같다.

---

3 Charles R. Blaisdell, "The hope that is within you: Luke 11:11-13, 1 Peter 3:13-17," *Encounter* 74.3 (2014): 69.

4 Charles R. Swindoll, *Never Lose Hope: Biblical promises for Times of Trouble, chaos, and Calamity* (Carol Streams, IL: Tyndale Pub., 2023), 7.

116

05
창조 세계 돌봄(Creation Care)의 성경적 기초

—

데이브 부클리스(Dave Bookless)

'창조 세계 돌봄'(Creation Care)은 비교적 최근에 나온 용어다. 이는 1990년대 미국에서 두각을 나타내면서 점차적으로 '지구 돌봄'(Earth-care), '창조 세계 청지기직'(Creation Stewardship), '선교적 지구 관리'(Mis-sionary Earthkeeping)와 같은 기독교 환경 참여에 대한 이러한 용어들을 대체했다. 창조 세계 돌봄은 현대적 용어로서 분명히 성경에 나오지는 않지만, 그 자체로는 문제가 되지 않는다. 사실 '지상 대명령'이라는 용어도 성경에 없다! 중요한 문제는 창조 세계 돌봄이 하나님의 세계에 대한 인류의 책임에 관하여 성경적 이해를 정확하게 기술하는지, 그리고 창조 세계 돌봄에 대한 성경적 기초가 탐구되고 있는가다. 이것이 이 논문의 목적이라고 할 수 있다.

중요한 것은 신중하게 정의를 내려야 한다. 대부분의 국가에서는 '창조 세계 돌봄'이라는 단어가 문제가 없고 논쟁의 여지도 없으며, 창조물에 대한 하나님이 우리에게 주신 책임을 직접적으로 설명하는 것이라고 알려져 있다. 그러나 일부 미국인들에게는 이 용어가 분열적으로 정치화되어 있다. 헤이든 루드윅(Hayden Ludwig)은 2020년 보수적인 캐피털 리서치 센터(Capital Research Center) 웹사이트에 게시된 "창조 세계 돌봄: 기원과 정의"(Creation Care: Origins and Definitio)라는 제목의 에세이에서 창조 세계 돌봄을, 성경적 가르침을 대신하여 이데올로기적으로, "지구 온난화, 쓰레기 과학, 급진적인 반인간화에 대한 좋은 소식"[1]으로 묘사한다. 이것이 바로 이 주제가 현대 선교학에 중요한 이유가 된다. 창조 세계 돌봄이 단순히 세속적인 환경주의를 모방하거나 현대의 경제적 또는 정치적 의제를 채택한다면 루드윅의 비판은 타당하게 된다. 그러나 성경이 하나님의 백성에게 선교와 제자도의 일환으로 창조 세계를 돌볼 것을 요구한다는 점을 입증할 수 있다면, 그 의미는 피할 수 없는 엄청난 것이 된다.

이 논문에서 필자는 증거문이나 좋아하는 성경 구절을 나열하기보다, 창조에서 새 창조에 이르기까지 하나님의 포괄적인 목적에 대한 성경적 개요를 제시하려고 한다. 창조 세계 돌봄이 우리가 하고 있는 선교(교회의 선교)의 일부라면 그것은 하나님의 목적, 즉 하나님의 선교에서 시작되어야 한다는 것을 전제로 해야 할 것이다. 우리는 성경 기록에 나타난 다섯 가지 결정적인 하나님의 개입을 검토함으로써 하나님의 우선순위를 발견할 수 있다.

- 창조
- 언약
- 예수 그리스도
- 오순절과 교회

---

1 Hayden Ludwig, "'Creation Care': Origins and Definition," Capital Research Center, accessed Dec. 14, 2022, https://capitalresearch.org/article/creation-care-part-1/.

- 새 창조

이는 필자가 영국의 케임브리지대학에서 박사 과정 중 개발한 성경적 구조다. 필자는 인간이 아닌 생물, 즉 우리가 이 지구를 공유하고 있는 생명체의 가치에 대한 성경적 이해를 연구, 조사하면서 "야생의 자연을 왜, 그리고 어떻게 보존해야 하는가?"라는 질문에 대한 답을 찾아가고 있었다. 이 질문을 염두에 두고 성경을 다시 읽으면서, 이 다섯 가지 성경의 중심 주제가 세상 안에서의 하나님의 선교인 '미시오 데이'(missio Dei)를 요약한다는 것을 분명히 발견하게 되었다. 이러한 개요는 이레나에우스(Irenaeus)부터 N. T. 라이트(N. T. Wright)까지, 비슷한 분류의 기독교 성경의 주제별 개요를 제시한 여러 세대의 신학자들에게 많은 영향을 받았다.

- 창조
- 타락
- 이스라엘
- 예수 그리스도
- 새 창조

필자는 이 개요를 15년 전에 출판되어 현재 한국어를 포함해 여러 언어로 번역된《나의 지구를 부탁해》(앵커출판&미디어, 2021)에서 사용했다. 하지만 필자의 생각이 발전하면서 두 가지 사실을 깨닫게 되었다. 첫째, 인간의 죄가 세상에 들어온 '타락'은 인간 행위의 결과인 반면, 나머지 네 가지 주제는 신의 주도권에 의한다는 점에서 서로 다른 특성을 가진다. 둘째, 예수 그리스도에서 새로운 창조로 다른 과정 없이 바로 나아가는 것은 부적절한 교회론을 낳을 수 있다. 새 창조는 부활하신 그리스도와 함께 시작되지만, 대부분의 종말론은 너무 미래 지향적이어서 교회의 선교를 주석 같은 역할로만 국한시킨다.

이와 반대로, 우리는 하나님의 가장 중요한 선교가 무엇인지에 대한 질문을 던지며, 필자가 제안한 다섯 가지 개요를 통해 신성한 계획을 발견하고자 한다. 첫째, 사랑의 관계 속에 영원히 존재하는 성부, 성자, 성령 사이의 그 사랑이 물질적 창조를 존재하게 하는 '창조'라는 것이다. 둘째, '언약'은 하나님이 죄의 재앙적인 결과에서 새로운 시작을 제시하시는 하나님의 주권에 대한 응답이라 할 수 있다. 셋째, 옛 언약이 인간의 불법 행위로 인해 실패함에 따라, 하나님은 예수 그리스도 안에서 친히 오셔서, 태어나고 살고 죽고 부활하고 영광으로 승천하셔서 은혜와 구원의 새 언약을 제시하신다. 넷째, 하나님은 혼란스러운 제자들을 그리스도의 몸인 교회로 변화시키기 위해 성령을 부어 주신다. 마지막으로, 그리스도는 온 세계를 심판하고 구원하기 위해 다시 오실 것이며, 하나님의 영원한 통치를 하늘에서와 같이 땅에서도 이루실 것이다.

이들 각각은 인류뿐만 아니라 결정적으로 모든 창조물에 대한 영원한 결과를 가져오는 신성한 선교 계획을 나타낸다. 우리는 이러한 요소들 각각이 하나님의 세계에서 하나님의 선교에 참여하라는 부르심의 일환으로 창조 세계 돌봄에 대한 성경적 동기를 제공한다는 것을 다음의 구체적인 서술을 통해 알게 될 것이다.

1. 창조

태초에 하나님은 시간과 물질이 존재하도록 말씀하셨다. 창조 그 자체는 최초의 선교 행위다. 끊임없이 확장되는 우주를 창조하기 위해 끊임없이 바깥쪽으로 움직이는 신성한 사랑의 원심력이다. 삼위일체의 중심에 있는 영원한 사랑의 상호 교류적 춤(perichoretic dance)은 멈출 수 없었고 행성과 은하계, 바다와 산, 식물, 새, 동물, 인간 가운데에서 물질적인 형태를 취했다. 창조에 대한 하나님의 기쁨은 창세기 1장의 반복되는 후렴 "하나님이 보시기에 좋았더라"와 마지막으로 "하나님이 지으신 그 모든 것을 보시니 보시기에 심히 좋았더라"로 끝나는 부분에 담겨 있다. 여기서 강조점은 "모든 것"에 있다. 이렇듯 창조의 전체성과 다양성은 매우 탁월하다고 할 수 있다.

또한 중요한 것은 창조의 아름다움을 확증하는 것은 창세기뿐만이 아니라는 점이다. 시편은 창조에 대한 하나님의 기쁨과 예배에 대한 창조적인 화답을 반복적으로 표현한다. 가장 자세한 예는 시편 104편이다. 여기서 인류는 다양한 생태적 틈새에 서식하는 다양한 생물 중 하나일 뿐이다. 새는 강변의 나무에, 산양 떼는 높은 산에 서식한다. 밤은 사자와 숲속 생물의 것이지만, 낮에는 인간이 들판으로 나갈 수 있다. 갖가지 종들이 사랑스럽고 자세하게 묘사되어 있으며, 하나님이 유지하시고 돌보신다. 마찬가지로 잠언 8장 30-31절에서 지혜는 항상 하나님 곁에 있으며 "날마다 그의 기뻐하신 바가 되었으며 항상 그 앞에서 즐거워하였으며 사람이 거처할 땅에서 즐거워하며 인자들을 기뻐한다".

서구 기독교는 종종 물질적 창조의 중요성을 과소평가해 왔다. 그것은 영적인 것을 물질보다 더 높게 보는 그리스 철학의 '존재의 거대한 사슬'(great chain of being)에게서 영향을 받았고, 여기서 더 나아가 계몽주의 사상을 통해 인간을 자연의 나머지 부분에서 분리하여 주체/객체 이원론이 만들어졌으며, 더 최근에는 창조주보다 피조물을 숭배하는 것을 두려워하는 것으로부터 차례대로 영향을 받았다. 그러나 아우구

스티누스(Augustine)부터 고백자 막시무스(Maximus)까지 초대 교회 교부들이 알고 있었듯이, 하나님은 우리에게 두 권의 책, 즉 자연과 성경을 주셨다. 그것들은 서로를 설명하기도, 해석하기도 하며 우리가 하나님을 알기 위해서는 두 가지 다 필요하다.

창조 세계의 사명이 하나님을 드러내고, 영화롭게 하고, 경배하는 것이라면, 자연계를 향한 우리 인간의 소명은 어떠한가? 창세기에서 우리는 인류가 하나님의 형상으로 묘사되는 것을 본다. 이처럼 묘사되는 문구는 다른 성경에서는 거의 사용되지 않지만 광범위하게는 신학적 추측의 원천이다. 하나님 모습(imago Dei)이 무엇을 의미하든 창세기 1장 26절의 맥락에서 그것은 주로 창조 세계를 향한 인간의 사명과 관련이 있다. "하나님이 이르시되 우리의 형상을 따라 우리의 모양대로 우리가 사람을 만들고 [그래서] 그들로 바다의 물고기와 하늘의 새와 가축과 온 땅과 땅에 기는 모든 것을 다스리게 하자 하시고"(창 1:26). 여기서 "그래서"(so that)라는 단어가 우리 사명의 핵심이다. 우리는 우리와 함께 창조된 피조물을 다스릴 수 있도록 하나님의 형상으로 만들어졌다. 다시 말해, 이것이 우리의 업무 설명서다. 능력, 위치, 신념에 관계없이 모든 인류에게 주어진 첫 번째 지상명령인 것이다.

'지배하다' 또는 '다스리다'라는 용어는 인류에게 피조물을 착취할 수 있는 권리를 부여하는 것으로 종종 잘못 해석되어 왔다. 그러나 그러한 해석은 성경을 남용하는 것이다. 하나님의 형상을 갖는다는 것은 창조 세계가 심히 선하다고 하신 하나님의 성품과 목적을 반영하는 것을 의미한다. 이러한 통치와 다스림은 왕권에 대한 성경적 이상, 즉 자신의 양 떼를 양육하고 돌보는 왕이신 목자(shepherd King)와 관련이 있다.

창세기 2장 15절은 1장 26-28절에 대한 유용한 주석을 제공한다. 여기에서 하나님은 동산을 "경작하du" "지키라"고 아담을 부르셨다. 히브리어 'abad와 šamar는 "섬기다"와 "보존하다"로 번역될 수 있다. 그것은 자연 세계의 형성과 발전을 허용하지만, 이는 전체의 지속 가능한 번영을 목적으로 허용된다. 자신의 정원을 남용해 황무지로 만드는 자는 어리석고 이기적인 정원사인데, 인류가 지구에 저지른 일이 바로 그것이다. 필자의 생애도 채 안 되는 시간에 우리는 전 세계 야생 동물 개체수의 69%가 사라지도록 허용해 버렸다.[2]

하나님의 첫 번째 선교적 행위가 다양한 생물을 창조하고 번성시키는 것이고, 우리의 하나님으로부터의 첫 번째 대명령이 이 세상을 돌보시는 하나님의 일에 참여하는 것이라면 우리는 다음과 같은 조치를 취해야 할 것이다. 회개해야 할 것이며, 한탄해야 할 것이고, 우리의 선교적 우선순위를 다시 생각해야 할 것이다.

2. 언약

생물 다양성 붕괴에서 기후 혼란에 이르기까지 오늘날의 다양한 생태 위기는 죄가 하나님의 세계의 모든 부분에 어떻게 영향을 미쳤는지를 생생하게 보여 준다. 창세기 3장부터 성경은 죄가 모든 관계를 파괴한다고 분명히 말한다. 아담과 하와가 하나님과 나누었던 친밀감은 그들이 죄를 지은 후 하나님을 피해 숨어 살다가 그들의 집인 동산에서 쫓겨나면서 깨져 버렸다. 이때 인간관계도 영향을 받아서 서로를 불신하게 됐다. 이름이 'ădamah(토양 또는 흙)와 연결된 아담이 이러한 일 때문에 땅이 저주를 받을 것이라는 말을 듣게 되면서 이 저주가 생태학적으로도 영향을 받게 되었을 것이다.

---

2 R. E. A. Almond et al., eds., *Living Planet Report 2022-Building a Nature-Positive Society* (Gland, Switzerland: WWF, 2022), 4, https://wwfint.awsassets.panda.org/downloads/embargo_13_10_2022_lpr_2022_full_report_single_page_1.pdf.

구약 전체를 통해 우리는 인간의 죄가 하나님과 사람, 자연 사이의 관계를 파괴하는 것을 본다. 호세아 4장 1-3절은 "들짐승과 공중에 나는 새가 다 쇠잔할 것이요 바다의 고기도 없어지고 땅이 마르거나 슬퍼하는" 모습을 묘사함으로써 창세기의 창조 기록을 생생하게 뒤집는데, 이는 하나님의 백성이 불순종하고 많은 죄를 지었기 때문이다.

이러한 왜곡되고 깨어진 관계의 맥락에서 하나님은 처음에는 노아를 통해, 나중에는 아브라함과 모세를 통해 언약의 소망을 제시하셨다. 흔히 성경의 언약은 하나님이 선택하신 백성에게만 초점이 맞춰져 있다고 알려져 있다. 그러나 처음부터 땅과 생물, 창조 세계 전체가 포함되어 있다. 하나님이 족장들에게 주신 46개의 약속 중 오직 6개만이 '땅'에 대한 언급이 없고, 29개는 주로 땅에 관한 것이다.[3]

노아의 언약은 이후 다른 언약들의 기초가 되고, 하나님의 선교적 목적의 범위를 드러내기도 한다. 노아의 방주는 종종 새 언약에서 그리스도가 가져오신 구원의 전형으로 여겨져 왔다. 이러한 노아의 방주는 구원의 배, 즉 교회를 가리킨다. 그러나 두 가지 간단한 질문으로 인해 우리는 방주와 그에 따른 언약을 통한 하나님의 선교 전략을 다시 생각해 보게 된다. 첫째, 누가 구원을 받는가? 둘째, 하나님은 누구와 언약을 맺으셨는가?

답은 매우 간단하다! 우리는 방주에서 구원받은 여덟 사람, 즉 노아, 함, 셈, 야벳과 그들의 아내들에 관해 읽었다. 그 옆에는 모든 정결한 짐승과 새가 일곱 쌍씩 있었고, 부정한 종류는 한 쌍씩 있었다 (창 7:1-3). 하나님의 이유는 단순히 "그 씨를 온 지면에 유전하게"(3절) 하려는 것인데, 이는 짐승들이 노아에게 유용함과는 별개로 하나님께

---

3 Gerhard von Rad, *The Problem of the Hexateuch and Other Essays* (London: SCM, 1966), 79-80.

가치가 있음을 암시한다. 성경 기록은 창조 세계가 매우 보기 좋다고 선언하신 하나님이 인간의 생명뿐만 아니라 지상의 모든 생명에 지속적인 관심을 갖고 계심을 알려 준다. 달리 말하면, 하나님의 선교, 그리고 그분이 '노아'라고 부르시는 인간의 선교(사명)는 땅이 죄에서 깨끗해져서 땅 위의 모든 생명이 번성하도록 하는 것이다. 현대적인 언어로 다시 표현하자면, 하나님의 선교에는 다양한 생물의 보존이 포함된다고 할 수 있다.

여기서 두 번째 질문을 생각해 보면, 하나님의 언약은 그분의 선교적 목적을 확증해 준다. 그것은 노아와 그 후손뿐만 아니라 '땅 위의 모든 생물'과 맺으신 언약이다(창 9:10, 15-16). 히브리어 본문에서는 하나님의 언약에 인간이 아닌 피조물과 땅 자체가 포함된다는 점을 반복해서 언급한다. 이는 선교학과 구원론 모두에 엄청난 의미를 주는 대목이다. 지구와 생물은 인류를 위해 존재하지 않는다. 그것들은 그 자체로 하나님께 중요하다. 더욱이 노아를 통해 보여 주셨듯이 우리 인간의 역할에는 우리 종을 부양하는 것뿐만 아니라 생물의 다양성 보존을 위해 직업적 사명을 가지는 것도 포함된다. 각 생물은 하나님이 그 종류대로 창조하셨고, 구원의 방주에 들어가며, 하나님과 언약 관계의 주체가 된다. 그렇다면 하나님의 목적을 무시하고 여러 피조물들의 멸종을 피할 수 있음에도 불구하고 방치하는 우리는 누구란 말인가?

3. 예수 그리스도

많은 복음주의자의 선교에 대한 대중적 이해는 '사람들에게 예수에 대해 전하는 것'으로 요약될 수 있다. 그러나 그리스도 안에서 하나님의 선교를 인류에게로 제한하는 것은 성경에서 말하는 참 비전을 희석시키는 것이다. 정말 놀라운 사실은, 모든 신약 성경의 저자들이 예수님의 성육신, 삶, 죽음, 부활, 승천이 우주적인 의미를 담고 있음을 뚜렷하게 인식했다는 것이다. 우리는 개인주의와 인간중심주의가 지배하는 문화 가운데 살기 때문에 개인적인 것에만 집중하는 경향이 많을 것이다. 복음은 개인적이기도 하지만 우주적이기도 하다.

성육신은 복음의 전 범위를 회복하는 시작점이 된다. 요한복음은 창세기의 "태초에"를 인용하면서 시작하고, 즉시 공동 창조자로 확인된 하나님의 말씀이신 그리스도에게 초점을 맞춘다. "만물이 그로 말미암아 지은 바 되었으니 지은 것이 하나도 그가 없이는 된 것이 없느니라"(요 1:3). 몇 구절 뒤에는 "말씀이 육신이 되어 우리 가운데 거하시매"(14절)라는 구절이 나온다. 여기서 중요한 것은 헬라어로 "육신", 즉 '사르크스'(sarx)라는 용어다. 이 구절이 우리에게 너무나 안일하게 다가온다면, 이 구절의 중요성을 인식하지 못하고 있기 때문일 수도 있다. 분명한 용어는 '안트로포스'(anthrōpos, 인간)이지만 요한은 사르크스를 선택한다. 히브리어 '바사르'(baśar)와 마찬가지로 사르크스에는 인간과 동물의 육체가 모두 포함된다.

요한은 그리스도 안에서 하나님이 피조물의 생명과 하나가 되기로 선택하셨다고 주장하고 있다. 창조주가 피조물이 된다는 것이다. 이는 참으로 급진적이고, 유대인의 입장에서는 매우 충격적인 주장이 된다. 그러나 그것은 실수가 아니다. 두 장 뒤에 요한은 또 이렇게 말한다. "하나님이 세상[헬라어로 코스모스(kosmos)]을 이처럼 사랑하사 독생자를 주셨으니"(요 3:16). 요한의 어휘 선택은 매우 의도적이라 할 수 있다. 우리의 신학을 성경의 한 구절로 정립시켜서는 안 되지만, 요한복음 1-3장이 엄청난 무게로 영향을 준다고 할 수 있다.

예수 그리스도가 세상에 오신 것은 특별하면서도 보편적인 일이었다. 그분은 인류에게 아담의 저주를 없애기 위해 두 번째 아담이신 유대인 남자 아기로 태어나셨다. 그러나 동시에 그분은 창조 질서 전반에 걸쳐 깨어진 관계를 회복하기 위해 물질적 창조에 들어가신 창조주였다.

사도 요한에서 사도 바울로 넘어가서, 골로새서 1장 15-20절은 그리스도의 중요성을 신학적으로 압축하여 요약한 것이다. 요한복음 1장에서와 같이 예수님은 "보이는 것들과 보이지 않는 것들" 모두의 창조주이시지만, 바울은 더 나아가 만물이 다 그를 위하여 창조되었다고 말한다(16절). 즉 창조 질서 전체의 '텔로스'(telos), 즉 목적은 예수 그리스도에게서 발견된다는 것이다. 열대 우림, 화석 연료의 매장지, 바다, 그리고 모든 개별 종들은 인류가 아닌 그리스도를 위해 창조되었다는 것이다.

그런 다음 바울은 더 나아가 "만물이 그 안에 함께 섰느니라"(17절)라고 말하면서 그리스도를 우주의 중심에 두었다. 이것은 놀랍도록 대담한 주장이다. 나사렛의 목수는 온 우주를 하나로 묶어 주는 사람이다. 먼 은하계, 지구 생태계의 생지화학적 흐름, 인체의 혈류 모두가 그리스도 안에서 하나로 묶여 있다는 것이다. 그리고 바울은 여기서 그치지 않고 계속해서 "그의 십자가의 피로 화평을 이루사 만물 곧 땅에 있는 것들이나 하늘에 있는 것들이 그로 말미암아 자기와 화목하게 되기를 기뻐하심이라"(20절)라고 말한다.

복음의 핵심, 즉 예수님의 대속적인 죽음에 대한 좋은 소식은 '만물'에게 화해를 가져온다. 그러므로 그리스도 안에 있는 하나님의 선교인 미시오 데이(missio Dei)가 창조 질서 전체를 다루는 것이라면, 하나님의 백성인 우리의 선교 역시 그렇게 해야 하지 않을까? 창조 세계 돌봄은 그리스도의 주권의 피할 수 없는 결과인 것이다.

4. 오순절과 교회

생태학적 교회론은 여전히 신학자들이 세상에서 교회의 사명을 찾기 위해 그리스도의 구원 사역의 의미를 고심하는 가운데 있는 초기 단계의 주제다. 그러나 사도행전과 목회서신에서 우리는 예수님을 주님으로 선포하는 것이 필연적으로 모든 피조물에 대한 그분의 주권을 선포하는 것을 포함한다는 것을 확실히 증거하는 신학적 원리를 찾을 수 있다.

아마도 교회의 생태적 책임에 관한 가장 명확한 본문은 로마서 8장 19절일 것이다. 바울은 "피조물이 고대하는 바는 하나님의 아들들이 나타나는 것"이라고 말한다. "하나님의 아들들"은 구속받은 공동체를 가리키는 것으로, 바울의 언어로 이 구절을 효과적으로 재해석하자면 "피조물이 교회를 기다리고 있다"라고 할 수 있다. 전 세계 교회가 종종 이러한 기다림에 적절히 대응하지 않거나 무관심해 보이기까지 하는 생태 위기 시대에도 피조물은 여전히 교회를 기다리고 있다. 그러나 이것은 신학적으로 절대적인 의미가 있다. 즉 그리스도가 모든 피조물의 창조자요 유지자요 구원자이시고, 교회가 그리스도의 몸이라면 창조 그 이후와 교회의 사역은 깊이 관련 있다고 할 수 있다.

에베소서와 골로새서는 모두 몸 된 교회의 머리가 되시는 그리스도와 창조의 최고봉에 계신 그리스도 사이의 연결을 이야기한다. 에베소서 1장 22-23절은 "[하나님이] 만물을 그의 발 아래에 복종하게 하시고 그를 만물 위에 교회의 머리로 삼으셨느니라 교회는 그의 몸이니 만물 안에서 만물을 충만하게 하시는 이의 충만함이니라"라고 말한다. 마찬가지로 골로새서 1장 18절은 "그[예수]는 몸인 교회의 머리시라 그가 근본이시요 죽은 자들 가운데서 먼저 나신 이시니 이는 친히 만물의 으뜸이 되려 하심이요"라고 말한다.

교회에서의 그리스도의 주권과 창조에서의 그리스도의 주권 사이의 이러한 연관성은 아마도 이해해야 할 메커니즘이기도 하지만, 그만큼 우리가 고민해 봐야 할 신비일 것이다. 그러나 그 의미는 분명하다. "예수님은 주님이시다"라고 말하는 것은 단지 개인적인 충성의 문제가 아니다. 신자들의 삶과 교회에서의 예수님의 주권은 언젠가 온 우주에 나타날 것이다. 피조물은 그날을 간절히 기다리고 있으며, 성령의 능력을 지닌 교회는 말과 행동으로 그리스도의 주권을 선포할 임무와 준비를 갖추고 있을 것이다. 에덴동산의 아담과 하와처럼, 방주를 탄 노아처럼, 교회의 선교(*missio ecclesia*)에는 창조 세계 돌봄이 포함되어야 한다.

5. 새 창조

복음주의 종말론은 창조 세계 돌봄의 골칫거리였다. 세대주의는 종종 멸망한 행성에서 사람들을 구출하는 임무를 지닌 현실도피주의 선교학으로 이어졌다. 하지만 지구가 멸망하는 동안 신자들이 영광을 향해 떠다니는 환상을 키우는 (필자와 같은) 사람들은 그 생각을 잠시 멈추고 다음 세 가지를 생각해 보아야 한다.

첫째, 지구의 완전한 멸망은 창조, 언약, 그리스도, 교회에 대한 하나님의 선교 목적 전체에 어긋난다. 우리에게 피조물을 섬기고 보존하라고 명하시고, 모든 종류의 피조물을 방주 안에 구출하시고, '만물'이 화목하도록 예수님을 보내시며, 피조물이 교회를 기다리고 있음을 상기시켜 주시는 하나님이 왜 그분의 소중한 창조물을 파괴하시겠는가? 둘째, 지구의 멸망을 가르치는 종말론은 18세기까지 기독교 역사에서 거의 찾아볼 수 없다. 인류가 지구를 파괴할 수 있는 채취 산업 기술이 창조가 궁극적으로 중요하지 않다고 주장하는 신학과 동시에 등장한 것은 우연일까? 셋째, 지구의 멸망을 주장하는 데 사용되는 '증거 본문'은 빈약한 주석에 의존하고 있으며 성경의 전체적인 증언보다 더 중요하게 여겨지며 사용된다.

여기에서 모든 종말론적 구절에 대해 상세한 주석을 시도하지는 않겠지만, 핵심 원리와 예는 충분히 알 수 있다. 많은 경우가 그렇듯이, 우리는 묵시문학의 극적인 상징적 언어를 다루어야 하기 때문에 구체적이고 문자 그대로 적용하는 데는 많은 주의가 필요하다. 다만 수많은 구절에서 분명한 것은 심판과 구속, 불연속과 연속이 있을 것이라는 점이다. 또한 우주적 혼란이 있을 것이다. 즉 산, 바다, 천체가 변위되면서 자연이 반응할 것이다. 하지만 정확히 무슨 일이 일어날 것인지보다는 그리스도의 재림을 준비하고 깨어 있는 데 중점을 두고 있다.

우리가 확실히 말할 수 있는 것은 부활하신 그리스도가 이러한 미래에 대한 해석학적 열쇠를 제공하신다는 것이다. 예수님의 부활하신 몸은 불연속성과 연속성을 모두 보여 준다. 그분의 제자들이 그분을 알아보기 위해 여러 가지 노력을 한 것과 그분이 나타나기도 하시고 사라지기도 하신 것은 확연히 다른 차원의 이야기다. 그러나 먹을 수 있고, 만질 수 있고, 결정적으로 십자가에 못 박힌 상처를 간직할 수 있는 것은 육체다. 이것은 그리스도의 부활로 시작된 새 창조에 대한 중요한 단서가 된다. 중요한 것은 성경에서 '새' 창조와 '새' 하늘과 땅에 대해 항상 사용되는 헬라어 단어는 '네오스'(neos)가 아니라 '카이노스'(kainos)라는 것이다. 카이노스는 완전한 교체가 아닌 근본적인 갱신과 변화에 관한 것이다. 변화가 급진적이고 근본적일 수 있다는 것을 인식하지만, '새로운 것'은 항상 이전의 것과 연속성을 갖는다. 이것이 바로 해석학적 열쇠가 된다.

불에 의한 땅의 멸망을 명시적으로 언급하고 있는 유일한 구절인 베드로후서 3장을 살펴보면, 이 불연속성과 연속성의 원칙이 그 의미를 밝혀 준다. 이 구절은 불에 의한 최종 심판을 노아의 홍수 때의 물에 의한 멸망과 비교한다. 하지만 홍수의 심판은 물론 땅을 완전히 교체한 것이 아니라 땅을 정결하게 하는 심판이었다. 마찬가지로, '불'이라는 단어는 1세기 유대인 독자들에게는 말라기 3장 2절을 떠올리게 했을 것이다. 그곳에서 심판은 "연단하는 자의 불"이나 "표백하는 자의 잿물", 즉 멸망시키는 것이 아니라 깨끗하게 하는 것으로 묘사된다. 베드로후서 3장에서 멸망되는 '요소들'은 창조의 물질적인 요소들이 아니라 이를 해롭게 하고 멸망시키는 악한 통치자들과 권세들이다.

결국 강하고 파괴적인 이미지를 사용하는 구절들과 창조에 대한 희망을 말하는 구절들을 모두 이해하는 유일한 해석은 "최종 심판을 통해서 죄와 사망과 악은 제거되고, 선하고 순전한 것이 새롭게 될 것이다"라는 것이다. 로마서 8장은 피조물이 고대하며 탄식하는 것에 대해 말하지만 "피조물도 썩어짐의 종노릇한 데서 해방되어 하나님의 자녀들의 영광의 자유에 이르는 것이니라"(21절)라고 분명히 단언한다. 마찬가지로 베드로는 그리스도의 승천과 재림에 대해 이렇게 말한다. "하나님이 … 만물을 회복하실 때까지는 하늘이 마땅히 그를 받아 두리라"(행 3:21).

하나님의 최종 계획은 돌보라고 우리를 부르신 창조 세계를 파괴하고 교체하시는 것이 아니라 그것을 갱신하고 다듬고 회복시키시는 것이다. 본 논문은 성경에 드라마틱하게 나타난 하나님의 주요 계획 하나하나에 따라 하나님이 그분의 선교적 목적의 중심에서 창조물을 돌보시는 것을 보여 주었다. 더욱이 하나님의 형상을 지닌 인류의 첫 번째 임무는 자연계와 그 생물체를 보존하고 보호하는 것과 관련이 있음을 명심하자. 그러므로 창조 세계 돌봄은 하나님의 선교와 교회의 선교의 핵심이며 선교의 기본이다.

2024년에는 2010년 제3차 로잔 케이프타운 대회를 기반으로 한국에서 역사상 최대 규모의 복음주의 지도자들의 글로벌 모임인 제4차 로잔 대회가 개최될 것이다. 제4차 로잔 대회는 지금부터 2050년까지 세계 선교 의제를 선정하는 것을 목표로 하고 있다. 현재 창조 세계 돌봄은 여러 가지 다른 경쟁적인 관심사의 지배적인 의제들에 비해 다소 미미한 위치에 있다. 그러나 로잔 운동은 자체적으로 케이프타운 서약을 연구할 필요가 있다.

"예수님이 온 세상의 주시라면, 우리는 그리스도와 우리의 관계를 우리가 이 땅과의 관계에서 행하는 방식과 분리시킬 수 없다. 그리스도의 주 되심은 모든 창조 세계를 포함하므로 '예수는 주시다'라는 복음 선포에는 이 땅도 포함된다. 그렇기 때문에 창조 세계를 돌보는 일은 그리스도의 주 되심과 관련된, 복음 실천의 문제다."[4]

창조 세계 돌봄을 복음 문제로 자리매김한다는 것은 우리의 선교학 구성에 있어서 피할 수 없다는 것을 의미한다. 본 논문은 창조 세계 돌봄이 성경적 선교에 있어서 새로운 것도, 부수적인 것도 아니라는 점을 입증했다. 그것은 신격이신 하나님의 선교적 마음(*missio Dei*)에서 비롯된다. 그것은 창조와 언약, 그리스도의 구원 사역, 교회의 역할에서의 하나님의 목적, 그리고 만물을 새롭게 하시려는 하나님의 최종 목적(계 21:5)에 있어서 핵심적인 것이 된다. 전례에 없는 생태 위기의 시대에 직면해 있는 지금, 성경은 그리스도 중심의 창조 세계 돌봄에 관한 명확한 기초와 설득력 있는 사명을 우리에게 제시한다.

---

4 Rose Dowsett, *The Cape Town Commitment: Study Edition* (Peabody, MA: Hendrickson, 2012), 28.

토론 질문

1. 창조 세계 돌봄은 어떤 요인(문화적, 역사적, 신학적)을 통해서 많은 복음주의 선교적 사고와 실천 과정에서 소외되었을까?

2. 우리 선교의 출발점이 인간의 필요가 아니라 하나님의 목적(하나님의 선교)이라면 그것이 우리가 하는 선교에서 '창조 세계'라는 장소에 어떤 변화를 가져올 수 있는가?

3. 창조 세계 돌봄은 어떻게 변증과 전도, 제자 삼기, 교회 개척, 정의와 평화 추구 등 선교의 다른 측면을 강화하고 효과적으로 결합할 수 있을까?

4. 창조 세계를 돌보라는 성경적 부르심에 비추어 볼 때 지금의 선교 전략과 실천에 어떤 실질적인 변화가 필요한가?

논찬

유진아

주요 내용

데이브 부클리스는 자신의 논문 "창조 세계 돌봄의 성경적 기초"에서 하나님의 선교에 기초한 창조 세계 돌봄에 대한 성경적 근거를 제시한다. 필자는 하나님이 창조하신 피조 세계를 향한 하나님의 목적이 무엇인지를 묻는 것으로 시작하여, 이에 대한 답으로 '창조', '언약', '예수 그리스도', '오순절과 교회', '새 창조'라는 다섯 가지 신성한 계획으로 구성된 하나님의 포괄적인 사명을 토대로 한 틀을 제안한다. 필자는 이들 각각이 어떻게 인류뿐만 아니라 모든 창조 세계에 영속적인 결과를 가져오는지를 설명함으로써 창조 세계 돌봄이 하나님의 선교 목적의 중심에 있음을 보여 준다.

하나님의 궁극적인 계획은 자신의 창조 세계 전체를 새롭게 하고 개선하고 회복시키는 것이기 때문에, 필자는 창조 세계 돌봄이 하나님의 온 세상을 살펴야 하는, 하나님께로부터 우리에게 주어진 책임이라고 주장한다. 더 구체적으로 말하자면, 우리는 자연 세계를 보호하고 보존하는 임무를 일차적으로 맡고 있기 때문에 창조 세계 돌봄은 하나님의 선교(*missio Dei*)뿐만 아니라 교회의 선교(*missio ecclesia*) 측면에서도 가장 중심적인 위치를 차지해야 한다. 마지막으로, 필자는 모든 창조 세계에 대한 그리스도의 주권을 선포하는 동시에 창조 세계 돌봄을 그리스도의 주권 내에서 복음의 문제로 선언하는 케이프타운 서약을 독자들에게 상기시키며, 창조 세계 돌봄을 지속적으로 주변화시키는 움직임에 반대하는 확고한 입장을 촉구한다. 필자는 한국에서 열리게 될 제4차 로잔 대회를 구체적으로 언급하며, 이 대회에서 2050년까지의 세계 선교 의제를 선정할 때 모두가 창조 세계 돌봄의 임무에 주의를 기울이도록 도전한다.

생각과 토론을 위한 질문

여기서는 특히 한국 교회의 맥락에서 필자의 글에 대한 생각과 토론을 위한 몇 가지 논평과 질문을 제시한다.

한국 교회 역사를 통틀어 "창조 세계 돌봄"이라는 주제는 대체로 소홀히 다루어져 왔다. 성경에 대한 교회의 일반적인 이해는 대체로 인간 중심적이며, 창조 세계 돌봄과 같은 문제는 영혼 구원이라는 더 시급해 보이는 과제에 비해 이차적인 것으로 간주되어 오고 있다. 최근에 들어서야 한국 교회 내에서 창조 세계 돌봄도 신앙의 문제로 올바르게 이해하려는 노력과 움직임이 나타나고 있고, 창조 세계 돌봄이 교회의 선교 범위에 포함될 수 있는지 여부와 그 방법에 대한 질문들이 천천히 제기되기 시작하고 있다.

그럼에도 불구하고 한국 교회의 지배적인 관점은 창조 세계 돌봄이 중요하기는 하지만 여전히 부수적인 문제라고 보는 시각이다. 이런 점에서 필자의 글은 창조 세계 돌봄이 실제로 복음의 문제인지에 대한 한국 교회의 논의에 확실한 출발점을 제공한다. 따라서 창조 세계 돌봄에 대한 성경적 근거를 제시할 때 '증거 본문' 찾기를 피하려는 필자의 노력은 특별히 환영 받는다. 창조 세계 돌봄이라는 주제를 다루는 데 아직 덜 익숙한 한국 교회가 지금까지는 주로 증거 본문과 주제에 맞춰 선택한 성경 구절을 토대로 이 일을 해 왔다는 점을 고려할 때, 필자의 통전적 접근 방식은 해석학적으로도 설득력이 있음은 물론이고, 동시에 가장 건전한 대안을 제공한다.

그러나 이러한 접근 방식조차도 창조 세계 돌봄이 실제로 어떻게 복음 명령인지를 설명하는 데 부족할 수 있다는 우려가 있으며, 특히 복음에 대한 전통적이고 제한된 이해를 고집하는 사람들에게는 더욱 그렇다. 창조 세계 돌봄이 하나님의 선교의 범위에 속하며 따라서 교회가 그것을 교회의 선교로 받아들여야 한다는 주장이 교회와 교회의 구성원인 성도들이 그들이 알고 있는 복음과 관련하여 창조 세계 돌봄을 어떻게 이해해야 하는가라는 기초적인 문제를 해결하지 못한다. 즉 우리가 케이프타운 서약의 언어를 빌려, 창조 세계 돌봄이 "복음 문제"라고 말할 때 우리가 실제로 의미하는 것은 무엇인가? 우리는 복음의 정확한 의미를 더 구체적으로 설명해야 하는 것이 아닌가? 우리는 창조 세계 돌봄의 의의를 예수가 전하신 복음, 즉 하나님 나라의 복음의 맥락 안에서 설명해야 하지 않을까?

창조, 언약, 예수 그리스도, 오순절과 교회, 그리고 새 창조라는 다섯 가지 신성한 계획 각각과 관련하여, 필자는 하나님의 목적이 하나님이 창조하신 세계 전체에 (모든 다양성을 포함한 세계 전체에) 어떻게 확장되는지를 훌륭하게 설명한다. 우리 주 예수 그리스도의 복음은 분명한 우주적 함의를 갖고 있으며, 그분은 모든 것을 화목케 하실 것이다. 그러므로 교회 또한 창조 질서를 향한 하나님의 계획이 새롭게 함과 회복임을 기억하면서 창조 질서 전체에 대한 그리스도의 주권을 선포해야 한다. 결국 우리 모두가 기도하는 대로 하나님의 나라는 하늘에서와 같이 이 땅에서도 이루어지게 될 것이다.

그러나 필자는 창조 세계 돌봄이 복음의 필수적인 부분인지 아닌지 여부를 명시적으로 밝히지 않기에, 이는 창조 세계 돌봄을 위한 성서적 기반을 제시하려는 시도는 반드시 이 점을 정면으로 다루어야 하지 않는가라는 의문을 낳는다. 필자가 제시하는 포괄적인 구조에 따른다면, 창조 세계 돌봄이 선교의 범위에 포함되어야 한다는 주장을 넘어서 창조 세계 돌봄이 복음 자체의 필수적인 부분임을 명시적으로 진술하는 것이 가능해 보이며, 그러므로 교회의 선교적 사명에 이를 포함하지 않을 수 없다. 그러나 이것이 실제로 필자의 의도인지는 명확하지 않다.

지난 30년 동안 해외 선교에 굳건히 헌신해 온 온누리교회는 다가오는 제4차 로잔 대회를 준비하면서, 창조 세계 돌봄이 교회의 선교 범위에 포함되어야 하는지, 왜 포함되어야 하는지, 또 어떻게 포함되어야 하는지에 대한 문제를 본격적으로 검토하기 시작했다. 그러나 현재 시점에서 창조 세계 돌봄은 중요하지만 다소 부수적인 문제 정도로만 인지되고 있어 주된 논의 대상에서 제외되고 있다. 주요 복음 문제로 창조 세계 돌봄을 받아들이는 선교에 있어 가장 큰 장벽은 혹여라도 교회가 지금까지 이해해 온 복음의 의미와 온전성이 훼손될지도 모른다는 우려인 것 같다. 복음주의 한국 교회 내에서의 지배적인 이해는 여전히 교회의 주된 사역을 더도 덜도 아닌 인간의 영혼 구원까지만으로 보는 것이다. 이와 관련하여 우리는 필자의 논문이 교회 내와 특히 선교 환경에서 창조 세계 돌봄에 관한 건설적인 토론을 위한 유용한 출발점이 되기를 바란다.

여기서 주목할 만한 점 한 가지는 한국 교회가 창조 세계 돌봄을 복음의 문제로 인정하는 데 주저하는 이유가 교회의 역사와 문화뿐만 아니라 정치적인 요소에서도 비롯된다는 점이다. 흥미롭게도, 복음주의 한국 교회의 대부분은 역사적으로 정치적 우파에 속해 있는 반면, 환경 문제는 대체로 정치적 좌파에 속해 왔다는 점이다. 교회는 정치가 교회의 사명을 결정해서는 안 된다는 확고한 믿음을 갖고 있음에도 불구하고, 창조 세계 돌봄이라는 주제를 언급하는 것은 종종 의심이나 심지어 노골적인 혐오감을 불러일으킨다. 창조 세계 돌봄에 관한 우리의 논의를 발전시키기 위해서는 눈에 보이지 않지만 매우 실제적인 이러한 문화적 장벽을 극복해야 하며, 필자의 논문은 창조 세계 돌봄을 위한 정치적으로 중립적이면서도 탄탄한 신학적 기반이 되어 줄 것이라 기대해 본다.

필자의 논문이 창조 세계 돌봄을 성경적 명령으로 확립하는 중요한 과제에 있어 기후 위기라는 일반적인 문제에 의존하지 않는다는 점도 중요하다. 우리가 오늘날 직면하고 있고 우리의 미래를 위협하는 전례 없는 생태 위기에 주목하고 싶은 유혹은 당연히 있지만, 그렇게 하는 것은 창조 세계 돌봄이 무엇보다도 우선적으로 하나님이 주신 사명이라는 주장을 오히려 손상시킬 수 있다. 기후 위기에 대한 교회의 강조는 의도와 달리 성도들로 하여금 하나님의 부르심에 적극적으로 반응하기보다 세상에서 일어나고 있는 일(예: 인류의 존재에 대한 위협)에 단순히 반응하는 수동적인 입장을 취하게 하는 결과를 낳을 수 있다. 이와 관련하여 필자는 복음 문제로서의 창조 세계 돌봄이 오늘날 우리가 직면한 기후 위기 이전부터 존재해 온 주요 임무라는 점에 대한 명확한 주장을 제공한다.

마지막으로, 오늘날 이 세상에 만연한 물질주의와 소비주의(즉 기본적인 인간 탐욕)를 고려하는 것이 중요하며, 이는 창조 세계 돌봄 호소에 대한 일반적인 저항과 무시하는 태도를 설명하기도 한다. 여기서 필자의 성경적 통찰과 지구의 완전한 멸망 개념을 지지하는 도피주의적 선교학에 반대하는 주장은 특히 높이 평가된다. 한국 신학자들과 목회자들이 마지막 때와 관련하여 새롭게 함과 회복의 이해에 관해 앞으로 설명을 더 해야겠지만, 필자가 제시하는 구조는 창조 세계 돌봄을 복음의 명령으로 자리매김하는 데 크게 도움이 될 것이다.

제2부

역사와 문화

06
과거의 교훈과 미래의 희망

앨리슨 하웰(Allison Howell)

이 논문은 역사적으로 서로 다른 두 가지 중요한 환경 및 인간 재난에 대한 사례 연구를 제시한다. 첫 번째 사례는 주후 536년경에 시작되었다. 이는 거의 한 세기 동안 지중해 지역, 유럽, 중동, 심지어 극동 지역의 환경, 사회 및 신념에 영향을 미치는 기후 변화를 촉발했다. 두 번째 사례는 1876년에서 1879년 사이에 중국에서 일어났다. 두 가지 사례는 사회에 파괴적인 영향을 미쳤음에도 불구하고 기독교 선교에 새로운 방향을 제시했다. 두 사례 연구 모두는 환경적 사례를 통해 신학적이고 선교학적으로 역사적 상황을 확인하는 것이 중요하다는 점을 강조하고 있으며, 현재 세계에서 일어나고 있는 재앙과 위기에 대한 기독교 선교 대응에 대한 통찰력을 제공하기도 한다.

6세기의 기후 변화와 재앙

주후 536년 이전에는 북반구에서 지진, 메뚜기 떼의 침입, 가뭄, 전쟁의 대학살, 환경 파괴 등 수많은 재난이 발생했다.[1] 환경 문제는 보통 다른 문제들과 함께 일어나기 때문에 이처럼 불안정한 상황에서 인간들은 살아가는 데 필요한 필수적 요소들이 절실해지기도 했다. 주후 536년에는 먼지로 이루어진 막이 적어도 18개월 동안 하늘을 어둡게 덮었다. 역사가 프로코피우스(Procopius)는 이를 "가장 무서운 징조"라고 묘사하며 "해가 마치 달처럼 밝지 않은 빛을 발하였기 때문이다. ⋯ 그리고 그것은 일식 때의 모습과 매우 흡사했다."[2]고 했다.

최근 과학 연구에 따르면 주후 536년 3월 아이슬란드에서 엄청난 화산 폭발이 일어났고, 이어서 540년과 547년에 두 번의 또 다른 상당한 폭발이 있었으며,[3] 이는 성층권에 엄청난 양의 화산재를 주입했다. 마이클 맥코믹(Michael McCormick)의 기록에 의하면, 유럽의 536년은 "최악의 해는 아니더라도 인생 최악의 시기 중 하나의 시작"[4]이었다. 즉 기온이 떨어지면서 매우 혹독한 겨울이 있었고 식량 부족과 기근이 발생했다.

설상가상으로, 이집트 알렉산드리아에서 쥐 개체 수가 증가했고, 전염병을 옮기는 벼룩을 통해 질병이 퍼져 갔다.[5] 이는 처음에는 지중해

---

1 *Pseudo-Dionysius of Tel-Mahre: Chronicle of Zuqnin, Part III*, trans. W. Witakowski, Translated Texts for Historians 22 (Liverpool: Liverpool Univ. Press, 1996), 83.

2 Procopius, *History of the Wars, Vol. II, Books 3-4: Vandalic War*, trans. H. B. Dewing, Loeb Classical Library 81 (Cambridge, MA: Harvard Univ. Press, 1916), 329 (4:14.5-6).

3 Ulf Büntgen, Vladimir S. Myglan, Fredrik Charpentier Ljungqvist et al., "Cooling and Societal Change during the Late Antique Little Ice Age from 536 to Around 660 AD," *Nature Geoscience* 9 (2016): 231-36; and Christopher P. Loveluck, Michael McCormick, Nicole E. Spaulding et al., "Alpine Ice-Core Evidence for the Transformation of the European Monetary System, AD 640-670," *Antiquity* 92, no. 366 (2018): 1571-85.

4 Reported in Ann Gibbons, "Eruption Made 536 'The Worst Year to Be Alive,'" *Science* 362, no. 6416 (Nov. 2018): 733.

5 William Rosen, *Justinian's Flea: The First Great Plague and the End of the Roman Empire* (London: Penguin, 2007), 189; and David Keys, *Catastrophe: An Investigation into the Origins of the Modern World* (London: Arrow Books, 2000), 9-20.

를 건넜고, 이어서 무역로를 따라 유럽으로 유입되었다.[6] 이로 인해 유럽에서는 540년에서 543년 사이에 일괄적으로 '유스티니아누스' 전염병이 유행하게 되었다. 이는 농촌과 도시 모두를 황폐화시켰다. 그 결과, 유럽에서는 거의 한 세기 동안 엄청난 인명 피해와 경제 침체가 지속되었다. 전염병을 경험한 증인들의 증언에 의하면, 536년의 사건은 삶의 여러 영역에 영향을 미쳤으며,[7] 사람들은 전염병과 그로 인한 여러 가지 변화에 다양한 방식으로 반응했다.

먼저, 정말 중요하게 여겨졌던 '신체적' 영향으로는 빠르게 확산된 흑사병으로 인해 처음에는 열이 나기 시작했고, 24시간 이내에 부기가 발생했고, 이어서 정신 착란을 포함한 다양한 증상이 빠르게 나타나더니 혼수상태에 빠져 곧 사망했다. 이러한 전염병이 퍼지면서 수많은 사람이 목숨을 잃었고, 모두가 집에서 아프다가 죽어 갔다. 심지어 어떤 곳은 땅이 시체로 덮여 있었고, 죽은 사람을 장사할 사람조차도 없었다.[8] 콘스탄티노플에서는 처음에는 사람들이 죽은 사람을 장사했지만, 나중에는 죽은 자의 수가 기하급수적으로 늘어나 그렇게 할 수가 없었다. 에베소의 요한(John of Ephesus)은 하루에 5천에서 1만 6천 명이 죽었다고 기록했으며,[9] 죽은 자를 장사할 사람이 부족하여 그 도시는 마비되었다.

'문화적' 관습이 완전히 붕괴되어 특히 사람들은 장례 관습을 포기

---

6 Rosen, *Justinian's Flea*, 201.

7 John of Ephesus in *Pseudo-Dionysius: Chronicle of Zuqnin*, 74-98; the lawyer, Evagrius, who lost family members and survived the plague himself, in Evagrius, *The Ecclesiastical History of Evagrius Scholasticus*, trans. Michael Whitby (Liverpool: Liverpool Univ. Press, 2000), 229-32, 237, 241, 246; Procopius, *History of the Wars*, 329 (4.14.5-6); and Gregory of Tours, *The History of the Franks*, trans. Lewis Thorpe (London: Penguin, 1974).

8 *Pseudo-Dionysius: Chronicle of Zuqnin*, 80-81.

9 *Pseudo-Dionysius*, 86.

할 수밖에 없었다. 그곳은 떠났던 유스티니아누스 황제가 사람들에게 가마를 제공하며 시체를 묻도록 돈을 지불할 때까지 엄청난 혼돈 아래 있었다. 시체는 바다나 때로는 7만 명을 수용하는 큰 구덩이에 던져졌다. 마침내 사람들은 다툼을 멈추고 단결하여 죽은 사람의 장례를 돕기 시작했다. 전염병으로 인해 사망한 인구는 전체의 약 35-55%였다.

전염병은 '경제'와 '환경' 또한 황폐화시켰다. 콘스탄티노플의 주변 들판에는 많은 먹을거리가 있었지만, 도시에 사는 사람들은 그 식량에 접근할 수 없었다. 농부들이 가축을 돌볼 수도, 농작물을 수확할 수도 없어 그것들은 들판에서 썩어 갔다. 전염병은 소와 사슴에게까지 돌았으며, 이로 인해 동물들은 사납게 뛰어다녔고, 운송 시스템도 무너졌다. 사람들의 재산, 소유물에 대해서도 문제가 발생했다. 즉 재산에 대해서는, 특히 가족 모두가 죽었을 때, 유언장 및 상속과 관련된 문제가 생겼다. 사람들은 죽은 사람과 아픈 사람 모두를 치료할 수 있는 자원을 제공해야 했고, 경제를 재건해야 했다.

온 가족이 전멸하고 약탈자들이 그 집의 재산과 시체를 훔쳐가면서 여러 가지 '사회' 문제가 발생했다. 건물 위층에서 물 주전자를 거리에 던지면 죽음을 쫓아낼 수 있다는 소문이 급속도로 퍼지면서 사람들은 물 주전자를 모두 잃어버리기도 했다. 많은 사람이 전염병을 피해 다른 도시로 도망갔다.[10]

'심리적', '정서적' 영향도 상당했다. 어떤 사람들은 죽기를 원했다. 에베소의 요한은 트라우마의 의미를 다음과 같이 묘사한다. "우리는 차라리 그 멸망을 경험하기보다, 진노의 잔을 마신 자들이 그들의 마지막을 기하고 그것을 경험하지 않는 것이나 어두운 마음과 눈과 생각

---

10 *Pseudo-Dionysius*, 97-98.

을 가진 자들과 함께하는 것이 훨씬 나을 것이다."[11] 어떤 사람들은 취한 듯 깜짝 놀라며 걸어 다녔다. 어떤 사람들은 "미쳐서 생명을 포기하기도 했다."[12] 알렉산드리아의 일부 사람들은 죽을 경우를 대비해 사람들이 알아볼 수 있도록 이름표를 달고 나갔다. 사람들은 걷잡을 수 없는 슬픔과 끔찍한 두려움을 겪어야 했다. 에베소의 요한은 사람들이 죽은 자를 대하는 방식에 완전히 충격을 받은 채 시리아에서 콘스탄티노플로 "공포에 휩싸인 채" 도망쳐야만 했다. 그에게 "너무나 고통스러운 것은 시체를 끌어내려 던져야 한다는 것, 죽은 사람들을 마치 죽은 짐승처럼 취급하는 것이었다. 성경에서는 이를 '나귀의 장사'라고 불렀다(렘 22:19)."[13]

'영적'으로나 '종교적'으로도 다양한 반응이 있었다. 예를 들어, 에베소의 요한은 그들의 경험을 선지자 예레미야 시대에 예루살렘에 있던 유대인들이 겪었던 고난과 애도에 비유했다. 그는 자주 "하나님의 진노"와 "포도주 틀"을 언급했으며, 사람들의 몸이 나이, 신분, 지위에 관계없이 짐승처럼 무자비하게 짓밟혔다고 기록한다. 그는 이사야서를 언급하면서 콘스탄티노플이 "하나님의 심판"을 받고 있다고 묘사했다.[14] 그는 콘스탄티노플에 있는 일부 사람들의 행동이 홍수가 다가오고 있음을 알았던 노아의 행동과 유사하다고 해석했다. 그러나 이 경우, 그들은 가난한 사람들에게 소유물을 나눠 줌으로써 "구제"의 배를 만들려고 했다.

사람들은 통곡하며 하나님께 부르짖으며 철야 예배를 드렸다.[15] 금

---

11 *Pseudo-Dionysius*, 96.

12 Evagrius, *The Ecclesiastical History*, 231-32.

13 *Pseudo-Dionysius: Chronicle of Zuqnin*, 92.

14 *Pseudo-Dionysius*, 74, 87-90, 96.

15 *Pseudo-Dionysius*, 86.

식하고 기도하고 회개하고 겸손하게 애도했으며 하나님께 자신들을 구원해 달라고 간구했다. 투르의 그레고리우스(Gregory of Tours)는 투르와 낭트에서 사람들이 전염병으로 죽어 갈 때 이러한 반응을 보였다고 이야기한다.[16]

초자연적인 존재인 유령을 본 사람들은 신성한 신의 이름을 부르며 그것을 쫓아내려고 노력했다. 일부는 방에 갇히기도 했다. 또 어떤 사람들은 천사들이 지시했다면서 청동으로 신들을 만들고 숭배하기도 했다. 일부는 성소로 도망쳐 기둥 성자들에게 용서를 구하기도 했다. 에바그리우스(Evagrius)는 아내, 딸, 손자 및 기타 친척들이 전염병으로 사망한 후 깊은 고통에 빠졌으며,[17] 죽음으로부터 사면을 받기 위해 안디옥과 셀레우키아 사이 산에 있는 기둥 성자인 성 시메온을 방문하기도 했다.[18]

많은 사람이 전염병을 악마의 탓으로 돌렸다. 일부 지역에서는 사람들이 수도사들을 피해 다녔는데, 수도사들의 여러 가지 습관이나 깎인 머리가 죽음을 의인화한다고 믿었기 때문이다. 에베소의 요한은 이러한 현상들이 귀신들이 사람들을 미혹하는 것이라 여겼다. 그는 전염병과 사람들의 정신병을 죄에 대한 하나님의 징벌로 해석하기도 했다. 그는 사람들이 지혜로워져서 하나님을 노하시게 하는 것을 멈추고 회개하고, 이러한 형벌을 피하기 위해 계속해서 자비를 구하기를 바랐다. 그러나 그는 자신을 하나님을 "노엽게 하는 어리석은 자들" 중 한 사람으로 생각하기도 했다.[19]

---

16 Gregory of Tours, *History of the Franks*, 468.

17 Evagrius, *The Ecclesiastical History*, xiv.

18 Glanville Downey, *A History of Antioch in Syria: From Seleucus to the Arab Conquest* (Princeton: Princeton Univ. Press, 1961), xiv, 553-57.

19 *Pseudo-Dionysius: Chronicle of Zuqnin*, 98.

에바그리우스는 이러한 재난은 하나님의 분노와 형벌의 표시이며, 동시에 악마의 일이라고 생각했다.[20] 투르의 그레고리우스는 이러한 재앙을 "하나님의 재앙"으로 해석했다.[21] 그는 예레미야 4장 10절을 인용하면서 사람들의 슬픔이 그들의 회심으로 이어지기를 바라기도 했다. 그는 이러한 경험을 예수가 복음서에서 말씀하신 사건에 비유했다 (마 24:7; 막 13:22).[22]

이를 요약하면, 6세기 말에 유스티니아누스 제국의 인구는 약 2,500만 명이나 줄었다.[23] 과학자들은 주후 536년부터 약 660년까지의 기간을 대부분의 북반구를 간파했던 고대 후기 소빙하기로 구별한다. 또한 과학자들은 "이 추운 시기는 유스티니아누스 전염병 발생, 동로마 제국의 변혁과 사산 왕조의 붕괴, 아시아 대초원과 아라비아반도의 이동, 슬라브족의 확산과 중국의 정치적 격변에 영향을 준 또 하나의 환경 요인으로 간주된다"고 제기한다.[24]

이 사례 연구에서 드러난 것은 위기 대응의 패러다임이다. 즉 이 사례 연구는 재난이 신체적, 사회적, 문화적, 경제·환경적, 심리적, 그리고 영적·종교적 영역에서 어떤 영향을 주고, 이를 대응하는 영역에 대해서 이해함으로 또 다른 재난이 왔을 때 여러 가지 측면에서의 영향과 대응을 평가하기 위한 모델을 제공한다. 이는 2014년 서아프리카에서 발생한 에볼라 발병에 대한 시에라리온 웨슬리안 교회 목사 켈빈 코로마(Kelvin Koroma)의 대응에서 입증되었다. 주후 536년 사건과 그 여파에 대한 그의 연구는 그와 다른 기독교 지도자들이 재난으로 인한 여러

---

20 Evagrius, *The Ecclesiastical History*, iv, 1, 156.

21 Gregory of Tours, *History of the Franks*, x, 1.

22 Gregory of Tours, 584.

23 Rosen, *Justinian's Flea*, 309.

24 Büntgen et al, "Cooling and Societal Change," 1.

가지 측면에서의 영향을 조사하는 데 사용될 수 있는 유용한 범주를 제공했다. 이는 라이베리아, 기니, 시에라리온에서 발생한 에볼라 발병과 이로 인한 광범위한 피해에 대응하기 위한 것이었다.[25]

중국과 티모시 리처드

현재 엘니뇨-남방 진동(ENSO)으로 알려진 현상은 1876년에서 1879년 사이에 발생하기 시작하여 세계 여러 지역에 상당한 영향을 미치고 있다. 일부 국가에서는 광범위한 홍수를 겪었으며, 중국, 인도, 브라질에서는 가뭄과 치명적인 기근이 발생하기도 했다. 세 나라 모두 이러한 자연재해를 경감할 수 있는 풍부한 곡물이 있었음에도 불구하고, 수백만 명이 사망했다.[26] 선교사들은 이 모든 가뭄에 대해 현지인들에게 경고하지만, 선교학자들은 아직도 이 중요한 현상에 대해서 연구하지 않는다.

두 번째 사례 연구는 1870년부터 1914년까지 중국에서 사역한 웨일즈 출신의 침례교 선교사인 티모시 리처드(Timothy Richard)에게서 나온 것이다.[27] 리처드는 처음에 중국어와 문화를 배우고, 거리의 예배당에서 설교를 하고, 사람들에게 기독교 문헌들을 전달하는 데 중점을 두었다. 그는 중국인을 복음화하는 데 있어서 문화적으로 적절한 방법을

---

25 Allison M. Howell and Karim Kelvin Koroma, "The West African Ebola Virus Outbreak: Context, Response and Christian Responsibility—The Experience of the Wesleyan Church of Sierra Leone," *Journal of African Christian Thought* 18, no.1 (June 2015): 4-17.

26 Mike Davis, *Late Victorian Holocausts: El Niño Famines and the Making of the Third World* (London: Verso, 2001), loc. 21-22, 137-38 of 519, Kindle.

27 Timothy Richard, *Forty-five Years in China: Reminiscences* (New York: Frederick A. Stokes, 1916), 29.

사용하는 것이 중요하다는 것을 깨달았다. 그리하여 그는 중국의 종교 유산에 대한 성경적 해석과 문인층에 대한 접근에 중점을 두기도 했다. 1876년 산둥에서 발진티푸스가 발생했을 때 그는 생명을 구하는 데 도움이 된 퀴닌수를 배포하기도 했다. 이로 인해 중국인들에게 그의 신뢰도가 높아졌다.[28]

1876년에서 1879년 사이에 중국 북부에 비가 내리지 않았고, 이는 그 지역의 5개 성에 가뭄을 초래했다. 18세기 중국은 이미 잘 짜인 구조로 기근 구호 조치를 취하고 있었고, 유럽의 어떤 국가보다 효과적으로 구호 활동을 했다.[29] 그럼에도 불구하고 800만에서 2천만 명 사이의 사람들이 기근으로 사망한 것으로 추산된다.[30] 그럼 무엇이 잘못되었을까? 끔찍할 정도로 많은 사망자 수를 낸 이 사례의 원인을 단지 엘니뇨-남방 진동 현상에 따른 가뭄으로 돌리는 것은 그 시대의 여러 가지 사회 배경 요인과 이런 기후 현상을 가져온 다양한 정치적, 경제적 문제를 배제하는 것이 된다. 피해를 입은 5개 성에서 기근이 심각해진 배경 요인은 다음과 같다.

1. 1775년에서 1850년 사이 대규모 인구 증가
2. 인구 증가를 따라갈 수 없는 식량 자원[31]
3. 거대한 불모지이며 농사를 짓기에 부적합한 토양에서 전통적이

---

28 Paul Richard Bohr, *Famine in China and the Missionary: Timothy Richard as Relief Administrator and Advocate of National Reform, 1876-1884* (Cambridge, MA: Harvard Univ. Press, 1972), 11.

29 Davis, *Late Victorian Holocausts*, 413 of 519.

30 Davis, 14, 79, 87, 138 of 519. Andrew T. Kaiser, *Encountering China: The Evolution of Timothy Richard's Missionary Thought (1870-1891)* (Eugene, OR: Pickwick Publications, 2019), 2833-43 of 8176, Kindle 참조.

31 Bohr, *Famine in China*, 74.

지 않은 작물들을 재배하기 위해서 산악 지역과 습한 저지대의 삼림 벌채

4. 기반암의 퇴적물과 모래가 하천을 막고 있음으로 비옥한 농지를 파괴하는 심각한 침식

5. 낮아지는 지하수위와 마른 우물들, 그리고 농부들이 가뭄으로 인해 들판 아래 물을 구할 수 없었고 이로 인한 자원 부족[32]

6. 물 보존, 수로 청소, 관개 시스템 및 홍수 조절 작업 유지에 대한 정부의 태만[33]

7. 인종적, 사회적 갈등. 두 차례의 아편전쟁(1839-42년, 1856-58년)과 이어진 태평천국의 난 봉기(1850-64년) 등 두 차례의 내전으로 인해 중국의 경제적인 수입이 고갈되었다. 양측 모두 의도적으로 숲을 파괴해 산림 벌채를 더욱 악화시켰다. 비옥한 농경지가 파괴되었고, 세금 수입이 중단되었으며, 고갈된 군대의 곡물 창고를 유지하는 데만 막대한 자금이 투입되었다.[34] 초기 인구 증가는 태평천국에서 일어난 혁명과 관련된 대규모 인적 손실로 멈춘다.[35]

8. 곡물 창고 시스템의 쇠퇴. 이전 가뭄에서는 곡물 창고가 가뭄의 영향을 완화시켰다.

9. 도로, 철도, 전신 서비스에 대한 투자 실패

10. 상인과 행정관들의 사기 행위로 곡물 창고의 재고가 고갈되었고, 이는 정직한 관리들조차 해결할 수 없었다.[36]

---

32 Davis, *Late Victorian Holocausts*, 414-16; 420-21 of 519.

33 Davis, 30, 349, 425-26 of 519.

34 Bohr, *Famine in China*, 24, 75.

35 Davis, *Late Victorian Holocausts*, 355 of 519.

36 Davis, 411 of 519.

비가 그치면 이 모든 문제가 상호 작용하며 서로에게 큰 영향을 미쳤다.

기근의 영향

선교에 대한 리처드의 접근 방식, 그의 복음주의 신앙, 그리고 중국인과 문화적으로 공감하려는 열정은 중국 북부의 기근에 대한 그의 대응에 영향을 미치기도 했다. 기근이 그 지역 5개 성에 영향을 미쳤음에도 불구하고, 리처드는 처음에는 산둥(인구 2,700만 명으로 추정)에 거주하다가 나중에는 기근 이전 인구가 1,500만 명으로 추정되는 산시로 이주했다.

리처드는 기근의 끔찍한 영향을 관찰하여 기록했다. 농작물이 모두 흉작이고 곡물 가격이 급등하여 사람들은 들판에서 찾을 수 있는 것은 무엇이든 찾아 나서야 했다. 그들은 집을 헐고, 목재를 팔고, 지붕에 쌓아 두었던 썩은 수수 줄기를 먹어야 했다. 겨울의 추위를 이겨 낼 태울 연료가 없었기 때문에 그들은 추위를 피하기 위해 지하에 구덩이를 팠다. 이러한 노력에도 불구하고 6주 안에 인구의 약 3분의 1이 사망했다. 사람들은 자신의 옷은 물론 자녀와 여성도 노예로 팔았다. 땅값이 폭락했고, 농경지는 경작되지 않은 채로 방치되었으며, 많은 사람이 자살을 시도했다. 수백만 명의 사람들이 식량이 있는 다른 지역으로 도망치듯 이주했다.[37] 사망률이 너무 높아서 죽은 사람들은 집단 무덤에 묻혀야만 했다.

1877년에 기근은 또한 삼림이 벌채되고 도로가 파손된 내륙 지역인 산시 지역으로 퍼졌다. 리처드는 산시 지역에서 목격한 장면에 충격을

37 Bohr, *Famine in China*, 14-15.

받기도 했다. 산둥보다 사정이 더 나빴기 때문이다. 농사는 실패했고 메뚜기가 들판에 남아 있는 모든 것을 먹어 치웠다. 광범위하게 강도 사건들이 있었고 식인 풍습의 증거로 인육이 시장에 팔리기도 했다. 산시성 인구의 약 80%가 이처럼 끔찍한 기근의 영향을 받았다.

정부의 대응

청나라 정부는 인민의 복지에 깊은 관심을 갖고 있었지만 기근에 대한 대응은 너무나 느렸다. 여러 가지 준비와 지원이 미흡했고 의사소통에도 문제가 있었다. 처음에 정부가 대응하기를, 사람들이 기도하게 했으며, 수도 지역에서 과도한 연회를 갖는 것을 금지시켰다. 또한 정부는 정치적 고문들에게 구호 프로그램을 세우라고 지시했다. 하지만 사람들에게 소량의 곡물과 은이 분배되기 시작하기까지는 거의 1년이 걸렸다.

정부는 민간 기부를 장려했다. 그들은 황실 보고에서 곡물을 옮기기도 하고, 지역 위원회를 구성하기도 했으며, 기근의 영향을 받지 않은 지역에는 세금을 부과하는 대신 기근의 영향을 받은 지역에서는 토지세와 곡물세 징수를 중단했다.[38] 또한 농부들에게 종자와 도구를 공급했다. 그들은 구호 활동을 제공하기 위해 센터를 설립했고, 곡물을 나눠 주었으며, 곡물이 없는 곳에서는 사람들에게 현금을 주었다.

한편으로는 도로 보수 실패로 인해 조직적이며 구조적인 어려움이 발생했다. 항구는 질서 없이 움직였으며, 수로 운송은 거의 불가능했다. 이로 인해 곡물을 운반하는 데 드는 비용이 엄청나게 비싸졌고, 동물들이 죽거나 사람들에게 잡아먹혔기 때문에 운송을 하는 짐승이 부

---

38 Bohr, 30-34.

족했다. 동시에 부정부패와 잘못 관리된 지원으로 인해 행정적이며 제도적인 어려움이 가중되었다.[39] 이러한 가운데 중국인들의 민간 기부는 인상에 남을 만큼 큰 영향을 주었고, 중국의 고위 귀족들은 정부의 이 같은 부적절한 구제를 비난하기도 했다.

리처드의 구호 활동

리처드(Timothy Richard) 선교사는 이러한 상황에서 문화적으로 적절하게 대응해야 할 필요성을 즉시 깨달았다. 그는 비가 내리기 원하는 사람들에게 "죽은 우상을 버리고 살아 계신 하나님께로 돌이켜 그분께 기도하고 그분의 율법과 삶의 조건에 순종할 것"을 알리는 플래카드 만들었다.[40] 그는 말을 타고 11개 마을로 가서 성문에 플래카드를 붙인 다음, 기도에 관심 있는 사람들과 대화하기 위해 그곳에 머물렀다. 1876년 중반에 리처드는 자신 또한 위험한 상황에 처하게 되었음에도 불구하고 그곳에 머물기로 결정했다.

처음에 산둥성에서 일하던 그는 재난 상황을 평가한 뒤 이에 대한 대응책을 마련하기 위해 1877년 8월 중국인 조수들과 함께 산시 지역으로 이주했다.[41] 그의 방법은 그가 산둥에서 만들어 낸 방법과 유사했다. 리처드는 가지고 있는 자금이 거의 없었고, 모아 놓은 돈도 거의 없었으며, 이전에 구호품을 나눠 주었던 경험도 없었다. 이는 만약 그가 자신이 가지고 있는 자금이나 그 어떤 것으로 기부를 한다면 정부 관리들이 가만히 있지 않을 것임을 알고 있었기 때문이다. 그래서 그는 궁극적으로 장기적인 효과를 가져올 수 있는 구호 방법을 고안했는데,

---

39 Bohr, 77.

40 Richard, *Forty-five Years in China*, 97-98.

41 Richard, 100-102.

그 방법은 다음과 같다.

1. 기근의 상황을 평가하기 위해 소규모 설문 조사를 실시했다. 주민들이 이용할 수 있는 자원들이 얼마나 남았는지와 사망자 수를 파악하기 위해 마을을 조사했다. 산시에서는 현지 관리들과 가톨릭 신부들이 도움을 주어 사망자에 대해 알 수 있었다.[42] 한 마을에서는 주민의 95%가 사망했다. 전체적으로는 산시에서만 약 950만 명이 사망했다.

2. 개인 자금의 배분. 리처드는 자신이 가진 자금이 다 없어질 때까지 공유했다.

3. 중국 정부 관리자들과 중국 내의 부유한 외국인들에게 도움을 요청했고, 그들은 구호위원회를 구성했다.

4. 조사 내용을 공개했다. 자신이 목격한 장면에 충격을 받은 리처드는 자신이 관찰한 내용을 중국과 서구에서 발표했다.[43] 그러자 사람들이 돈을 기부하기 시작했다.

5. 시행착오를 통해 가장 적절한 배포 방법을 찾아냈다. 그는 또한 정부와 상인들의 부적절한 분배 방식으로부터도 배웠으며, 자신의 노력을 한곳에 집중시켜 곡물 분배가 아닌 현금 분배에 힘을 썼다.[44] 사실 그의 영감은 예수가 군중을 앉게 하시고 그곳에서 그들을 먹이신 성경의 사건에서부터 나왔다. 이러한 사역을 통해 리처드는 "앉아 있는 군중은 무너질 수 없다"는 것을 깨달았

---

42 Davis, *Late Victorian Holocausts*, 84, 138-39 of 519.

43 Kaiser, *Encountering China*, 2896 of 8176.

44 Kaiser, 2953-54 of 8176.

다.[45] 그곳의 행정 수령은 이러한 리처드의 효율적인 영향력에 놀라워했다.

6. 중국 관료들과 협력했다. 리처드는 정부와 경쟁하지 않고 정부의 구호 배급 지침을 따랐으며, 이는 도움이 될 만한 기회를 제공하기도 했다.[46] 관리들에게 보다 효과적인 배급 방법에 대해 조언했다. 외국 자금을 조달할 때는 이를 행정 수령에게 주어 관리들을 통해 분배하도록 했다. 혹시 추가 자금이 들어오면 이를 매우 궁핍한 마을에 직접 분배하기 위해 행정 수령으로부터 허가를 구하여 가기도 했다. 리처드는 "효과적인 선교를 위해서는 그와 그의 동료들이 헌신하고 있는 중국 상황에 대한 깊은 존중 의식, 즉 중국 현실에 민감한 선교 형태와 방법을 통한 진정한 헌신이 필요하다"고 믿었다.[47]

7. 동료 그리스도인들 및 선교사들과 협력했다. 리처드는 자신을 도와줄 정직한 중국인을 찾았고 그들에게 보상을 하기도 했다. 다른 선교사들도 그와 함께 구호품을 배포했다. 중국 기근 구호 기금은 현지 및 영국과 미국의 위원회를 통해 모금되었다. 그들은 리처드의 배포 방법을 사용하고, 그의 제안을 따라 정부가 충분히 구호할 수 있는 떨어진 지역을 위한 기금 모금은 중단했다.

8. 임시 고아원을 설립했다. 리처드는 가장 큰 피해를 입은 마을 전역에 버려지거나 불우한 아동이 된 아이들을 위해 고아원 다섯 곳을 설립했다. 그들은 음식을 제공받았고, 취업 가능한 기술을 훈련받기도 했다. 그러나 리처드는 기근이 끝났을 때 중국 그리스

45 Richard, *Forty-five Years in China*, 102.

46 Kaiser, *Encountering China*, 2968 of 8176.

47 Kaiser, 2913-2915 of 8176.

도인들이 고아원을 지원하지도, 관리할 수도 없었기 때문에 고아원을 폐쇄해야 했다.[48]

9. 기근의 원인을 이해했다. 리처드는 가뭄의 영향을 자연에만 책임을 지울 수는 없다고 생각했고, 이와 비슷한 재난이 발생하지 않도록 역사, 정치, 경제, 구조적 문제를 해결해야 한다는 것을 깨달았다. 구조 개혁을 옹호하고 이를 정부 관리와 논의하기도 했다. 1876년에 자신의 이러한 생각을 논문으로 발표했으며,[49] 기상학 및 새로운 농업 기술에 대한 연구는 물론 산업과 광업의 시작, 운송과 통신의 개선, 과학 과목의 교육, 중국 전문가 교육을 제안했다.

10. 통합적 기독교 선교와 구호 활동을 옹호했다. 리처드는 구호 활동이 전도 활동에 방해가 된다고 생각하지도 않았고, 그 일에 참여하는 것을 싫어하지도 않았다. 그는 기근을 영적으로 해석했고, 구호를 받는 사람들과 함께 기도했다. 그는 복음의 메시지와 함께 사람들에게 음식과 구호 물품을 주시는 하나님께 감사드릴 것을 가르쳤다. 이러한 리처드의 사역을 케이서(Kaiser)는 다음과 같이 기록한다. "리처드가 극심한 기근에 따른 사람들의 육체적 고통을 완화시키기 위해 사역한 것은 주변 사람들의 공감을 자아내고 그의 신념을 확고히 하는 복음주의 선교사로서 정체성을 '유기적'으로 발전시킨 것이다. 즉 복음주의 긍휼 사역

---

48 Kaiser, 2968 of 8176.

49 보어(Bohr)는 "1876년 9월 리처드는 〈완궈쿵파오〉(Wan-kuo kung-pao)에 실린 기사에서 팅(Ting) 총독에게 자신이 건의한 내용을 상세히 설명했다"고 말한다. Timothy Richard, "Tsai i she-fa tsao chiu" [Methods should be devised early to prevent disaster], WKKP (September 9, 1876): 55-55b 참조. "중국인들 사이에 기독교 과학과 일반 지식을 널리 알리기 위한" 중국어 저널이다. Bohr, Famine in China, 141, 256, 272 참조.

의 행동적 실천이었다."[50]

리처드는 남성 및 여성 지도자들과 함께 성경 수업을 진행했다. 또한 그와 그의 중국인 동역자들은 교회의 성장을 위해 계속해서 일했다.[51] 기근이 끝난 후 2천 명 이상의 신자들이 정기적으로 여러 예배 장소에서 모였다. 그는 또한 기근 구호를 위해서는 현실적인 상황과 관련된 실질적인 지식과 기술을 가르치는 것이 "영적 진리"를 가르치는 것과 통합되어야 한다고 믿었다. 그는 이러한 통합을 물질적인 진보와 기독교 관계의 일부분으로 해석했다. 그의 이러한 견해는 물질적 향상과 영적 거듭남이 서로 밀접하게 연관되어 있다는 믿음에서 비롯되었다. 그는 또한 성경을 가르칠 때 자연 속에서 하나님의 주권적인 활동을 언급하여 가르침의 범위를 넓히기도 했다.

결론

리처드는 지금도 중국 기근 구호의 선구자로 인정받고 있다.[52] 비록 외국인으로서 그의 공헌은 작아 보였지만, 그는 처음부터 기근 대책에 참여해 선구적인 역할을 맡았다. 그가 기근에 대해서 전한 소식들은 재난적 비극에 대한 대중의 인식을 불러일으켰고, 사람들은 재정을 지원하며 반응했다. 그는 또한 다른 사람들이 모방해 만들어 낸 기근 구호에 대해서 새로운 접근 방식으로 나아갔다. 그가 개발한 방식과 기술은 수년 동안 기근 구호 진행 활동에 깊은 영향을 미쳤다. 그 기근 기

---

50 Kaiser, 3032-34 of 8176.

51 Richard, *Forty-five Years in China*, 106.

52 Bohr, *Famine in China*, 126-28; Kaiser, *Encountering China*, 2998. of 8176

간 동안 리처드의 사역은 기독교 선교에 대한 그의 비전을 확대시키기도 했다. 선교사로서 선교지에서 기근에 직면하고 이에 대응해야 했던 필자도 리처드의 방법을 지금이 아닌 선교 사역 당시에 알고 있었다면 꽤 도움이 되었을 텐데, 라는 아쉬움이 남는다.

토론 질문

1. 주후 536년의 사건과 전염병의 영향 및 대응을 토대로, 당신 자신과 당신의 교회, 그리고 선교 사역에서 예상되는 큰 재난에 대응함에 있어서 배운 중요한 지침이 있는가?

2. 재난에 대한 다양한 대응들은 예수 그리스도의 복음과 어떤 관련이 있는가?

3. 중국 기근에 대한 티모시 리처드의 대응 중 당신과 당신의 선교 사역이 유사한 상황에 직면했을 때 참고할 수 있는 가장 중요한 요소는 무엇인가?

4. 2022년 한 해에 걸쳐 거의 모든 동부 아프리카가 가뭄과 기근 상황에 직면했다. 많은 기독교 선교사들이 이 지역에서 일하고 있지만 선교단체의 목소리는 대체로 조용하다. 그렇다면 이러한 재난의 고통을 줄이기 위해서는 어떠한 선교 사업을 해야 하며, 또한 할 수 있는가?

논찬

─────

이정숙

　고대 후기 서양과 근대 동양에서 일어난 두 가지 역사적 사건을 설명하는 앨리슨 하웰 박사의 논문은 KGMLF 2023 주제인 환경 및 인간 재난의 기원과 진행 및 불가피한 결과들이 본질적으로 상호 연관되어 있음을 보여 줌으로써 주제의 핵심을 잘 드러냈다. 필자는 또한 환경 재해가 신체적, 문화적, 사회적, 심리적, 정서적, 영적, 종교적 등 다양한 측면에서 인간의 삶에 영향을 미칠 수 있다고 설명하며, 이러한 사건으로 고통받은 사람들이 직면했던 잔인하고 파괴적인 경험을 간략하게 보여 준다. 필자의 논문은 또한 그러한 재난 중에서도 정부 개입을 통해서든 선교사와 같은 개인의 노력을 통해서든 그 고통을 최소화하거나 적어도 완화할 수 있는 방법이 있음을 시사한다. 이 과정에서 그리스도인들이 고통을 완화하기 위해 영적인 지혜로 결단력 있는 행동을 취한 것도 사실이었다. 그들은 유사한 재난으로 고통받는 우리 시대의 사람들에게 우리 자신이 희망의 등불이 되라고 응원하는 구름 같이 허다한 증인들(히 12:1)의 일부가 되었다.

6세기 고대 후기 사례 연구

하웰 박사는 주후 536년에 시작되어 660년에 끝난 서양 고대 후기 소빙하기의 한 사례를 연구했다. 이 시대는 536년 아이슬란드의 화산 폭발로 시작되었고, 이어서 540년과 547년에 두 번의 화산 폭발이 있었다. 첫 번째 폭발의 영향은 너무 심각하고 광범위해서 "최악의 해는 아니더라도 인생 최악의 시기 중 하나의 시작"이라고 불렸다. 유난히 낮은 기온과 그에 따른 기근, 식량 부족 등의 상황으로 인해 유럽 사람들은 생존의 위협을 받았다. 더욱이 유스티니아누스 1세(527-565년) 황제 통치 기간인 540년과 543년에 잇따른 전염병은 당시 살았던 사람들뿐만 아니라 다음 세대에게도 삶의 잔인함을 더욱 가중시켰다.

교회사가인 논찬자에게도 이 사건은 잘 알려지지 않았기에, 역사적으로 기후 변화가 얼마나 중요한지, 기후 변화가 인류의 삶에 어떻게 직접적인 영향을 미쳤는지를 보며 놀라지 않을 수 없었다. 536년부터 537년까지의 기후 변화에 대한 설명은 매우 생생하다. "먼지로 이루어진 막이 적어도 18개월 동안 하늘을 어둡게 덮었다." 이는 "가장 무서운 징조"로 "해가 마치 달처럼 밝지 않은 빛을 발하였기 때문이다." 그리고 "그것은 일식 때의 모습과 매우 흡사했다." 이 사례는 로마가 멸망한 후(476년), 샤를마뉴(Charlemagne) 대제가 대관식을 치르기 전(800년), 즉 서양의 6세기부터 8세기에 걸친 교회사가 상대적으로 조용했기 때문에 더욱 흥미롭게 보였다. 이 시기는 로마의 멸망, 야만인의 침입과 확장, 이슬람의 부상으로 인해 기독교가 후퇴하는 것으로 설명되는 시기다.

그러나 고대 후기 소빙하기의 기후 변화 역시 기독교 전도와 기타 활동이 정체된 또 다른 이유였을 것으로 보인다. 그동안 세계 기독교의 역사(또는 교회사)는 신학, 교회, 예배 발전, 선교 운동 등에 관심을 집중해 왔다. 그 결과 안타깝게도 자연재해, 기후 변화, 질병, 이주와 같은 주제는 제대로 대접받지 못했다. 이와 관련하여 교회사는 화산 폭발 당시와 그 이후에 발생한 재난의 가능한 원인에 관한 몇 가지 중요한 신학적 논의를 간과해 왔다. 다행히도 에베소의 요한(507-588년)과 투르의 그레고리우스(538-594년) 같은 저명한 신학자들은 사람들이 관심을 만물의 근원이 되시며 만물의 마지막이 되시는 주 하나님(롬 11:36)께로 돌리도록 그들의 의견을 기탄없이 쏟아냈다.

19세기 근대 사례 연구

중국

하웰 박사의 다른 사례 연구는 근대사에서 발췌되었다. 1876년부터 1879년까지 중국 북부에서 엘니뇨-남방 진동(ENSO) 현상으로 광범위한 가뭄, 기근, 고통, 대량 이주가 발생했다. 하웰은 이러한 환경 재앙이 개인 차원에서든 정부 차원에서든 적어도 10가지의 인간적 요인에 의해 악화되었음을 분명히 보여 주었다.

1870년부터 1914년까지 중국에서 사역한 영국 침례교 선교사 티모시 리처드(Timothy Richard, 1845-1919)는 기근 피해자와 난민들을 돌보고 지원하는 데 많은 시간을 보냈으며, 이 사건은 그의 저술을 통해 많은 사람에게 알려졌다. 중국 사람들을 대상으로 한 리처드의 구호 활동은 그리스도인의 사랑과 봉사의 모델로서 오랫동안 영향을 미쳤다. 하웰 박사는 리처드의 기근 구호 모델을 10가지로 요약한다. 간단히 말하면, 리처드는 (1) 원인과 상황을 조사했고, (2) 중국 정부 관료들과 협력했고, (3) 중국 안팎의 그리스도인들과 협력했다. 그는 또한 이 사건을 공개하여 전 세계의 이목을 끌었다. 논찬자는 리처드가 바쁜 구호 활동 중에도 가능한 모든 순간에 보고서와 편지를 작성하느라 바빴을 것이라고 확신한다. 이 글을 쓰는 동안에도 남아시아, 특히 베트남에 엘니뇨 현상이 일어날 가능성이 높다는 소식을 듣게 되었다. 그곳의 선교사들과 그리스도인들이 리처드의 구호 활동을 본받아 성숙하고 지성적인 방식으로 재난에 대응하기를 기원한다.

한국

1876-1879년 엘니뇨-남방 진동 현상이 중국뿐만 아니라 인도, 브라질에도 영향을 미쳤다고 해서 그 기간 동안 한국에도 기후 변화에 대한 기록이 있는지 궁금했다. 그 당시 한국에는 선교 기록이 없기 때문에[1] 1876년부터 1879년까지의 《조선왕조실록》[2]을 살펴보았다. 논찬자는 역사에서 날씨와 그 효과를 연구한 적이 없었기 때문에 놀라운 경험이었다.

기록에 따르면 엘니뇨-남방 진동 현상이 중국에 처음 등장한 해인 1876년 내내 한국은 특이한 날씨를 보였다. 4-5월(음력)에 극심한 가뭄과 낮은 수위(측우기로 계측)가 기록되자 절박한 왕(고종)은 4월과 5월에 12회, 그리고 6월에 6회에 걸쳐 특별하게 기우제를 지냈다. 왕은 간절한 마음과 뜻으로 여러 차례 제사를 직접 거행하며 하늘에 호소하였다. 어떤 기록에는 질병의 명백한 증거 없이 기우제에 불참한 고위 관리들은 직위에서 해고되었다고 쓰여 있어 기우제의 심각성과 중요성

---

1 일부 한국인들은 가톨릭 선교사가 파송되기 전에 스스로 가톨릭교회의 가르침을 수용하고 믿음을 가졌다(공식적으로는 1784년으로 기록). 개신교도 마찬가지로 선교사가 한국에 들어오기 전 해외에서 신앙을 가진 한국인들이 국내로 들어왔지만 공식적으로 선교사가 들어온 것은 1884년이다.

2 《조선왕조실록》, 국사편찬위원회, https://sillok.history.go.kr/main/main.do (2023년 5월 10일 접속). 이 기록은 1392년부터 1928년까지 조선왕조 27명의 왕들 시대의 공식 기록이다. 이는 원래 한자로 기록되었기에 일반인들이 접근하기가 쉽지 않았다. 이에 1968년부터 1993년까지 한글로 번역하고 디지털 자료로 구축하였다.

을 강조했다.[3] 고종은 또한 자신의 식사에 올라오는 요리의 수를 줄이도록 명령하고 음악, 막걸리를 포함한 술 제조, 조청 제조를 금지했다. 마지막 기우제 제사가 끝날 무렵에 비가 내리자 감사의 제사를 드렸다.

그러나 6월의 비 직후에 또 다른 극심한 기상 현상이 발생했다. 7월과 8월의 홍수, 8월 2일의 이른 서리, 10월 7일의 수확기에 우박을 동반한 천둥과 번개 등이 있었다. 이 모든 현상은 그해에 심각한 기근을 초래했고, 이 기근은 3년이나 되는 오랜 시간에 걸쳐 영향을 미쳤다. 9월 22일, 정부는 기근으로 피해를 입은 모든 사람에게 자금과 쌀을 지원하고 세금을 감면하거나 유예했다. 많은 사람이 구제 활동에 참여했다. 1877년 정부는 고통받는 이웃을 도운 사람들을 표창하고 포상했다.

구제 기록은 다음 해에도 계속된다. 1878년 11월 28일 기록에는 "1876년의 기근은 너무나 심했다"라고 말하며 두 마을이 지난 2년간의 세금을 내지 못한 것에 대한 대안적 해결책을 논의했다고 쓰여 있다.[4] 1879년에는 홍수와 두 차례의 지진(3월 12, 17일) 등 기후 재난이 보고됐다. 이 기록은 구제 활동의 맥락에서 언급되었기 때문에 홍수는 전년도에 발생했을 수 있다. 그렇지 않다면 날짜만으로는 한국에서 홍수가 있었다고 보기에는 너무 이르기 때문이다.[5]

이 기록을 읽는 동안 두 가지가 특히 눈에 띄었다. 첫째, 가뭄과 기근에 대한 고종의 한탄과 참회, 둘째, 정부와 개인의 기도 의식과 구제

---

3 "고종실록, 13권, 고종 13년, 1876년 조선왕조 건국 485년, 5월 25일, 병술 첫 번째 기사", 《조선왕조실록》, 국사편찬위원회, https://sillok.history.go.kr/id/kza_11305125_001 (2023년 5월 10일 접속). 비록 우리는 이러한 태도가 정적을 제거하기 위한 기회로 악용되었을 가능성을 배제할 수 없더라도, 하늘의 뜻이 인간의 신실성과 긴밀하게 연결되어 인간 생명을 포함한 우주 전체의 복과 화를 좌우한다는 믿음을 가지고 있었던 것은 분명하다.

4 "고종실록, 15권, 고종 15년 11월 20일, 조선왕조 건국(487년), 첫 번째 기사(1878년)", 《조선왕조실록》, 국사편찬위원회, https://sillok.history.go.kr/id/kza_11511020_001 (2023년 5월 10일 접속).

5 이 기록에 의하면 특정 지역의 홍수 피해자들에게 1월 24일, 2월 17일, 3월 9일과 22일에 구제가 행해졌다고 한다.

활동의 진정성이었다. 사실 고종의 탄식과 회개는 비록 비기독교적인 반응이기는 하지만 기근이나 역병에 대한 서구 신학자들의 성찰에 상응하는 내용이다. 재난 기간 동안의 기록에서 왕의 후회가 여러 번 나타났다. 그는 두 가지를 반복해서 말한다. 이 재난에는 ① 이유가 있으며,[6] ② 모든 것은 자신의 덕이 부족하기 때문이라는 것이었다.[7]

결론

아이러니하게도 스트라디바리우스 바이올린을 만드는 데 사용된 목재와 같이 역사적으로 기후 재난으로 인한 횡재가 있었지만,[8] 앞서 언급한 사건들은 기후 재난으로 인하여 인간의 삶에 나타난 잔인한 고난과 인명 손실을 보여 준다. 이러한 종류의 고난은 로마서 8장 22절에서 미리 입증되었다. "피조물이 다 이제까지 함께 탄식하며 함께 고통을 겪고 있는 것"이다. 이 모든 문제의 궁극적인 원인은 인간이라는 것이 우리의 믿음이자 고백이며, 우리는 고통받는 환경과 이웃을 돌보며 이러한 문제에 대해 전적인 책임을 지는 법을 배워야 한다. 이런 의미에서 역사에는 긍정적이든 부정적이든 우리 그리스도인 일꾼 모두가 공유할 지혜가 있다.

---

6 재난은 종종 하늘의 불만족에 기인한다고 믿었다. 여기서 하늘은 고대 한국의 종교적 표현으로 절대적 존재를 의미한다.

7 재난과 관련하여 하늘(기독교의 하나님에 상응하는 개념)의 뜻을 생각하면서, 비신자인 왕(고종)은 부질없는 추측을 삼가했다는 것을 주목할 필요가 있다. 그의 신중한 태도는 종종 신자들이 나쁜 일이 생길 때 쉽게 하나님의 뜻을 추론하고 쓸데없는 토론을 일삼는 것과 대조를 이룬다. 이런 경우의 한 예로 필자는 중국 남서 지방에서 지진이 일어났던 2010년, 한 중국 학생이 필자를 찾아와 울며 호소했던 일을 잊을 수 없다. 당시 지진이 일어나자 학생들이 지진 피해자들을 위해 기도회를 열었는데 일부 학생들이 중국 사람들의 죄 때문에 지진이 일어난 것이라고 한 말을 듣고 화가 났던 것이다.

8 스트라디바리우스 바이올린은 "대부분 소빙하기에 자란 가문비나무와 단풍나무로 만든다. 이 시기는 1300년부터 1850년까지 이어졌는데 특별히 유럽 지역을 강타했고 평균 기온보다 냉기와 기온 강하가 광범위하게 적용된 시기였다." *Climate in Arts & History*, Smith College, https://www.science.smith.edu/climatelit/stradivarius-violins/ (2023년 5월 20일 접속).

07
원주민 인식론: 그리스도와 창조 세계를 연결하라

제이 마텡가(Jay Mātenga)

도입

Kia ora(생명의 축복의 인사)! 마오리 관습은 필자 자신을 원주민으로 여기도록 강요한다.[1] *Kō Takitimu te waka*(필자의 부족의 카누는 타키시무 [Takitimu]다). *Kō Te Waka o Kupe me Tuhirangi ngā maunga*(필자의 산 맥은 부족의 추장인 카푸[Kupe]가 뉴질랜드 아오테아로아를 발견할 당시, 태평양을 쫓았던 바다뱀인 투히랑기[Tuhirangi]와 최고 추장 카푸의 카누로 알려져 있다). *Kō Ruamahanga te awa*(필자의 강은 루아마항가[Ruamahanga]인데, 필자가 1984 년에 그리스도를 믿는 새신자로 침례를 받은 곳도 바로 이 강이었다). *Kō Ngāti*

---

1 이 논문에서 필자는 "토착적"이라는 말을 두 가지 방식으로 사용할 것이다. 첫째, 원주민에 대한 유엔의 정의(2022년 12월 24일 접속, https://www.un.org/esa/socdev/unpfii/ documents/5session-factsheet1.pdf. 유엔 원주민 문제에 관한 유엔 상설 포럼 "Indigenous Peoples, Indigenous Voices: Factsheet" 참조), 그리고 둘째로 집단주의적 문화적 배경을 가진 사람들을 포함하는 더 넓은 범위의 적용이다. 필자는 "토착주의"와 "산업주의"를 대조하는데, 산업주의는 개인주의적 문화적 배경을 가진 사람들, 일반적으로 서구인(배타적이지는 않지만) 을 지칭한다. 이런 식으로 필자는 경제적 또는 지리적 분류보다 가치 기반 분류를 선호한다. 개인주의와 집단주의(산업주의/토착주의)는 스펙트럼의 반대편에 있는 사람들에게 오늘날 가장 지배적인 두 가지 가치 결정 요인이다.

Kahungunu ki Wairarapa, kō Ngāti Porou, kō Kai Tahu ōku iwi(필자의 출생은 뉴질랜드 북섬의 동해안과 뉴질랜드의 아오테아로아 남섬에 걸쳐 있는 세 개의 부족과 관련이 있다). *Kō Ngāti Rākaiwhakairi tōku hapū*(필자의 주요 일족 또는 가문의 이름은 '장식을 들어 올리거나 걸다'를 의미한다). *Kō Kohunui tōku marae*(필자 일족의 관례적인 모임 장소는 코후누이[Kohunui]다. 이곳은 피리노아 마을 외곽에 있는 실제 땅으로 모임·취침, 요리·식사, 도구 및 물품 보관을 위한 건물이 있는 곳이다). *Ko Jay Matenga tōku ingoa*(필자의 이름은 제이 마텡가[Jay Mātenga]다), *kō Aperahama Kuhukuhu Tui Mātenga tōku tupuna*(아브라함 쿠후쿠후 투이 마텡가[Abraham Kuhukuhu Tui Mātenga]의 후손이다). *Nō reira, raranga katoa*(결국 이 모든 것은 다 함께 얽혀 있는 것이다).

다름의 시작

일반적으로 계몽주의라고 알려진 17세기 서유럽에서 나타난 지적 운동은 개신교에 결정적인 영향을 미쳤다. 이는 게임의 규칙, 특히 신학 사상이 어떻게 구성되어 있는지, 신학 연구를 위해 무엇이 선택되는지, 무엇이 규범적이고 협상 불가능한 것으로 결정되는지에 관한 규칙을 바꾸었다. 《옥스퍼드 철학 참고서》(*The Oxford Companion to Philosophy*)에서는 '계몽'이라는 용어가 비합리성과 미신의 어둠과 대조를 이룬다고 설명한다. 칸트(Kant)는 계몽은 "인간이 스스로 만들어 낸 유아기 때부터의 출현"이라고 말했다. 서유럽인들에게 익숙하지 않은 대안적 합리성이나 통합된 인식론(체계적인 인식 방식)은 열등한 것으로 간주되었다. 칸트의 논평에서 제시된 바와 같이, 서구에서는 규범적이지 않은 모든 것은 "다른 어떤 것보다 작음"으로 인식되었으며,[2] 뒤이어

---

2 Ted Honderich, ed., *The Oxford Companion to Philosophy* (Oxford: Oxford Univ. Press, 1995), 236.

일어난 산업혁명의 기술과 힘에 의해 뒷받침된 이러한 우월감은 최근까지도 서유럽 탐험가들, 상인, 식민지 개척자, 학자, 신학자, 선교사에게 의심의 여지 없이 영향을 미친다.

우리는 우리가 살아가는 현실에 대한 철학적 사고의 영향을 과소평가하기는 쉽지만, 이를 과장하는 것은 불가능하다고 할 수 있다. 장기간에 걸친 시간의 흐름 속에서, 토마스 쿤(Thomas Kuhn)이 제시한 생각의 혁명적인 재구성 또는 "패러다임 전환"으로 분별한 것들이 우리의 문화에 스며들고 있고,[3] 우리가 살아가는 현실에 대한 새로운 이해가 더 이상 의문의 여지가 없을 정도로 정상적으로 되어 가고 있다. 이는 어떠한 상황이 의문을 만들고, 이 의문은 우리의 생각으로 이어지고, 이는 또 다른 새로운 혁명을 일으킬 때까지 계속된다.

지금 우리는 유럽 디아스포라와 세계 무역의 확산이 초래한 매우 세계화된 현실에서 발생하는 의문으로써 계몽주의에서 또 새로운 어떤 것을 향하는 전환의 정점에 살고 있다 할 수 있다. 20세기 초부터 제2차 세계대전까지 국제 관계와 세계 안정에 관심을 가진 사람들 사이에서의 중대한 의문은 "우리 모두가 어떻게 잘 지낼 수 있을까?"였다. 전 세계는 이 의문을 해결하기 위해서 지정학, 경제, 과학, 종교 등의 분야를 이용하고 있으며, 이러한 분야의 효율성은 제시하는 해결책이 얼마나 효과적인가, 적어도 일시적인 안정이라도 제공할 수 있어야 한다는 기준으로 평가되기도 한다. 그러나 우리는 이전의 해결책들이 실패하고 그로 인해 분열이 계속해서 증가하는 시대에 살고 있다.

이러한 다름의 시작은 유럽의 현실에 역효과를 가져왔다. 지난 2세

---

3 Thomas S. Kuhn, *The Structure of Scientific Revolutions*, 4th ed. (Chicago: Univ. of Chicago Press, 2012), 66. 한국어판, 《과학혁명의 구조》 (토머스 S. 쿤, 까치, 2013)로 번역 출간되었다(옮긴이 주).

기 동안 복음주의의 발전은 대부분 지역적 현실이 아닌 세계적 현실에 의해 정의되었다. 신대륙과 그 신대륙 사람들에 대한 새로운 정보는 유럽인들을 유럽 대륙 및 영국 제도의 부족들과는 완전히 다른 생활 방식에 다다르게 했다. 초기에는 탐험가와 상인을 통해서 그러한 정보들이 알려졌지만, 1700년대 후반부터는 식민지 개척자와 선교사가 주로 이러한 새로운 정보들을 알아내는 역할을 했다. 식민지가 만들어지자 곧바로 선교사들이 그 뒤를 따라 새로운 곳으로 떠났다. 새로운 땅에 선교사들이 가는 곳에 복음이 심겼다. 비록 그 지역의 여러 가지 신학적인 이해는 선교단체와 교단의 반대에 부딪히기는 했지만, 새로운 곳에서 번성한 기독교 신앙 표현은 매우 토착화되었으며, 새로운 여러 상황에 잘 뿌리를 내리고 영향을 주었다.

세바스찬 킴(Sebastian Kim)과 커스틴 킴(Kirsteen Kim)이 증언하듯이, "사회 정치적인 측면에서 보면, 오늘날 전 세계적으로 기독교가 발전하게 된 일차적인 이유는 능력 있는 교회들이 전 세계적으로 자신의 사역을 반복하여 확장하려는 시도 때문이 아니라, 선교사들이 전한 복음의 토착화와 이를 토대로 한 토착민들의 적극적인 대응 때문이다."[4]

신학의 해방

신학적인 사고는 쉽게 제한되지 않는다. 교단 지도자들은 신학적 정통을 신자들에게 따르라고 할 수 있지만, 성경에만 집중하는 신앙적 표현은 오직 예수님을 따르는 사람들이 살아온 경험들, 즉 현재와 역사적인 현실적 경험들에서 시작된다. 스테판 베반스(Stephen Bevans)와 로저 쉬로더(Roger Schroeder)가 제시한 구조를 적용해 보면, 인정받는 기

---

4 Sebastian Kim and Kirsteen Kim, *Christianity as a World Religion: An Introduction*, 2nd ed. (New York: Bloomsbury Academic, 2016), 3.

독교 신학은 어떤 맥락과의 교류에서 오는 핵심 주제들을 중심으로 발전한다. 즉 그들은 신학을 기독론, 교회론, 종말론, 구원론, 인류학, 문화 등 여섯 가지 주제로 나누어서 논의한다.[5]

지역 교회가 성숙해짐에 따라 세대별로 교회의 자신감은 더욱 커질 수 있다. 역사적인 동서양 정통과 그 파생물과 같지만 오히려 훨씬 더 오래된 기독교 운동은 수 세기에 걸쳐 발전된 어떠한 신학 사상을 고수하고 있다. 계몽주의를 비판하는 과학적인 움직임에 직면한 서구 신학은 이에 맞서 기독교 신앙을 지키려는 열정적인 관심으로 더욱 체계화되었다. 이러한 맥락은 신학의 핵심 주제들을 형성시켰다. 미국에서 강하게 일어난 신학적 발전과 함께 이러한 상황은 현대 선교 운동을 육성했다고 할 수 있다. 신학적인 발전은 바로 교리가 되었다. 성경 해석이 바로 교리가 되었다고 할 수 있다.

그러나 이러한 신학의 교조, 교리, 칙령, 법령과 관계없이 어떤 새로운 상황 속에서 새롭게 부과되어야 할 신학은 각 상황과 연관된 고대의 질문을 새로운 질문과 함께 생각해야만 하고, 그래야 이 신학은 계속해서 번성할 수 있을 것이다. 이는 타 문화 선교에서와 같이 (신앙이 급속히 쇠퇴하고 있는) 서구 기독교계의 변화에서도 마찬가지다. 여러 가지 상황에 따른 위기와 의문들은 주어진 상황에 따라 충실하게 성경적으로 해결되어야 한다. 즉 이러한 위기와 의문들은 역사적인 기독교 관점과 전 세계 교회들과의 대화를 통해서 답을 얻고, 그것을 가지고 지역별로 인도하고 관리해야 한다.

비교적 최근의 세계 기독교 제자도는 진정한 세계 기독교가 타당성 있는 토착 신앙과 함께 어떻게 성숙해 가고 있는지를 보여 준다. 더 많

---

5 Stephen B. Bevans and Roger Schroeder, *Constants in Context: A Theology of Mission for Today* (Maryknoll, NY: Orbis Books, 2004).

은 연구 논문들이 출판됨에 따라 제3세계(Majority World, 아시아, 아프리카, 라틴 아메리카의 개발 도상국들-옮긴이 주)의 신학은 더 많은 청중에게 다가가고 있으며, 그 신뢰성은 커지고 있다. 주어진 상황에서 나온 의문에 대한 그들 자신만의 맞춤식 답을 통해 제3세계 신학자들의 자신감이 강화되고 있고, 서구 신학이라는 맥락에서는 신앙이 도리어 약화될 수 있다는 점에서 유럽 중심의 신학적 합의는 개신교 세계에 대한 정통 교리의 중재자로서 권위를 상실하고 있다. 신학은 서구의 제약으로부터 해방되고 있다. 평론가들은 우리가 점점 더 다원적이고 세계적인 현실에 살고 있다고 이야기한다. 그러나 세바스찬 킴과 커스틴 킴이 조심스럽게 지적했듯, 이것이 바로 1세기 이래로 계속된 기독교의 현실이다.[6]

필자가 서구의 지배에서 벗어난 더욱 다양하고 분산된 세계 기독교로의 전환에 주목하는 이유는 필자가 제시할 신학적 현실에 대한 정당성을 확립하기 위한 것이다. 기존에 확립된 어떠한 산업적 규범의 범주에 원주민 신학을 그려 넣어야 한다는 것은 안타까운 학문적 현실이다. 그러나 이것은 산업적인 신학이 복음주의 사상에 지배적으로 남아 있는 한 원주민 신학자들이 받아들여야 하는 관계적인 문제다.[7]

그러나 원주민 신학은 어느 정도 산업적인 신학과 논의를 해야 하겠지만 꼭 그러한 규범에 의해 정의되거나 제한될 필요는 없다. 왜냐하면 모든 상황이 다르고, 고대의 질문도 다르며, 권위 있고 변하지 않는 성경을 읽는 방식도 다르기 때문이다. 즉 원주민 신학의 결론은 처한 상황과 더 관련성이 있기에 서구의 산업적인 신학과는 다를 것이다. 우리는 산업주의적 신학의 공리를 과소평가하려는 의도는 전혀 없다. 오히려 우리는 산업주의적 신학자들에게 그들의 상황에 맞게 그들이 가

---

6 Kim, *Christianity as a World Religion*, 3.
7 필자가 각주 1에서 "토착주의"와 "산업주의"를 대조한 설명을 참조하라.

지고 있는 기본적 전제들을 비판적으로 평가할 수 있도록 한다. 우리는 단지 서구의 신학적인 명제들이 그리스도 안에 있는 하나님에 대한 우리의 경험을 강제적으로 이끌 수 없게 하고, 우리의 소중한 경험들을 우리가 성경을 통해 발견한 것으로 해석할 것을 제안한다.

다른 관점으로 해석

신학이 유럽 중심의 어떠한 제약으로부터 해방되는 일은 성경에서 말하는 것들에 충실하면서도 대안적인 것을 제시하는 해석학이나 성경을 읽는 방법을 탐구하는 책들이 뒷받침되면서 추진력을 얻게 되었다. 이 많은 책은 낯선 문화에서 문화를 통한 만남에서 발견한 성경의 대안적 해석을 지지하는 서양 신학자들이 쓴 것이다. 이러한 책들이 도움이 되는 만큼, 우리는 '외부인'(Outsider)의 관점을 조심스럽게 다루어야 한다. 원주민 문화에는 혈통, 즉 유전적 유산을 통해서만 해석할 수 있는 차원이 있다. '잭슨 우'(Jackson Wu)라는 가명을 사용하는 서양 작가는 동양의 눈으로 로마서를 읽는 과정에서 다음과 같이 이야기한다.

"서양인들이 동양적인 관점을 가질 수 없다고 말하는 것은 사실상 모든 성경 해석을 무효화하는 것이다. … 사람들은 문화적 관점을 갖고 태어나지 않는다. 그것들은 평생에 걸쳐 학습되고 조정될 수 있다. 다양한 경험과 관계가 세상에 대한 관점을 형성하기 때문이다."[8]

'외부인'이 자신의 한계를 겸손하게 인식하는 한, 해석을 잘하는 법

---

8 Jackson Wu, *Reading Romans with Eastern Eyes: Honor and Shame in Paul's Message and Mission* (Downers Grove, IL: IVP Academic, 2019), 9. 한국어판, 《동양의 눈으로 읽는 로마서》(잭슨 W., IVP, 2022)로 번역 출간되었다(옮긴이 주).

을 배우는 것은 충분히 납득할 만한 것이다. 그러나 우(Wu)는 이러한 자신의 논점을 강화하기 위해서 "본성을 뛰어넘는 학습"이라는 논제를 제시했고, 이 논제는 최근 과학적 연구에서 논제 자체가 적절하지 않다고 지적되기도 했다. 대신 연구자들은 우리의 유전자 코드가 문화적 정보를 전달한다는 사실을 발견했다. 타고난 문화적 선호성은 우리가 물려받은 유전적인 것과 매우 다른 맥락에서 삶에 의해 달라질 수 있지만, 우리는 현재의 경험에 대한 우리의 해석이 유전된 코딩(genetic code)에 의해 얼마나 영향을 받을 수 있는지에 대해서는 너무 쉽게 과소평가한다. 그러므로 우(Wu)는 아시아인으로 태어나지 않았기 때문에 완전한 동양적 관점을 가질 수 없고, 결코 완전한 아시아인이 될 수 없으며, 그의 관점은 아시아적 관점에 어느 정도 근접해 있을 뿐이다.

또 다른 면으로는 문화적 도용에 대해서 제시할 수 있는데, 이는 원주민 신학에 대한 그의 작품을 읽을 때 분명하게 알게 된 것이다. 예를 들어, 그는 "명예와 수치"라는 용어를 많이 사용하는데, 이는 산업적인 전제 아래 산업적인 문화교류 평론가로서의 입장을 드러낸다. 이 용어와 그것의 파생, 그리고 이를 형성하는 데 구축된 심리학은 20세기 초에 거의 무시되다시피 한 북미 인류학에 뿌리를 두고 있지만, 문화교류 학자들과 선교 실천가들은 이 용어를 계속해서 사용하고 있다.

원주민에게 명예를 구축하는 것은 큰 동기를 부여하며, 명예를 수호하는 것은 개인의 재정적 부를 보호하는 것만큼 중요하다. 그러나 수치심은 전혀 다른 범주다. 이와 같은 문화적 개념을 깊고 본능적인 차원에서 이해하는 능력은 반드시 원주민의 한 사람으로 물려받아야만 하는 것이다. 이것은 대중적인 신념과는 달리, 시간이 지난다고 해서 인지적 수단을 통해 온전히 쉽게 획득될 수 있는 것이 아니다.

신학자, 선교사, 다문화 연구자들이 잘못 적용하는 또 다른 인류학적 개념은 물질의 세계에 스며들어 유지하고 있는 중요한 생명력에 대한 믿음인 '애니미즘'으로 분류되는 개념의 것들이다. 이 용어는 생명력을 정당한 기본 전제로서 거부하는 것이며, 이 믿음을 고수하는 사람들을 아직 성숙하지 못한 미개인으로 취급한다. CMS(영국성공회선교협회) 선교사인 윌리엄 게어드너(William Gairdner)는 애니미즘을 폄하하면서 "전 세계에서 어느 정도 후진적이거나 미개한 사람들의 종교적 신념"이라고 규정했다.[9] 그러나 반대로 중요한 생명력에 대한 신념이 전 세계적으로 얼마나 널리 퍼져 있는지를 생각해 본다면 이러한 산업적 관점은 비정상적인 것이 된다.[10] 우월한 산업화의 오만 속에서 생명력의 소멸은 심각한 몰락을 입증하고 있는 것인지도 모른다. 여기서 우리는 이러한 산업화가 우리의 환경에 얼마나 많은 피해를 주었는지, 그리고 산업 사회가 직면하고 있는 정신 건강의 위기를 살펴보며 이와 관련된 영향을 고려해 봐야 할 것이다.

철학자 찰스 테일러(Charles Taylor)는[11] 필자가 여기서 생명력, 즉 산업 사회의 환멸이라고 묘사하는 삶의 영적 본질을 느끼는 감각이 줄어들고 있다며, 재각성이 필요하다고 말한다.[12] 테일러가 본 산업인은 외부 영향에 대해서는 완충적이거나 폐쇄된 개인으로서 세상을 경험한다. 이와 대조적으로, 그는 우리가 삶을 투과적으로 경험하고 영적인 것뿐만 아니라 외부의 영향을 허용하고 그것에 참여하는 것이 더 나은

---

9 David Chidester, *Empire of Religion: Imperialism and Comparative Religion* (Chicago: Univ. of Chicago Press, 2014), 53.

10 이 생명력에 대한 신념은 *Qi*(중국), *Ki*(일본), *Prāna*(힌두교),*Vijñāna*(불교), *rûaḥ/Spiri* (유대-기독교), *Barakah*(이슬람교), *Ntu*(반투), *Manitou*(알곤킨), *Ni*(라코타), *Nilch'I* (나바호), *Bio-Plasmic Energy*(유로-러시아), *Mana*(멜라네시아), 뉴질랜드 마오리어로는 '마우리 오라'(*Mauri Ora*)라고 부른다.

11 Charles Taylor, *A Secular Age* (Cambridge, MA: Belknap Press, 2007), 25ff.

12 다시 말하지만, 산업주의는 개인주의적·서구적 문화적 배경을 가진 사람들을 묘사하는 필자의 방식이지 테일러의 방식은 아니다.

삶의 방식이라고 제안한다. 이렇듯 산업적 기독교의 기능적인 이신론은 세상에 큰 불이익을 끼쳤다고 할 수 있다.

창조 세계와의 연결성

산업적 기독교와 대조적으로 원주민 관점은 투과적이다. 이는 외부의 현실과 관계 맺고 이를 초대하기도 하고 참여하기도 한다. 원주민으로 실제적으로 분류될 수는 없지만, 필자가 원주민으로 분류한 원주민들은 집단주의 문화의 가치 체계와 많은 공통점을 가지고 있다. 필자는 모든 원주민을 대신하여 절대적으로 주장할 수는 없지만, 원주민들이 지금 우리가 처한 현실과 우리의 창조 신학, 그리고 이것들이 우리의 선교에 미치는 영향을 어떻게 해석하는지를 보여 주는 대표적인 예로서 필자의 민족을 대표해서 설명할 수는 있다.

마오리족 출신의 성공회 신학자이자 토훈가(*tohunga*, 전통적 영적 전문가) 마오리 마스덴(Māori Marsden) 목사는 우리의 '첫 번째 원칙'을 다음과 같이 소개한다.

"궁극적인 현실은 와이루아(*Wairua*), 즉 정신이다. 우주는 과정을 나타내고 있고, 창조자 또는 첫 번째 근원인 이오 타케타케(*Io Taketake*, 고대의 존재)는 우주에서의 모든 과정의 기원이 된다. 정신은 전체 과정에 편재하고 내재되어 있다. 하우(*hau*) 또는 마우리(*mauri*)는 생명적 호흡의 원리(또는 중대한 생명력)를 통해 모든 것을 지지, 유지, 보충, 재생한다. 그러므로 이 모든 것의 결과로 모든 것이 하나가 되어 서로 연결된다.

(인류는) 인간적이며 동시에 신적인 존재이며, 우주의 과정과 자연의 질서에서 필수적인 부분을 담당하고 있다. 이러한 마오리의 삶에 대한

것은 총체적인 접근 방식으로 이루어진다. 즉 우리는 문화, 사회, 제도 사이에 뚜렷한 구분이 없다."[13]

'마우리'(*mauri*, 생명력)에서는 모든 생명체에 생명을 불어넣는 '마우리 오라'(*mauri ora*, 활력 있는 생명력)가 나온다. 이것이 '마나'(*mana*, 성격, 성품, 권력, 권위)로 나타나며, 마나는 상호 간에 인정할 때, 그만큼 존중받을 수 있다. 마나는 관계적인 소통이며, 높이 평가된다. 이것은 자신을 내어 줌으로써 커지며, 관대함, 기술의 사용, 지혜의 적용, 사회에 대한 공헌을 통해 관계에 투자할 때 더욱 성장한다. 마나는 또한 영적이고 육체적으로 비인간적인 세계의 속성이기도 하다. 창조된 질서는 그 종류에 따른 마나를 가지고 있다.[14] 즉 마나를 통해서 생명과 행복에 기여한 만큼 서로 간에 존중하고 존경해야 하며 조심스럽게 관계를 맺어 나가야 한다.

성경적으로 신실하게 예수 그리스도를 따르는 자들에게 이러한 관점은 하나님과 창조물에 대한 이해의 세계를 열어 주기도 하고, 예수 그리스도를 '모든 창조물 위에 으뜸'으로서 창조로 연결시키기도 하고, 그분을 통해 '하나님이 만물을 창조하셨고', '모든 창조물을 하나로 묶으신다'(골 1:15-17)는 것을 알게 해 주기도 한다. 이 구절은 필자와 같은 원주민 문화에 익숙한 사람들에게는 문자 그대로의 의미가 은유적으로 너무나 쉽게 해석된다. 마오리족 전통문화의 첫 번째 원칙을 온전히 성경적으로 재해석하자면, 창조되지 않고 스스로 계신 분인 '이오'(*Io*)는 성경에서의 하나님, 오직 한 분이신 신이고, '하오', '마우리'는

---

13 Māori Marsden and Te Ahukaramu Charles Royal, The Woven Universe: Selected Writings of Rev. Māori Marsden (Otaki, NZ: Estate of Rev. Māori Marsden, 2003), 33.

14 창세기 1장에 관한 의도적인 암시.

창세기의 창조 기록, 특히 하나님의 호흡인 '마우리 오라'가 인류의 생명을 활성화시킨다는 창세기 2장 7절에서 볼 수 있다. 이를 해석하고 통찰할 수 있는 눈을 가진 사람들은 모든 창조물 속에 있는 하나님의 생명력에 대한 증거가 성경 전체에 스며들어 있다는 것을 알게 된다.

욥기 12장 7-10절과 같은 구절을 읽을 때, 우리는 거기에 표현된 상호 연결되고 작용하는 관계를 의심하지 않고 발견할 수 있다. 다시 말하면, 그것은 은유적으로 표현되지 않았다. 우리는 우리가 머물고 있는 땅과 매우 친밀한 관계를 맺으며 그것을 즐기고 있다. 우리는 초월적이신 하나님이 창조 세계에 부재하시는 것이 아니라 내재하시는 것으로 인식하며 창조 세계와 연결되어 있다. 하나님의 놀라운 주권과 성경에 나오는 거부할 수 없는 증거들을 인식한다면 우리는 더 이상 죄가 하나님을 창조물로부터 분리시킬 수 있다는 신학을 주장할 수 없게 된다.

산업화된 그리스도인들은 종종 애니미즘을 범신론(지상에 거주하는 영적 존재에 대한 숭배)과 연관시키면서 반대한다. 그러나 창조 세계와의 친밀한 관계를 예배라고 볼 필요는 없다. 예배에는 숭배자가 숭배 대상에 종속되고, 어떤 방식으로든 숭배자가 통제(제약 또는 강요)되며, 그 숭배의 대상이 숭배자를 대신하여 초자연적으로 무언가를 할 수 있도록 하는 온전한 충성이 필요하다. 모든 예수 그리스도를 따르는 자들은 우상 숭배와 주술을 버려야 하며 그러한 일들은 반드시 비난받아야 한다. 그러나 영적인 존재는 계속해서 존재하며, 오히려 우리는 예수 그리스도를 따르기 때문에 더 이상 우리의 안위를 위해 영적인 존재를 두려워하거나 조종하려고 할 필요가 없다. 즉 지상의 영들이 인간의 안위를 방해하지 않는 한 그것들의 존재는 알려져야 하고, 존중되어야 하고, 대부분은 무시되어야 한다.

마오리족에게 인간이라는 존재는 생존을 위해 모든 창조물에 크게 의존하고 있기 때문에 창조 세계 안에 종속된다. 우리는 창조 세계를 돌볼 책임이 있다. 조상으로부터 그것을 물려받았기 때문이 아니라 우리 자녀의 후손에게서 빌려왔기 때문이다. '카이티아키탕가'(*Kaitiakitan-ga*, 보호, 안전, 양육)라는 용어는 마오리족이 창조에 대한 근원적인 책임감을 일반적으로 표현한 것이다. 레이첼 셀비(Rachael Selby)와 연구자들은 "카이티아키탕가는 우리가 받아들일지 말지를 선택해야 하는 의무적인 것이 아니라 인간 세상과 땅, 그리고 그 위에 있는 모든 것과 영적인 영역을 연결하는 상속된 약속"이라고 설명한다.[15] 정령을 숭배하는 두려움을 확실히 내려놓는다면 이것은 우리가 하나님이 '선하다'고 하신 것들을 적극적으로 양육하고 보존하는 것이 된다. 다른 대안들은 너무나 끔찍하게 실망스러울 것이다. 즉 요한계시록 11장 18절에 나오는 이십사 장로들의 노래 마지막 연에 나오는 것같이 우리 모두를 근본까지 흔들어 놓는 끔찍함이 있을 것이다.

결론

우리의 환경을 뜻하는 마오리어인 '웨누아'(*Whenua*)는 우리가 태반을 칭할 때 사용하는 단어와 동일하다. 이 단어의 개념 또한 동일하다. 즉 우리를 지탱하고, 우리에게 먹을 것을 공급하고, 우리 몸에 산소와 영양분을 공급하는 장소라는 개념이다. 이는 바로 아버지[16]와 아들과 성령, 삼위일체이신 하나님이 주신 선물이다. 우리가 머물고 있

---

15 Rachael Selby et al., *Māori and the Environment: Kaitiaki* (Wellington, NZ: Huia Publishers, 2010), 1.

16 대부분의 마오리 고유 명사는 성별이 없으며, 특히 연장자와의 관계(부모, 삼촌·이모 등)의 경우 더욱 그렇다.

는 땅은 우리의 죄로 인해 찢기고 깨어진 관계가 반영된 환경이라고 할 수 있다. 그러나 예수 그리스도의 십자가 구속 사역을 통해 그분을 따르는 우리는 성령의 능력을 갖게 되어 죄의 영향력을 극복하고 영원히 화해된 관계에서 살 수 있으며, 이는 창조 세계와의 관계 또한 포함하는 것이며, 죄로 인하여 끊어진 우주를 그리스도의 구속으로 구원할 수 있다.

우리는 그리스도 안에서 언약적 공동체로 구원받았고, 성령의 능력을 통해서 샬롬의 조화 속에서 살아갈 수 있으며, 케노시스적 상호성과 호혜성을 우선시하며 관계 안에서 사랑하며 사는 법을 배움으로써 계속해서 변화되어 간다. 그 변화의 과정 속에서 우리는 죄가 온전히 사라지고, 모든 관계가 완전히 회복되고, 피조물의 탄식이 그치고, 이미 드러나 있는 하나님의 완전한 영광을 온전히 드러내는 날을 고대한다. 이것들은 우리의 맥락에서 해결된 신학적 주제이며, 탈식민지화된 원주민들이 그리스도를 따르는 다른 많은 신학들과 공명하는 모습이다.

Raranga katoa(모든 것은 함께 연결되어 있다). 우리가 창조 세계(모든 인류를 포함)와 불가분하게 상호 연결되어 계신 삼위일체 하나님(아버지, 아들, 성령)의 내재성을 다시 한 번 인식하며 받아들일 때까지 우리는 계속해서 창조 세계를 실용적인 가치로 적용하고 다루게 될 것이다. 먼저 우리가 하나님의 개입을 인정하지 않는다면 탈식민지화에 상관없이 어떤 생태적 신학도 신학적으로나 실천적인 측면에서 효과적일 수 없게 될 것이다. 만약 우리가 생명력으로 이 세상을 다스리고 지탱하고 계신 하나님의 은혜를 온전히 이해한다면 우리는 우리에게 선물과 같이 주어진 창조 세계를 훨씬 더 조심스럽게 대하게 될 것이다. 자비로우시고 사랑이 많으신 주님이 우리 모두를 깨우쳐 주시기를 바란다.

토론 질문

1. "유럽 중심의 신학적 합의는 개신교 세계에 대한 정통 교리의 중재자로서 권위를 상실하고 있다"는 것은 서구 신학이 우리가 생각하는 것만큼 보편적으로 정통적이지 않다는 것을 의미한다. 이러한 의미가 당신에게는 어떻게 다가오는가? 이것이 당신의 사역과 미래의 신학 발전에 어떤 영향을 미칠 수 있는가?

2. 시간을 내어 당신의 첫 번째 원칙이나 세계관의 전제를 생각해 보라. 다문화적인 맥락에서 우리의 전제가 우리가 생각했던 것만큼 보편적이지 않다는 사실을 발견하는 데는 오랜 시간이 걸리지 않을 것이다. 마오리족의 우주론을 어떤 방식으로 현실에 적용하여 이해하고 도전할 수 있을까?

3. 당신은 '완충적인' 편인가, 아니면 '투과적인' 편인가? 영적 및 초자연적 현상에 대해 폐쇄적인가, 아니면 개방적인가? 만약 우리가 더욱더 투과적이 되어 외부의 환경과 개방적으로 연결되어 현실의 영적인 차원에 더욱 민감해진다면 우리의 주님이시고 구세주이신 예수 그리스도와의 관계는 어떻게 바뀔 수 있을까?

4. 창조 세계 안에 하나님이 내재하고 계심을 받아들이지 못하게 하는 주요 장애물은 무엇인가? 그것을 받아들이면 창조물과의 관계가 어떻게 바뀔 수 있을까?

5. 창조 세계 속에서(열린 자연 속에서) 하나님을 예배하는 것과 창조 세계를 돌봄으로써 하나님을 예배할 수 있는 가능성에 대해 토론해 보라.

논찬

정승현

도입

국제선교학회(IAMS: The International Association for Mission Studies) 제15차 국제총회가 2022년 7월 7일부터 11일까지 호주에서 개최되었다. 개회식에 흥미로운 의식이 있었다. 예배로 시작하거나 강당에서 개회 연설을 하는 일반적인 방식 대신 모든 참석자가 가이드의 안내에 따라 야외로 나갔다. 세 명의 호주 원주민 그리스도인이 담배를 피웠고 모든 참석자는 개별적으로 그 연기 속으로 들어오도록 초대되었다. 이것은 그들이 손님을 초대하는 전통 의식이었다. 원주민들은 외부인들을 환영하지만, 원주민 땅에 들어가기 전에 그들은 먼저 연기를 통해 죄를 정화해야 한다. 원주민의 삶은 기독교로 개종한 후에도 조상의 땅과 복잡하게 연결되어 있는 것으로 밝혀졌다.

한국인의 전통적인 삶과 의식은 한국의 아름다운 사계절과 산, 바다에 깊이 뿌리 박혀 있다. 예를 들어, 한국 농부들은 사계절과 달과 관련된 음력에 따라 파종일과 수확일을 결정한다. 또한 산악인들은 생계유지를 위한 산삼과 약초 채취를 위해 아무 날에나 산에 오르지 않고 무당이 특별히 정한 날에 작업을 시작한다. 또한 어부들은 바다에서 고기를 잡기 전에 돼지머리를 가지고 제사를 지내는데, 이는 바다의 신들이 화내지 않고 낚시하는 동안 좋은 날씨를 허락해 주기를 기원하는 것이다. 이런 한국인의 종교 정신은 그리스도인들에게도 나타난다. 예를 들어, 그리스도인 어부들은 출항하기 전에 예배를 드리고, 그리스도인 선장은 어업 수익의 십일조를 교회에 바친다.

성경적 토론

사실 창조는 성경, 특히 구약 성경에서 중요한 의미를 갖는다. 크리스토퍼 라이트(Christopher J. H. Wright)는 창조 세계 안에서 땅은 하나님의 언약과 깊은 관련이 있으며 이는 구약 성경 전체에 걸쳐 나타난다고 주장한다.

"그러나 신명기에 나오는 약속의 땅에 대한 기대는 오경 전체를 관통하는 주요 주제의 정점에 불과하다. 땅에 대한 약속은 하나님이 아브라함과 맺으신 언약의 구성 요소다. 출애굽은 그 약속의 성취를 준비하시는 하나님의 첫 번째 행위로 제시되고 율법과 언약은 그 땅에서의 삶을 염두에 두고 주어진 것이다. 오경 이후에도 땅은 주요 주제로 남아 있다: 여호수아서에 나온 땅의 함락과 분열, 사사기에 나타난 살아남기 위한 투쟁, 최종적으로 다윗과 솔로몬의 전 영토에 대한 완전한 통제, 그 땅에서 자행된 불의에 대한 예언자적 항의, 신성한 심판으로서의 포로 생활과 하나님과 새롭게 된 관계의 표시로 땅에 대한 백성들의 최종적인 회복. 그리고 이 모든 것 외에도 토지 사용과 관련된 온갖 종류의 법률, 제도, 종교적 관습이 있다."[1]

라이트는 구약 성경에서 땅은 단순히 인간들을 돌보는 것을 넘어 하나님의 놀라운 구원 계획의 중심에 있음을 보여 준다. 비슷한 관점에서 주안대학원대학교의 구약학 구자용 교수는 신학적 동물학이 어떻게 발전하고 있는지를 알려 준다. 그는 신학적 동물학을 하나님과 인간, 동물 사이의 관계에 대한 관심과 연구로 정의한다. 이 동물학은 하나님이 '동물의 주'이시며 인간과 동물이 위계적 관계에서 경쟁자, 통치자, 피지배자로서 경쟁한다는 생각을 고수한다. 심판에 관한 예언의 메시지에서 동물은 종종 하나님의 심판으로 쫓겨난 인간을 대신한다 (예: 사 13:20-22). 또한 모든 동물이 하나님 나라에서 행복과 평화를 누릴 것이라는 이사야의 미래 비전은 인간과 동물의 관계를 연구하는 일에 대한 관심을 불러일으키기에 충분하다.[2]

그런 의미에서 제이 마텡가의 주장은 매우 적절하다. 성경(골 1:15-17; 창 2:7; 욥 12:7-10)에 기록된 하나님과 창조 세계의 관계는 은유적으로 해석하기보다는 문자 그대로 받아들여야 한다. "우리는 초월적이신 하나님이 창조 세계에 부재하시는 것이 아니라 내재하시는 것으로 인식하며 창조 세계와 연결되어 있다." 필자는 단순히 창조 세계가 아니라 창조 세계에 대한 하나님의 주권을 주장한다. 게다가 필자는 만약 하나님이 그분의 창조 세계와 분리되어 있지 않으시다면 인간이 어떻게 그 창조 세계와 관계를 맺어야 할지에 대해 우리에게 도전한다.

---

1 Christopher J. H. Wright, *God's People in God's Land, Family, Land, and Property in the Old Testament* (Grand Rapids: Eerdmans, 1990), 4.

2 Ja-yong Ku, "야웨, 동물의 주: 신학적 동물학에 대한 소고" (Yahweh, the ruler of animals: A study on a theological zoology), 〈구약논단〉 56 (2015): 205-6.

콩세알공동체

한국에는 땅을 비롯한 하나님의 창조 세계와 깊은 인연을 맺고 일하는 콩세알(세콩)공동체가 있다. 인천 강화도에 위치한 콩세알공동체는 2005년에 설립되었다. 우리 선조들은 콩을 심을 때 씨앗 세 개를 심었다고 한다. 한 개는 곤충이나 새가 먹기 위해, 다른 한 개는 이웃과 나누기 위해 심었다. 그리고 마지막 한 개는 심는 자가 직접 먹었다. 이처럼 콩세알공동체는 열매를 맺기 위해 세 가지 씨앗을 심는 농부의 정신으로 시작되었다. 하나는 공동체가 서로 생명을 주는 교제를 형성하는 것, 다른 하나는 넘치는 기쁨을 다른 사람들과 나누는 것, 그리고 마지막은 조화롭게 통합되어 생태계의 순환을 지속하는 것이다.

콩세알공동체를 이끄는 서정훈 대표는 대대로 농사를 짓는 집안에서 태어났다. 그의 인생 경험은 신학교 시절 이후 농촌 선교와 목회 활동에 대한 관심을 불러일으켰다. 그는 생태 신학을 공부하면서 농업을 기반으로 한 사역과 공동체적 삶을 모색했다. 콩세알공동체는 콩을 심고 수확하여 유기농 두부 제품을 만들고 판매함으로써 지역사회와 구성원들의 자립을 목표로 한다. 지역사회는 사회적 약자와 함께 나눔을 실천한다. 직원의 60%가 지역의 장애인이다. 콩세알공동체는 정신질환자와 장애인도 돌보고 있다. 또한 콩세알공동체는 고령의 농민과 고향으로 귀향한 사람들의 농업 재개를 돕고 있다. 그리고 도시 생활에 지친 사람들에게 사회적 농업 네트워크를 형성하여 대안적인 경험을 제공한다.

이러한 과정을 통해 콩세알 공동체는 인간과 자연이 조화롭고 지속적인 상호 작용을 통해 상호 의존한다고 생각한다. 자연은 사람들에게 삶의 터전을 제공한다. 장애인과 비장애인이 함께 심고 재배하고 수확하고 두부를 만들며 더불어 살아간다. 그들은 어느 때라도 황무지가 될 수 있는 곳에서 계속되는 하나님의 창조에 참여한다. 하나님은 창조를 통해 페리코레시스(삼위일체 하나님의 세 위격의 관계)에서 볼 수 있는 온전한 교제가 이 땅에서도 이루어지기를 원하신다. 이를 위해 하나님은 독생자를 보내시어 모든 인간의 장벽을 허무셨다. 남자와 여자, 유대인과 헬라인, 부자와 가난한 자, 비장애인과 장애인, 다른 신앙을 가진 사람들 모두가 이제 창조의 하나님과 교제를 경험할 수 있다. 그리고 그 교제를 경험한 인간은 그것을 모든 피조물에게까지 확장시키며, 궁극적으로 그 교제를 허락하신 하나님께 영광과 찬양과 경배를 드리게 된다.

결론

필자는 몇 가지 아름다운 마오리어를 우리와 공유한다. 그중 하나는 '웨누아'(Whenua)인데, 이는 "우리의 환경을 뜻하는 마오리어이며, 우리가 태반을 칭할 때 사용하는 단어와 동일하다." 마오리족에게 환경과 생활은 뗄 수 없는 관계다. 예수 그리스도는 창조의 하나님이시며 구원의 하나님이시다. 예수의 이 두 가지 특성은 분리될 수 없다. 우리가 예수 그리스도를 우리의 유일한 구주로 믿는다면 우리는 그분의 창조 세계와도 올바른 관계를 맺어야 한다. 무엇보다도 창조는 구원과 마찬가지로 기독교 신학의 중심이 되어야 한다. 창조는 기독교 신학의 선택 사항이나 주변부로 취급되어서는 안 된다. 또한 교회는 영혼 구원을 위한 예배와 전도 등 하나님의 창조 세계를 위한 구체적이고 실천적인 활동을 해야 한다. 마텡가는 기후 변화 위기 속에서 살아가는 오늘날의 그리스도인들에게 중요한 주제를 다루며, 예수 그리스도의 창조보다 구원에만 초점을 맞추는 한국 기독교에 필수적인 제안을 하고 있다.

08
창조 세계 돌봄: 복음의 세 번째 차원

에드 브라운(Ed Brown)

서론

예수 그리스도의 죽음과 부활의 메시지를 전하려는 선교 운동은 틀림없이 마태복음에서 마태가 기록한 지상 대명령에 기초를 두고 있다. 이는 예수 그리스도의 이 세상에서의 마지막 일주일과 승천하시기 전 감람산에서 베푸신 그분의 가르침에서 알 수 있다.

이 천국 복음이 모든 민족에게 증언되기 위하여 온 세상에 전파되리니 그제 야 끝이 오리라 마 24:14

예수께서 나아와 말씀하여 이르시되 하늘과 땅의 모든 권세를 내게 주셨으 니 그러므로 너희는 가서 모든 민족을 제자로 삼아 아버지와 아들과 성령 의 이름으로 세례를 베풀고 내가 너희에게 분부한 모든 것을 가르쳐 지키 게 하라 볼지어다 내가 세상 끝날까지 너희와 항상 함께 있으리라 하시니 라 마 28:18-20

"가서 제자를 삼으라"는 예수님의 지상 대명령에는 의문의 여지가 없다. 그 명령은 분명하다. 그것은 일반적으로 모든 그리스도인에 의해 인정되었으며, 몇 가지 예외를 제외하고는 대부분의 교회 역사를 통해 인정되었다. 그러나 교회 지도자들, 선교학자들, 그리고 몇몇 일반 그리스도인들을 밤잠 못 이루게 한 것은 바로 '하나님 나라 복음'의 내용이다.

복음의 본질적인 내용이 개인 구원의 메시지에만 국한되어 있는가, 아니면 빈곤과 정의와 같은 '하나님 나라' 문제에도 적용되는가? 이 논쟁은 우리 모두에게 친숙하며 1960년대와 70년대 통합선교운동을 이끌었다. 이러한 2차원적인 복음은 오늘날 선교의 표준으로 일반적으로 인정되는 것이다. 2001년 미가 선언에서 명시한 바와 같이,

"통합선교 또는 통전적 변화는 복음을 선포하고 실천하는 것이다. 단순히 전도와 사회 참여가 병행되어야 하는 것이 아니다. 오히려 온전한 사명으로서의 우리의 선포는 사람들에게 삶의 모든 영역에서 사랑과 회개를 촉구함으로써 사회적 결과를 가져오게 하는 것이다. 그리고 우리의 사회 참여는 예수 그리스도의 변화시키는 은혜를 증거할 때 복음적인 결과를 가져오게 된다. 우리가 세상을 무시한다면 우리는 세상을 섬기라고 우리를 세상 가운데 보내신 하나님의 말씀을 배반하는 것이다. 같은 의미로, 우리가 하나님의 말씀을 무시한다면 우리는 세상에 기여할 것이 아무것도 없게 된다."[1]

---

1 Melba Maggay, *Integral Mission: Biblical Foundations*, M-Series: Integral Foundations (impress, an imprint of Micah Global, 2007), 12, https://d1c2gz5q23tkk0.cloudfront.net/assets/uploads/3390300/asset/1._Integral_Mission_Biblical_Foundations.pdf?1662647840.

이 2차원적 복음의 문제점은 그것이 하나님의 나머지 창조물을 포괄하지 못하고 있다는 것이다. 그것은 오직 인간만을 위한 복음이다. 다음 단락에서 그러한 복음이 하나님의 구속 계획에서 창조의 역할에 대해 말하는 중요한 성경 자료를 무시하고 있기에 성경적이지 않다는 것을 보여 줄 것이다.

창조 세계 돌봄을 선교의 일부로 포함시키는 것에 대해 확실한 실용적 사례를 사실적으로 묘사할 수 있다. 선교의 목표는 현재 직면해 있는 여러 가지 방면에서, 특히 환경과 관련된 우려로 인해 영향을 받고 있으며 종종 방해를 받기도 한다. 세계의 가난한 사람들과 함께 일하는 사람들은 농지 황폐화와 계속되는 기상 재해로 인한 영향에 대비해야 한다. 의료 선교사들은 매일 환경의 영향을 받는 질병을 고려해야 한다. 전도와 교회 개척에 초점을 맞춘 전통적인 선교단체들조차도 파키스탄의 홍수와 같은 큰 재난이 발생하면 중단될 수 있다. 이렇듯 하나님의 창조 세계의 위기를 고려하지 않고는 우리의 선교 노력이 성공할 수 없다.

그러나 우리의 선교 전략에 창조 세계 돌봄을 포함시켜야 하는 또 다른 이유가 있다. 하나님의 창조 세계를 돌보라는 명령은 인간으로서의 우리의 정체성, 더욱이 하나님의 백성으로서의 정체성에 뿌리를 두고 있다. 우리가 창조 세계 돌봄을 이런 식으로 접근할 때, 그것은 단지 실용적인 문제만일 수는 없다. 이는 20세기 후반의 통합선교운동과 밀접하게 연결될 수 있는 복음의 문제라고 할 수 있다.

I. 케이프타운 서약과 자메이카 행동 촉구

'창조 세계 돌봄은 복음의 문제'라는 주장은 2010년 11월 남아프리카 케이프타운에서 열린 세계 복음화를 위한 로잔 대회에서 처음 발표된 케이프타운 서약(CTC)의 다음 단락에서 찾을 수 있다.

"이 땅은 그리스도에 의해 창조되었고 유지되고 구속된다. 우리는 창조와 구속과 상속의 권리에 의해 그리스도께 속한 것들을 남용하면서 하나님을 사랑한다고 주장할 수 없다. 우리는 이 땅을 돌보고 그 풍부한 자원들을 책임 있게 사용하되, 세속 세계가 제시하는 이유 때문뿐만이 아니라 주님을 위해서 그렇게 해야 한다. 예수님이 온 세상의 주시라면, 우리는 그리스도와 우리의 관계를 우리가 이 땅과의 관계에서 행하는 방식과 분리시킬 수 없다. 그리스도의 주 되심은 모든 창조 세계를 포함하므로 '예수는 주시다'라는 복음 선포에는 이 땅도 포함된다. 그렇기 때문에 창조 세계를 돌보는 일은 그리스도의 주 되심과 관련된, 복음 실천의 문제다."[2]

역사적으로 중요한 이 성명은 비주류의 환경주의 세력이나 창조 세계 돌봄 단체에서 나온 것이 아니라 역사상 가장 큰 규모의 기독교 지도자 모임에서 나온 것이다. 이는 복음에 대한 헌신으로 정의되는 복음주의 운동에 뿌리를 두고 있다. 이 선언을 통해 로잔 운동에서도 창조 세계 돌봄이 복음의 일부이기 때문에 복음주의 정체성의 필수적인 부분임을 (자신과 다른 사람들에게) 제시한다.

이 성명은 놀랍게도 교회 내에서 환경 문제에 대한 역사적 양면성과 그것이 시사하는 급진적인 의미를 고려할 때 기대되었던 반발을 받지 않았다. 그럼에도 불구하고 복음주의계 중 일부는 이것을 기발하고 위

---

2 로잔 운동, "The Cape Town Commitment" (Peabody, MA: Hendrickson, 2011, by arrangement with Didasko Publishers), pt. I, sec. 7, par. A, https://lausanne.org/wp-content/uploads/2021/10/The-Cape-Town-Commitment-%E2%80%93-Pages-20-09-2021.pdf.

험하며 잠재적으로 이단적인 생각으로 볼 수 있다고 생각했기에 로잔 운동의 고위 지도부는 필자에게 창조 세계 돌봄과 복음에 관한 세계적 협의체를 소집해 달라고 요청했다. 이 행사는 케이프타운 대회가 열린 지 2년 후인 2012년 11월에 열렸으며 자메이카 행동 촉구(CTA: the Jamaica Call to Action)를 탄생시켰다.

CTA에서 우리는 두 가지 신념을 확인했다. 첫째, 창조 세계 돌봄은 참으로 복음의 문제이고, 둘째, 창조 세계는 '우리 세대에서 해결해야 할' 긴급한 위기에 처해 있다는 것이다. 첫 번째 신념에 대해 자세히 살펴보겠다. 여기에 전체 내용이 인용되어 있다.

"창조 세계 돌봄은 실제로 '그리스도의 주권 안에서의 복음 문제'다 (CTC I-7-A). 피조물을 돌보라는 본래의 의도, 계획, 명령, 부활 이야기, 그리스도 안에서 만물이 하나님과 화해되었다는 심오한 진리 등 성경 연구를 통해 정보를 얻고 영감을 받아 우리는 창조 세계 돌봄이 문제임을 재확인했다. 그것은 복음에 대한 우리의 반응, 즉 하나님이 세상의 구원을 위해 행하셨고 이루실 일에 대한 좋은 소식을 선포하고 그에 따라 행동하는 데 포함되어야 한다. 이것은 성경적으로 정당화될 뿐만 아니라, 우리 선교의 필수적인 부분이며, 예수 그리스도를 통한 하나님의 놀라운 구원 계획에 대한 우리의 예배의 표현이기도 하다. 이러한 의미에서 환경을 통한 우리의 중재 사역은 큰 기쁨과 희망의 문제이며, 창조 세계가 위기에 처하든 그렇지 않든 우리는 창조 세계를 돌봐야 할 것이다."[3]

---

3 "Creation Care and the Gospel: The Jamaica Call to Action," 로잔 운동, 2012, https://www.lausanne.org/content/statement/creation-care-call-to-action.

이와 같이 자메이카 행동 촉구는 케이프타운 서약의 의미를 명시적으로 만든다. 즉 그리스도인으로서 우리의 정체성은 하나님의 모든 창조 세계에까지 확장되는 그분의 중재 계획과 밀접하게 연관되어 있다. 우리는 이 단락의 초기 전개를 2010년 2월 레바논 회의에서 추적할 수 있다.

II. 2010 레바논 대회: 피터 해리스와 크리스토퍼 라이트

케이프타운 서약은 크리스토퍼 라이트(Christopher J. H. Wright)가 작성했으며, 그가 수년간 로잔 운동의 신학실무그룹(TWG: Theology Working Group)의 의장을 맡아서 한 작업을 기반으로 했다. 수년 동안 로잔 운동의 슬로건은 "온 교회가 온 세상에 온전한 복음을 전하는 것"이었기 때문에, TWG는 다가오는 케이프타운에서 열리는 제3차 로잔 대회를 준비하기 위해 이러한 여러 가지의 아이디어를 검토하는 임무를 맡았고, 2010년 2월까지 그들은 베이루트 회의에서 마지막 부분으로 논의되는 "온 세상"을 고려할 준비가 되었다.[4]

필자는 여기서 고려하고 있는 케이프타운 서약의 그 부분의 기원에 대해 라이트와 여러 차례 대화를 나눴다. 그중 한 부분에 대해 그는 "아, 그것은 내가 아니었어요, 에드. 그것은 피터 해리스(Peter Harris)가 한 말이에요"라고 했다.[5]

해리스는 최대 기독교 환경 보호 단체인 아로샤 국제본부(A Rocha International; arocha.org)의 공동 창립자다. 비록 계획하지는 않았지만, 베이루트 회의에 그의 참여가 매우 중요했던 것으로 밝혀졌다. 해리스

---

4 "The Whole Church Taking the Whole Gospel to the Whole World," 로잔 운동, 2010, pt. 3, https://lausanne.org/content/twg-three-wholes.

5 또 다른 필자인 크리스토퍼 라이트가 필자에게 보낸 이메일, 2021년 8월 12일.

는 이렇게 기억한다.

"크리스토퍼에게 내가 베이루트에서 열리는 신학 위원회 모임에 참여할 수 있는지 물어보는 것은 매우 전략적인 것처럼 보였다. 비록 내가 어떤 의미에서든 나 자신을 신학자로 여기지 않기 때문에 그것은 약간 긴장된 일이었지만 말이다. 그는 흔쾌히 동의했지만 회의 중에 명백해진 사실은 내가 열린 문을 밀고 있었다는 것이었다."[6]

해리스는 실제로 참석하여 "창조 세계를 위한 돌봄 선교학을 향하여"라는 제목의 논문을 발표했다.[7] 그는 창조 세계 돌봄 운동이 교회를 위한 다른 형태의 복음이나 대안적 선교로 나타나는 것을 두려워하는 복음주의 교회 지도자들과 선교사들에게 연설했다. 그는 창조 세계 돌봄이 선교의 일부로서 이미 일반적으로 받아들여지고 있으며, 선교 체계에 함축되어 있음을 지적했다.

"나는 창조 세계 돌봄을 진정한 성경적 선교 의제의 정상적인 요소로 간주하는 데 대한 적절한 정당성은 잘 알려진 두 가지 선교학적 틀에서 찾을 수 있다고 전적으로 주장하고 싶다. 첫 번째는 하나님 나라의 선포를 강조하는 것이고, 두 번째는 선교를 교회가 그리스도의 주권을 선포하는 것이라고 보는 것이다. 이러한 현재의 복음주의 선교학 중 하나는 매우 자연스럽게 창조 세계 돌봄을 우리의 사고방식에 필수

---

6 피터 해리스가 필자에게 보낸 이메일, 2021년 6월 12일.

7 "Lausanne Occasional Paper: Towards a Missiology of Caring for Creation," 로잔 운동, 2010, https://lausanne.org/content/lop/towards-a-missiology-of-caring-for-creation-lop-63-c.

적이고 시급하게 통합하기 위한 토대로 제공하고 있으며, 더 중요한 것은 우리에게 행동을 위한 견고한 기초를 제공하기도 한다."[8]

즉 해리스는 선교를 가르치고 설교하고 실천하는 사람이라면 누구나 사회적 행동(하나님 나라)으로 접근하든, 전도(그리스도의 주권)로 접근하든 이미 하나님의 더 넓은 창조 세계를 포함하는 선교 비전을 위한 신학적 틀을 갖고 있다고 말한다.

덧붙여 말하자면, 해리스는 필자가 처음에 간략하게 언급한 창조 세계 돌봄에 참여하는 실용적인 사례를 뒷받침하는 또 다른 논지를 제시한다. 그는 철학자 막스 올슐라거(Max Oelschlager)의 말을 인용하여, 교회는 고통받는 하나님의 창조 세계를 위한 마지막이자 최선이며 아마도 유일한 희망일 수 있다고 설명한다. 다시 해리스의 말이다.

"전 세계 기독교 교회와 하나님의 창조 세계의 관계가 예배, 사역, 증거의 필수적인 부분이라는 것을 이해한다면 지구상에서 환경적으로 가장 취약하고 중요한 일부 지역에 즉각적인 희망이 있을 것이다. 그러나 우리가 계속해서 교회 밖의 인간 사회만큼 하나님의 창조 세계의 존재 자체를 훼손한다면, 아래에서 더 자세히 설명하겠지만, 우리 모두에게 걷잡을 수 없이 파괴적이고 급속한 창조 세계의 타락을 막기 위해 우리가 할 수 있는 일은 아마도 거의 없을 것이다."[9]

---

8 Peter Harris, "Towards a Missiology of Caring for Creation," *Evangelical Review of Theology* 34, no. 3 (2010): 224, https://lausanne.org/wp-content/uploads/2007/06/LOP65-2010Beirut-Lebanon.pdf.

9 Harris, 231.

해리스의 논문과 그에 따른 토론은 라이트에게 직접적인 영향을 미쳤고, 케이프타운 서약에 등장하는 복음 관련 문구의 기원이 됐다. 다음은 라이트가 보낸 이메일 내용이다.

"나는 토론 시간 중 케이프타운 서약서 1-7-A 부분과 '예수님이 온 땅의 주님이시라면 우리는 … 그리스도의 주권 안에서 … 나눌 수 없다'라고 베드로가 말한 것을 곧바로 격렬하게 메모했다. 그 말은 거의 해리스가 한 바로 그 말이었다. 내게는 그것이 너무 진실되고 논리적이며 반박할 수 없는 것처럼 들렸기 때문에 신학실무그룹 보고서에 포함되어야 하고 결국에는 케이프타운 서약에 포함되어야 한다고 생각했다."[10]

III. 라틴 아메리카, 1960년대와 70년대: 통합선교

해리스가 언급한 신학실무그룹 내에서 창조 세계 돌봄을 위한 문이 열린 것은 다소 예상치 못한 일이었다. 그러나 지금 우리가 통합선교로 알고 있는 사전 개발을 통해 기반이 마련되었다고 믿는다.

대부분의 기독교 역사 동안 복음주의 교회는 서두에서 설명한 2차원적 복음과 관련해 어려움을 겪었다. 이것들은 너무나 자주 둘 중 하나의 선택으로 제시되었다. 한편으로는 전도, 개인 구원의 필요성, 그리고 이 구원을 '땅끝까지' 알려야 할 의무가 있다. 다른 한편으로는 배고픈 사람을 먹이고, 궁핍한 사람에게 옷을 입히고, 병든 사람을 고치고, 이 땅에 정의를 가져오라는 사회적 행동이 있다.

둘 중 하나를 선택하는 것은 잘못된 선택이다. 하나를 선택하는 것

---

10 크리스토퍼 라이트가 필자에게 보낸 이메일, 2021년 8월 12일.

은 항상 잘못된 것이다. 예수님은 분명히 우리에게 두 가지 모두를 행하라고 요구하신다. 그럼에도 불구하고 수년 동안 북미와 그곳에서 신학을 파생한 남반구 다른 국가들의 그리스도인들은 선교를 주로 전도로 이해했다. 사회적 행동은 생각해 보면 단순히 영혼 구원을 지원하는 방법에 불과했다.

1960년대와 70년대 라틴 아메리카의 한 젊은 신학자들은 가난과 불의, 정치적 부패가 만연한 자신들의 세계를 바라보며 "아니요, 우리는 선택할 필요가 없습니다"라고 말했다. 그들은 전도와 사회적 관심이 모두 복음이어야 하며 복음의 일부라고 주장했다. 이 운동의 주요 지도자는 르네 파딜라(Rene Padilla, 2021년 사망)와 사무엘 에스코바르(Samuel Escobar)였다. 두 부르심을 하나의 복음으로 통합시키려는 그들의 운동은 통합선교(Integral Mission)로 알려지게 되었다.

파딜라는 1974년 제1차 로잔 대회에서 통합선교를 주장했다.

"나의 목적은 성경에 따르면, 복음은 삶의 맥락과 관계없이 하나님께 응답하도록 부르심을 받은 고립된 존재인 인간에게 전달되는 것이 아니라, 오히려 세상과 관련된 인간에게 전달된다는 점을 보여 주는 것이다. 복음은 언제나 창조 세계 안에서 예수 그리스도를 통해 만들어졌고 그분을 통해 재창조될 세계와 관련하여 인간에게 다가온다. 그것은 물질적 소유의 일시적인 세계에 잠긴 현재의 존재 질서 내에서 인간에게로 다가온다. 그것은 인류의 일원으로서 인간에게 다가온다. 이 세상을 위하여 그리스도가 죽으셨지만, 동시에 이 세상은 하나님을 대적하고 어둠의 권세에 종노릇하는 곳이기도 하다. 그러므로 복음화의 목적은 인간을 자기 영혼의 장차 있을 구원에 대한 주관적 경험으로 이끄는 것뿐만 아니라, 삶의 근본적인 방향을 전환하는 것이다."[11]

파딜라는 나중에 로잔 언약에 대해 다음과 같이 말했다.

"결점, 특히 복음 전도와 사회적 책임 사이의 불가분의 관계를 지적하지 못한 점이 있음에도 불구하고, 이 언약은 기독교 선교를 그리스도인과 교회의 증식으로 축소시키는 전통적인 방식에 치명타를 입혔다."[12]

비록 전도와 사회 참여라는 두 가지 사이의 긴장이 오늘날까지도 일부 지역에서 계속되고 있지만, 대부분의 복음주의자들은 이제 포괄적인 복음이라는 통합선교 비전이 성경적이고 필요하다는 것을 받아들이고 있다.

미가 선언(2001년)은 아마도 통합선교에 대한 가장 좋은 요약과 정의를 제공한다고 할 수 있다. 그 내용을 인용하면 다음과 같다.

"통합선교 또는 통전적 변화는 복음을 선포하고 실천하는 것이다. 단순히 전도와 사회 참여가 병행되어야 하는 것이 아니다. 오히려 온전한 사명으로서의 우리의 선포는 사람들에게 삶의 모든 영역에서 사랑과 회개를 촉구함으로써 사회적 결과를 가져오게 하는 것이다. 그리

---

11 René Padilla, "Evangelism and the World," in *Let the Earth Hear His Voice: International Congress on World Evangelization, Lausanne, Switzerland. Official Reference Volume, Papers and Responses*, ed. J. D. Douglas (Minneapolis: World Wide Publications, ©1975), 134, https://lausanne.org/wp-content/uploads/2007/06/0134.pdf.

12 C. René Padilla, *Mission between the Times: Essays on the Kingdom*, rev. ed. (Carlisle: Langham Monographs, 2010), 3. 한국어판, 《복음에 대한 새로운 이해》(르네 파딜라, 대장간, 2012)로 번역 출간되었다(옮긴이 주).

고 우리의 사회 참여는 예수 그리스도의 변화시키는 은혜를 증거할 때 복음적인 결과를 가져오게 된다. 우리가 세상을 무시한다면 우리는 세상을 섬기라고 우리를 세상 가운데 보내신 하나님의 말씀을 배반하는 것이다. 같은 의미로, 우리가 하나님의 말씀을 무시한다면 우리는 세상에 기여할 것이 아무것도 없게 된다."[13]

IV. 3차원적 복음

2010년 케이프타운 서약에서 우리는 새로운 것을 발견했다. 여기서 우리는 통합되어야 할 복음의 두 가지 차원만이 실제로 존재하는 것은 아니라는 주장을 발견했다. 복음에는 전도, 사회 참여, 그리고 하나님의 더 넓은 창조 세계에 대한 관심이 포함되어야 한다. 케이프타운 서약에서는 이를 다음과 같이 표현했다.

"통합선교는 예수 그리스도의 십자가와 부활을 통해 개인과 사회와 창조 세계를 위한 복음이 하나님의 좋은 소식이라는 성경적 진리임을 분별하고 선포하고 실천하는 것을 의미한다. 이 세 가지는 모두 죄로 인해 부서지고 고통받고 있고 하나님의 구속하시는 사랑과 사명에 포함되며 하나님 백성의 포괄적인 선교의 일부여야 한다."[14]

다르게 말하면, 복음이라는 의자에는 다리가 두 개가 아니라 세 개가 있다. 우리가 전도하고 실천하지 않는 한, 전도와 사회 참여, 하나님의 더 넓은 창조 세계를 돌보지 않는 한 우리는 불완전하고 성경적이지 못한 복음을 제시하고 있는 것이다. 세계의 미전도 지역에는 세 번

---

13 Maggay, *Integral Mission*, 12.
14 로잔 운동, "The Cape Town Commitment," pt. I, sec. 7, par. A.

째 의자 다리를 포함하여 온전한 복음이 절실히 필요하다.

결론: 3차원적인 복음이 중요한 이유

창조 세계 돌봄을 복음 문제로 보는 것은 세계 선교에 중요한 전략적, 실제적 함의를 갖는다. 이 간략한 역사적 조사는 주로 두 가지를 상기시켜 준다.

첫째, 최근 복음주의 역사는 케이프타운 서약을 통해 세계 교회 가족이 예수 그리스도의 복음이 포괄적이라는 점에 폭넓게 동의했음을 상기시켜 준다. 사실 그것은 3차원적인 복음이다. 그것은 개인, 인간 사회, 그리고 더 넓은 비인간 창조 세계에 영향을 미친다. 우리가 예수님의 선교 비전에 따라 그분의 진정한 제자가 되려면 인간의 마음에서 시작하여 모든 창조 세계에까지 확장되는 복음을 받아들여야 한다.

둘째, 창조 세계 돌봄은 선택 사항이 아니다. 그것은 그리스도인으로서 우리 정체성의 일부이며 복음의 핵심을 담고 있다. 소수의 전문가에게 맡겨 놓아야 할 문제가 아니다. 오히려 그것은 우리의 구체적인 사역의 부르심이 무엇이든 모든 그리스도인의 의무가 되어야 한다. 선교 사역은 모든 창조 세계가 기다리고 있듯, 우리 모두가 감당해야 하는 면제될 수 없는 의무다.

피조물이 허무한 데 굴복하는 것은 자기 뜻이 아니요 오직 굴복하게 하시는 이로 말미암음이라 그 바라는 것은 피조물도 썩어짐의 종노릇한 데서 해방되어 하나님의 자녀들의 영광의 자유에 이르는 것이니라 **롬 8:20-21**

토론 질문

1. 복음을 입체적인 관점에서 해석하고 적용하는 것을 '널리 세계 모든 교회 공동체가 동의'했다면, 지역 교회는 어떻게 복음의 진리를 선포해야 하는가?

2. 창조 세계 돌봄이 그리스도인의 선택 사항이 아니라 의무라면 우리는 이 부분에 순종하기 위해 개인 생활과 가족 생활에서 어떤 변화를 취할 수 있는가?

3. 우리 선교계(기관, 교회 등)는 전략적 계획과 실행에 있어 어느 정도까지 3차원적 복음을 반영할 수 있는가?

논찬

—

신영미

성경적이고 신학적인 뒷받침

에드 브라운의 논문은 우리를 향한 하나님의 성경적 계획과 목적을 더 넓고 깊게 이해하는 데 도움이 되었다. 인간에게 국한되고 오롯이 인간만을 위하는 복음에 대한 2차원적인 설명이 아닌, 하나님 나라의 의와 뜻 안에서 온 우주와 땅과 모든 피조물을 포괄하는 복음에 대한 3차원적인 설명과 해석은 이전의 어떤 복음 해석보다 창의적이라 말할 수 있다.

마태복음 28장 18-20절의 예수님의 지상 대명령을 창세기 1장 28절의 하나님이 인간에게 주신 첫 계명과 함께 입체적으로 재해석한다면, 하나님은 우리를 세상 모든 민족과 사람들을 제자 삼으라고 인간에게만 보내시는 것이 아니라 세계 곳곳의 살아 있는 유기체와 그 환경을 관리하여 생육하고 번성하고 땅을 가득 채워 하나님의 나라를 확장하라고 보내시는 것이라 할 수 있다. 즉 창조 세계를 통치하고 다스리고 돌보라는 그분의 명령을 따르기 위해서는 하나님의 나라가 2차원을 넘어 3차원으로 확장되어, 인간뿐만 아니라 이 땅의 창조 세계 돌봄이라는 좋은 소식을 전해야 한다. 이것이 제자를 삼고, 세례를 주고, 성경 전체의 명령에 순종하도록 가르치는 올바른 길이다.

예를 들어, 우리가 선교사로서 하나님의 부르심을 받아 편안하고 익숙한 곳에서 특정 선교지로 가서 복음을 전한다면 우리는 새로운 환경, 날씨, 사람, 문화, 언어로 이주하게 될 것이다. 이는 우리가 사람만을 위해서 가는 것이 아니라 우리가 경험해 보지 못했던 전혀 다른 새로운 생태계로, 그곳에서의 하나님이 만드신 모든 창조 세계를 위해서 간다는 것을 의미한다. 이것이 성경에 기초한 입체적인 선교적 헌신이다.

우리는 선교 현장의 모든 요소를 종합적으로 고려할 때 사역의 내용을 다양하게 확장할 수 있고 선교 사역을 더욱 효과적으로 준비할 수 있다. 그러므로 복음으로 하나님의 나라를 건설하고 확장하기 위해서는 사람, 환경, 날씨, 문화, 언어 등을 동시에 고려하여 하나님의 의를 위해 3차원적이며 통합적으로 복음을 전해야 할 것이다.

구약학자 존 H. 월튼(John H. Walton)의 성전 신학(Temple Theology)에 따르면, 만물이 창조된 온 우주는 하나님 나라를 위한 예배의 장소이며, 창세기 1장은 창조의 기적이 있기 전부터 존재한 하나님의 임재의 성전이 이루어지는 복되고 거룩한 기적의 잔치를 묘사하고 있다. 그는 또한 창세기에서 묘사된 하루하루가 세상 창조를 위한 중요한 기능적 요소를 갖고 있기 때문에 이러한 요소가 과학과 신학 사이의 핵심 연결 고리라고 주장한다.[1] 우리가 예배가 하나님의 창조의 목적이자 이유이고 모든 창조 세계가 하나님의 성전임을 인지하며 주님을 경배하

---

1 John H. Walton, *The Lost World of Genesis One: Ancient Cosmology and the Origins Debate* (Downers Grove, IL: IVP Academic, 2009), 24-45; Martin Hanna, "It Takes a Miracle: An Analysis of John H. Walton's View of Cosmic Temple Inauguration," *Andrews University Seminary Studies* 49, no. 1 (2011): 177-89, https://digitalcommons.andrews.edu/cgi/viewcontent.cgi?article=3134&context=auss.

고 찬양한다면, 복음의 대상을 인간에게 국한시키는 2차원적 사고는 환경과 모든 생물을 포함한 온 세상이 하나님의 나라의 일부가 될 것이기 때문에 하나님의 말씀을 완전히 이해하지 못하는 것이 될 것이다.

하나님의 형상으로서의 정체성

필자는 또한 복음을 3차원으로 이해하고 해석하는 것이 창조된 본질을 발견하고 자신을 찾는 길이라고 언급한다. 이러한 관점은 우리의 삶뿐만 아니라 전체 기독교 공동체 안에서 우리의 왕이신 예수 그리스도를 보다 온전한 정체성을 가지고 바라보고 기다리는 방법이다. 존 웨슬리(John Wesley)의 신학에 따르면, 우리는 하나님에 의해 창조되었을 때 하나님의 형상, 즉 자연적 형상, 정치적 형상, 도덕적 형상이라는 세 가지 형상으로 만들어졌다. 그중에서도 정치적 형상은 하나님이 우리에게 주신 청지기 직분, 즉 창조 세계를 돌보는 일과 밀접한 관련이 있다.[2]

창세기 1-2장에서 하나님은 우리에게 모든 피조물에 이름을 붙이고 다스리며 돌보라고 명하셨다. 이 명령은 우리 안에 심긴 하나님의 정치적 형상을 향한 것이며, 우리는 하나님의 성품을 닮아 그분의 명령에 순종해야 한다. 그렇지 않으면 우리가 죄를 많이 지을수록 우리는 하나님의 성품에서 더 멀어져 사탄의 특성을 갖게 된다. 사탄은 스스로 세상을 주관하고 하나님의 피조물인 인간과 환경과 지구상의 생물을 파멸시키려는 주권을 갖고 싶어 한다. 이는 우리의 지속적인 죄로 인해 현재의 영적, 환경적 위기가 현실로 다가오고 있음을 의미한다.

---

2 James Pedlar, "John Wesley and the Mission of God, Part 1: The Image of God," James Pedlar: Theologian and Pastor, July 28, 2011, https://jamespedlar.ca/2011/07/28/john-wesley-and-the-mission-of-god-part-1-the-image-of-god/.

우리가 하나님의 명령에 순종하고 죄를 짓지 않는 선한 청지기라는 고정된 이미지를 유지했다면 우리는 이런 위기에 처하지 않았을 것이다.

창세기 1장 2절은 흑암과 혼돈과 공허함이 있었다고 말한다. 이것이 하나님이 세상을 창조하시기 전의 세상의 모습이었다. 존 월튼의 말처럼, 하나님의 모든 창조 세계가 하나님을 예배하는 성전이고, 창조주의 창조 행위가 성전 건축의 의례이자 잔치라면 성전을 원래의 형태(어둠, 혼돈, 공허함)로 되돌리려는 것은 하나님을 예배하는 것을 방해하기 위한 사탄의 전략이다. 이는 우리가 3차원적인 복음을 모두 포괄하는 창조 세계 돌봄을 위해 죄에서 완전히 해방되어 하나님의 정치적 형상을 회복할 때 우리 자신의 온전한 모습으로 하나님을 예배할 수 있다는 뜻이다. 이것은 또한 사탄의 숨겨진 전략에 맞서는 말씀의 위대한 무기가 된다.

로마서 8장 18-22절에서 피조물은 하나님의 자녀들이 주님께 영광 돌리기를 고대하고 있다.

> 생각하건대 현재의 고난은 장차 우리에게 나타날 영광과 비교할 수 없도다 피조물이 고대하는 바는 하나님의 아들들이 나타나는 것이니 피조물이 허무한 데 굴복하는 것은 자기 뜻이 아니요 오직 굴복하게 하시는 이로 말미암음이라 그 바라는 것은 피조물도 썩어짐의 종노릇한 데서 해방되어 하나님의 자녀들의 영광의 자유에 이르는 것이니라 피조물이 다 이제까지 함께 탄식하며 함께 고통을 겪고 있는 것을 우리가 아느니라 **롬 8:18-22**

우리가 죄악 된 본성에서 성령으로 말미암아 우리를 창조하신 하나님의 형상으로 회복될 때 모든 창조 세계는 입체적인 복음화로 회복되기 시작한다. 그리고 예수 그리스도가 재림하실 때 우리 인간과 땅 위의 생물과 무생물을 포함한 모든 창조 세계가 온전히 구원을 받고 회복되어 영원히 하나님께 영광을 돌리게 될 것이다.

과학적 관점

과학의 발전으로 인해 우리는 더 이상 지구의 건강을 무시할 수 없다는 것이 분명해졌다. 유엔 보고서와 각종 환경 관련 논문에서 지적하듯이 지구 기온 상승은 가속화되고 있으며, 실제로 우리는 지구 기온 상승으로 인해 해수면이 상승하고 기상 이변, 태풍, 허리케인으로 많은 해안 시설과 주거지가 파괴되는 현실을 직면하고 있다.[3] 미국에서는 매년 정부 기관, 현지 기업, 보험사 등이 막대한 자금을 투자하여 기후 및 환경 변화에 어떻게 대처하고 적절한 대안을 모색할 것인지가 지금 당면한 큰 과제 중 하나다.

논찬자는 지난 몇 년간 미국의 코네티컷 기후 변화에 대한 복원 및 적응력 연구소(CIRCA: Connecticut Institute for Resilience & Climate Adaptation)의 연구원으로 일하면서 이러한 환경에 대한 노력이 얼마나 중요하고 시급한 것인지를 많은 의미로 알게 되었다. 논찬자가 2020년에 발표한 논문에 따르면, 허리케인은 높은 파도를 동반하고, 조수와 결합하면 폭풍 해일 형태로 해안 지역에 큰 피해를 가져오게 된다. 허리케인 같은 높은 바람 에너지가 생길 때 생성되는 높은 파도의 복귀 간격을 지난 14년의 관측 자료를 통해 모델링한 결과, 파도의 복귀 간격과 파고는 비례하는 것으로 나타났으며, 앞으로 파고는 항상 기존 모

---

3 Jonathan A. Moo and Robert S. White, *Let Creation Rejoice: Biblical Hope and Ecological Crisis* (Downers Grove, IL: IVP, 2014), 21-52; "How Is Climate Change Impacting the World's Ocean," United Nations, accessed Aug. 10, 2023, https://www.un.org/en/climatechange/science/climate-issues/ocean-impacts; Katherine Hayhoe, "Challenges of Climate Change," *Journal of the Texas Tech University Ethics Center* 1, no. 1 (2017): 22-28.

델의 예측 결과보다 높게 나타날 것임을 발견하였다. 즉 신뢰할 수 있는 장기 관측 자료에 따르면, 해수면이 상승함에 따라 기상 이변으로 인한 해안 피해가 이전에 예상했던 것보다 빠르게 증가할 것으로 나타났다.[4]

복음을 영화롭게 하라

앞으로 기후 변화와 환경 문제는 더욱 큰 도전이 되어 다음과 같은 질문을 던지게 될 것이다. 만물의 참 주인이신 창조주께서 우리에게 맡겨 주신 귀하고 꼭 필요한 피조물을 우리는 잘 돌보며 우리 안에 약속하신 하나님의 형상으로 회복하고 있는가? 예수님이 다시 오실 때까지 탄식 속에서 왕 되신 예수 그리스도를 기다리는 피조물들을 우리는 잘 돌보며 다스리고 경작하며 3차원적인 복음을 전하고 있는가?

더 늦기 전에 우리는 개인의 삶, 가정, 공동체, 교회, 국가에서 모든 피조물을 대상으로 2차원적 복음화에서 3차원적, 다차원적 복음화로 나아감으로 함께 주님을 예배해야 한다. 이는 마지막 때에 하나님의 자녀들이 누려야 할 주님이 기뻐하시는 영광을 돌려 드리는 형태가 될 것이다.

---

4 Y. Shin et al., "Waves in Western Long Island Sound: A Fetch-Limited Coastal Basin," *Journal of Geophysical Research: Oceans* 126, no. 2 (2021): e2020JC016468, https://agupubs.onlinelibrary.wiley.com/doi/10.1029/2020JC016468.

09
한국의 환경 및 인적 재난이 선교에 주는 시사점

이명석

서론: 쓰나미 석판과 현대 기술

    2008년부터 2013년까지 호주 ABC[1] 방송의 도쿄 특파원이었던 마크 월라시(Mark Willacy)[2]는 2011년 일본의 쓰나미와 관련된 후쿠시마 원자력발전소 붕괴를 취재하였다. 그는 혼슈섬의 북동쪽 해안선을 따라 산재하는 "수백 년 된" 쓰나미 석판[3]을 마치 계명에 귀를 기울이는 사람들에게 "구원을 약속하는 성경의 돌판"으로 묘사했다.[4] 월라시는 리히터 규모 9의 지진과 그로 인한 쓰나미로 일본에서 1만 8천 명 이상의

---

1 Australian Broadcasting Corporation.

2 마크 월라시는 2011년 일본 쓰나미와 후쿠시마 원전 사고에 대한 보도로 워클리상을 수상했다. Mark Willacy, "Japan Earthquake: Fukushima Nuclear Plant Remains the Gap in a Wall of Disaster Defences", *ABC News*, 22nd November 2016, 2022년 11월 29일 접속, https://www.abc.net.au/news/2016-11-22/fukushima-nuclear-plant-gap-in-japans-wall-of-disaster-defences/8045894.

3 필자는 2013년 가나 아크로피 크리스톨러 신학교에서 박사 과정을 밟던 중 앨리슨 하웰 (Allison M. Howell) 교수의 "신학, 인간의 필요와 환경" 강의에서 쓰나미 석판에 대한 이야기를 처음 접했다.

4 Willacy, "Japan Earthquake."

사망자가 발생했지만, 고립된 반도에 있는 작은 마을인 아네요시가 쓰나미의 피해 없이 살아남았다는 사실에 주목했다. 주민들은 산골 마을 바로 아래 세워진 쓰나미 석판에 새겨져 있는 "이 지점 아래에는 집을 짓지 말라!"라는 조상들의 경고를 새겨들었다고 전했다. 하지만 윌라시는 안타깝게도 "요즘에는 일본의 조기 경보 시스템으로 휴대전화가 이러한 석판을 대체하고 있다"고 말하면서 이제 일본인은 "이러한 휴대전화 경보에 특별한 주의를 기울인다"고 전했다.[5]

오늘날 일본은 지진과 같은 자연재해를 관리하기 위해 현대적 기술에 크게 의존하고 있다. 이는 일본이 "지진의 진앙지, 규모 및 진도를 종합적으로 분석하기 전에 세계에서 가장 정교한 지진 탐지 네트워크, 즉 4,235개의 지진계로 구성된 시스템을 통해서 지진의 첫 번째 진동을 탐지할 수 있다는 점에서 분명하다."[6] 그러나 이러한 지진 탐지 시스템은 후쿠시마 원자력발전소를 포함한 주요 국가 기반 시설이 쓰나미에 파괴되고 치명적인 결과를 초래하는 것을 방지할 수 없었다. 그런 면에서 "경고가 돌에 새겨져 있든 휴대전화에서 울리든 그 경고는 결코 무시되어서는 안 된다"라고 한 윌라시의 견해는 옳은 지적이다.[7]

본 논문은 이러한 기후 변화에 대한 경고와 한국 전근대사의 사회적 불안을 탐구하는 것을 목표로 하고 있다. 구체적으로 비정상적인 기후 변화와 제한된 공유 산림 자원에 대한 경쟁은 사회적 불평등을 악화시키고, 빈번한 역병의 발생과 더불어 이런 제반 현상이 토착 종교 운동의 출현 및 개신교 선교의 발전에 어떻게 기여했는지에 대한 상관관계를 탐구하고자 한다. 이를 위해 필자는 조선 후기의 생태학적 도전과

---

5 Willacy, "Japan Earthquake."

6 Willacy, "Japan Earthquake."

7 Willacy, "Japan Earthquake."

그에 따른 정치적, 종교적 변화에 대한 조선인의 반응을 분석할 것이다. 이러한 분석적 배경에서 필자는 21세기 선교에 대한 시사점을 제시하고자 한다.

전근대 한국의 기후 변화와 대응

이상 기후와 관련된 다양한 생태적 변화는 17세기 이후 전 세계 인류 사회에 큰 영향을 미쳤다. 17세기에 사람들은 전 세계적으로 장기간의 비정상적인 기온 저하를 경험했다. 그래서 사람들은 이 시기를 "소빙하기"(Little Ice Age)라고 부른다.[8]

역사학자 이태진은《조선왕조실록》에 기록된 방대한 양의 기상 기록을 바탕으로 이 당시에 조선에 발생한 소빙하기의 원인이 먼지구름을 생성한 유성우(실록에 "유색 증기"로 기록됨)였다고 제시한다. 그 기록 중에서 그는 주후 1501년부터 1750년까지 1,052개의 기상 현상이 유성우와 관련이 있다는 것을 발견했다.[9]

---

8 1939년 F. 매테스(F. Matthes)는 홀로세 후기에 약 4천 년 기후 간격으로 발생한 신빙하기를 나타내기 위해 소빙하기라는 용어를 처음 사용했다. '소빙하기'라는 용어는 16세기 중반부터 19세기까지 전 세계적으로 기후에 영향을 미친 가장 광범위한 빙하 확장기를 설명하기 위해 일반적으로 사용되고 있는 용어다. Michael E. Mann, "Little Ice Age", In *Encyclopedia of Global Environmental Change*; Michael C. MacCracken and John S. Perry ed., Vol.1. (Chichester: John Wiley & Sons, Ltd, 2002), 504-09.

9 Tae-Jin Yi, "Meteor Fallings and Other Natural Phenomena Between 1500-1750 as Recorded in the Annals of the Chosōn Dynasty (Korea)," *Celestial Mechanics and Dynamical Astronomy*, 69 (1), (1998), 119-220.

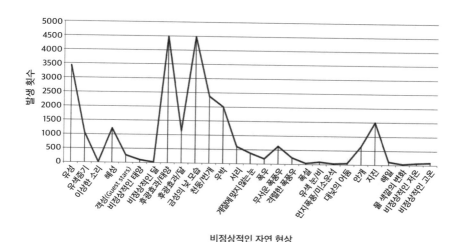

그림 9.1: 《조선왕조실록》에 기록된 이상 자연 현상[10]

조선시대에 이상 기후와 관련된 재해에 대해 상세한 관찰과 기록을 남기게 된 이유는 순전히 현대적 의미의 과학적 관심 때문이 아니었다. 조선 왕조(1392-1910년)의 기록에 따르면, 한국인들은 주로 천체와 관련된 이상 기후에 특히 주의를 기울였다.[11] 일식 외에도 전근대 한국인들은 가뭄, 서리, 홍수, 우박을 하늘의 형벌로 여겼다. 이는 전근대 한국인들에게 있어서 이상 기후 현상이 자연현상 이상의 것으로 해석되어 하늘의 메시지를 전달한다는 의미다.[12] 특히 이러한 사건은 통치자의 절대 권력을 견제하고 그 과정에서 책임과 정의를 보장하는 역

---

10 이 그래프는 이태진의 연구를 참고하여 필자가 보완한 것임을 밝힌다. Yi, "Meteor Fallings and Other Natural Phenomena," 119-220.

11 이태진은 주후 1501-1750년 사이에 발생한 1,052건의 기상 이변이 유성우와 관련이 있다고 주장한다. Yi, "Meteor Fallings and Other Natural Phenomena," 119-220.

12 Yo-han Bae, *The Divine-Human Relationship in Korean Religious Traditions: The Presence and Transformation of the Themes from the T'angun Myth in the Chosŏn Chujahak Tradition and Korean Protestant Christianity* (Saarbrüken: VDM Verlag Dr. Müller GmbH, 2010), 64-78.

할도 했다. 이는 고려 왕조(936-1392년)로부터 계승된 긍정적인 기능이었다.[13]

천체의 이상 현상과 관련하여 이상 기후가 발생하자 왕은 자신을 낮추어 백성을 사면하고 하늘에 용서를 구하였다.[14] 따라서 전근대 한국에서 이상 기후에 대한 천문 관측 기록의 숨은 목적은 정치적으로 국가의 올바른 거버넌스(governance)를 확보하는 것이었다. 조선 중기까지 구휼 제도는 각종 자연재해 속에서도 제대로 기능한 거버넌스 덕분에 계속해서 제 기능을 했다. 하지만 아쉽게도 지배층과 국왕 사이에서 작동하는 거버넌스 통치는 일반 국민의 참여를 배제하였다.

이상 기후 현상이 가져온 동아시아의 정치적 변화

조선 후기는 대내외적으로 큰 어려움을 겪었던 시기다. 또한 이러한 국가적 문제를 극복하는 정부의 능력은 다음과 같은 이유로 급격히 감소했다. ① 전쟁 후 국가 자원이 고갈되었고, ② 중앙 정부 내 권력 구조의 변화로 거버넌스 기능이 해체되었고, ③ 국가 공무원들 사이에 만연한 부패로 인해 국가의 재난 구휼 시스템이 제대로 작동하지 않았다.

---

13 고려왕조 시대에는 정치적 이득을 위해 종말론적 예언에 지나치게 의존하여 국가 재정과 자원을 낭비한 사례가 있었다. 조선왕조 때는 계층화된 질서를 합리화하기 위해 유교와 그 원리를 사회의 제도적 기둥으로 채택하였다. 유교는 하늘, 인간 제도, 자연의 조화로운 상호 작용과 공존을 원칙으로 세워진 사상 체계다. 소자영, 최진규 역, "북송 유가의 천인합일에서 본 환경 윤리의 문제", 〈생명연구〉, 20, (2011): 117-18.

14 Tae Jin Yi, "An Interim Report of the Study on the Little Ice Age (1500-1750) Phenomena based on the Records of the Annals of the Dynasty of Chosŏn," *The Korean Historical Review*, 149 (1996), 227-228.

전쟁과 기술 발전

이상 기후 현상은 동북아시아 전체에 심각한 영향을 미쳤고, 이 지역의 패권을 놓고 군사적 갈등을 불러일으켰다. 7년간에 걸친 임진왜란(1592-1598년)과 이어진 병자호란(1636-1637년)은 광대한 산림 자원을 고갈시켜 생태계를 불안정하게 만들었다. 그 결과 18세기 후반부터 일련의 가뭄과 홍수, 기근이 조선 전역을 휩쓸었다. 두 차례의 전쟁은 부수적으로 산업의 발달로 이어졌고, 산림 자원에 대한 수요는 더욱 증가했다. 소빙하기의 계속되는 기온 하강은 산림 자원을 활용한 가정 난방 시스템인 온돌의 전국적 확산을 촉진시켰다. 또한 인구 증가와 산업 발전의 요구에 부응하기 위한 새로운 농업 기술의 도입은 공동 산림 자원의 급속한 감소를 더욱 부추겼다.

중앙 정부의 올바른 거버넌스 부족

조선 초 중앙 정부는 '산림천택'[15]이라는 규정을 제정해 숲과 하천 등의 공유 자원을 통제했는데, 이는 원칙적으로 지배층이 공유 자원을 사유화하는 것을 금지하는 규정이었다.[16] 그러나 조선 후기에는 제한된 공동 자원의 수요가 급증하자 사대부들이 산림 자원을 사유화하고 평민과 농민의 접근을 금지함으로써 사회적 불평등을 심화시켰다. 반면, 제한된 공유 자원을 사회 전체에 공정하게 배분해야 할 정치적 리더십은 제대로 기능하지 못했다. 17, 18세기 이상 기후 현상에 따른 경제적 어려움과 사회적 불안은 피할 수 없었다. 설상가상으로 조선 후기에는

---

15 '산림천택'은 '산림천택 여민공지'(山林川澤 與民共之)의 줄임말로 산과 강, 저수지의 혜택을 여러 사람이 함께 누려야 한다는 뜻이다.

16 김선경, "조선 후기 산림천택 사점에 관한 연구" (미간행 경희대 박사논문, 1999), 14-61.

왕후 친족의 부패가 만연하였다.[17] 당시 지배 세력은 순원왕후와 관직을 매매하는 부패한 친족들을 중심으로 형성되었다.[18]

제 기능을 하지 못하는 부실한 거버넌스는 농민들의 고통과 빈곤을 가중시켰다. 사대부들의 왜곡된 조세 제도와 토지 및 산림 자원의 사유화와 함께 사회적 불평등의 심화로 인해 농민들은 화전민으로 전락하였다.[19] 결과적으로 일반 서민들의 삶은 형언할 수 없을 정도로 피폐해졌다.[20]

빈번한 전염병 발생

이 시기의 또 다른 특징은 콜레라, 이질, 장티푸스 등의 전염병이 빈번히 발생하여 농민들의 생명을 위협했다는 점이다. 전쟁 중에 발생한 대규모 이주로 인해 전염병이 확산되었다. 생계를 잃은 농민들은 가혹한 세금 징수를 피해 산으로 들어가 화전민이 되었다. 화전민의 증가는 산림 자원의 고갈을 더욱 가속화시켰다.[21] 동물 서식지를 잠식하는 산림의 파괴도 잦은 전염병 발병의 원인이 됐다. 이런 점에서 전근대 한국을 휩쓴 두 차례의 전쟁과 조선 후기의 극심한 불평등은 잦은 전염병의 발병과 깊은 관련이 있다. 이러한 전염병은 농민들의 생활을 더욱 황폐화시켰고, 농민들의 불만은 이미 폭발 직전에 있었다. 그 결과 19세기에는 지방에서 크고 작은 폭동과 반란이 많이 일어났다. 중

17 Susan Shin, "The social structure of Kŭmhwa county in the late seventeenth century," *Occasional Papers on Korea, 1* (April 1974): 9-35.

18 변원림, 《순원왕후의 독재와 19세기 조선 사회의 동요》 (서울: 일지사, 2012), 243-68.

19 신호철, "조선 후기 화전의 확대에 대하여", 〈역사학보〉, 91 (1986): 57-108.

20 James B. Palais, *Politics and Policy in Traditional Korea* (Cambridge/Massachusetts/ London: Harvard University Press, 1975), 58-61.

21 George Kallander, *Salvation through Dissent: Tonghak Heterodoxy and Early Modern Korea* (Hawaii: University of Hawaii Press, 2013), 34.

앙 정부는 이러한 반란을 진압하기 위해 국가 자원을 소진해야 했다. 이런 면에서 변원림이 이 당시 빈번한 반란의 원인을 "권력과 부의 불균형"에서 찾아야 한다고 주장한 것은 옳다.[22]

천주교로의 개종과 새로운 종교적 상상력의 출현

조선 정부의 만연한 부패에 실망한 일부 신유학자들은 중국에서 수입한 천주교 서적을 통해 '서학'에 빠져들었다.[23] 이는 1795년에 중국 최초의 천주교 선교사인 주원모 신부가 한국에 도착하기 전이었다.[24] 조선 정부는 천주교의 존재를 "서구의 정복과 식민지화의 전조"로 여겼다.[25] 조선 정부는 모든 천주교 종교 활동을 공개적으로 금지했으며, 나아가 천주교 신자에 대한 광범위한 박해에 착수했다.[26] 이러한 무자비한 탄압에도 불구하고 천주교는 19세기 내내 산간 지역에 흩어져 비밀리에 신앙을 실천했던 소수의 개종자들 속에서 살아남았다.

19세기 후반에 동학운동이 등장한 것은 이러한 사회, 정치, 종교적 배경에 기인하는 것이었다.[27] 동학 추종자들은 지방 관료들의 부패 척폐와 산림 규제의 개혁을 요구했다.[28] 1894년에는 남부 곡창 지대를 중심으로 전봉준이 주도하여 농민 반란을 일으켰다. 이 봉기는 나중에 동

---

22 변원림, 《순원왕후의 독재와 19세기 조선 사회의 동요》, 302.

23 김성준, 《한국기독교사》 (서울:기독교문사, 1980), 31.

24 James H. Grayson, "A Quarter-Millennium of Christianity in Korea," In Robert E. Buswell Jr. and Timothy S. Lee (eds.), *Christianity in Korea* (Honolulu: University of Hawaii Press, 2006), 9.

25 Kallander, *Salvation through Dissent*, 9.

26 Kallander, *Salvation through Dissent*, 3.

27 동학은 최제우가 창시한 토착 종교 운동이다. 최제우는 사회 계층화에 반대하여 모든 존재의 평등을 주장했다. 그는 또한 하늘과 인간, 그리고 나머지 생명체의 공존을 주장했다. Kallander, *Salvation through Dissent*, 3.

28 Palais, *Politics and Policy in Traditional Korea*, 18.

학난으로 알려졌다. 동학 지도자인 전봉준이 반란의 주요 동기로 꼽은 봉산(벌채를 금지한 산),[29] 삼림 규제, 환곡(구휼세)[30]을 통해서 보았을 때 당시의 시대 상황을 잘 가늠할 수 있다. 이러한 동학은 사회정치적 혼란의 시기에 탄생했으며 본질적으로 18세기 천주교 선교 활동과 19세기 개신교 선교 활동을 연결하는 교량 역할을 했다.

한국 개신교 선교

개신교는 조선왕조 19세기와 20세기 초에 한국에 소개되었다. 1885년 개신교 선교사들이 한국에 도착했을 때 조선의 정치, 종교 체제는 이미 붕괴되기 시작하고 있었다. 이런 환경에서 개신교 선교사들은 성별에 관계없이 교육의 기회를 제공하고, 지배 계층의 한자가 아닌 우리 고유의 한글을 사용하여 지식의 평준화와 불평등 완화에 기여했다. 선교사들은 농민들을 위협하고[31] 선교사들의 생명을 앗아 가는 빈번한 전염병에 대해 주의를 가지고 관찰하였으며 기록으로 남겼다. [32]

이러한 선교사들의 희생적인 의료 활동은 개신교 선교의 기회를 열어 주었다. 이는 초대 교회 공동체에서 기독교가 확장된 가장 중요한 요인 중 하나가 전염병에 휩싸인 고대 로마 사회에서 발현된 그리스도인들의 희생적 사랑이었다는 로드니 스타크(Rodney Stark)의 분석과도 일치하는 점이다. 조선 왕조 설립 초기부터 사상적, 정신적 토대와 통치 이념으로 작동했던 유교는 이때 이미 쇠퇴의 길에 놓여 있었

29 김선경, "조선 후기 산송(山訟)과 산림 소유권의 실태", 〈동방학지〉, 79 (1993): 534-535.

30 Palais, *Politics and Policy in Traditional Korea*, 18.

31 Lillias H. Underwood, *Fifteen Years Among the Top-Knots or Life in Korea* (New York: Young People's Missionary Movement of the United States and Canada, 1908), 123-183, 293.

32 Underwood, *Fifteen Years Among the Top-Knots or Life in Korea*, 98-99.

다.[33] 종합적인 위기와 사회 혼란에 적절한 삶의 의미와 돌파구를 제공하지 못하는 유교의 상황은 개신교가 대안으로 기능할 수 있는 여건을 제공했다.

21세기 포스트 팬데믹 시대의 선교에 대한 시사점

기후 변화에 대응한 조선 후기 상황과 한국 개신교 선교의 역사를 통해서 얻은 교훈을 바탕으로 21세기 포스트 팬데믹 시대에 대한 선교적 대안을 다음과 같이 제시하고자 한다.

과거로부터의 교훈: 올바른 거버넌스의 필수적인 역할

조선 후기에는 공유 자원의 불평등한 분배와 기후 변화 관련 재난으로 인해 사회 계층 간에 긴장이 고조되고 사회적 불안이 심화되었다. 조선 후기 사회적 위기는 지배층이 사회적 책임을 소홀히 하고 개인의 사적 이익에만 집착하면서 더욱 심화되었다. 집권 세력이 자신들의 사익만을 충족하거나 친인척들의 영달을 위한 정책을 추구하게 되면서 일반 서민들은 더욱 착취를 당했다. 이는 다시 취약 계층에게 견디기 어려운 상황이 되었고, 그들 중 다수는 난민이 되었다. 결과적으로 이는 사회 불안의 요인이 되었고, 사회적 약자가 몰락하면서 조선 사회 전체가 결국 일제의 지배를 받게 되었다. 그동안 그나마 기능을 하고 있던 거버넌스가 조선 후기에 들어서면서 붕괴되자 재난 극복 능력이 급속히 약화되고, 이로 인해 국가의 주도권을 상실하는 돌이킬 수 없는 국난을 맞이하게 된 것이다. 종교든 아니든 정치 권력을 견제하는

---

33 Rodney Stark, *The Rise of Christianity* (Princeton: Princeton University Press, 1996), 76-94.

굿 거버넌스(Good Governance)의 필수적인 역할을 우리는 이러한 과거로부터 배울 수 있다.

환경 정의

조선시대 산림 자원의 경우처럼 현대 사회에서 전기 에너지는 필수적인 자원이다. 최근 들어 전력 공급 인프라가 사회적 문제로 다루어지고 있다. 한 가지 예로, 2021년에는 우리나라의 원자력 이용률이 74.5%에 달했다. 세계적인 추세와는 달리, 2022년 새로 들어선 정부는 원전의 이용률을 82%까지 늘리겠다는 계획을 발표했다.[34] 정부의 이번 결정은 안전을 우려하는 지역 주민들의 우려와는 대조된다. 그러나 재원이 부족한 지자체와 지역 상공업 이해관계자들은 지역 경제 활성화를 기대하며 위험 시설 건설을 환영하고 있는 실정이다. 한상진은 취약 지역 사람들에게 위험에 대한 사회적 부담을 전가하는 것은 불공평하다고 역설한다.[35]

사실 사적 이익을 대가로 지역 주민과 다음 세대에게 생태적 재난을 가져오는 지방 정부와 이해 당사자들 사이의 타협은 한국에만 국한된 것이 아니다. 예를 들어, 중국 기업의 불법 금 채굴은 가나의 심각한 문

---

34 한경뉴스온라인, "한수원, 올 원전 이용률 82%까지 올린다", 2022년 5월 5일 접속, https://www.hankyung.com/economy/article/2022050557721, accessed 28th November 2022. 원전 이용률이라고도 불리는 단위 설비 용량은 원자력발전소(NPP)의 중요한 성능 지표로, 원자력 사용량을 측정하는 것 외에도 원전 운영의 중요한 지표가 된다. 한국 여주 마임비전빌리지에서 열린 KGMLF 2023 포럼에서 홍종호 교수는 필자에게 현재 한국의 원전 의존율이 약 30%라고 친절하게 알려 주었다. 2021년에 우리나라 전체 전력의 27.4%가 원자력발전을 통해 생산되었다. 세계적인 추세와는 달리, 2022년 새로 들어선 정부는 전체 전력의 원전 의존율을 30%까지 끌어올리고 원전의 이용률을 82%까지 늘리겠다는 계획을 발표했다. 자세한 내용은 세계원자력협회 홈페이지(https://world-nuclear.org/)에서 확인할 수 있다. 2023년 11월 25일 접속, https://world-nuclear.org/information-library/country-profiles/countries-o-s/south-korea.aspx.

35 한상진, "핵발전소 입지를 둘러싼 지방 레짐의 형성과 시민 사회 거버넌스의 대응: 울산광역시 울주군 신고리 원전의 유치 사례", 〈환경사회학연구〉, 16 (1), (2012): 45-68.

제 중 하나로 심각한 환경 파괴를 초래하고 있다.[36] 또한 페루 광산 회사는 정부로부터 수자원 이용 허가를 받아 광산을 개발하여 현지 농민들이 물을 사용하는 것을 막아 공동 자원을 오염시켰다.[37]

이런 의미에서 줄리안 애즈맨(Julian Agyeman)이 제안한 "환경 혜택의 공평한 분배"를 위해 분배 정의라고 부르는 것을 고려해야 한다. 또한 애즈맨이 언급한 것처럼 환경 정의에는 "모든 사람의 의미 있는 참여"에 대한 절차적 정의와 "깨끗하고 건강한 환경에서 살고 누릴 권리"에 대한 실질적인 정의도 포함되어야 한다.[38] 따라서 환경 정의에는 프로젝트 이점과 환경 위험 둘 다에 대한 공평한 공유가 필요하다.

교회의 선교적 기능

발전 시설에서 생산된 전력을 인구 밀도가 높은 도시나 공장 지역에 전달하려면 약 200m 간격으로 초고압 송전탑을 설치해야 한다. 1978년 12월 5일 한국 정부는 초고압 송전탑 건설을 위해 전원개발촉진법(이하 EPDPA)을 제정했다.[39] EPDPA의 강제 조치로 인해 송전탑이 설치되는 부지의 소유자는 여러 세대에 걸쳐 살았던 땅에서 쫓겨나야 했다. EPDPA는 조선 후기에 시행된 악명 높은 산림 정책과 유사한 국가의 강제 집행이다. 지역 주민들은 대대로 살아온 땅에서 추방당해 외상후

---

36 James Boafo, Sebastian Angzoorokuu Paalo & Senyo Dotsey, "Illicit Chinese Small-Scale Mining in Ghana: Beyond Institutional Weakness?," *Sustainability*, 11 (5943) (2019): 1-18.

37 서지현, "공동 자원 거버넌스와 자원의 신자유화: 페루 북부 안데스의 경험을 중심으로", 〈아태연구〉, 27 (2), (2020): 94-98.

38 Julian Agyeman, *Sustainable Communities and the Challenge of Environmental Justice* (New York: New York University Press, 2005), 26.

39 전원개발촉진법은 법률 제7678호로 "전원개발사업을 효율적으로 추진함으로써 전력 수급의 안정을 도모하고, 국민 경제의 발전에 기여함을 목적"으로 2006년 8월 5일부터 시행되었다. 2023년 11월 25일 접속. https://www.law.go.kr/lsInfoP.do?lsiSeq=71122#0000.

스트레스장애(PTSD)를 호소하고 있다.[40] 또한 초고압 송전탑에서 발생하는 자기장으로 인한 질병을 앓고 있다.[41] 반면, 무공해 신재생 에너지로 여겨지는 태양광 발전 시설도 문제가 없는 것은 아니다. 주민들이 누리는 조경권이 심각하게 훼손되고 있다. 지방 정부와 전력 회사의 이익을 위해 주민들은 생태학적으로 건강한 환경을 누릴 자유를 박탈당하고 있는 셈이다.[42]

이러한 환경과 사회 문제에 한국 교회가 본연의 역할을 해야 한다. 교회는 취약한 지역 사회 구성원들이 자신을 보호하고 조상의 땅에서 평화롭게 살 수 있는 권리를 수호하도록 돕는 데 앞장서야 한다. 시민 사회 거버넌스를 보장하기 위해 교회의 선교적 기능을 강화해야 한다. 이것이 선교적 교회가 대응하는 영역 중 하나다.

결론

국가의 통제 범위를 넘어서는 글로벌 팬데믹 상황에서는 사회의 취약 계층이 가장 큰 피해를 입는다. 스타크가 고대 로마 사회의 사례에서 주장한 것처럼, 취약 계층의 붕괴는 제국의 붕괴로 이어졌다.[43] 마찬가지로 조선왕조의 사회-정치-종교 체계에 환경친화적인 유교적 원리가 내재되어 있음에도 불구하고 사회적 불평등의 심화, 공동 자원의 부적절한 관리, 올바른 거버넌스의 부재는 왕조의 수명을 단축시키고

---

40 Naomi Breslau, Ronald C. Kessler, Howard D. Chilcoat, Lonni R. Schultz, Glenn C. Davis, and Patricia Andreski, "Trauma and Posttraumatic Stress Disorder in the Community: The 1996 Detroit Area Survey of Trauma", *Arch Gen Psychiatry*, 55 (1988): 626-32.

41 이상윤, "밀양 송전탑 건설 문제 주민들이 왜, 얼마나 아파하는지 알아야 해법이 보인다: 밀양 송전탑 건설 지역 주민 건강 피해 조사 결과를 중심으로", 〈월간 복지 동향〉, 178 (2013), 29-33.

42 박선아 & 윤순진, "장소 애착 맥락으로 본 태양광 발전 시설 입지 갈등과 수용성", 〈ECO〉, 22 (2), (2018): 294-299.

43 Stark, *The Rise of Christianity*, 76-94.

유교의 영향력을 쇠퇴시켰다.

사람들이 가진 종교에 변화가 오는 것은 그 종교가 추구하는 가치와 실천이 사회를 재난으로부터 구하지 못할 때 발생한다. 과거 팬데믹 상황 속에서 재난 구호에 필요한 지적, 의료 자원이 다국적 의료 기업의 수익을 위해 남용되었다. 그사이 취약 계층은 죽음의 문턱에까지 내몰렸다. 이러한 맥락에서 교회는 나쁜 거버넌스의 이기적인 타협에 맞서 담대하고 예언적인 목소리를 내야 한다. 또한 교회는 세계적 재난과 위기의 순간에 선교적 기능을 수행해야 한다. 그렇지 않으면 조선 후기 왕조와 당시 국교인 유교의 운명에서 배운 것처럼 기독교도 그와 같이 도태될 수 있다.

토론 질문

1. 기독교가 한국에 도래하기 이전부터 있었던 과거의 교훈을 우리 시대에 적용할 수 있는가?
2. 책임 있는 기독교 공동체로서 우리 사회의 다양한 부분에서 올바른 거버넌스가 이루어지도록 하려면 어떤 실질적인 방법을 실시할 수 있을까?
3. 전력 생산, 대중교통, 의료 등 공공 자산을 민영화하려는 한국 정부의 계획에 대해 어떻게 생각하는가?
4. 지역의 선교적 교회 공동체로 섬기기 위해 지방 정부와 이해 당사자들이 취약 지역 주민들의 평화로운 삶의 권리를 박탈하는 것을 방지하기 위하여 환경 정의를 구현하는 실질적인 방법이 있는가?

논찬

제이 마텡가(Jay Mātenga)

"*Manaaki whenua, manaaki tangata, haere whakamua*"
(서식지와 사람들을 돌보며 앞으로 계속 나아가라).

필자는 권력과 빈곤 사이의 연관성, 그것이 우리 서식지에 미치는 영향, 그리고 우리 서식지가 어떻게 반응하는지를 설명하는 통찰력 있는 사례 연구를 제공했다. 앞서 인용한 와카타우키(*whakatauki*, 마오리 속담)는 한 원주민의 관점에서 이러한 문제의 핵심을 포착한다. 이 속담은 필자의 논문을 이상적으로 요약한 것이기도 하다.

마오리족은 웨누아(*whenua*, 땅, 서식지, 태반 또는 산후)와 강한 연관성을 가지고 있다. 우리의 웨누아 위에는 우리 민족의 역사와 신화가 기록되어 있다. 우리 주변의 물질세계를 어머니의 자궁과 연관시키는 방식은 환경과 우리 관계의 친밀함을 나타내는 것이기도 하다. 마오리족은 이 세계가 잉태되었던 시절을 기억하면서, 이 창조 세계 안에서 인간으로서 합법적인 위치를 얻기 위해 노력하며 서식지를 최선을 다해 존중하는 마음으로 대해야 한다고 가르친다(자연은 그 자체로 신성한 것이므

로 그것을 숭배하는 것과 혼동하지 말기 바란다).[1]

땅은 이 모든 것을 기억하고 있고, *raranga katoa*, 즉 모든 것은 땅과 함께 연결되어 있다. 마오리 세계에서 우리가 살고 있는 땅의 형태는 고대의 지식에 대한 길라잡이 역할을 하기도 한다. 비록 이야기를 좋아하는 종교인들이 전하는 신화적인 이야기에 그 의미가 숨겨져 있을지도 모르지만, 우리의 지형에는 자연재해와 이로 인한 재난의 역사가 그대로 드러나 있으며 안전하지 않은 곳에 산다면 조심하라고 경고하기도 한다. 이러한 경고에는 종종 사람들이 멀리하게끔 하는 괴물이나 저주에 대한 이야기도 있다. 유럽에서 온 정착민들이 무의식적으로 자리를 잡고 살게 된 그러한 장소들에서는 홍수와 조수, 침식, 지진, 화산 폭발 같은 인간 문명을 조롱하는 재난(어마어마한 보험금이 청구되고 있다)들이 계속해서 일어나고 있다.

오늘날의 산업화된 세계에서 고대의 지식들은 너무나 쉽게 무시되기도 하고 거부되기도 하는 불명예를 겪고 있다. 우리를 현실에서 깨어나게 하는 산업화[2]의 추진력은 고대 역사에서 찾을 수 있는 지혜를 너무 과소평가했다고 할 수 있다.[3] 산업화 사회에서 이러한 지혜는 현

---

1 예를 들어, 뉴질랜드 아오테아로아(Aotearoa)에서 항해 가능한 강 중에 가장 긴 강인 황가누이강(Whanganui River)은 인간과 동일한 법적 권리를 부여받은 세계 최초의 강이다. "Change-maker—the Whanganui River," *He Tohu*, 2023년 5월 27일, 참조 https://natlib.govt.nz/he-tohu/learning/social-inquiry-resources/cultural-interaction/cultural-interaction-supporting-activities-and-resources/change-maker-whanganui-river. 우레웨라숲도 마찬가지다. 2017년 11월 17일 최종 업데이트된 Te Urewera Act 환경 재단을 참조하라. https://www.environmentguide.org.nz/regional/te-urewera-act/.

2 본 논찬자는 개인주의자와 집단주의자와 유사한 가치 스펙트럼의 두 끝을 설명하기 위해 '산업'과 '토착'이라는 용어를 사용하기를 선호한다. 이 용어들은 개발 도상국·제3세계·남반구 다수 세계에 대한 서구·제1세계·북반구 세계의 영향력을 말할 때 발생하는 수많은 복잡성을 피할 수 있다.

3 예레미야 6:16 참조, "여호와께서 이와 같이 말씀하시되 너희는 길에 서서 보며 옛적 길 곧 선한 길이 어디인지 알아보고 그리로 가라 너희 심령이 평강을 얻으리라 하나 그들의 대답이 우리는 그리로 가지 않겠노라 하였으며."

대를 이끌고 있는 지도자들을 불편하게 할 수 있으며, 이들이 나아가는 진보의 길에 방해가 되기도 한다. 이렇게 물질세계를 신비화하거나 비신성화함으로써 산업화된 인류 가운데 능력 있는 사람들은 그들의 이익과 권력, 그리고 그들을 지지하는 사람들의 이익을 위한 자원으로 물질세계의 모든 영역을 자유롭게 활용할 수 있게 되었다. 인류 역사에서 지배 계층 사이에서 발견되는 이러한 야만적인 성향[4]은 죄만큼이나 아주 보편적이다.

이런 면에서 산업화 초기에 조선 왕조가 자행한 불의에 대한 필자의 묘사는 이런 성향의 전형적인 예시가 될 수 있다. 권력에 대한 분별력 없는 욕망은 모든 문명의 실패로 직행하는 고속도로이며, 권력을 분별력 있게 다루는 것을 무력화하는 첫 번째 단계는 주님이 보내신 선지자와 제사장이 외치는 경고의 말씀을 무시하기 시작하는 것임을 우리는 인지해야 할 것이다.

땅은 인간과 상호 연결된 방식으로 인간 활동에 반응한다. 원주민들은 오랫동안 이를 인식해 왔다. 예를 들어, 우리 부족이 전쟁에 나갈 경우, 그 이전 전쟁터는 땅과 그 땅에 서식하는 인간이 아닌 생물들이 전쟁의 트라우마에서 회복할 수 있는 충분한 시간을 주기 위해 타푸(*tapu*, 금기, 신성함, 평민의 출입이 금지됨)를 이행한다. 그 기간이 지나면 제사장들은 금지령을 해제하고 세속적인(정상적인) 활동이 재개되도록 허용하는 의식을 거행한다. 이는 또한 전쟁의 영향을 가장 많이 받은 사람들이 분쟁에 대해 반성하고, 그로부터 배우고, (이상적으로는) 평화롭게 모두가 함께 성숙할 수 있도록 해 주기도 한다.

이와 같이, 우리의 강과 숲 중 일부가 사람과 같은 법적 권리를 부여

---

4 '야만적인'이라는 말은 요한계시록에서 요한이 가짜 왕국 바벨론의 대리자인 짐승으로 묘사한 권세(들)에 대한 의도적 암시다.

받는 중요한 동기는 우리의 서식지 또한 보살핌이 필요하다는 인식을 할 수 있기 때문이다. 손상된 곳은 수리가 필요하다. 무언가가 없어진 곳에는 채워짐이 필요하다. 이는 산업적 목적처럼 지속적 소비를 계속하게 하는 지속 가능성에 목적을 둔 것이 아니라 활력, 생명 증진, 그리고 성장에 관한 것이다.

그러므로 조선 왕조의 고위 지도층들이 필요 이상으로 백성들을 균형감 없이 통제하고 비축하고 소비하기 시작했을 때 백성들은 현실보다 더 정의로운 대우를 받기를 소망하며 신음하는 모습을 상상할 수 있을 것이다(롬 8:18-22 참조). 로마서 8장에서 사도 바울은 피조물이 그 뜻에 반하여 "하나님의 저주를 받는"(subjected to God's curse, 롬 8:20, NLT, 2판) 것에 대해 말한다. NIV는 이 저주를 "좌절"(frustration)이라고 풀이했고, KJV는 "헛됨"(vanity)이라고 해석한다. 헬라어 '마타이오테스'(ματαιότις)는 강한 도덕적 타락이라는 의미를 담고 있다. 이는 결국 하나님의 뜻이 아니라 인간의 선택으로 인한 결과라고 할 수 있다.

이러한 인간의 선택으로써의 행동은 지속적인 결과나 이익을 가져오지 않고 무의미하기까지 하다. 즉 하나님이 세상을 창조하신 목적이 이루어지지 않고 있다. 이것이 바로 죄의 전형이며 하나님과의 관계를 파괴한다. 원주민의 눈으로 볼 때,[5] 부패한 정치가 이러한 고통의 근원이었다는 것은 분명하다. 이는 제국주의적, 경제적, 환경적, 역학적 측면(전쟁, 빈곤, 기근, 전염병 등)에서 모두 제국이 건설된 후의 결과물이다.

로마서 8장에서 바울의 전제는 모든 피조물은 의지를 가지고 있다는 것이고, 이러한 의지를 가진 인간의 부패한 행동은 창조 질서를 억압하게 된다. 창조에는 시간적 개념이 존재하며, 예수 그리스도를 따

---

5 논찬자의 각주 1을 참조하라.

르는 자들은 창조된 목적을 이루기 위해 열심히 일하고 있고, 모든 것이 썩어 없어지지 않게 하기 위해 물, 땅, 공기 및 그곳에 사는 모든 것과 화해하고 관계를 올바르게 회복하는 것을 기다리고 있다.

이것은 단순히 종말론적인 희망이 아니라 우리 모두가 지금 여기에서 행해야 할 창세기의 명령이다. 우리가 복음을 고수함으로써 올바른 관계를 회복한 것처럼, 우리가 살고 있는 땅을 파괴하는 어떠한 세력과도 싸우며, 그 세력들의 마지막은 멸망임을 예언자적으로 선포하며 나아가야 한다(계 11:18 참조). 이러한 관점은 교회가 하나님의 선교를 이해하고 참여하는 데 필수적인 요소가 되어야 한다.

성리학적인 동학운동은 교훈적인 운동이다. 이는 종교적인 내러티브가 어떻게 폭력적인 권력에 효과적으로 저항할 수 있는지를 보여 준다. 반역과 혁명은 예수님의 방식은 아니지만, 예언적인 저항을 해야하는 경우라면 확실히 그렇다고 할 수 있다. 사회의 지배 계층이 무지하고 약한 사람들을 얼마나 보살피는지는 하나님의 의, 즉 하늘의 의와 이 땅의 정의가 얼마만큼 차이가 나는지를 예언적으로 보여 줄 수있는 것이며, 동시에 우리는 이러한 소외 계층과 특권 계층 사이의 격차를 줄이기 위해 노력해야 한다.

한국의 개신교 선교 활동은 이런 일을 했다는 점에서 칭찬받아 마땅하다. 필자가 지적한 것처럼 그들은 한국어인 토착어 체계를 사용하여 한국인들을 교육하는 것을 탁월하게 선택했으며, 용감하게 목숨을 바쳐 백성들이 느끼는 필요를 충족시켰다. 특히 전염병 중 고통받는 사람들에 대한 선교사들의 헌신과 자비로운 대응으로 개신교 선교에 대해 백성들 사이에 생겨난 그들에 대한 존경심에서 우리는 많은 것을 배울 수 있다. 비록 조금씩 줄어들고 있지만 한국의 지난 50년간의 선교

사 파송에 대한 열정은 여전히 분명하다.⁶

19세기 후반 일본 식민지 때의 선교 기간 동안 한국의 선교 경험은 다른 곳과 비슷했지만, 개신교 선교사들을 통한 기독교 복음 메시지는 모더니즘의 출현과 동시에 일어난 산업혁명과 식민지 확장 등의 사회적 영향을 많이 받았다고 할 수 있다. 이 시기(오늘날에도 세계 선교에서 여전히 지배적임)에 등장한 유럽 중심의 복음주의 신학은 대체로 구제화되어 있었고 개인주의적인 복음이었다. 그 당시 기독교는 여러 방면에서 여전히 특권을 누리는 상황이었는데, 폭력적인 권력에 대한 저항이라든지, 부자의 자원 축적과 법적인 통제로 인해 빈곤해진 백성들에 대한 지원이든지, 모든 피조물을 이웃으로 생각해 적극적으로 돌볼 필요성에 대한 확실한 신학적 기초를 확립하는 것 등은 소홀히 했다. 사실상 이러한 신학은 의료 및 교육 활동에 참여했음에도 불구하고 영적인 것과 사회·정치적인 것을 분리시켰다.

이로 인해 권력에 대한 욕망은 오늘날 전 세계적으로, 특히 이전 기독교 국가들(Christendom, 기독교가 다수인 나라들-옮긴이 주)로부터 계속되고 있다. 필자가 지적했듯이, 권력을 추구하는 것은 이제 말 그대로 산업화의 생명력이자 진보 과정에 필수적인 에너지를 활용하고 통제하는 것이다. 이에 대한 가장 큰 비용은 소외 계층이 계속해서 부담하고 있다.

이러한 끊임없는 지배 계층의 갈증이 낳은 환경적, 경제적 학대에 대한 한국 교회의 저항심은 어디에 있는가? 지난 100년 이상 동안 "구속과 구원"⁷을 통해 한국 그리스도인들이 강하게 성장했는가? 풍요로

---

6 이는 논찬자가 한국의 몇몇 선교 지도자들과 연구자들(예: 한국세계선교협의회와 한국선교연구원을 통해)과 대화를 나누면서 느낀 점이다.

7 선교학자 도널드 맥가브란(Donald McGavran)이 밝힌 원리다. Donald A. McGavran, *Understanding Church Growth*, 3rd rev. ed., ed. C. Peter Wagner (Grand Rapid: Eerdmans, 1990), 209-20 참조.

움을 추구함으로 인해 산업 발전에 저항하는 비용이 너무 높아지지는 않았는가? 소외 계층에 대한 관심이 줄어들지는 않았나? 이것은 오직 한국의 형제자매들만이 답할 수 있는 질문이다. 그러나 권력을 가진 사람들에게 사람과 환경을 학대하는 것에 대해 예언적으로 대응하며 효과적으로 저항해 나가려면 이러한 질문들을 진지하게 받아들여야 한다.

필자는 결론에서 "사람들이 가진 종교에 변화가 오는 것은 그 종교가 추구하는 가치와 실천이 사회를 재난으로부터 구하지 못할 때 발생한다"라고 지적한다. 그는 "교회는 나쁜 거버넌스의 이기적인 타협에 맞서 담대하고 예언적인 목소리를 내야 한다"는 것은 옳은 것이지만, 이전에 무능했던 종교들처럼 "기독교도 그와 같이 도태될 수 있다"고 두려워한다. 이는 어떤 상황이든지 교회를 향한 엄중한 경고다. 만약 우리가 사람과 그 서식지를 위협하는 권력과 손을 잡는다면 우리는 도리어 위험에 처하게 된다. 하나님의 예언적 제사장의 경고에 귀를 기울여 보라. 다음 본문 속에 숨어 있는 괴물들을 보라.

네가 이같이 미지근하여 뜨겁지도 아니하고 차지도 아니하니 내 입에서 너를 토하여 버리리라 네가 말하기를 나는 부자라 부요하여 부족한 것이 없다 하나 네 곤고한 것과 가련한 것과 가난한 것과 눈먼 것과 벌거벗은 것을 알지 못하는도다 계 3:16-17

제3부

경제와 정의에 대한 기독교 지도자와 선교사의 인식

10
기후 위기와 청지기직: 크리스천 경제학자의 관점

———

홍종호

1. 지구 기후 위기 현황

2020년, 세상이 바뀌었다. 감염병이 지구를 덮쳤다. 코로나 19(COVID-19)라는 새로운 바이러스는 예측할 수 없는 전파력으로 질병과 사망을 가져왔다. 바이러스 확산 방지를 위한 이동 및 접촉 제한으로 경제 활동이 순식간에 얼어붙었다. 이와 함께 온실가스의 축적으로 폭염, 산불, 홍수, 가뭄이 발생했다. 유럽인들은 40℃가 넘는 폭염에 시달렸고, 호주는 남한의 2배가 넘는 면적이 불에 타는 재난을 견뎌야 했다. 파키스탄에서는 2022년 엄청난 홍수로 국토의 3분의 1이 물에 잠긴 뒤 1,600명 이상이 숨졌다. 세계 인구의 2.8%를 차지하지만 전 세계 온실가스의 0.5%만을 책임지는 파키스탄 사례는 기후 피해의 불평등을 보여 준다. 감염병, 경기 침체, 극한 기상이라는 3중 복합 위기로 인해 인류는 벼랑 끝으로 내몰리게 되었다.

더욱 무서운 것은 이들 위기가 서로 영향을 미치는 순환 관계에 있다는 점이다. 지구 기온 상승으로 인해 야생 동물의 생존율이 높아지고 이동 범위가 넓어지면서 인수(人獸)공통감염병(zoonosis)이 확산되고 있다. 감염병은 관광, 요식, 항공, 물류 산업을 마비시키고 일자리를 앗아 갔다. 경제가 어려워지면 개발 도상국에서는 석탄 사용, 벌목 등 탄소를 배출하여 기후 위기를 악화시키는 경제 활동이 늘어날 가능성이 높다. 이 악순환의 밑바닥에는 '탄소 기반 경제'가 있다.

한국도 예외는 아니다. 2018년 여름, 한반도는 사상 최악의 폭염을 겪었다. 8월 1일 서울의 기온은 39.6℃, 강원도 홍천은 41℃를 기록했다. 각각은 해당 지역에서 기록된 역대 최고 기온이었다. 2년 후인 2020년 여름, 대한민국은 최장 장마의 고통을 견뎌야 했다. 부산 시내가 물에 잠겼고, 전남 구례 지역 시장이 물바다로 변했다. 54일간의 장마는 기후 변화가 단지 먼 나라의 이야기가 아니라 지금 여기에서 누구라도 겪을 수 있는 혹독한 현실임을 우리 국민에게 일깨워 주었다.

코로나19라는 질병 위기와 폭염과 홍수 등의 기후 위기가 얽혀 우리 삶을 뒤흔들었다. 기후 위기를 확인하듯 2022년 초 강원도 일대에 거대 산불이 발생했다. 겨울 가뭄으로 인해 걷잡을 수 없을 정도로 산불이 커졌다. 산림청은 불이 인근 원전과 LNG 저장 탱크로 번지는 것을 막기 위해 모든 노력을 기울여야 했다.

기후 변화에 관한 과학적 연구에 있어 가장 권위 있는 기관은 유엔 산하 기후 변화에 관한 정부 간 협의체(IPCC: Intergovernmental Panel on Climate Change)다. 기후 변화 문제 해결을 위해 1988년 유엔환경계획(UNEP: United Nations Environment Program)과 세계기상기구(WMO: World Meteorological Organization)가 공동으로 설립한 국제기구다. IPCC의 사명은 기후 변화에 대한 학술 검토를 수행하고, 기후 변화가 생태계와 사회 경제적 환경에 미치는 영향과 피해를 해결하며, 기후 변화를 완화하기 위한 해결 방안을 제시하는 것이다. IPCC는 1990년 "1차 평가 보고서"(AR1)를 발간한 이후 5-6년마다 보고서를 발간해 왔다.

2015년 발간한 "5차 평가 보고서"에는 기후 변화와 인간의 관계에 대한 중요한 사실이 나열되어 있다. 보고서는 인간의 경제 활동이 20세기 중반 이후 기후 변화의 주요 원인일 가능성이 "매우 높다"(extremely likely)고 결론지었다.[1] "매우 가능성이 높다"는 것은 95% 이상의 확률을 의미한다고 설명하고 있다. 화석 연료 소비에서 나오는 이산화탄소나 가축 분뇨로 인한 메테인(메탄, methane)과 같은 온실가스는 지구를 가열하고 있다. 천연자원, 산림, 가축은 인간의 생산 및 소비 과정에서 없어서는 안 될 요소다. 인간의 경제 활동이 21세기 인류가 직면한 가장 큰 도전인 기후 변화를 야기하고 있다는 것은 결코 부인할 수 없는 사실이다.

우리의 미래는 어떤 모습일까? 기후 위기와 생물 다양성 손실로 인한 인류 재앙의 서막은 이미 시작된 것인가, 아니면 경제 활동의 혁명적인 변화를 통해 기후 변화 위협을 극복할 수 있을 것인가? 본 논문에서는 창조 세계에 대한 청지기직(stewardship of creation)을 성경적으로 이해하고, 대한민국이 걸어온 반세기 이상의 경제 성장 경로를 통해 인간과 자연의 화해 가능성을 성찰해 보고자 한다.

2. 창조의 청지기직에 대한 성경적 이해

성경은 창조에 내재된 하나님의 목적, 특히 인간과 자연의 관계를 분명히 밝히고 있다. 인간 창조에는 두 가지 측면이 있다.

첫째, 인간은 빛, 물, 땅, 나무, 동물과 마찬가지로 창조의 일부다. 창

---

1 Core Writing Team, R. K. Pachauri and Leo Meyer, eds., *IPCC, 2014: Climate Change 2014: Synthesis Report. Contribution of Working Groups I, II and III to the Fifth Assessment Report of the Intergovernmental Panel on Climate Change* (Geneva: IPCC, 2015), 37, 47.

조 여섯째 날에 하나님은 들짐승과 가축, 땅에 기는 생물을 창조하셨다(창 1:24-25). 그리고 같은 날 하나님은 "땅의 흙"으로 사람을 창조하셨다(창 2:7). 인간은 땅에서 나왔고, 땅도 하나님이 창조하셨다. 그러므로 인류는 본질적으로 다른 창조 세계와 공통점을 가지고 있다.

둘째, 하나님이 자기 형상대로 인류를 창조하셨다는 점에서 인간은 독특하다(창 1:27). 인간은 다른 생물과 근본적으로 다르게 창조되었다. 하나님은 "우리의 형상을 따라 우리의 모양대로 우리가 사람을 만들고"(창 1:26)라고 말씀하셨다. 이러한 인간의 두 가지 속성은 무엇을 의미하는가? 인간은 하나님의 피조물로서 창조 세계의 일부이나, 동시에 다른 피조물과 달리 특별히 하나님의 형상을 부여받았다.

'하나님의 형상'이 무엇을 의미하는지에 관해 많은 신학적 논쟁이 있어 왔다. 성경을 보면 하나님이 인간에게만 특별한 명령을 주셨음이 분명하다. 인간은 하나님의 형상으로 창조되었기 때문에 창조주께서 직접 주신 사명을 받는 축복을 받았다. 하나님이 인류에게 주신 신성한 명령은 무엇인가? 그 대답은 성경의 두 구절, 즉 창세기 1장 28절과 2장 15절에 있다.

하나님이 그들에게 복을 주시며 하나님이 그들에게 이르시되 생육하고 번성하여 땅에 충만하라, 땅을 정복하라, 바다의 물고기와 하늘의 새와 땅에 움직이는 모든 생물을 다스리라 하시니라 창 1:28

이 구절에는 오직 인간에게만 적용될 수 있는 두 가지 명령, 즉 "정복하라"와 "다스리라"가 있다. 히브리어에서 "정복하다"는 '속박하다'

를 의미하고, "다스리다"는 '짓밟다'를 의미한다.[2] 이것은 매우 강한 단어. 창세기 1장 28절은 하나님이 남자와 여자를 다른 피조물보다 우월한 위치에 두셨음을 증거하고 있다.

> 여호와 하나님이 그 사람을 이끌어 에덴 동산에 두어 그것을 경작하며 지키게 하시고(to work it and take care of it, NIV) 창 2:15

여기서 우리는 "일"(work)과 "돌보다"(take care of)라는 두 가지 단어에 초점을 맞춰야 한다. 히브리어로 "일하다"는 '갈다', '경작하다', '섬기다'를 의미하고, "돌보다"는 '지키다', '조심하다', '보전하다'를 뜻한다. 한국어 성경의 과거 버전(개역한글)에서는 창세기 1장 28절의 "다스리다"와 창세기 2장 15절의 "경작하다"를 동일한 한국어 단어인 "다스리다"로 번역하였다. 하지만 히브리어에서는 두 단어가 하나님이 인류에게 주신 창조 명령에 있어 서로 다른 의미를 지니고 있음을 보여 준다. 창세기 1장 28절과 창세기 2장 15절은 인간과 자연의 관계에 대해 놀라운 균형을 말해 주고 있다.

하나님은 인간이 자신의 지배적 지위를 이용하여 나머지 창조 세계를 착취하는 것을 허락하지 않으셨고, 오히려 인간으로 하여금 하나님이 창조하신 자연환경을 책임감 있게 관리하고 섬기도록 명령하셨다. 이것이 인간과 자연의 관계에 대한 성경적 관점이다. 남자와 여자는 하나님이 주신 창조의 청지기직을 수행하기 위해 하나님의 형상으로 창조된 것이다.

하나님중심주의(theocentrism)는 인간과 자연의 관계에 대한 성경적

---

2 Peter De Vos et al., *Earthkeeping in the Nineties: Stewardship of Creation*, rev. ed (Grand Rapids: Eerdmans, 1991), 287.

관점에서 중요한 역할을 한다. 하나님중심주의는 인간중심주의나 생태중심주의와는 달리 인간과 자연을 포함한 모든 존재의 중심에 하나님이 계신다고 말한다. 하나님은 인류에게 모든 창조 세계를 잘 돌보아야 할 거룩한 사명을 주셨다. "하나님이 보시기에 좋았"(창 1:4, 10, 12, 18, 21, 25)기 때문에 신실한 청지기로서 세상을 돌보는 것은 인간의 근본적인 책임이다.

3. 성장과 보전의 갈등과 조화: 한국의 사례[3]

검은 연기 시대(1962-1991년)

지난 60년 동안 한국은 빈곤의 밑바닥에서 벗어나 2021년 GDP 기준 세계 10위의 경제 대국이 됐다. 세계은행에 따르면 1962년 한국의 1인당 국민총소득(GNI)은 110달러에 불과했다. 그러나 1960년대와 1970년대에 걸쳐 대한민국 정부는 공업 단지 조성과 중화학공업 육성 등 일련의 성장 지향적인 경제 정책을 추진했다. 1962년부터 1991년까지 30년 동안 한국 정부는 6차에 걸친 경제개발5개년계획을 수립했다. 이 30년 동안 한국은 연평균 실질경제성장률 9.6%를 달성해 단연 세계 최고 수준을 기록했다.

1960년부터 1980년까지 한국 제조업이 전체 경제 활동에서 차지하는 비중은 12%에서 30% 이상으로 증가했다. 이는 1960년 28%에서 1980년대 중반 70%로의 급속한 도시화를 동반했다.[4] 1962년 1인당

---

3 이 내용은 Jong Ho Hong, "Green Growth Strategy of Korea: Past and Future," *Green Growth: Issues and Policies*, ed. Jisoon Lee (경제인문사회연구회, Random House Korea, 2011), 44-70의 내용을 수정, 보완했다. 하위 단락인 "연기 없는 시대(2012년-현재)"는 이 논문에 새로 추가되었다.

4 Byung-Nak Song, *The Rise of the Korean Economy*, 2nd ed. (Hong Kong: Oxford Univ.

국민소득 기준 유엔 120개국 중 119위였던 대한민국은 세계 경제 발전 역사상 유례없는 속도로 빈곤으로부터의 탈출을 실현했다.

하지만 한국 경제의 성공에는 막대한 비용이 수반됐다. 급속한 산업화, 도시화, 대량 생산으로 인해 대기와 수질 오염을 포함한 대규모 환경 파괴가 발생했다. 1990년대 초만 해도 한국 정부는 환경 보전 정책에 우선순위를 두지 않았다. 이미 한국 곳곳에 만연해 있던 환경 문제는 여전히 정부가 드러내고 싶지 않은 문제였고, 제대로 된 대책을 세울 수도 없는 치부였다.

1960년대부터 시작된 한국의 압축 성장은 대규모의 압축적 환경 파괴를 가져왔다. 한국의 산업화에 강력한 리더십을 발휘해 온 박정희 대통령은 "제2차 산업의 우렁찬 수레 소리가 동해를 진동하고 산업 생산의 검은 연기가 대기 속에 뻗어 나가는 그날엔 국가 민족의 희망과 발전이 이에 도래하였음을 알 수 있는 것"[5]이라고 선포했다. 이 축사에 나오는 "검은 연기"는 한국이 기아와 빈곤에서 벗어나 경제 성장을 통한 '조국 근대화'를 향해 나아갈 것임을 상징했다. 국민 대다수가 극심한 빈곤에 시달리던 시절, 대한민국은 경제 성장을 위해 환경을 희생할 수밖에 없었을지도 모른다. 이와는 대조적으로 1990년대 초 한국은 '흰 연기 시대'에 접어들었고, 현재는 전 세계적인 기후 위기에 대응하여 '연기 없는 시대'를 맞이하기 위해 노력하고 있다.

환경을 무시한 정부 주도의 성장제일주의 전략으로 요약할 수 있는 당시의 경제 발전 경로는 장기적으로 지속 가능할 수 없다. 여러 가지 한계와 제약으로 인해 개발 초기 단계의 한국은 지속 가능한 발전

Press, 1997), 34.

5 1962년 울산공업센터 준공식 당시 박정희 대통령 권한 대행 축사의 일부로, 1967년 건립된 울산공업탑 비문에 새겨져 있다.

(sustainable development)을 추구할 수 없었다. 경제 성장과 환경 보전을 조화시킬 수 있는 지식과 기술, 재원의 부족은 실상 한국뿐만 아니라 당시 세계 전반의 문제였다고 할 수 있다.

한국 정부가 검은 연기의 시대에 채택한 경제 정책 중 한 가지 예외가 있었는데, 바로 조림 사업이었다. 1950년대 한국전쟁 이후 우리나라 산림은 조선 말기와 일제 강점기를 거치면서 극도로 황폐화된 상태로 방치되어 있었다. 그로부터 50년이 채 되지 않아 기적이 일어났다. 2005년 국가 산림 통계에 따르면, 한국은 전체 국토 면적의 64.2%에 해당하는 639만 헥타르의 산림을 보유하고 있다. 유엔식량농업기구 (FAO: Food and Agriculture Organization) 등 국제기구에서도 한국의 산림 녹화 정책을 매우 높이 평가하면서 조림 모범 국가로 소개하고 있다.

미국의 저명한 환경운동가인 레스터 브라운(Lester Brown)은 한국을 국제적인 산림 녹화 성공 모델로 소개하기도 했다. 브라운은 "한국은 여러모로 전 세계의 조림 모델이다. 반세기 전 한국전쟁이 끝났을 때 산악 지대가 많은 한국은 산림이 거의 파괴된 상태였다. 1960년경부터 박정희 대통령의 헌신적인 지도력 아래 한국 정부는 국가적인 조림 사업을 시작했다. 마을 협동조합을 중심으로 수십만 명이 함께 척박한 산에 참호를 파고 나무를 지탱할 수 있는 테라스를 만들었다."[6]

1950년대 말과 1960년대 초 실업률이 30%를 넘던 시절, 한국의 산림 녹화는 홍수 조절과 농경지 보전, 수십만 개의 일자리 창출 등 중요한 경제적 이득을 가져왔다. 오늘날의 관점에서 볼 때 조림은 생태 복원은 물론, GDP 증가와 일자리 창출을 동시에 달성하는 지속 가능한 발전의 좋은 사례라고 할 수 있다.

---

6 Lester Brown, *Plan B 3.0: Mobilizing to Save Civilization* (New York: W. W. Norton, 2009), 157.

한국의 경험은 검은 연기 시대가 지속될 수 없음을 보여 준다. 30년 간의 급속한 경제 성장을 통해 한국 국민은 쾌적한 환경과 같은 삶의 질이 중요하다는 것을 깨닫게 되었다. 1980년 중앙 정부 보건사회부 내 환경국을 확대 개편하여 환경청을 분리, 설립했다. 우리 국민은 깨끗한 환경이 경제 성장 못지않게 중요하며, 장기적으로 경제 성장에 기여할 것이라는 생각을 표명하기 시작했다. 이는 1990년대 대한민국 환경 연대기의 두 번째 단계인 '흰 연기 시대'로 이어진다.

흰 연기 시대(1992-2011년)

한국은 20세기 후반 전 세계에서 가장 빠르게 성장하는 국가 중 하나였다. 하지만 미진한 환경 규제로 인해 경제 성장과 환경 보전이 상충하는 상황이 발생했다. 정부 내 환경 규제 기관은 경제 주체들의 오염 행위에 대해 적절한 조치를 시행할 권한이 없었다. 자연환경은 지속적인 경제 성장을 추구하기 위해 불가피하게 희생당할 요소로 여겨졌다.

그러나 1990년대 초부터 한국의 환경 정책은 눈에 띄게 변화하기 시작했다. 국회는 강화된 환경 기준과 광범위한 규제 조치를 포함하는 다양한 환경법을 통과시켰다. 1990년 환경청이 환경처로 승격됨으로써 환경 행정을 총괄할 수 있는 내각급 부처로 격상됐다. 1994년 정부 조직 개편의 일환으로 환경부가 탄생하게 되었다.

이처럼 환경 정책의 중요성이 크게 부각된 배경에는 1990년대에 발생한 심각한 환경 사고로 인한 국민 인식 변화가 있었다. 1991년에 터진 페놀 누출 오염 사건은 환경 사고의 파괴적인 결과를 한국 국민에게 각인한 결정적인 계기가 됐다. 이는 국가와 지역 차원에서 환경 정책 시행의 중요성을 깨닫는 데 많은 영향을 미쳤다. 시민 환경 운동은 한국 사회에서 큰 영향력을 미치게 되었다. 당시 페놀 사건을 일으킨 대기업은 누출 사고로 인해 전국 각지에서 대규모 시민 시위에 시달렸고, 이는 기업 이미지에 엄청난 악재로 작용했다.

1991년 3월 14일, 유독성 화학 물질인 페놀 30톤이 구미 낙동강 상류로 유출되는 사고가 일어났다. 5일 후 현지 경찰은 두산그룹 계열사인 경북 구미의 두산전자가 페놀이 포함된 폐수를 낙동강 지류에 방류해 상수원을 오염시킨 책임이 있다고 발표했다. 경찰은 두산전자가 1990년 11월부터 총 325톤의 페놀을 낙동강에 불법으로 투기했다고 발표했다. 낙동강은 대구와 부산 등 당시 인구 500만 명의 상수원이 되는 강이다.[7]

페놀 사고는 환경 문제에 있어 한국 사회에 막대한 영향을 미쳤다. 이 시기를 이전의 검은 연기 시대와 대비되는 '흰 연기 시대'로 부르는 이유다. 한국민은 환경 사고의 참혹한 결과를 생생하게 기억하게 되었다. 기업은 환경 오염 행위에 대한 시민의 분노와 저항이 얼마나 큰지 깨달았다. 정부는 이런 사고가 발생하지 않도록 환경 규제를 더욱 엄격하게 수립하고 집행하는 것이 중요하다는 사실을 알게 됐다.

수질환경보전법을 통해 훨씬 강화된 규제 조치가 뒤따랐다. 1990년대 중반에는 폐기물예치금제도와 생활쓰레기종량제 등 경제적 유인 방식의 환경 규제 정책이 도입되었다. 폐기물 발생량을 줄여 깨끗한 환경을 조성하기 위해 1995년 1월 도입된 쓰레기종량제는 전국 단위로는 한국이 세계 최초로 도입했다는 점에서 특별한 의미를 지닌다. 쓰레기종량제는 폐기물 발생량에 비례하여 처리 비용을 부과함으로써 폐기물 배출자에게 경제적 불이익을 주는 오염자 부담 원칙을 적용한

---

7 Jong Ho Hong and Jin Soo Whang, "Korean Major Environmental Accidents and Capital Market Responses," *Journal of Economic Research* 6, no. 1 (2001): 79-80.

정책 수단이다. 이러한 정책은 제품의 생산 단계에서부터 폐기물을 원천적으로 줄이고자 하는 유인을 제공한다. 더불어 재활용 가능한 폐기물에 대해서는 종량제를 적용하지 않기 때문에 최대한 폐기물을 재활용하고자 하는 효과를 유발한다.

1990년대 초, 전 세계는 기후 변화의 위협을 본격적으로 인식하기 시작했다. 1992년 브라질에서 열린 리우 지구 정상 회의에서 각국 대표들은 탄소 배출 문제를 주요 의제로 다루었다. 이 회의는 지구 온난화를 심각한 문제로 부각시킨 역사적인 사건이었다. 리우 회의 이후 각국은 화석 연료 사용을 규제하고 탄소 배출을 줄이기 위한 정책 개발과 국제 협상에 본격적으로 착수하기 시작했다. 리우 정상 회의는 환경 문제가 지역에 국한된 것이 아니라 전 지구적 차원으로 확대될 수 있다는 인식을 심어 주었다는 점에서 한국 사회에 큰 영향을 미쳤다.

흰 연기 시대에 한국민은 경제 성장과 환경 보전의 균형을 맞추기 위해 노력하기 시작했고, 이것이 바로 지속 가능한 발전이 지향하는 목표다. 이 시기에 정부 주도의 국책 개발 사업과 환경 보전 사이에서 심각한 사회적 갈등이 발생한 사례가 많았다는 사실은 우리 국민이 환경 보전과 삶의 질의 중요성을 깨닫기 시작했다는 구체적인 증거라고 할 수 있다.

연기 없는 시대(2012년-현재)

기후 위기로 인해 전 세계가 탈탄소 시대를 맞이하고 있으며, 한국도 예외가 아니다. 하지만 문제는 우리 국민이 이러한 도전에 대한 준비가 되어 있느냐는 것이다. 환경 문제를 대수롭지 않게 여기거나 지역에 국한되었던 과거와 달리, 이제 우리는 전 지구적인 환경 문제에 직면해 있다.

지역 오염과 같은 환경 문제는 깨끗한 공기와 물에 대한 일반 대중의 인식이 높아질수록 개선되는 경향이 있으며, 정책 우선순위도 높아진다. 경제와 환경의 공존만이 지속 가능한 사회를 만들 수 있다는 인식은 구체적인 행동으로 이어진다. 하지만 기후 변화는 지역 환경 문제와는 본질적으로 다르다. 탄소와 메테인처럼 기후 변화를 유발하는 온실가스는 전 지구적인 오염 물질이다. 누가, 어느 나라가 온실가스를 배출하는지는 중요하지 않다. 온실가스는 일단 배출되고 나면 배출원에 관계없이 지구 온난화를 일으킨다.

따라서 온실가스 배출 주체는 자신의 행동을 바꾸지 않고 다른 사람들이 배출량을 줄여 주기를 기대하는 유혹에 빠지게 된다. 이러한 '이기심'은 자신은 비용을 부담하지 않으면서 다른 사람이 제공하는 혜택을 누리고자 하는 마음에서 기인한다. 전 세계 모든 소비자, 모든 기업, 모든 국가가 다른 사람을 희생해서라도 자신의 이기적인 이익만 추구하려는 태도를 가진다면 어떤 일이 벌어질지 상상해 보기 바란다. 점점 더 많은 이산화탄소가 배출되면서 지구는 계속 뜨거워질 것이다. 이러한 비극적인 상황을 "바닥을 향한 경주"(race to the bottom)라고 부른다.[8] 인류가 기후 위기에 제대로 대응하지 못한다면 결국 우리에게는 생명 피해와 환경 재앙만이 기다리고 있을 것이다.

한국의 에너지 현실은 암울하다. 한국의 1차 에너지 소비량은 세계 8위이며, 화석 연료 소비는 전량 수입에 의존하고 있다. 2020년 기준 에너지 수입 의존도는 92.8%로 세계에서 가장 높은 수준이다. 2021년 한국의 이산화탄소 배출량은 세계 9위를 기록하고 있다.

다른 우울한 통계도 있다. 한국의 미세먼지 농도는 경제협력개발기

---

8 홍종호, 《기후 위기 부의 대전환》, 다산북스, 2023.

구(OECD) 38개 국가 중 1위를 기록하고 있다. 미세먼지는 석탄과 석유 등 화석 연료가 연소할 때 발생한다. 국토 면적 대비 원전 설비의 비율을 나타내는 원전 밀집도에서도 한국은 세계 1위다. 더욱 충격적인 것은 한국의 전력 생산량에서 재생 에너지가 차지하는 비중이 OECD 국가 중 최하위라는 사실이다.

그럼에도 불구하고 정치인, 공무원, 전문가, 산업계, 언론, 심지어 교회까지 우리 사회의 주요 구성원 누구도 기후 위기 대응을 위해 생각과 행동을 바꾸려는 노력을 별로 기울이지 않고 있다. 돌이켜 볼 때 대한민국은 검은 연기와 흰 연기 시기의 시대적 과제를 비교적 성공적으로 수행했다고 평가할 수 있다. 하지만 대한민국의 지속 가능한 미래를 위한 가장 큰 도전인 기후 변화 문제는 아직 우리 앞에 놓여 있다.

4. 인간과 자연의 화해를 위한 전망

한국은 외환 위기가 한창이던 1998년 마이너스 경제성장률을 기록한 해를 제외하고는 지난 반세기 동안 탄소 배출량을 줄인 적이 없다. 당시 탄소 배출량이 감소한 것은 국가적인 감축 노력 때문이 아니라 경제 활동이 급감했기 때문이다. 하지만 기후 위기 시대에는 탄소 배출을 줄이면서 경제 발전을 달성하는 '가 보지 않은 길'을 가야 한다.

기후 변화는 타락한 인류가 하나님이 창조하신 자연을 가꾸고 책임감 있게 돌보라는 창조 명령에 순종하지 않은 대표적인 사례다. 그리스도인들이 나서야 한다. 교회는 인간과 자연의 화해를 위해 창조 세계에 대한 청지기적 책임을 실천하는 것이 얼마나 중요한지 세상에 선포하고 가르쳐야 한다. 이것이 전 지구적 기후 위기에 직면한 하나님의 자녀들이 가져야 할 사명이라고 믿는다.

토론 질문

1. 현재 인류가 직면하고 있는 기후 위기를 창세기 1장 28절과 2장 15절에 나오는 창조 명령의 관점에서 어떻게 이해할 수 있는가?

2. 지난 반세기 동안 한국의 눈부신 경제 성장이 가져온 '축복'을 창조 세계에 대한 청지기 관점에서 어떻게 이해해야 할 것인가?

3. 인간과 자연의 화해를 위해 한국 교회는 무엇을 해야 할 것인가? 한국 교회는 기후 위기에 직면하여 환경 문제의 중요성을 얼마나 강조하고 있는가?

논찬

데이브 부클리스(Dave Bookless)

논찬자는 경제학자도, 기후 과학자도, 한국 경제사의 전문가도 아닌 사람으로서 홍종호 박사의 논문 "기후 위기와 청지기직: 크리스천 경제학자의 관점"에 논찬해 달라는 요청을 떨리는 마음으로 받아들였다. 그러므로 논찬자는 기독교 환경 보호 단체인 국제 아로샤 국제본부(A Rocha International)의 서양 신학자의 입장에서 잠정적이고 겸손하게 논문을 논찬하고자 한다.

우선, 1950년대 이후 한국의 '경제적 기적'과 그에 따른 환경적 결과에 대한 필자의 명확한 설명에 대해 조금 더 덧붙이고 싶다. 한국의 이러한 경제 성장 속도와 성공은 한국전쟁 이후 국가 재건, 거의 완전에 가까운 빈곤 퇴치, 정교한 현대 사회 발전을 이루었고, 이렇게 성장한 국가는 거의 없었다. 그럼에도 불구하고 필자가 지적하듯이, 이러한 성과는 상당한 환경적 비용을 초래했다. 특히 인상 깊었던 것은 필자가 세 가지 유형으로 나누어 논점을 펼치는 것이었는데, 이는 환경 규제가 전혀 없다고 볼 수 있는 "검은 연기 시대", 두산전자 페놀 유출 참사 이후 규제와 보호가 요구되는 "흰 연기 시대", 그리고 한국이 세계 기후 위기에 대응하면서 현재 겪고 있는 "연기 없는 시대"다.

이 글에서 논찬자가 중점을 두고 논하고 싶은 두 가지 중 첫 번째는 지구적 생태 위기의 다면적인 성격이고, 두 번째로는 이러한 위기 속에서 우리 인간의 역할, 특히 '청지기 직분'(stewardship)과 '하나님중심주의'(theocentrism)를 중심으로 신학적으로 고찰해 나갈 것이다.

창조 세계 위기의 특성

필자는 인간의 경제 활동이 현재 지구의 기후 변화의 주요 원인이라는 부인할 수 없는 결론을 내고 있으며, 이를 뒷받침하기 위해 정확하고 유용하게 요약 정리된 기후 변화에 관한 정부 간 협의체(IPCC)의 "5차 평가 보고서"(2015년)를 제시한다. 논문 제출 시기상 필자의 논문에는 언급되지 않았지만, 이 "5차 평가 보고서"는 이제 "온실가스 배출을 통한 인간 활동이 명백히 지구 온난화를 불러왔다"[1]라고 명시한 "6차 평가 보고서"(2023년)[2]로 대체되어야 한다. 이 최근의 보고서는 인간과 지구의 모든 생명을 유지시켜 주는 지구의 능력이 "급격하고 돌이킬 수 없게 변화"되는 것을 방지하기 위해[3] "깊이 있고 신속하며 지속 가능한 세계 온실가스 배출 감소"의 필요성을 촉구하였다. 즉 세계적인 기후 과학자들은 기후 위기 대응이 시급함에 합의하는 쪽으로 조금 더 앞으로 나아갔다.

---

1 "AR6 Synthesis Report: Headline Statements," Intergovernmental Panel on Climate Change (sec. A.1), accessed May 16, 2023, https://www.ipcc.ch/report/ar6/syr/resources/spm-headline-statements/.

2 "AR6 Synthesis Report: Climate Change 2023," Intergovernmental Panel on Climate Change, accessed May 16, 2023, https://www.ipcc.ch/report/ar6/syr/. Note that at the time of writing, "the approved Summary for Policymakers and adopted Longer Report remain subject to final copy editing and layout."

3 "AR6 Synthesis Report: Headline Statements" (sec. B.3), accessed May 16, 2023.

온실가스 배출 감소 문제를 시급하게 해결해야 함에도 불구하고, 인간으로 인한 기후 변화를 세계 경제가 해결해야 하는 유일한 문제로 보는 것은 옳지 않다. 오히려 이러한 문제는 인류와 창조 세계의 관계에 더 깊고 광범위한 문제가 있음을 보여 주는 가장 확실한 면모라고 할 수 있다. 인간이 자연계에 영향을 주는 9개의 영역을 설명할 수 있

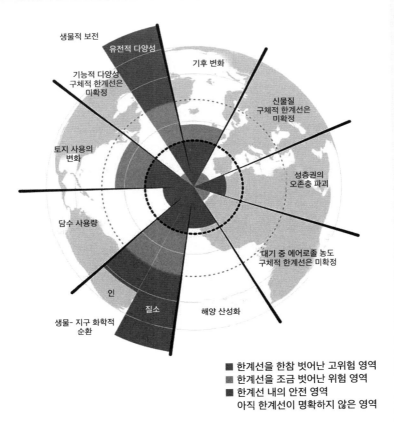

그림 10.1: 9개의 지구 위험 한계선

출처: "Planetary Boundaries," 스톡홀름 복원 센터, 스톡홀름 대학교, 2023년 5월 16일, https://www.stockholmresilience.org/research/planetary-boundaries.html;
Credit: J. Lokrantz/Azote based on Steffen et al., 2015

는 '지구 위험 한계선'(planetary boundaries)이라는 개념이 생겼고[4] 폭넓은 과학적 지지를 받으며 발전하고 있다.[5] 이러한 경계선은 '신호등' 시스템을 이용하여 각 영역이 현재 어떠한 상태인지를 나타낸다.[6] 여기서 각 영역이 인류에 미치는 정도를 색깔로 표시했는데, 이는 '녹색'(인류의 안전한 운영 영역), '황색'(불확실한 위험 영역) 또는 '적색'(인류가 예측하지 못할 만큼 고위험 영역)이다.

인간 활동의 결과로 인한 여러 가지 복잡하고 심각한 위협들을 잘 파악하려면 다음과 같이 9개의 지구 위험 한계선으로 요약하는 것이 필요하다.

- 생물권 보존의 손실(생물 다양성 손실과 멸종): 수분, 산소, 식량과 물 공급을 말하며 이는 지구의 생명을 유지하는 시스템 안정성에 엄청나게 잠재적으로 영향을 미칠 수 있기에 위험도가 높은 것으로 평가된다.
- 생지질화학적 질소 및 인 성분의 과잉 공급: 전 세계적으로 비료를 남용함으로 토양과 물의 질에 큰 영향을 미칠 수 있기에 높은 위험도로 평가된다.
- 토지 시스템의 변화: 인간이 사용할 수 있도록 산림, 습지, 초원을 변화시키고 있기 때문에 위험이 증가될 수 있다고 평가된다.

4 Johan Rockström et al., "A Safe Operating Space for Humanity," *Nature* 461, no. 7263 (2009): 472-75.

5 Will Steffen et al., "Planetary Boundaries: Guiding Human Development on a Changing Planet," *Science* 347, no. 6223 (2015): 736-46.

6 "The Nine Planetary Boundaries," Stockholm Resilience Centre, University of Stockholm, 2023년 5월 16일 접속, https://www.stockholmresilience.org/research/planetary-boundaries/the-nine-planetary-boundaries.html.

- 기후 변화: 되돌릴 수 없는 대규모 변화를 인간이 피할 수 없다는 우려와 함께 위험이 증가하는 것으로 평가된다.
- 해양 산성화: 현재까지는 안전해 보이지만 빠르게 확산되어 산호초 등에 영향을 미치기 시작했다.
- 담수의 소비와 전 세계적 물 순환: 현재는 안전해 보이지만 2050년에는 5억 명의 사람들이 심각한 물 부족 스트레스를 받게 될 것이다.
- 성층권 오존층 파괴: 주로 1987년 몬트리올 의정서를 통해 언급되기 시작했다.
- 화학 오염 문제와 신물질의 방출: 아직 정확하게 정량화되지는 않았지만, 지구의 모든 유기체와 모든 생물의 번식력에 영향을 미치는 화학적, 중금속 및 방사능 요인들이 포함된다.
- 에어로졸 증가로 인한 공해: 아직 정량화되지 않았지만 이러한 대기 오염 물질로 인해 현재 연간 80만 명의 사망자가 발생하고 있다.

기후 변화만이 유일한 세계적 위기는 아니기 때문에, 창조 세계에 계속해서 증가하는 관심들을 전제로 한 경제 모델을 배제한 채, 녹색 에너지를 늘린다거나 탄소에 세금을 부과하는 것으로 '기후를 고치려는' 단순한 시도는 위험한 환상에 불과하다. 우리는 지속 가능한 경제를 위한 대안 모델이 필요하다. 이 짧은 논찬에서는 부분적인 것들만 다룰 수 있을 테지만, 아마도 가장 중요한 두 가지는 '순환 경제'(circular economy)와 '도넛 경제학'(doughnut economics)일 것이다.

순환 경제는 제품의 재순환, 폐기물의 제거, 자연 재생을 추구함으로써 지속적인 자연스러운 처리를 통해서 폐기물 및 증가하는 오염 문제를 극복한다. 티어펀드(Tearfund)의 순환 경제 보고서[7]에서는 사회 및 환경 문제를 함께 다루면서 순환 경제에 대한 기독교적 근거를 제공한다.

도넛 경제학은 옥스퍼드 대학의 케이트 레이워스(Kate Raworth) 교수가 창안한 것이다.[8] 이는 인류가 안전한 경제 활동이라는 '도넛' 안에 존재해야 하며, 적절한 식량, 물, 보건, 교육, 주택, 일, 생활 등 '사회적 기반'을 유지함으로써 사람들이 '중간 구멍'에 빠지는 것을 피해야 한다고 언급한다. 앞서 제시한 9개의 지구 위험 한계선으로 구성된 '바깥쪽 고리'를 위반하지 않는 동시에 모두를 위해 평등하게 다루는 것이다.

'청지기 직분'과 '하나님중심주의'에 대한 신학적 성찰

성경은 하나님이 승인하신 특정한 경제 모델을 제시하지는 않지만, 모든 창조 세계를 위한 하나님의 계획과 그 안에서 인류의 역할에 대한 비전을 제시한다. 이 비전은 가장 간단하게 설명하자면, 창조 질서 전반에 걸친 하나님의 평화(shalom)에 대한 예언적이고 메시아적인 꿈이라고 요약될 수 있고, 또한 예수 그리스도로 말미암아 전해지는 '하나님 나라'(하늘에서와 같이 땅에서도 하나님의 정의와 평화의 통치가 이루어짐)의 복음이라고도 할 수 있다. 이 비전을 통한 하나님의 의도는 모든 피조물이 창조된 대로 생물 다양성으로 번성하는 창조 세계 가운데 인류 또한 함께 번성하여 하나님을 예배하는 것이다. 이 비전은 불평등, 자원

---

7 Alexandre Gobbo Fernandes, *Closing the Loop: The Benefits of the Circular Economy for Developing Countries and Emerging Economies* (Tearfund: London, 2016), https://res.cloudinary.com/tearfund/image/fetch/https://learn.tearfund.org/-/media/learn/resources/reports/2016-tearfund-closing-the-loop-en.pdf.

8 Kate Raworth, *Doughnut Economics: Seven Ways to Think Like a 21st-Century Economist* (Random House: London, 2017).

고갈, 생물 다양성의 손실, 오염 등이 계속해서 증가하고 있는 현재의 경제 및 생태적 현실에 대해 냉엄하게 비판하고 있다.

이러한 현실에서 신실한 그리스도인들의 대응은 창조의 '청지기'로서의 인류의 역할에서 시작될 수 있다. 그러나 청지기 직분이라는 언어는 여러 가지 의미에서 비판받아 왔다. 데이비드 호렐(David Horrell)은 성경이 창조 세계 속에서 인간의 역할을 설명하는 데 있어서는 이 단어를 명시적으로 사용하지 않는다고 지적하고,[9] 클레어 파머(Clare Palmer)는 이 단어가 하나님을 부재한 지주로 만들고 인간에게 창조 세계와 봉건적이고 착취적인 관계를 맺도록 한다고 비난하기도 하며,[10] 리처드 보캄(Richard Bauckham)은 창조 세계를 기술적으로 다루는 현대의 프로젝트 과제들과 함께 청지기직을 생각하기가 "너무 부담스럽다"고 말한다.[11] 아마도 가장 큰 문제는 우리가 창조 세계에 존재하는 '물질', 즉 무생물을 관리한다는 점일 것이다.

반면에 성경은 모든 창조물을 하나님과의 관계에서, 그리고 서로가 관계를 맺고 인류와도 관계를 맺는 '주체'로 본다. 처음부터 아담은 생물의 이름을 부르고 섬세하고 공감적인 관계를 맺는 임무를 맡았다. 아마도 '후견인·수호자'(guardianship)라는 표현이 권위를 가지고 동산을 "돌보고 지키라"라는 창세기의 명령을 더 잘 설명하는 것일 것이다. 만약 우리가 다른 사람의 자녀의 후견인을 맡았다면 그 자녀에 대한 우리의 능력과 권위는 우리의 사랑을 기반으로 한 책임에 달려 있

9　David Horrell, *Ecological Hermeneutics: Biblical, Historical and Theological Perspectives* (T. & T. Clark: London, 2010), 6.

10　Clare Palmer, "Stewardship: A Case Study in Environmental Ethics," in *Environmental Stewardship*, ed. R. J. Berry (T. & T. Clark: London, 2006), 63-75.

11　Richard Bauckham, *Living with Other Creatures: Green Exegesis and Theology* (Waco: Baylor Univ. Press, 2011), 62.

는 것과 같다.

마지막으로 필자는 인간중심주의, 생태중심주의와 대조되는 '하나님중심주의'라는 언어를 유용하게 사용하며, "인간과 자연을 포함한 모든 존재의 중심에 하나님이 있다"고 말한다. 논찬자는 박사학위 논문에서[12] 하나님중심주의를 연구했고, 이것은 인류의 파괴적인 경향(하나님-인간중심주의)에 하나님의 승인을 주는 것이 남용될 수 있음을 확인했다. 하나님이 가장 중요하게 여기시는 것은 "한 종이 번성하는 것이 아니라 하나님 중심의 우주 안에서 모든 창조 세계가 함께 번성하는 것이다."[13]

우리가 다방면의 생태학적 위기라는 엄청난 문제에 대처하려면 먼저, 하나님-생태-중심(theo-eco-centric)을 가진 우주의 모든 창조물의 수호자로서 일관되고 설득력 있는 창조 세계 속 인류의 부르심에 대한 비전을 가져야 할 것이며, 인류와 자연이 모두 함께 번창할 수 있는 지속 가능한 경제 모델이 필요할 것이다.

---

12 David Bookless, "Why Should Wild Nature Be Preserved? A Dialogue between Biblical Theology and Biodiversity Conservation" (PhD diss., University of Cambridge, 2019), https://doi.org/10.17863/CAM.40844.

13 Bookless, 47.

11
환경과 인간의 재난에 대한
한국 선교사의 인식론적 신념의 변화

———

엄주연

서론

1990년대부터 환경 오염과 기후 변화 등 환경 위기의 심각성에 대한 인식이 확산되기 시작했지만, 21세기에 들어서야 개인, 기업, 지역 사회, 국가, 세계적 차원에서 다양한 대책이 쏟아져 나왔다. 이와 같은 맥락에서, 본 논문은 환경과 인간의 재난과 관련된 한국 선교사들의 인식론적 신념과 실천의 변화를 이해하고 선교학적 논의의 방향을 탐색하는 데 그 목적이 있다. 본 연구에서는 질적 연구 방법론 중 하나인 근거이론연구방법론(Grounded theory research methodology)을 사용했는데, 이는 인간이 자신의 경험을 통해 지식과 의미를 구성한다는 구성주의(Constructivism) 철학에 기초하고 있다.

구체적으로 본 연구는 이론적 표본추출(Theoretical sampling)의 원리에 따라 선정된 28명의 한국 선교사들을 대상으로 심층 인터뷰를 통해 얻은 자료를 분석하였다. 첫째, 선교사들은 이해 관계자들의 기대, 신학적 충돌, 혹은 종말론적 신념으로 인해 환경과 인간의 재난 문제에 대해 대체로 무관심, 회피, 부정 등의 반응을 보인다. 둘째, 선교사들은 선교 상황에서 지속적이고 반복적으로 나타나는 파괴적인 자연 현상에 대한 직접적인 관찰과 경험을 반영하여 자신의 기존 인식론을 비판적으로 평가한다. 셋째, 선교사들은 새로운 인식론적 신념에 기초하여 선교 사역의 범위를 확장하거나 기존의 사역을 강화한다. 이 세 가지 요점은 '현상학적 발견에 대한 성찰을 통한 인식론적 신념의 재정립'으로 축약될 수 있다.

환경과 인간의 재난이 증가하는 추세를 고려할 때 이 위기를 완화하기 위해서는 이 주제에 관한 복음주의적 선교 신학 정립, 환경 문제에 대한 선교 교육 강화, 범세계적 선교 공동체와의 협력 등의 공동 노력이 시급히 요구된다.

1. 연구 배경

각각의 시대는 새로운 선교 신학, 전략, 실천을 요구하는 문제와 도전을 제시한다. 오늘날 환경과 인간의 재난은 전 세계적으로 근본적이고 심오하며 돌이킬 수 없는 변화를 향해 나아가고 있다. 우리 모두가 직면하고 있는 이러한 실존적 문제는 인식론적 신념과 그리스도인과 교회의 선교적 대응에 대한 비판적 재평가와 창의적인 대안을 요구한다.[1] 실제로 지난 수십 년 동안 환경 및 인간 재난과 관련된 활발한 신학적 조사를 통해 새로운 이론, 전략 및 실천이 발전해 왔다.

---

1 인식론(Epistemology)은 지식의 본질, 한계, 습득 방법을 탐구하는 철학적 학문이다. 인식론적 신념(Epistemological beliefs)은 개인의 삶의 경험에 따라 변화하는 지식 습득과 관련된 개인적 철학(personal philosophies)을 뜻한다. 본 논문에 사용된 이러한 용어는 각각의 선교 상황(mission contexts)에서 환경과 인간 재난에 대한 관찰과 경험을 통해 선교사들이 기존의 인식론적 신념을 어떻게 바꾸는지를 탐구하는 한정적인 목적으로 사용한다.

생태 영성(Ecological Spirituality),[2] 창조 신학(Creation Theology),[3] 생태 신학(Ecotheology),[4] 생태학과 기독교 선교(Ecology and Christian Mission),[5] 선교사의 환경 보호(Missionary Earthkeeping),[6] 성경과 생태 정의(The Bible and Ecojustice)[7] 등은 이 분야에서 진행 중인 예언자적 논의들 가운데 일부에 불과하다. 그리고 한국의 신학자, 과학자, 실천가들이 세미나와 저술을 통해 이러한 문제를 논의하고 있다는 것은 매우 고무적이다.

전통적으로 지식의 보편성과 일반성을 전제로 철학에서 다루어 왔던 인식론[8]이 교육학과 심리학을 중심으로 인식론적 신념(epistemological belief)이나 개인적 인식론(individual epistemology)으로 응용되고 있다는 점은 주목할 만하다.[9] 인식론적 신념이나 개인적 인식론에 관한 다

---

2 Ian Carter, "An Ecological Spirituality: Insights from Teilhard De Chardin," in *The Earth Beneath: A Critical Guide to Green Theology*, ed. Ian Ball et al. (London: SPCK, 1992), 87-103.

3 Neil Darragh, "Creation Theology: How Well Are We Coping with Ecological Issues?," *Compass* 27 (Spring 1993): 22-28.

4 Celia Deane-Drummond, *A Handbook in Theology and Ecology* (London: SCM Press, 1996); Peter Scott, "Types of *Ecotheology*," *Ecotheology* 4 (Jan. 1998): 8-19; Joseph Sittler, "Ecological Commitment as Theological Responsibility," *Zygon* 5 (1970): 172-81; and David G. Hallman, ed., *Ecotheology: Voices from the North and South* (Maryknoll, NY: Orbis Books, 1994).

5 J. A. Loader, "Life, Wonder and Responsibility: Some Thoughts on Ecology and Christian Mission," *Missionalia* 19 (1991): 44-56; and Myeong-Seok Lee, "A Study of the Development of Ecotheological Thought and Its Implications for Christian Missions," *JKEMS* 50, no. 2 (2020): 245-73.

6 Dennis E. Testerman, "Missionary Earthkeeping: Glimpses of the Past, Visions of the Future," in *Missionary Earthkeeping*, ed. Calvin B. DeWitt and Ghillean T. Prance (Macon, GA: Mercer Univ. Press, 1992).

7 Walter Wink, "Ecobible: The Bible and Ecojustice," *Theology Today* 49 (1993): 465-77.

8 Stephen Hetherington, *Epistemology: The Key Thinkers*, 2nd ed. (Bloomsbury Academic, 2019), Kindle; Matthias Steup and Ram Neta, "Epistemology," in *The Stanford Encyclopedia of Philosophy*, Fall 2020 ed., edited by Edward N. Zalta, https://plato. stanford.edu/archives/fall2020/entries/epistemology/; and Jason Stanley and Timothy Willlamson, "Knowing How," *Journal of Philosophy* 98, no. 8 (2001): 411-44.

9 Matthew Kelly, "Epistemology, Epistemic Belief, Personal Epistemology, and Epistemics: A Review of Concepts as They Impact Information Behavior Research," *JASIST* 72, no. 4

각적인 연구는 선교학에도 적용될 수 있다. 용어의 정의와 학문적 접근 방식에는 차이가 있지만, 선교학자들도 인식론적 신념을 다루고 있다. 예를 들어, 폴 히버트(Paul Hiebert)는 선교지의 그리스도인들이 신학 탐구에 참여하는 해석적 공동체가 되는 '자신학화'(self-theologizing) 라는 개념을 제안한 바 있다.[10] 이 연구는 환경과 인간의 재난이 선교사들의 신념과 사역에 인식론적 변화 혹은 자신학화에 유의미한 영향을 미치는 주요 주제들 가운데 하나일 수 있음을 암시한다. 이러한 재난은 모든 인류에게 영향을 미치기 때문에 선교사들이 해당 지역의 상황에 맞는 자신학화에도 참여하는 것이 적절할 것이다.

본 연구의 목적은 환경과 인간의 재난과 관련된 선교사들의 활동을 나열하거나 그들이 이러한 문제에 얼마나 적극적으로 참여하는지를 측정하는 것이 아니다. 본 연구는 한국 선교사의 전통적인 인식론과 선교 현장이 직면하고 있는 현실 상황에 대한 신학적, 선교학적 관점의 변화 사이의 관계를 비판적으로 분석하는 데 더 중점을 두고 있다.

2. 연구의 목적

본 연구의 목적은 환경과 인간의 재난에 대한 한국 선교사의 인식론적 신념과 선교적 실천의 관계 모델을 제시하는 것이다. 이 목표를 달성하기 위해 질적 연구 방법론 중 하나인 근거이론을 채택했다.[11] 연구

(April 2021): 507-19; Mikyeong Yang, "A Critical and Comprehensive Review of Research on Learner's Epistemological Belief," *The Journal of Yeolin Education* 14, no. 3 (2006): 1-25; and B. K. Hofer and Paul R. Pintrich, eds., *Personal Epistemology: The Psychology of Beliefs about Knowledge and Knowing* (Mahwah, NJ: Lawrence Erlbaum Associates, 2002).

10 Paul Hiebert and Eloise Hiebert Meneses, *Incarnational Ministry: Planting Churches in Band, Tribal, Peasant, and Urban Societies* (Grand Rapids: Baker Academic, 1995).

11 이 연구방법론을 채택한 이유는 환경과 인간의 재난과 한국 선교사의 인식론적 신념과 활동의 관계를 설명하는 적절한 개념적 틀이 정립되어 있지 않고, 개념과 범주 사이의 관계에

대상은 차마즈(Charmaz)의 이론적 표본추출 방법에 따라 선정하였다.[12] 표본추출은 연구 주제와 관련된 관찰과 인터뷰를 바탕으로 총 28명의 한국 선교사를 대상으로 개방형 질문을 사용하여 심층 인터뷰를 실시했다. 이 연구에 참여한 정보 제공자(informant)에는 신입 선교사부터 은퇴를 앞둔 선교사까지 다양한 경력 단계에 있는 다양한 연령대의 선교사들이 포함되었다. 이 연구에 광범위하고 풍부한 선교 경험을 가진 경력 선교사들을 포함한 이유는 환경과 인간의 재난에 관한 신념과 관행의 변화에 대한 해석학적 논의를 위한 연구 자료를 얻기 위해서다.

심층 인터뷰는 이러한 재난에 대한 선교사들의 신학적 관점과 그것이 그들의 일상생활과 사역에 어떤 영향을 미치고 있는지에 대한 질문에 중점을 두었다. 이후 덜 구조화된 범주를 보완하기 위해 차별적 표본추출을 실시하였고, 잠정적으로 도출된 핵심 범주와 이론의 타당성을 보충적인 질문과 답변으로 검증하였다.

3. 연구 과정

논리적 일반화를 목표로 하는 질적 연구의 특성상, 정보 제공자를 선정할 때 적절한 기준을 적용하는 것은 본 연구의 타당성을 확보하는 데 중요한 역할을 한다. 예비조사는 2022년 3월부터 5월까지 한국의 복음주의 선교단체에 소속된 8명의 정보 제공자들을 대상으로 실

관한 이해가 명확하게 확립되어 있지 않기 때문이다. 또한 해당 주제와 관련된 적합한 변수와 부적합한 변수를 결정하는 연구도 없었던 것도 이 연구방법론을 도입한 이유들 가운데 하나다.

12 K. Charmaz, "'Discovering' Chronic Illness: Using Grounded Theory," in *More Grounded Theory Methodology: A Reader*, ed. B. G. Glaser (Mill Valley, CA: Sociology Press, 1994), 65-94; and K. Charmaz, "Grounded Theory: Objectivist and Constructivist Methods," in *Handbook of Qualitative Research*, 2nd ed., ed. N. K. Denzin and Y. S. Lincoln (Thousand Oaks, CA: Sage Publications, 2000).

시했다. 이 과정에서 획득한 예비 연구 자료를 바탕으로 연구 문제를 설정한 후 본격적인 설문지를 개발하고 인터뷰를 실시하였다. 그러나 인터뷰 과정에서는 데이터의 비교, 분석을 통해 질문을 지속적으로 수정하였다.

본격적인 인터뷰는 2022년 6월부터 11월까지 진행됐다. 정보 제공자의 수가 28명에 달했을 때 연구자는 데이터가 포화 상태에 이르러 추가 인터뷰가 필요하지 않다고 판단했다. 인터뷰는 평균 1시간 30분 정도 소요되었으며, 전사된 데이터는 402페이지에 달했다. 신원 보호를 위해 모든 정보 제공자에게 고유 번호를 부여하였으며, 녹취 자료는 2년간 엄격히 관리된 후 완전히 파기된다.[13]

4. 연구 질문

1) 연구 문제
환경과 인간의 재난 문제가 선교사의 인식론적 신념과 선교 활동에 어느 정도 영향을 미치는가?

2) 연구 하위 질문
(1) 선교사들은 선교 상황에서 직면하는 환경 및 인간 재난과 관련된 현상에 어떻게 대응하는가?

(2) 선교 상황에서 직면하는 환경적 인간 재난에 대한 선교사의 직관적인 분석이 기존 인식론과 충돌할 때 선교사들은 자신의 믿음을 어떻게 정당화하는가?

---

13 논찬자는 심층 인터뷰를 실시하기 전에 이 연구의 윤리적 기준, 녹음, 자료의 전사에 대해 설명하고 허락을 받았다.

(3) 선교사들의 인식론적 신념의 변화를 촉진하거나 방해하는 요인
은 무엇인가?

(4) 선교사들의 인식론적 신념의 변화를 방해하는 요인들을 어떻게
극복할 수 있는가?

(5) 선교사들은 환경과 인간의 재난 위협에 어떻게 효과적으로 대처
할 수 있는가?

연구자는 앞에서 언급한 일련의 연구 질문들에 대한 다양한 응답
을 분석하고 비교, 대조하였다. 또한 이러한 연구 질문과 관련된 구체
적이고 실용적인 연구 자료를 얻기 위해 다음과 같은 사항을 예의 주
시했다.

- 선교사의 사역 철학과 신학적 신념
- 보편적 진리로 인식되는 신학적 관점과 관련된 인식론적 신념
  의 형성 과정
- 인식론적 신념의 변화에 기여하는 인간 및 자연 재난의 사례
- 환경과 인간의 재난 문제와 선교의 관련성에 대한 이해 관계자와
  선교단체의 관점과 정책
- 서로 다른 관점이 제시될 때 어떤 주장이 타당한지를 판단하는
  기준
- 환경과 인간의 재난 가운데서 선교 사역의 타당성을 판단하는
  기준
- 환경과 인간의 재난 문제를 효과적으로 다루기 위해 선교사들이
  채택하는 인식론적 신념과 실천
- 교회, 선교단체, 선교사 훈련 공동체가 선교사들이 환경과 인간

의 재난을 완화하는 데 참여하도록 동기를 부여할 수 있는 방안

녹음된 인터뷰 내용은 전사하여 줄 단위 코딩(line-by-line coding)을 실시했다. 코딩된 범주는 반복하여 등장하는 용어와 의미 관계에 따라 분석했다. 구체적으로 차마즈가 제시한 구성주의 철학에 바탕을 둔 근거이론 연구방법론에 따라 다음과 같은 절차를 거쳤다. 그러나 연구의 목적과 필요에 따라 일부 절차를 단순화했다.

5. 초기 코딩

첫 번째 단계에서는 줄 코딩 방식을 이용한 1차 코딩 과정을 거쳐 범주와 하위 범주를 도출했다. 이 초기 코딩 과정에서 총 101개의 범주가 도출되었다. 이들 중 15개는 연구 질문과 직접적으로 관련되지 않은 일반적인 관찰이었다. 연구 질문과 관련된 나머지 86개의 코드는 기존 인식론과 관련된 21개, 새로운 인식론적 신념의 수용에 대한 33개, 그리고 새로운 인식론적 신념에 기반한 선교 전략의 변화에 대한 32개의 범주들로 구성되었다.

농업 의존도가 높은 지역에 거주하는 정보 제공자들이 대체로 기후 변화에 더욱 많은 관심을 기울이고 있었다. 그들은 기후 변화로 인한 가뭄과 홍수, 태풍의 증가가 농작물 수확량에 영향을 미쳐 식량 부족과 소득 손실을 초래하고 있다고 주장한다. 이러한 상황에 처해 있는 정보 제공자들은 이러한 문제를 해결하거나 완화하기 위해 선교사의 대응이 필요하다는 데 일반적으로 동의한다. 도시에서 사역하고 있는 정보 제공자들도 이상 기온으로 인한 온열 질환의 증가가 점점 더 많은 사람의 노동 및 생활 환경에 영향을 미치고 있다고 증언하고 있다.

전반적으로 기후 변화의 영향에 대한 인식의 정도에는 큰 차이가 없

는 것으로 보이지만, 이 문제에 대한 신학적 관점에는 상당한 차이가 있다. 일부 정보 제공자들은 기후 변화가 신학과 선교학의 주요 이슈 중 하나가 되어야 한다는 것을 인식하고 있다. 그들은 일반적으로 기후 변화가 21세기의 가장 큰 위기이자 가장 시급한 신학적 문제라는 샐리 맥페이그(Sallie McFague)의 주장에 동의한다. 맥페이그는 기후 변화를 우리의 일상생활 방식을 통해 하나님의 몸을 파괴하는 가장 극악한 죄로 정의하고, 그리스도인들이 환경 파괴에 책임이 있다는 전제 아래 도시 생태학을 제안했다.[14] 신학은 하나님뿐만 아니라 인간의 본질과 그들이 처한 삶의 상황을 다루는 학문이기 때문에 인간의 삶에 직접적으로 영향을 미치는 기후 변화, 자연재해 등 환경 문제는 주요 주제 중 하나가 되어야 한다는 것이다.

이러한 관점에 동의하는 정보 제공자들의 선교적 실천은 크게 두 가지로 나누어진다. 하나는 이러한 신학적 관점을 선교에 직접 반영하여 기후 변화에 대처하기 위한 다양한 방안을 실천하는 것이다. 여기에는 환경 친화적인 소비 패턴으로의 인식 전환, 폐기물 재활용, 나무 심기 등이 포함된다. 다른 하나는 기후 변화에 대한 신학적 탐구에는 동의하지만 선교 사역에는 반영하지 않는 것이다. 이 범주에 속하는 정보 제공자들은 주로 개인적 차원에서 기후 변화 문제를 다루는 것을 선호하며, 공적 책임보다는 개인적이고 자발적인 참여를 선호하는 경향이 있다.

기후 변화와 환경 재난에 관한 신학적 논의에는 복음주의적 관점에서 생태 정의, 생태 신학, 생태 선교학 등과 관련된 선교적 함의가 포함되어야 한다고 강조한 정보 제공자가 상당수였다. 이러한 주제에 대

---

14 Sallie McFague, *A New Climate for Theology: God, the World, and Global Warming* (Minneapolis: Fortress Press, 2008).

한 신학적, 선교학적 논의는 새로운 것이 아니다. 그러나 오늘날의 급변하는 지구의 환경 상황은 이러한 분야에 대한 새로운 성찰을 요구하고 있다. 이러한 진술을 하는 대부분의 정보 제공자들은 결코 무시하거나 피할 수 없는 긴급한 필요성을 발견한 이후 이 문제에 관한 인식론적 신념이 강화되었다는 공통점을 가지고 있다.

본 연구를 통해 나타난 또 하나의 매우 명확하고 강력한 목소리는 종말론적 심판의 관점을 통한 기후 변화와 자연 재난의 해석인데, 이는 지구적 규모의 기후 변화와 자연 재난을 하나님의 종말론적 섭리의 관점에서 이해하는 경향이 있다. 특히 이 세계적인 현상을 마지막 때의 징조와 죄 많은 세상에 대한 하나님의 심판으로 이해한다. 이 범주에 속하는 정보 제공자들은 마지막 때의 징후에는 기후 변화와 자연재해뿐만 아니라 지구의 전 인류를 위협하는 치명적인 전염병과 불의한 전쟁도 포함된다고 믿는다. 그들은 마지막 때는 혼란스럽고 다양한 재앙으로 가득 찬 가운데서 선택된 자들은 구원을 받고 타락한 세상은 남겨져 멸망할 것이라고 믿는다.

본 연구에 따르면 그들은 기후 변화와 자연재해를 완화하려는 인간의 노력이 선교의 최우선 과제가 될 수 없다고 생각하는 경향이 있다. 오히려 환경과 인간의 재난이 심해질수록 전도의 과제는 더욱 시급해진다. 그러나 그들 중 누구도 다양한 재난의 영향을 완화하고 고통을 줄이기 위한 인간 노력의 필요성을 부정하지 않는다. 세계 시민의 한 사람으로서 그들은 이 엄청난 문제를 해결하기 위해 개인과 가족 차원에서도 다양한 조치를 취하고 있다.

연구의 이 단계에서 제기된 중요한 중심 개념은 환경과 인간 재난에 대한 다양한 인식론적 신념을 더 구체적으로 이해할 필요가 있다는 것이다. 선교사들이 현재 동일한 유형의 재난을 겪고 있지만 이 현상에 대한 그들의 다양한 해석을 이해하는 것은 다음 단계로 이동하는 데 중요한 기반이 될 수 있다.

6. 집중 코딩 및 구조 분석

집중 코딩 단계에서 도출된 세 가지 주요 범주는 제한된 신념 식별, 더욱 힘을 실어 주는 통합적 신념 찾기, 선교적 의미로 요약될 수 있다.

1) 전통적인 인식론적 신념의 한계 인식

본 연구의 첫 번째 연구 하위 질문은 기존의 인식론적 신념을 확인하는 것이다. 이 질문과 관련된 범주는 21개였다. 이 범주에 해당하는 12명 가운데 7명 이상의 정보 제공자들이 반복적으로 언급했다. 그들 가운데 상당수는 자연재해와 인간의 재난으로 인한 어려움이 기존 인식론적 신념의 한계를 인식할 수 있는 기회를 제공했다고 진술했다. 이는 그들의 인식론적 확신이 이러한 사건의 신학적, 선교학적 함의를 적절하게 다룰 수 있는지에 대한 의문을 제기한다.

또한 대다수의 정보 제공자는 지난 1년 동안 설교와 가르침에서 환경과 인간의 재난 문제를 다루지 않았다고 말했다. 정보 제공자들이 이 문제를 교회 차원에서 공식적으로 다루는 것에 대해 우려하는 데에는 여러 가지 이유가 있었다.

첫째, 앞서 언급한 바와 같이 인간의 타락과 하나님의 심판에 근거한 묵시적 종말론에 대한 근본적인 믿음이다. 즉 환경과 인간의 재난이 증가하는 것은 종말이 임박했다는 증거이며, 그때에 택하신 자들은 구원을 받고 타락한 세상은 멸망할 것이다. 명시적이든 암묵적이든, 환경과 인간의 재난이 하나님의 종말론적 계획의 일부라면 이 상황을 해결하는 가장 좋은 방법은 종말론적 긴박성을 가지고 잃어버린 자들을 복음화하는 것이라는 일반적인 합의가 있다.

둘째, 환경과 인간의 재난을 다루려는 정보 제공자들의 노력은 장기적이거나 지속 가능성을 고려한 통합적 전략을 갖춘 공동체 지향적 전략이기보다는 일반적으로 개인적이고 수동적이며 방어적이다. 예를 들어, 기후 변화로 인해 지역 사회에서는 식량 부족, 해충의 증가, 모래폭풍과 미세먼지로 인한 호흡기 질환, 가뭄과 홍수, 식수 부족, 기후 난민, 강제 이주 등의 문제를 겪고 있지만, 다수의 정보 제공자들은 일반 쓰레기와 재활용품을 분리하고, 가끔 음식을 공유하고, 가정의 에너지를 절약하고, 가끔 대중교통을 이용하는 등으로 기후 변화에 대응하고 있는 실정이다.

이러한 개인적인 실천의 중요성은 간과할 수 없지만, 선교사들이 기후 변화의 영향을 완화하고 개인, 가족, 교회, 지역 사회, 국가의 고통을 최소화하기 위한 실현 가능하고 효과적이며 지속 가능한 장기 전략을 고안하는 것이 필요해 보인다.

2) 인식론적 신념의 재해석과 확장

현재의 환경과 인간의 재난에 대한 신학적 연구와 선교적 대응의 필요성을 지적한 대다수의 정보 제공자는 선교 활동 중에 직접적인 관찰과 경험을 통해 이러한 믿음이 더욱 강화되었다고 말했다. 특히 상대적으로 가난한 국가에 거주하는 정보 제공자들은 다른 지역의 선교사들에 비해 생태 정의, 인간 존엄성, 사회적 평등 등의 주제에 더 많은 관심을 보이는 경향이 있는 것으로 나타났다. 이들은 선교 현장에서 환경과 인간의 재난 문제에 관한 새로운 신념을 갖게 되었지만, 과거 인식론적 신념을 포기하지는 않는다. 그들은 여전히 전도, 제자도, 교회 개척과 같은 전통적인 신념에 기초한 선교 활동에 헌신하고 있지만, 그들의 관심은 선교 현장에서 직면하는 현실에 어떻게 대응할 것인지에 대한 신학적, 선교적 탐구의 확장이 일어난 것으로 사료된다.

환경과 인간의 재난이 과거에 가졌던 일반적인 믿음의 연장선상에서 선교사의 인식론적 믿음에 영향을 준 것이다. 이는 철학 혹은 교육 분야와 마찬가지로 신학과 선교학 분야가 특정한 개인적 신념의 문제로 개념화된 개인적 인식론을 논의할 수 있는 맥락을 제공할 수 있다는 것을 의미한다. 앞서 언급한 바와 같이, 전통적 인식론을 더욱 강화한 정보 제공자들도 환경적, 인간적 재난이라는 도전에 직면했지만 이 문제를 평가절하하거나 무관심하지 않고, 오히려 기존의 인식론적 틀 안에서 재해석하는 경향을 보였다.

상당수의 정보 제공자는 환경과 인간의 재난을 극복하기 위한 인간의 노력의 한계를 잘 알고 있다. 그럼에도 불구하고 이러한 개인과 공동체 차원의 노력이 긍정적인 변화를 가져올 수 있다고 믿었다. 모든 정보 제공자는 하나님의 백성으로서 하나님이 창조하신 세상을 보존해야 하는 소명과 책임을 인식하고 있다. 그럼에도 불구하고 그들은 일반적으로 하나님이 창조하신 세계에서 일어나는 문제들을 새롭게 해석하기 위한 해석학적 틀로서 생태 신학, 생태 정의, 창조 영성 등의 용어를 사용하는 것에 대해 다소의 거부감을 갖고 있었다.

3) 선교적 의미

기후 변화와 같은 지구적 문제를 효과적으로 해결하기 위해서는 지구상의 생명 공동체로서의 성숙한 상호 의존과 협력이 모든 인류에게 요구된다. 선교사들은 가치관과 세계관, 종교와 정치, 문화와 이념의 차이를 초월하여 세계 시민으로서 성숙한 상호 의존과 협력을 모범으로 보여야 한다.

본 연구는 선교사들의 인식론적 신념과 선교적 실천 사이에 큰 격차가 있음을 보여 준다. 일반적으로 선교사들은 환경과 인간 재난의 심각성을 인식할 뿐만 아니라 선교 현장에서 이웃과 함께 고통을 겪고 있다. 그러나 전문 지식과 경험의 부족, 선교적 우선순위, 선교단체와 교회, 후원자들의 기대 등의 이유로 이 문제에 소극적으로 대응하고 있다. 선교사들이 참여하기보다는 전문 지식을 갖춘 개인, 전문 단체, 기업, 국가 등이 이 문제 해결에 앞장서기를 바라는 선교사들이 상당수 있었던 것으로 나타났다. 그러나 본 연구에 참여한 선교사들 중 누구도 환경과 인간의 재난 문제를 해결하기 위해 노력하는 전문성을 갖춘 개인 및 조직의 활동을 지원하지 않았다.

대다수의 정보 제공자는 "피조 세계의 회복도 선교적 임무에 포함되어야 하는가?"라는 질문에 대한 답을 찾고 있었다. 오랫동안 선교의 대상은 오직 인간뿐이라고 주장해 온 선교사들 역시 자신들의 견해를 재평가하고 있다. 기후 변화가 선교의 대상인 인간의 삶의 질에 미치는 즉각적인 영향은 선교사들로 하여금 이 문제를 다시 생각하게 만들고 있다. 이처럼 인간과 자연환경의 긴밀한 관계를 바탕으로 선교사들에게서 인식론적 신념의 변화가 일어나고 있다.

예를 들어, 극심한 가뭄이나 홍수로 농경지가 파괴된 후 새로운 일자리를 찾아 다른 지역으로 이주하는 사람들의 수가 증가함에 따라 선교사는 선교 사역의 목표와 전략에 상당한 변화가 필요하다는 사실을 인식하고 그들의 사역에 반영한다는 것이다. 또한 고향에 남아 대기오염, 사막화, 물과 식량 부족으로 육체적, 정신적으로 고통받는 사람들을 대상으로 사역하기 때문에 기후 변화는 선교사들의 주요 관심사가 될 수밖에 없다는 것이다.

실제로 선교사들이 속한 신앙 공동체의 주요 기도 제목 중 상당수가 직접 혹은 간접으로 환경과 인간의 재난으로 인한 고통과 관련되어 있는 것도 사실이다. 선교사들이 이러한 상황에 지속적으로 직면하게 되면, 선교사가 되기 전과 비교하여 통전적 선교에 대한 인식론적 믿음에 큰 변화를 경험하게 된다. 이런 맥락에서 선교사들이 추구하는 인식론적 신념의 변화는 인간이 추구해야 할 영원하고 완전한 회복, 즉 인간의 죄성과 파괴된 자연으로부터의 완전한 회복과 관련이 있다.

7. 이론적 코딩

이론적 코딩에는 환경과 인간 재난에 관한 현상학적 발견, 기존의 인식론적 신념 재평가, 새로운 인식론적 신념 포용, 이러한 새로운 신념을 기반으로 한 선교 전략의 변화와 같은 항목이 포함된다. 이 과정에는 '현상학적 발견에 대한 성찰을 통한 인식론적 신념의 재정립'이 필요하다. 핵심 개념은 환경과 인간의 재난과 관련된 자발적 또는 비자발적 차원에서 신학과 선교학적 성찰을 통해 발생하는 인식론적 신념과 선교적 실천의 변화이며, 이는 선교 현장에서 지속적으로, 그리고 반복적으로 제기되는 현상이다.

선교사는 환경과 창조주 하나님, 환경과 교회, 환경과 신학, 환경과 종교, 환경과 선교의 관계에 관심을 갖고 탐구하며 실천해야 한다. 더 나아가 선교사는 그들이 어디에서 사역하든지 다른 사람들의 인식론적 신념과 실천의 변화를 촉구하는 예언적 사명을 가지고 있다. 환경과 인간의 재난에 대한 예언자적 사명은 선교사들에게 주어진 전통적인 선교 활동을 보완하고 풍요롭게 해야 한다는 것을 뜻하며, 이를 다른 활동으로 대체하거나 새로운 활동을 추가해야 하는 것이 아니다.

선교사들은 특정한 사회적, 환경적 상황에 처해 있는 사람들에게 성경의 메시지를 전할 책임이 있다. 그러므로 선교사는 성경 본문에서 메시지를 도출하고 특정 사회적 상황에 적합한 방식으로 전달해야 한다. 이 과정에서 그들은 파괴를 가중시키고 빈곤을 증폭시키는 인간의 죄성, 탐욕, 불의의 문제를 다루어야 한다. 여기서 기존의 인식론과 현상학적 발견의 관계에 대한 선교사의 인식론적 믿음은 변화를 요구한다. 데이터 분석의 전반적인 결과는 표 1에 요약되어 있다.

표 11.1: 데이터 분석 요약

코딩 과정	구분	코드 (반복)	핵심 개념
초기 코딩	일반	15 (12)	현상학적 발견
집중 코딩	제한된 신념 식별	21 (14)	기존 인식론적 신념 재평가
	더욱 힘을 실어주는 통합된 신념의 발견	33 (18)	새로운 인식론적 신념 수용
	선교적 의미	32 (20)	새로운 인식론적 신념에 기초한 선교 전략의 전환
이론적 코딩	전체	101 (44)	현상학적 발견을 반영하여 인식론적 신념의 재정립

8. 토론

이 시대의 한국 복음주의 선교사들의 지배적인 인식론적 신념은 이분법적 구원론이다. 선교사들의 사역 유형은 어느 때보다 다양하지만 그들의 궁극적인 초점은 영적인 차원에 있다. 그 이유는 교회, 선교단체, 후원자 등을 포함한 많은 이해 관계자가 선교사들에게 환경과 인간의 재난과 관련된 문제에 관심을 갖기보다는 오직 전도와 제자도, 그리고 교회 개척 등의 사역에 전념할 것을 명시적으로나 암시적으로 요구하기 때문이다.

만약 선교사들이 기후 변화와 자연재해를 완화하고 예방하기 위한 활동에 적극적으로 참여한다면 이해 관계자들로부터 그들의 신학적 관점과 선교 전략의 타당성에 대해 질문을 받을 수도 있다. 이해 관계자들의 기대를 잘 알고 있는 선교사들은 환경 문제가 점점 심각해짐에도 불구하고 분리, 부정, 무시, 회피, 정당화 등의 방어기제를 활용하여 소극적으로 대응하는 경향을 보인다. 일부는 환경 문제 해결을 위해 적극적으로 활동하는 동료 선교사들을 비난하기도 한다. 그러나 이 분법적 구원론에 집착하는 선교사들도 개인과 가족 차원에서 자원 재활용, 에너지 절약 등의 활동에 참여하고 있다.

최근 몇 년 동안 환경과 인간의 재난에 대한 인식이 크게 바뀌었다. 동시에 이 문제의 심각성에 대한 선교사들의 인식과 대응에 대한 선교사들의 참여도 증가했다. 이는 일반적으로 선교사들이 생태 신학, 생태 정의, 생태 영성, 창조 신학과 같은 상대적으로 새로운 사상을 받아들인 결과가 아니다. 오히려 폭염, 폭우, 가뭄, 해수면 상승, 기후 변화로 인한 산성화로 인해 빈곤과 생명권, 열악한 건강, 주택 부족 등으로 고통받고 있는 지역 주민들을 대상으로 전도하고 교회를 개척하는 전통적인 사역에 참여한 결과다.

이는 이 문제에 선교사들의 참여가 증가하는 이유가 자신의 인식론적 신념을 추구하는 것이 아니라 선교 현장에서 개인과 사회에 미치는 기후 변화의 직접적인 영향에 기초한 그들의 신념의 변화임을 시사한다. 이와 같은 인식론적 신념의 변화의 불가피성은 이해 관계자가 선교적 과업의 일부로서 이 문제를 더 잘 받아들이게 되는 강력한 이유를 제공한다.

한동안 세계 복음주의 선교 공동체는 사회 참여 문제를 주요 기독교 의제로 인식해 왔다.[15] 선교사를 포함한 모든 그리스도인은 전도와 사회 참여에 대한 책무를 지니고 있다. 복음주의 그리스도인과 선교사들이 환경과 인간의 재난을 다루기 위해 반드시 논란이 많은 신학적 담론을 받아들일 필요는 없다. 또한 다양한 인식론적 신념에 기초하여 다양한 수준과 방식으로 이 중요한 문제에 대한 해결책을 찾고 있는 선교사들을 비방하는 것도 도움이 되지 않는다. 환경과 인간의 재난을 완화하고, 어떤 경우에는 예방하기 위한 기독교 선교 공동체의 상호 협력은 어떤 면에서도 전도와 교회 개척의 우선순위를 타협하지 않는다.

정보 제공자들 가운데 다수는 선교사가 되기 전에 기후 변화, 지구 온난화, 인류 재앙에 관한 신학적, 선교학적 논의에 참여한 경험이 없었다. 이러한 상황을 바로잡기 위해서는 한국 교회와 신학교, 선교 훈련 기관이 협업을 통해 환경과 인간의 재난과 복음주의적 선교의 관계를 재정의하고 선교사들이 현장에 나가기 전에 가르쳐야 한다. 이러한 논의를 확대하고 심화시키기 위해서는 자연과학, 사회과학, 성경신학, 선교학을 포함하는 학제 간 연구를 위한 협력이 필요하다. 각 선교 현장이 직면한 고유한 과제는 획일적인 정책을 적용하기보다는 특정 지역의 고유한 문제를 해결하기 위해 해당 지역, 한국, 전 세계 전문가 및 실무자 공동체 간의 상호 협력이 필요하다.

본 연구는 현재 온 인류에게 영향을 미치는 주요 위기 중 하나인 환경과 인간의 재난에 대한 한국 선교사들의 인식론적 신념의 변화를 다루었다. 제한된 시간과 연구 자료를 고려하여 연구자는 복음주의 선교 공동체에 해당 주제에 대한 보다 심층적이고 통합적이며 다면적인 연

---

15 "마닐라 선언문", 로잔 운동, 1989 (pt. A, sec. 4), https://lausanne.org/content/manifesto/the-manila-manifesto.

구를 통해 이 연구를 보완하고 갱신할 것을 요청한다. 이를 통해 선교사와 선교학자, 그리고 지역 사회의 실천가들이 더욱 힘을 얻어 이 위기로 고통받는 모든 이에게 희망의 복음을 전할 수 있기를 기대한다.

토론 질문

1. 환경과 인간의 재난과 관련된 당신의 신학적 신념은 무엇인가? 이러한 믿음은 당신의 일상생활과 사역에 어떤 영향을 미치고 있는가?

2. 선교사들이 전도, 제자도, 교회 개척과 같은 전통적인 선교 사역과 선교 현장에서 환경과 인간의 재난을 완화하려는 노력의 균형을 유지하도록 돕기 위한 당신의 제안은 무엇인가?

3. 이 시대의 책임 있는 그리스도인으로서 기후 변화와 환경 파괴로 고통받는 이웃과 지역 사회에 어떻게 희망의 복음을 전할 수 있겠는가?

___

J. 넬슨 제닝스(J. Nelson Jennings)

필자의 질적 연구 프로젝트인 "환경과 인간의 재난에 대한 한국 선교사의 인식론적 신념의 변화"는 한국 선교사들과 환경 문제의 관계에 대해 획기적인 통찰력을 보여 준다. 필자의 프로젝트는 학문적인 전문성과 영적인 민감성을 가지고 목표한 결과를 결합하여 지난 세대에 걸쳐 현재까지 한국 선교사들의 환경 관련 참여가 어떻게, 그리고 더 중요하게는 왜 발전해 왔는지에 대해서 다양한 시각으로 명확하게 보여 준다. KGMLF 2023 포럼 참가자들, 독자들, 다양한 공동체, 더 넓은 의미에서의 기독교 선교 공동체, 그리고 환경 보호에 대한 인간의 참여에 관심을 갖고 있는 모든 사람은 이 건설적이고 탁월한 연구 프로젝트에 대해 필자에게 빚을 질 수도 있을 것이다.

1. 필자의 연구 과제 요약

필자는 먼저 프로젝트의 연구 방법론이 "인간이 자신의 경험을 통해 지식과 의미를 구성한다는 구성주의 철학에 기초하고 있다"고 명시한다. 특히 필자는 "28명의 한국 선교사들을 대상으로 심층 인터뷰"

를 진행했다.

　필자는 이번 연구가 단순히 "환경과 인간의 재난"과 관련된 선교사들의 활동을 나열하거나 그들이 이러한 문제에 얼마나 적극적으로 참여하는지를 측정하는 것이 아니라고 명시한다. 오히려 "본 연구는 한국 선교사의 전통적인 인식론과 선교 현장이 직면하고 있는 현실 상황에 대한 신학적, 선교학적 관점의 변화 사이의 관계를 비판적으로 분석하는 데 더 중점을 두고 있다"고 하였다. 필자의 연구는 선교사들의 전제, 태도, 변화를 조사하면서 "환경과 인간의 재난에 대한 한국 선교사의 인식론적 신념과 선교적 실천의 관계 모델을 제시하는 것"을 목표로 했다.

　필자의 중요한 논문 내용을 요약한 것 중 하나는 "농업 의존도가 높은 지역에 거주하는 정보 제공자[선교사]들이 대체로 기후 변화에 더욱 많은 관심을 기울이고 있었다"는 것이다. 또한 이들 선교사는 기후 변화로 인한 "가뭄과 홍수, 태풍의 증가"가 "농작물 수확량에 영향을 미쳐 식량 부족과 소득 손실을 초래"하는 문제를 해결하기 위해 "선교사의 대응이 필요하다는 데 일반적으로 동의"한다. 또한 도시에서 사역하고 있는 선교사들은 "이상 기온으로 인한 온열 질환의 증가가 점점 더 많은 사람의 노동 및 생활 환경에 영향을 미치고 있다고 증언"한다.

　그럼에도 불구하고 필자의 분석은 "선교사들의 인식론적 신념과 선교적 실천 사이에 큰 격차가 있음을 보여 준다"는 것이다. 선교사들은 "환경과 인간 재난의 심각성"을 인식하고 있고 실제로 어떤 "선교 현장에서 이웃과 함께 고통을 겪고 있다." 하지만 필자는 선교사들은 대부분 이 문제에 대한 "전문 지식과 경험의 부족, 선교적 우선순위, 선교단체와 교회, 후원자들의 기대 등의 이유로 이 문제에 소극적으로 대응하고 있다"고 결론지었다.

필자는 "한국 복음주의 선교사들의 지배적인 인식론적 신념은 이분법적 구원론이다. 그들의 궁극적인 초점은 영적인 차원에 있위"고 언급한다. 이는 "교회, 선교단체, 후원자 등을 포함한 많은 이해 관계자가 선교사들에게 환경과 인간의 재난과 관련된 문제에 관심을 갖기보다는 오직 전도와 제자도, 그리고 교회 개척 등의 사역에 전념할 것을 명시적으로나 암시적으로 요구하기 때문이다." 따라서 선교사들은 이해 관계자와 선교사들 자신의 영적 강조점들과 그들의 사역지에서 경험할 수 있는 "선교 현장에서 개인과 사회에 미치는 기후 변화의 직접적인 영향" 사이의 긴장 속에서 살아간다고 할 수 있다.

2. 네 가지 원리

필자의 신중하고 통찰력 있는 연구에 대해 논찬자는 이 연구로부터 배울 수 있는 원리를 네 가지로 요약하고 싶다.

1) 실제적인 경험과 구체적인 상황이 신학과 선교학의 발전을 주도한다

우리가 그리스도인이라면 하나님, 구원, 그리고 세상에 대한 그리스도인들의 신학이 세속적 현실에 물들지 않은 순수한 영적 진공 상태에서 만들어졌다고 상상해 볼 수 있다. 이와 마찬가지로 우리는 우리의 선교학적 이해와 전략이 기도하고 묵상하는 동안 영감을 받음으로 만들어졌고, 꼭 하늘에서 직접 계시되지는 않더라도 적어도 성령의 직접적인 인도를 통해 영감을 받았다고 생각해 볼 수 있을 것이다. 우리 복음주의자들은 특히 복음주의가 유럽 계몽주의에서 벗어나 소위 탈상황화되어 합리적이고 보편적으로 진리를 추구하면서 만들어졌다는 생각을 하기란 쉽지 않다.

그러나 실제로는 세상의 창조주이시며 구속자이신 분은 특정한 언어, 투쟁, 관계, 도전과 같은 구체적인 상황 속에서 온 인류를 다루고 계신다. 우리는 이러한 구체적인 유한성 내에서 하나님을 알아 가고 그분의 세계를 이해한다. 그리고 우리의 지식과 이해는 삶의 경험과 거친 우여곡절의 상황 속에서 성장하고 변화하고 발전한다. 그러므로 옛 언약의 백성들은 하나님을 '야훼'(Yahweh), '엘로힘'(Elohim)이라는 히브리어로 인식했으며, 새 언약 백성들은 그분을 '퀴리오스'(Kurios)와 '테오스'(Theos)라고 불렀으며, 지금 여기 있는 우리는 한국어 명칭인 '하나님'(Hananim), 영어인 '갓'(God), 그리고 기타 다른 토착 언어들로 그분의 명칭을 사용한다. 우리가 이렇게 부르는 것을 세상의 창조주이시며 구속주이신 하나님은 기뻐하신다.

헬라어를 사용하는 헬라주의자였던 예수를 따르는 사람들은 전해져 내려오던 우주론, 철학적 세계관으로는 답을 찾을 수 없는 새로운 질문들에 봉착했고, 그로 인해 새로운 기독론적, 삼위일체론적 이론을 고안해 내야 했다. 여러 세대에 걸쳐 모든 종류의 기독교 공동체는 조상과 종교적 전통을 다루는 방법을 놓고 갈등을 겪어야 했다. 윌리엄 캐리(William Carey)는 제임스 쿡(James Cook) 선장의 여행 보고서를 그 당시의 주식회사들, 종교 단체들, 자원봉사 단체 같은 단체들을 엮어 선교단체 형성을 촉발하는 모습이라 해석했다. 영향력 있는 19세기 영국 선교 지도자 헨리 벤(Henry Venn)은 선교사들이 새로운 상황으로 이동하여 현지인 목사들이 배출되도록 지원할 수 있게 동기를 부여해야 했으며, 이것이 삼자교회 개척(three-self church-planting)을 이루게 하는 공식이 되었다.

이 모든 것, 그리고 수많은 다른 사례들은 필자가 한국 선교사들에게 환경과 인간의 재난에 대하여 "현상학적 발견에 대한 성찰을 통한 인식론적 신념의 재정립"이라고 정의했던 것과 유사하다. 개념적 논증이나 특별히 종교적인 동기, 그 이상으로 그리스도인의 실제적인 경험과 구체적인 상황은 인식론적으로 신학적, 선교학적 공식화들을 형성하는 요소들이다.

2) 신학적 관점과 선교적 실천에서 기후 변화와 자연재해에 대한 다양한 대응은 기독교의 본질적 다양성과 일치한다

필자의 인터뷰는 환경 문제에 대한 한국 선교사들 사이의 다양한 신념과 태도, 그리고 그것들을 따라 선교사들이 어떻게 참여할 수 있는지를 보여 주었다. 일부 선교사들은 재활용이나 나무 심기 등 개인적인 환경 친화적 실천에 중점을 두었다. 어떤 선교사들은 생태학적인 주제에 신학적인 에너지를 결합시켜야 한다고 생각했다. 어떤 선교사들은 그리스도의 임박한 재림과 이에 상응하는 복음 전도에 더욱 초점을 맞춰야 한다는 종말론적 확신 때문에 환경 재난을 다루는 것의 긴급성과 중요성을 무시하기도 했다.

필자의 연구 결과를 지켜보는 다양한 독자들은 인터뷰한 선교사들의 다양한 태도를 다양하게 판단할 것이다. 선교사들과 이를 지켜보는 관찰자들 사이의 이러한 다양성은 기독교적 신앙을 특징짓는 다양성과 일치하기도 한다. 확실하게 말할 수 있는 것은 "몸이 하나요 성령도 한 분이시니 … 한 소망 안에서 … 주도 한 분이시요 믿음도 하나요 세례도 하나요 하나님도 한 분이시니 곧 만유의 아버지시라"(엡 4:4-6)라는 말씀처럼 그리스도인의 연합은 분명하게 이루어져야 한다는 것이다. 그러나 그리스도가 그분의 백성에게 주시는 다양한 은사(엡 4:7-11)와 더불어 그리스도에 대한 믿음이 다양한 상황, 배경, 환경에서 해석되고 실천되기도 한다. 즉 하나님의 계획으로 인해 그리스도인들의 연합은 획일적이기보다는 다양성에 특징을 둔다고 할 수 있다.

종교 연구의 관점에서 주목할 점은 기독교의 다양한 전통, 관습, 신념 및 태도가 변화 가능한(적어도 상당 부분) 종교 전통 중 하나인 불교 내의 다양성과 매우 유사하다는 것이다. 기독교를 유대교, 이슬람교와 더불어 이른바 '아브라함 종교'로 구분 짓는 것은 불교와 같이 변화 가능한 특성으로 생겨난 기독교 고유의 다양성을 모호하게 할 수 있다.

3) 사람들, 특히 그리스도인들은 새로운 도전에 보수적으로 반응하는 경향이 있다

산업혁명의 파급 효과가 점점 더 분명해지면서 전 세계적으로 환경 운동이 주목을 받고 있다. 환경 파괴와 관련된 중공업 관련 경제에서는 뚜렷한 정치적 불일치를 이루고 있는 반면, 재활용 및 탄소 배출 감소와 같은 환경 친화적인 조치에 대해서는 광범위한 지지와 동의가 뒷받침된다.

한국의 경제라 불리는 '한강의 기적'은 대부분의 선진국보다 늦은 1960년대인 한국전쟁 이후에야 시작되었다.[1] 그리하여 한국의 환경 운동은 1990년대 후반에 크게 성장할 수 있었다. 따라서 오늘날 한국 선교사들, 특히 1990년대 이전에 태어나고 자란 선교사들은 다른 국적의 선교사들만큼 환경 문제에 본능적으로 대처하지 못할 것이라는 점을 알 수 있다.[2]

한국의 상대적으로 늦은 현대 산업 발전은 새로운 도전에 보수적으

---

1 "The Korean Economy—the Miracle on the Hangang River," KOREA.net, Ministry of Culture, Sports and Tourism and Korean Culture and Information Service, accessed June 2, 2023, https://www.korea.net/AboutKorea/Economy/The-Miracle-on-The-Hangang.

2 필자(엄주연)가 인터뷰한 선교사들의 나이를 아는 것이 도움이 될 것이다.

로 대응하려는 인간의 성향을 더욱 돋보이게 한다. 예를 들어, 신약 성경에서 유대 그리스도인들은 이방 그리스도인들을 동등한 조건으로 받아들이지 않았다. 너무나 흔하게도, 위험하다고 생각하는 것을 회피하는 것은 자기를 보호하려는 본능에서 나온다. 선교사의 경우에는 그들이 만약 환경 생태학적 활동에 적극적으로 참여한다면 환경 생태학적 가치를 가지고 있지 않은 사람들의 지지가 위태로워질 수 있다.

4) 그리스도인들은 영적으로 자라난 사랑으로 기존 체계를 저항해야 하는 상황이라 할지라도 자신의 필요를 충족하고 현실을 직시하도록 이끌림을 받는다

필자의 연구는 한국 선교사들이 환경 문제에 참여하고자 고려할 때 직면하는 인식론적 장벽을 보여 준다. 그들 자신의 정신적 신념과 한국적인 것에 기반을 둔 후원자들, 그리고 영적인 문제와 교회 중심의 문제에서 우선순위를 매기는 것에 집중하느라 생태학적 위기를 뒷전으로 생각하고 있다.

그럼에도 불구하고 한국 선교사들은 환경 파괴와 자연재해로 인해 모든 인류가 고통받고 있으며, 자신도 고통받고 있다는 사실을 부인할 수 없고, 이러한 요구에 사랑으로 응답하지 않을 수 없다. 하나님의 영은 하나님의 사람들의 마음을 감동시키어 다른 사람을 섬기도록 하시는데, 이 섬김의 일에는 인류가 함께 이 위기를 완화하여 극복하기 위해 노력할 수 있는 해결책을 찾는 것도 포함된다는 것을 기억해야 할 것이다.

12
21세기에는 누가 세계를 먹일 것인가?: 중국, 인도, 아프리카의 식량 체계와 식량 주도권에 대한 간략한 비교에서 얻은 교훈과 질문

죠 리(Zhou Li)

1994년 "누가 중국에 식량을 공급할 것인가?"라는 논문에서 레스터 브라운(Lester Brown)은 중국의 식량 안보 문제를 세계적인 문제로 규정했다.[1] 그 후 25년이 지나고 새로운 세기가 찾아온 지금, "21세기에는 누가 중국에 식량을 공급할 것인가?" 하는 질문을 할 수 있다.[2] 이 질문을 조금 더 확대하면, "21세기에는 누가 인도와 아프리카에 식량을 공급할 것인가?"라는 시급한 질문을 할 수 있다. 즉 글로벌 식량 안보 문제에 있어서 새롭게 제기되는 과제들은 이에 따른 새로운 해결책

---

1 Lester R. Brown, "Who Will Feed China?," *World Watch* 7 (1994): 10-19; his book, *Who Will Feed China? Wake-Up Call for a Small Planet* followed the next year (Washington, DC: Worldwatch Institute, 1995).

2 L. Zhou, J. Luo, and P. Fang, 谁来养活21世纪的中国—疫情危机、全球本土化与有组织地负起责任 [Who will feed twenty-first century China?—Pandemic crisis, glocalization and organized responsibility] *International Economic Review* 155 (2021): 53-80.

이 필요할 것이다.

코로나19 팬데믹으로 인해 더욱 악화된 기후 변화, 경기 침체, 지역 갈등은 많은 개발 도상국과 빈곤층의 식량 안보를 위협해 왔다. 2020년에는 전 세계적으로 7억 2천만-8억 1천만 명이 기아에 직면하기도 했다. 인도에서만 그 수가 2억 1천만 명에 이르렀는데, 이는 그 숫자의 약 4분의 1을 차지한다. 이렇게 기아 문제로 고통받는 사람은 2019년에 비해 2020년에는 아프리카에서는 4,600만 명, 아시아에서는 거의 5,700만 명이 증가하였다. 이와 대조적으로 중국의 기아 발생률은 2.5% 미만으로 떨어졌다.[3]

본 논문에서 필자는 세계 식량 안보 상황을 분석한 후, 기독교 신앙이 실제 기아 문제와 어떻게 연관되어 있는지를 간략하게 논의할 것이다.

1. 21세기에는 누가 중국에 식량을 공급할 것인가?

중국은 기근의 상태에서 풍요로운 잔치의 상태로 바뀌어 가고 있다 (吃不饱[기아]에서 吃饱了[풍부함], 그림 12.1, 왼쪽 참조). 1960년대 중국의 연간 1인당 곡물 생산량은 개발 도상국의 평균 수준을 넘어섰다. 브라운의 분석을 활용해 보면, 중국은 2000년 이후 곡물 생산을 핵심으로 하는 적절한 농업 정책으로 다시 돌아갔다. 이 정책을 통해 중국은 2004년부터 2021년까지 매년 곡물 수확을 성공적으로 이루어 냈다.[4] 또한

---

3 FAO et al., *The State of Food Security and Nutrition in the World 2021* (Rome: FAO, 2021), 12-14, https://doi.org/10.4060/cb4474en.

4 国家统计局关于2021年粮食产量数据的公告 [Announcement of the National Bureau of Statistics on 2021 grain output data], National Bureau of Statistics of China, 2021, http://www.stats.gov.cn/tjsj/zxfb.

2010년 이후에는 연간 곡물 생산량이 1인당 기준치인 400kg을 넘어섰다. 이에 따라 중국은 곡물의 총생산량과 1인당 생산량이 이미 세계의 평균을 넘어섰기 때문에 구조적인 식량 위기를 겪을 가능성은 낮아지고 있다. 즉 중국은 국가 식량 안보에 대한 지속적인 노력과 관심으로 자급자족할 수 있게 되었다.

중국의 자급자족 능력은 유엔에서 2030년을 목표로 진행 중인 일부를 지속 가능한 모습으로 달성하는 데 직접적으로 기여했다. 2020년 유엔의 식량농업기구(FAO: Food and Agricultural Organization)는 중국을 포함해 13개국의 기아 발생률을 수정하였는데, 중국은 그전보다 낮은 수준인 2.5%였다. 이로 인해 많은 인구를 가진 중국은 큰 인구 규모의 효과로 말미암아 2019년 8억 명이었던 전 세계 기아 발생률을 6억 9천 명으로 감소시키기도 했다.[5] 2021년 7월, 마침내 중국은 빈곤 퇴치 전쟁에서 승리했다고 발표하기도 했으며, 농민 가구들은 연간 순익에 도달하게 되었다. 그리고 1인당 소득 기준이 국가 빈곤을 완화시켰으며, 농촌의 빈곤층이 의식주 걱정 없이 의무 교육, 기본 의료 서비스, 안전한 주거를 누릴 수 있는 환경을 제공하기도 하였다.[6] 그리하여 오늘날 중국에서는 거의 모든 사람이 기아에 고통받지 않도록 저소득층을 위한 '빈곤 퇴치를 위한 음식'이 실현되었다.

중국은 이러한 성과에도 불구하고 거의 20년 동안 식량의 수요와 공급의 균형이 아직도 팽팽하다고 주장하고 있다. 그러나 중국은 어느 순간 제한된 자원의 제약으로 인해 식량이 풍성한 '축제' 단계에 도달

---

5 FAO et al., *The State of Food Security and Nutrition in the World 2020* (Rome: FAO, 2020), https://doi.org/10.4060/ca9692en.

6 人类减贫的中国实践白皮书 [Poverty alleviation: China's experience and contribution], The State Council Information Office of the People's Republic of China, 2021, http://www.xinhuanet.com/.

하기는 어렵다는 것을 깨닫게 된다. 경작 가능한 토지는 세계 전체의 6.9%에 불과하지만, 인구는 세계의 18.5%를 차지한다. 즉 중국 정부는 현재의 기술 상황으로 식량의 수요와 공급의 균형이 지속적으로 안정화되려면 최소 2억 3천만 헥타르의 작물 재배 면적이 필요하지만 실제 재배 면적은 약 1억 7천만 헥타르에 불과하다는 것을 실감한다. 남은 작물 부족분은 수입으로 채워야 한다.[7]

중국은 21세기 초부터 쌀과 밀을 자급자족하고 있지만, 옥수수와 대두의 수입은 크게 증가하였다(그림 12.1, 오른쪽). 2020년의 곡물 수입량은 1억 2,268만 4,000톤으로 2001년보다 약 8.2배 증가했다.[8] 2018년과 2020년에는 곡물 수입량은 9,700만 톤 이상으로 아주 높은 수준을 유지하고 있다. 즉 중국은 이전에는 식량을 거의 자급자족했지만 이제는 식량 공급의 5분의 1을 수입함으로 충족한다.

그림 12.1: 중국의 곡물 총생산량, 1인당 생산량, 주요 품종의 자급률

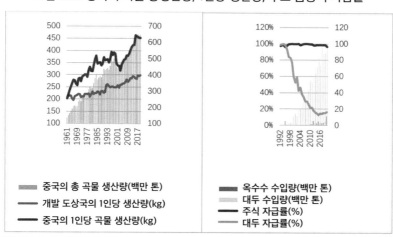

7 Y. Du, "China's Food Security Strategy (Part 2)," *Rural Work Communication* 22 (2020): 17-21.

8 "UN Comtrade Database," Trade Statistics Branch, UN Statistics Division, 2021, https://comtrade.un.org/data/.

그림 설명: 왼쪽 그래프는 UNDP(United Nations Development Programme: 유엔개발계획)가 발표한 국가 그룹(147개국의 데이터 포함)에 따라 선택되었으며 중국과 개발 도상국의 생산량이다. 개발 도상국의 연간 1인당 생산량은 약 400kg이라는 것을 나타낸다. 오른쪽 그래프에서 주된 식재료의 자급률(주식 자급률)은 쌀, 밀, 옥수수 자급률을 합한 평균을 나타낸다. 이는 중국의 식품 소비 습관과 생산 정책, 통계적 역량이 쌀, 밀, 옥수수를 주식으로 삼고 있다는 점을 고려한 것이다. 실제로 중국의 쌀과 밀의 자급률은 모두 100%에 가깝고, 옥수수의 변동 폭은 최소 95.6%에 이른다. 옥수수 수입량을 별도로 고려하여 대두와 비교해 보면 최근 몇 년간 옥수수 수입량 증가율은 11.3%에 그친다.

우리는 이 변화를 어떻게 이해해야 할까? 우리는 문제를 "기근"으로 해석하는 브라운이 제시한 초창기의 틀을 넘어서서 중국이 "풍요로운 축제"에서 "건강하고 균형 잡힌 식단"으로 전환하는 과정을 깊이 있게 접근해야 한다.

중국에서는 수입된 곡물은 주로 가축 사료로 사용되기 때문에 곡물 수입이 주요 작물의 자급자족에 직접적인 영향을 미치지는 않는다. 쌀, 밀, 옥수수의 자급률은 95% 이상을 유지하고 있다. 2020년 옥수수 수입 변화는 단기적인 편차에 불과하다고 할 수 있다. 2020년에는 특별히 아프리카 돼지 열병을 퇴치하고[9] 살아남은 돼지로 인한 생산을 회복하기 위해 옥수수 수입을 가속화하여 무려 1,129만 4,200톤이라는 사상 최고치를 기록하게 되었다. 또 이와는 대조적으로 정책을 만드는 사람들은 2001년 이후 대두에 대한 수입 대체 전략을 채택해 자급률을 달성하여서 2012년부터는 수입률이 20% 이하로 떨어지기도 했다.

사료용 곡물 수입 증가는 육류, 달걀, 우유 등의 수요 증가와 직접적으로 관련이 있다. 대두유는 식품 가공 산업에 사용되는 반면, 대두 자체는 육류, 달걀 및 유제품 산업의 사료로 사용된다. 또한 이러한 증가

---

9 S. You et al., "African Swine Fever Outbreaks in China Led to Gross Domestic Product and Economic Losses," *Nature Food* 2 (2021): 802-808, https://doi.org/10.1038/s43016-021-00362-1.

추세는 중국 경제 발전이 이루어진 지난 40년 동안의 육식 소비 패턴의 변화를 보여 주기도 한다. 그러나 중국의 식단 구조는 다른 동아시아 국가와 마찬가지로 수천 년 동안 식물성 단백질을 주로 기반으로 하였기에 이러한 증가 추세가 선형적으로 계속 올라갈 것 같지는 않다.

중국의 식습관 구조는 주요 육류 및 지방 섭취가 권장 수준보다 높다는, 건강에는 해롭다고 할 수 있는 경향을 보여 왔다.[10] 이러한 중국의 소비 패턴 변화는 유럽과 미국의 변화와 비슷하기도 해서 흔하게 발생하는 심혈관 및 뇌혈관 질환의 발생률이 더욱 높아졌다.[11] 선진국에서는 고지혈증(34.0%), 고혈압(25.2%), 고혈당증(9.7%), 비만(30.1%)이 심각한 건강 문제가 된다.[12] 이러한 상황에 따라 사람들은 식생활 구조에 다시 균형을 잡을 필요가 생겼고 수입 대두를 사용하는 것이 좋은데 이는 융통성 없는 소비 패턴보다는 유연성 있는 소비 패턴을 만족시킬 수 있기 때문이다. 즉 식물성 단백질의 자급자족이 동물성 단백질의 공급 증가보다 더 중요하기 때문이다.

10 L. Huang et al., "Nutrition Transition and Related Health Challenges over Decades in China," *European Journal of Clinical Nutrition* 75 (2021): 247-52, https://doi: 10.1038/s41430-020-0674-8.

11 A. D. Lopez and T. Adair, "Is the Long-Term Decline in Cardiovascular-Disease Mortality in High-Income Countries Over? Evidence from National Vital Statistics," *International Journal of Epidemiology* 48 (2019): 1815-1823, https://doi: 10.1093/ije/dyz143.

12 Bureau of Disease Prevention and Control, National Health Commission of China, *Report on Nutrition and Chronic Diseases of Chinese Residents* (Beijing: People's Medical Publishing House, 2021), 100-147.

그림 12.2: 중국의 칼로리 섭취량과 전체 인구 중 기아에 처한 사람의 수

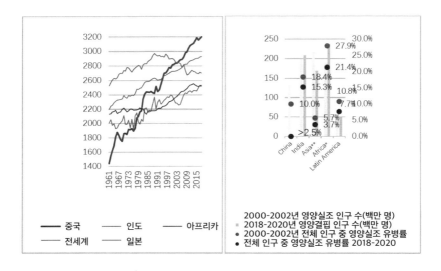

중국   인도   아프리카
전세계   일본

2000-2002년 영양실조 인구 수(백만 명)
2018-2020년 영양결핍 인구 수(백만 명)
2000-2002년 전체 인구 중 영양실조 유병률
전체 인구 중 영양실조 유병률 2018-2020

그림 설명: 두 그래프에서 아프리카는 사하라 이남 아프리카를 나타내고, 오른쪽 그래프의 아시아는 중국과 인도를 제외한 다른 아시아 나라들을 뜻한다. 왼쪽 그래프의 국가 및 지역 비교 단위는 kcal/인당/일이다. 오른쪽 그래프는 두 가지 특성을 보여 주는데, 첫째는 2005년 이후 중국의 1인당 칼로리 섭취량이 세계 수준을 넘어섰을 뿐만 아니라, 식생활 구조가 유사한 일본 수준도 넘어섰다는 것이다. 둘째는 인도의 1인당 칼로리 섭취량은 사하라 이남 아프리카와 비슷하다고 할 수 있다는 것이다. 인도의 인구가 곧 중국을 넘어설 것으로 예상되며, 인도의 기아 인구가 아시아의 기아 인구의 합을 넘어섰다는 점은 주목할 만하다. 이 수치는 세계 식량 안보에 대한 새로운 과제를 분명히 제시한다.

　　중국에서 21세기 식량 공급의 과제는 기아를 막는 식량의 안보 문제이기보다는 영양을 향상시키기 위한 사료의 곡물 공급 변화와 더 관련이 있다고 할 수 있다. "풍요로운 축제"와 "건강하고 균형 잡힌 식단"은 서로 다른 의미로 두 단계의 진보적인 관계를 가진다고 할 수 있다. 첫 번째 단계는 중국에 식량을 공급하는 문제가 해결되었다는 것이고, 두 번째 단계는 국가의 식량 수요에 영향을 미치는 핵심 요소로서 영양을 향상시키고 균형을 맞춘 식단에 초점을 맞추는 것이다. 육류와 기름의 합리적인 소비 패턴은 사료용 곡물에 대한 수요를 줄이고, 이는 대두와 옥수수 수입을 줄이는 데 도움이 될 것이다. 중국은 2035년까지 기술적으로 최적화된 조건 가운데 대두와 옥수수의 수요를 각각 45%와 100%에 다다를 수 있게 충분히 생산할 수 있을 것이다.[13] 또한 쓰레기를 줄임으로써 전체 식품 생산량의 약 27%를 더 효율적으로 사용할 수 있다.[14]

2. 21세기에는 누가 인도와 아프리카에 식량을 공급할 것인가?

세계 인구가 계속 증가함에 따라 식량 안보 문제는 점점 더 중요해지고 있다. 세계 인구는 1960년 30억 3천만 명에서 2020년 77억 9천만 명으로 급증했다. 특히 아프리카(373.1%), 라틴 아메리카(196.6%), 아시아(172.2%)의 인구 증가가 두드러졌다.[15] 영양학적으로 적절한 식단을 감당할 수 없는 전 세계 인구는 2022년에 2억 2천만 명이 증가할 것으로 예상된다.[16] 1960년부터 2020년까지 과도한 발육 부진과 아동 사망률로 인한 미래 생산성 손실은 297억 달러에 달한다.[17] 기후 변화를 고려하면 전 세계 총 식량 수요는 최대 62% 증가할 것이다. 2010년에서

---

13 Z. Liu et al., "Optimization of China's Maize and Soy Production Can Ensure Feed Sufficiency at Lower Nitrogen and Carbon Footprints," *Nature Food* 2 (2021): 426-33, https://doi.org/10.1038/s43016-021-00300-1.

14 S. Wang et al., "Urbanization Can Benefit Agricultural Production with Large-Scale Farming in China," *Nature Food* 2 (2021): 183-91, https://doi.org/10.1038/s43016-021-00228-6.

15 "World Population Prospects," Department of Economic and Social Affairs, Population Division, UN 2019, https://population.un.org/wpp/.

16 D. Laborde et al., "COVID-19 Pandemic Leads to Greater Depth of Unaffordability of Healthy and Nutrient-Adequate Diets in Low-and Middle-Income Countries," *Nature Food* 2 (2021): 473-75, https://doi.org/10.1038/s43016-021-00323-8.

17 S. Osendarp et al., "The COVID-19 Crisis Will Exacerbate Maternal and Child Undernutrition and Child Mortality in Low-and Middle-Income Countries," *Nature Food* 2 (2021): 476-84, https://doi.org/10.1038/s43016-021-00319-4.

2050년 사이에 기아 위험에 처한 인구는 30% 증가할 것이다.[18]

21세기 인도와 아프리카에 식량을 공급하는 과제(그림 2)

인도의 식량 안보 문제는 특히 두드러진다. 1980년대 후반부터 인도의 1인당 칼로리 섭취량은 사하라 이남 아프리카와 비슷했다. 2020년 기준 인구는 13억 8천만 명에 달해 세계 인구의 17.7%를 차지했다. 머지않아 인도는 인구가 가장 많은 국가가 될 것이다. 그러나 기아에 시달리는 사람의 수는 2억 800만 명에 달해 중국과 인도를 제외한 아시아 국가 전체를 합친 것보다 많다. 인근 파키스탄, 방글라데시, 인도네시아도 기아 수준이 높다. 아프리카도 비슷한 상황이 존재하는데, 사하라 이남 인구의 21.4%가 기아에 직면해 있다. 이러한 걱정스러운 데이터는 인도와 아프리카의 '기근' 문제가 장기적이고 몹시 힘든 성격을 가지고 있음을 강조할 뿐만 아니라 개발 도상국과 지역의 식량 안보와 자급자족을 어떻게 개선할 것인지에 대한 보다 심각한 과제를 제시한다.

3. 세계를 위한 중국의 모델

전 세계가 유엔이 지정한 2030년까지의 '지속 가능한 발전 목표'(UN sustainable development goals)를 달성하기 위해 노력하는 가운데, 국민에게 지속적으로 충분한 식량을 공급하려고 한 중국의 창의적인 해결책은 전 세계가 참고할 만한 모델이 될 수 있다. 중국의 이러한 모습은 기

---

18 M. van Dijk et al., "A Meta-analysis of Projected Global Food Demand and Population at Risk of Hunger for the Period 2010-2050," *Nature Food* 2 (2021): 494-501, https://doi.org/10.1038/s43016-021-00322-9.

후 변화와 코로나19의 영향을 받는 다른 개발 도상국들에게도 자신감을 심어 줄 수 있다.

중국 식량 안보 자급자족에서 핵심적으로 얻게 된 교훈은 정부가 국민에게 식량을 공급하는 것에 전적으로 책임을 진다는 것이다. 중국 정부는 다른 나라에 비해 상대적으로 자급률이 높은 나라임에도 불구하고 여전히 "중국 쌀로 지은 밥 한 공기"(Chinese bowl for Chinese rice)를 국가 정책으로 강조하고 있고, 이는 식량 안보를 정부의 가장 기본적인 역할 중 하나로 인식하고 있다는 것이다. 결과적으로 우리는 울리히 벡(Ulrich Beck)이 묘사한 위기에 처한 사회 속에서 "조직화된 무책임"[19]을 따르기보다 식량 안보를 위한 "조직화된 책임"[20]을 향해 나아갈 수 있다.

중국의 "경작자에게 토지를!"(the land to the tiller) 정책은 농민의 자급자족을 보장하고 저소득층의 식량 안보를 효과적으로 향상시키고 있다. 이 정책은 본질적으로 모든 사람에게 농작물 재배를 위한 밭을 제공하는 토지 균등화 프로그램이다. 중국은 식량 생산과 관리의 가장 기본 단위인 농민의 근본적인 지위를 회복하고 견고하게 하였다. 광범위한 토지 소유가 이러한 자급자족을 보장할 수 있다는 것인데, 이는 차야노프(Chayanov)[21]가 제안한 농민 가구의 생산과 소비의 비분리성과 슐츠(Schultz)[22]가 제안한 가장 기본 단위인 농민 가구의 생산 및 관리의

---

19 Ulrich Beck, *Counter-Poisons: Organized Irresponsibility* (Cambridge: Cambridge Univ. Press, 1992).

20 Zhou, Luo, and Fang, 谁来养活21世纪的中国？ [Who will feed twenty-first century China?].

21 A. Chayanov, *The Theory of Peasant Economy* [1925 ed.] (Manchester: Manchester Univ. Press, 1966).

22 T. W. Schultz, *Transforming Traditional Agriculture* (New Haven: Yale Univ. Press, 1964).

불가분성으로 설명할 수 있다. 즉 중국 농업에 종사하는 98%의 농민들은 시장에 의존하지 않고도 다양한 영양 식품을 통해 생계를 유지할 수 있다는 것이다.[23] 현재 5억 8천만 명의 농민이 자급자족할 수 있고, 이러한 농민들은 사회 조직을 구성함으로써 식량 공급망의 최대 80%에 참여하고 기여할 수도 있다.[24]

우리는 중국의 정부 주도적 식량 주권 체제를 모범적으로 확립시키고 발전시켜야 한다. 중국의 정책은 '소지주 대국'이라는 국가적 조건 아래에서, 식량 체계를 '자주력을 향상하고 독립을 실현'하는 방향으로 장기적인 전략으로 시행되었다. 또한 중국의 공공 정책으로 개량 품종, 저독성, 고효율의 화학 비료 및 농약 사용, 생산의 기계화 및 정보화에 대한 지속적인 지원을 통한 수자원 보호 프로젝트, 농경지 인프라 등에 대한 투자를 증가시킴으로 여러 가지 문제를 해결하였다. 그리고 국내 식량 유통 체계는 식량 생산이 낙후된 일부 지역의 상황과 불균형한 제품 구조를 해결함으로 구축해 나갔다.

마지막으로, 중국의 식량 상태가 "풍요로운 축제"에서 "건강하고 균형 잡힌 식단"으로 전환되는 것을 가속화하기 위해서는 식품 체계의 다양성을 개선해야 한다. 중국 정부는 1번 문서(No. 1 Document, 중국 공산당 지도부가 농업을 지원하기 위해 발표한 정책-옮긴이 주)에 규정된 대로, 2007년에 처음으로 농업의 다양한 기능 개발에 초점을 맞추기 시작했다. 2013년 이후에는 지속 가능한 식량 안보를 보장하기 위해 "농지 관리

---

23 Z. Si and L. Zhou et al., "'One Family, Two Systems': Food Safety Crisis as a Catalyst for Agrarian Changes in Rural China," *Journal of Rural Studies* 69 (2019): 87-96, https://doi.org/10.1016/j.jrurstud.2019.04.011.

24 S. K. Lowder, M. V. Sánchez, and R. Bertini, "Farms, Family Farms, Farmland Distribution and Farm Labour: What Do We Know Today?," FAO Agricultural Development Economics Working Paper 19-08, Rome, FAO, November 2019.

및 기술 적용에 기초한 식량 작물 생산 전략", 화학 비료 및 농약의 미사용, 윤작 및 휴경제 등의 정책이 잇달아 도입되었다. 이러한 정책은 농업 인프라를 향상하고, 혁신적인 기술 및 프로그램을 수립하며, 지속 가능한 식량 생산을 이끌면서, 영양 향상을 촉진시키고, 소비 패턴을 재조정함으로 이루어졌다. 중국도 다른 선진국들과 마찬가지로 다양성을 강조하며 "건강하고 균형 잡힌" 단계로 나아가기 시작했다.

4. 믿음과 현실 세계의 기아

지금까지 서술한 내용은 세속적인 지식과 세계의 현실에 대한 분석일 뿐이다. 주 여호와께서는 "보라 날이 이를지라 내가 기근을 땅에 보내리니 양식이 없어 주림이 아니며 물이 없어 갈함이 아니요 여호와의 말씀을 듣지 못한 기갈이라"(암 8:11)라고 말씀하셨다. 성경 속의 기근을 통해서 세상을 어떻게 먹일 것인가에 대해 생각해 볼 수 있는데, 역시나 그분의 말씀에는 우리가 현재 처해 있는 상황에 적용할 수 있는 지혜가 들어 있다.

성경은 고대 이집트와 인근 국가에 있었던 대규모의 장기적인 기근을 기록하고 있다. 하나님은 요셉에게 파라오의 꿈을 해석하게 하시어 7년 풍년과 7년 흉년이 있을 것임을 알려 주셨다. 이로 인해 요셉은 파라오 다음가는 이집트의 통치자이자 "하나님의 영"(창 41:38)에 감동된 자로서 풍년 기간 동안 식량을 비축함으로써 다가올 기근에 현명하게 대비했다. "하나님은 그것을 선으로 바꾸사 오늘과 같이 많은 백성의 생명을 구원하게 하시려 하셨나니"(창 50:20). 오늘날 우리는 기근을 비롯한 여러 가지 어려운 식량 안보 문제에 직면해 있다. 그렇다면 "현재에도 요셉과 같은 사람이 풍년의 시기에 기근을 대비하는 것이 필요한

가?"라고 질문해 볼 수 있다.

성경의 또 다른 구절에는 "그중에 아가보라 하는 한 사람이 일어나 성령으로 말하되 천하에 큰 흉년이 들리라 하더니 글라우디오 때에 그렇게 되니라 제자들이 각각 그 힘대로 유대에 사는 형제들에게 부조를 보내기로 작정하고 이를 실행하여 바나바와 사울의 손으로 장로들에게 보내니라"(행 11:28-30)라고 기록되어 있다. 이러한 성경적 모습을 지금 우리 시대에 적용해 본다면 "음식이 풍부한 지역에 사는 사람들이 여러 가지 구호품을 기근 지역에 있는 사람들에게 보내야 할 것인가?"라고 질문할 수 있다.

마지막으로 성경에는 "사십 일을 밤낮으로 금식하신 후에 주리신지라 시험하는 자가 예수께 나아와서 이르되 네가 만일 하나님의 아들이어든 명하여 이 돌들로 떡덩이가 되게 하라 예수께서 대답하여 이르시되 기록되었으되 사람이 떡으로만 살 것이 아니요 하나님의 입으로부터 나오는 모든 말씀으로 살 것이라 하였느니라 하시니"(마 4:2-4)라고 기록되어 있다. 예수님은 우리의 삶에서 하나님의 말씀이 우리가 먹는 음식만큼 중요하다고 말씀하셨다. 우리는 모든 지혜를 다하여 하나님의 말씀을 현실에 적용함으로써 어떠한 어려움 속에서도 하나님과 함께 걸어갈 것이다. 만물의 주권자이신 하나님께로, 만물의 근원이신 하나님께로 돌아가자. 우리는 그분에게서 근본적인 답을 찾을 수 있고, 그것을 우리의 세계에서 풀어 나갈 수 있을 것이다.

토론 질문

1. 세상과 모든 사람을 궁극적으로 먹이시는 분은 누구신가? 햇빛, 공기, 물, 땅, 씨앗, 그리고 사람들에게 일할 능력을 주시는 분은 누구신가? 세계의 모든 사람에게 식량을 공급하기 위한 거대한

현실적 과제를 고려할 때 이 질문들에 대한 당신의 대답은 어떤 의미를 가질 수 있는가?

2. 주님의 말씀이 우리 세계와 관련이 있다면, 우리는 중국이 기독교적인 신앙 없이도 자급자족을 이루어 낸 것에 대해 어떻게 해석해야 하는가? 인도(힌두교, 이슬람교, 기독교), 아프리카(기독교, 이슬람교), 일부 라틴 아메리카(기독교) 국가들이 자급자족할 수 없는 현실은 또 어떻게 해석되어야 할까?

3. 코로나 엔데믹의 위협과 세계 대전이 일어날 것 같은 여러 가지 상황 속에서, 주님의 말씀(복음)을 지구의 8억 명 이상의 기아에 직면한 사람들을 먹이는 거대하고 복잡한 과제와 어떻게 연관 지을 수 있는가?

논찬

안나 리사 무다히(Anna lisa Mudahy)

1. 우리는 세계에 식량을 공급할 준비가 되어 있는가?

"21세기에는 누가 세계를 먹일 것인가?" 이 놀라운 질문은 "중국, 인도, 아프리카의 식량 체계와 식량 주도권에 대한 간략한 비교에서 얻은 교훈과 질문"이라는 필자의 논문 부제목 속에도 존재한다. 여기서 시사점은, 필자는 이 논문에서 인류 사회의 근본적인 측면 중 하나인 식량 안보를 다루고 있다는 것이다. 필자는 중국을 사례 연구로 활용하여 지속 가능성과 자급자족을 통합하는 목표를 가지고 실행한 노력을 보여 줌으로써 세계 식량 안보 문제로 나아갈 가능성에 초점을 맞추고 있다. 이 논문에서는 중국이 1990년대 광범위한 식량 위기의 중심에서 2020년의 잘 계획된 식량 자급자족 상태로 변화하는 과정을 분석하고, 중국 정부의 노력을 세계적 기아 위기를 해결하는 청사진으로 활용할 것을 제안한다.

이러한 중국의 식량 체계와 이를 세계적으로 적용한 것에 대한 필자의 분석은 아주 유용하다. 지속적으로 증가하는 세계 인구와 인도 아대륙(인도반도)과 라틴 아메리카 등의 다양하고 광범위한 성장은 기후 위기와 함께 여러 가지 경고를 보내고 있고, 이에 따라 증가하는 식량 수요는 어디서 어떻게 보충할 것인지에 대한 의문을 제기할 수 있다.

중국의 식량 안보 성공 사례는 식량 위기에 대한 잠재적인 세계적 해결책을 제시하는 희망인 것 같다. 이러한 성취는 너무나 달콤하게 보이고, 세계 식량 안보는 중국이 행했던 것과 유사하게 확고한 노력을 통해 이룰 수도 있지만, 그것은 결코 쉽게 달성되지는 않는다. 세계 식량 위기를 해결함에 있어서 어떻게, 누가, 어디서, 언제, 지리 사회적 또는 둘러싸고 있는 정치적 현실의 지뢰밭이라는 질문들은 답을 찾는 일을 더욱 복잡하게 한다고 할 수 있다.

필자는 중국의 식량 체계를 "정부 주도적 식량 주권 체제"라고 설명하며, 이와 유사하게 여러 가지 노력을 시행하고 싶다면 다른 국가에서도 기아를 감소시키고 방지하기 위해 하향식 관점으로 전략을 제정해야 한다고 언급한다. 그러나 심각한 식량 위기에 직면한 다른 지역 및 국가의 상황과 비교하고 중국의 정치 구조를 고려해 볼 때 중국이 행했던 것처럼 유사한 프로그램을 제정한다는 것은 쉽게 극복되지 않는 장애물이 될 수 있다. 이러한 성격의 광범위한 정부 개입은 정치 권력 과잉 간섭으로 간주될 수 있으며, 중국에서와 같은 지원을 받지 못할 수도 있다.

또한 이러한 체계를 원하는 결과를 이룰 때까지 유지하는 것은 또 다른 심각한 문제를 안겨 주기도 한다. 그리고 이러한 성공적인 중국의 식량 정책은 20년 이상 지속되었지만, 이는 정치적으로 자주 변화하는 개발 도상국에서는 실현 가능성이 없을 수 있다. 즉 근본적으로 이 정책은 중국에서는 성공했지만 다른 국가에서의 성공의 타당성을 판단하려면 지역별로 철저하게 분석할 필요가 있다.

2. 복음과 세계적 기아

이러한 한계를 고려한다면 식량의 불안을 겪고 있는 모든 지역에서 세계적 버전의 중국 식량 체계를 구현하는 것은 불가능할 수 있다. 그러나 중국 식량 정책은 세계적인 규모보다는 작지만 훨씬 더 목표가 분명한 선교 프로젝트를 통해서는 전 세계적 복음 활동에 유용한 통찰력을 가지고 적용될 수 있을 것이다.

유엔은 2021년에 8억 2,800만 명이 기아로 피해를 입은 것으로 추정했다.[1] 그러나 우리는 그리스도인으로서 모든 인류에게 영향을 미치는 더 큰 위기, 즉 하나님의 말씀에 대한 기근을 뼈저리게 인식하고 있다. 세상의 궁극적인 운명이 눈앞에 펼쳐진 지금 우리 마음에는 구원의 복음을 세상에 전하여 영혼들이 천국으로 인도되어 구원받을 수 있도록 해야 한다는 사명이 있다. 영적인 기근으로 인해 수십 억의 사람들은 오직 생명의 떡이신 그리스도만으로 만족할 수 있는 충만함을 갈망하게 되었다. 예수님은 이 땅에서 사역하시는 동안 이스라엘 백성에게 영적 충만함이 반드시 필요하다는 것을 강조하셨지만, 그분은 또한 그들을 괴롭히는 육체적 질병도 무시하지 않으셨다. 그분은 기적을 통하여 복음의 실제적인 측면과 영적인 측면 사이의 관계성을 보여 주셨다. 하나님의 사랑은 말과 번듯해 보이는 철학으로만 나타나는 것이 아니라 우리의 행동으로 나타난다.

중국 정부는 국민들 중 가장 가난한 사람들에게 자립과 식량 안보를 달성할 수 있게 여러 가지 권한을 부여했는데, 이를 위해 사용한 방법

---

1 "UN Report: Global Hunger Numbers Rose to as Many as 828 Million in 2021," World Health Organization, July 6, 2022, https://www.who.int/news/item/06-07-2022-un-report--global-hunger-numbers-rose-to-as-many-as-828-million-in-2021.

들은 우리가 세계적인 선교 사역에 힘쓸 때 유용한 도구가 될 수 있다. 우리가 섬길 수 있는 지역 사회를 세우고, 기아와 같은 중대한 문제를 해결하기 위해 이와 관련된 총체적인 프로젝트를 추진하는 것은 상상 이상으로 지속적인 영향을 미칠 수 있다. 우리는 복음의 좋은 소식을 나누는 것과 더불어 가장 필요한 곳에 물질적, 영적 음식을 모두 함께 제공하는 데 도움을 줄 수 있어야 한다.

그분의 일을 이루기 위해 필요한 것을 공급하시는 하나님

창세부터 인간은 생존을 위해 식량이 필요했고, 하나님은 이러한 식량을 궁극적으로 공급하는 역할을 수행하셨음을 다음의 성경 구절을 통해 알 수 있다. "하나님이 이르시되 내가 온 지면의 씨 맺는 모든 채소와 씨 가진 열매 맺는 모든 나무를 너희에게 주노니 너희의 먹을거리가 되리라"(창 1:29). 그 후 수천 년이 지나서, 예수님은 산상수훈을 통해 이와 동일하게 하나님이 모든 것을 공급하신다는 말씀을 전하셨다. 그분은 "그러므로 내가 너희에게 이르노니 목숨을 위하여 무엇을 먹을까 무엇을 마실까 몸을 위하여 무엇을 입을까 염려하지 말라 … 공중의 새를 보라 심지도 않고 거두지도 않고 창고에 모아들이지도 아니하되 너희 하늘 아버지께서 기르시나니 너희는 이것들보다 귀하지 아니하냐"(마 6:25-26)라고 말씀하셨다. 무한한 지혜를 가지신 우리 창조주께서는 인류를 먹이는 데 꼭 필요한 것들로 가득 찬 세상을 창조하셨으며, 우리의 필요와 우리가 섬기는 사람들의 필요를 공급하심으로 사랑과 배려를 베푸신다.

하나님은 우리가 배고픈 자들과 떡을 나누기를 원하시지만(사 58:7), 이러한 축복이 우리에게서 나오는 것이 아니라는 사실을 잊지 말아야 한다. 욥은 주님이 주시고 가져가시는 분임을 분명히 알았고(욥 1:21),

시편 기자는 "땅과 거기에 충만한 것 … 은 다 여호와의 것"(시 24:1)이라고 선포한다. 마치 제자들에게 그들을 지키고 책임지겠다고 약속하시고 나서 사역을 위해 그들을 보내셨던 것처럼, 이스라엘 자손이 광야에 머무는 동안 그들을 먹이신 것처럼, 갈릴리 바닷가에서 5천 명이 넘는 사람들을 먹이신 것처럼, 주님은 우리가 우리에게 주신 사명을 완수하기까지 "영광 가운데 그 풍성한 대로"(빌 4:19) 우리의 필요를 채워 주실 것이다. 그렇기에 우리는 그분이 인도하시는 곳이면 어디든지 갈 준비가 되어 있는, 자원하는 그릇으로 나아가면 된다.

세계 식량 위기는 인류 역사의 마지막 순간에 우리가 그리스도인으로서의 의무를 다할 수 있는 매개체라고 할 수 있다. 우리는 하나님의 자녀로서 서로의 짐을 지고 그리스도의 법을 성취하라는 사명을 받았다(갈 6:2). 즉 우리는 8억 명이 겪고 있는 기아 문제를 위해 노력함으로써 이 땅에서의 삶을 넘어 영원까지 이어지는 더 큰 소망을 이루어 나갈 수 있다.

13

부르키나파소 남서부의 금 채굴과 기독교 선교: 지상명령과 구조적 악

이니 도카스 다(Ini Dorcas Dah)

서론

필자는 1990년부터 부르키나파소 남서부 지역의 수도인 가우아에 살고 있다. 이 지역을 주로 '로비 땅'(Lobi Land)이라고 부르는데, 여기에는 금광을 비롯한 영세 광산이 많이 있다. 필자는 수년에 걸쳐 이 지역의 금 채굴에 대한 연구를 하게 되었고 여러 가지 많은 변화를 목격하였다. 특별히 이 논문에서는 소규모 채굴이 제한되어 있는 이 지역의 금 채굴에 대해서, 이 지역의 전통이 담겨 있는 시각으로 간략하게 설명해 보고자 한다. 그 후 이러한 전통을 파괴하는 행위가 어떻게 대규모의 금 채굴과 그에 따른 많은 재난을 초래했는지 살펴보도록 할 것이다. 그리고 마지막으로는 지상 대명령을 통한 기독교 선교가 전 지구적일 뿐 아니라 특별히 부르키나파소 남서부에서 일어나는 구조적인 악을 어떻게 다룰 수 있는지를 살펴볼 것이다.

부르키나파소 남서부의 금에 대한 전통적 접근

전통적으로 부르키나파소 남서부 사람들은 금이 신성하다고 믿었다. 이러한 신성함은 환경 보호를 위한 금기와 기타 관련 전통법의 준수를 통해 유지되었다. 지구라는 곳은 로비(Lobi)에 살고 있는 대부분의 사람에게는 변함없이 신성한 것으로 여겨진다. 특히 비리포(Birifor, 로비 땅의 주요 종족 집단 중 하나) 종족은 '티강'(tïgan, 땅의 성소)이 존재한다는 사실을 믿고 있고, 이는 땅이 거룩하다는 믿음을 배가시킨다.[1] 시에 에릭 다(Sié Eric Dah)에 따르면, 땅은 사고팔 수 있는 것이 아니며, 신이 주신 선물로서 빌려줄 수만 있으며, 도움이 필요한 누구에게나 거저 주어야 한다.[2]

1902년 초, 프랑스의 어떤 논문에는 '로비 땅'에 금이 있다는 사실이 기록되어 있으며, 그 당시 여성들만이 가끔 소규모로 금 채굴을 하고 있다고 기록되어 있다.[3] 이러한 여성들은 가족을 부양하는 데 필요한

---

1 Ini Dorcas Dah, *Women Do More Work Than Men; Birifor Women as Change Agents in the Mission and Expansion of the Church in West Africa (Burkina Faso, Côte d'Ivoire and Ghana)* (Akropong-Akuapem, Ghana: Regnum Africa, 2017), 48.

2 Sié Eric Dah, "L'Eglise, Champ de Dieu: Intelligence du Mystère à partir de l'Image du Champ en Milieu Birifor" [The church, field of God: Intelligence of the mystery from the image of the field in Birifor environment] (Mémoire en Théologie, 6ème Année, Koumi, Juin 1998), 13-14. 그 땅을 무료로 제공하는 것은 농사를 짓기 위함이지, 오늘날 그 지역에서 행해지는 것처럼 금을 채굴하기 위한 것이 아니었다는 점에 유의하라.

3 Monographie de Bondoukou, Colonie de la Côte d'Ivoire, Haute Côte d'Ivoire Orientale (deuxième Cahier, troisième cahier et quatrième cahier), Les Etats de Bouna (Suite) par le Lieutenant Chaudron du 1er Régiment de Tirailleurs Senegalais-Commandant la Circonscription de Bouna, 1902, Archives Nationales de Côte d'Ivoire, Abidjan [Monograph of Bondoukou, Colony of Côte d'Ivoire, Haute Côte d'Ivoire Orientale (second notebook, third notebook, and fourth notebook), The States of Bouna (continued) by Lieutenant Cauldron of the 1st Regiment of Senegalese Tirailleurs-Commander of the District of

다른 여러 가지 유용한 물건과 금을 교환하기도 했다.[4] 이 지역에서는 사람들이 금을 액세서리로 차고 다니는 것을 보기가 쉽지 않았다.[5] 왜 냐하면 그들은 금이 그들의 영혼을 삼킬 수 있는 힘을 가지고 있다고 믿었기 때문이다. 그들은 신이 그들을 위해 언덕 위 바위 속에 금을 두 었다고 여겼으며, 금을 찾기 위해 돌을 부수는 사람은 아무도 없었다.[6] 그러므로 로비 종족은 큰 금덩어리가 들어 있는 돌을 발견하더라도 그 것을 언덕 꼭대기로 가져가 거기에 신성한 돌로 두곤 했다.[7]

심지어 금이 뱀처럼 돌아다니거나 기어다녔다는 신화도 있다. 금을 모은 사람은 누구나 죽을 것이라고 믿었고, 죽음을 막기 위해 사람들은 그 위에 소변을 봐야 한다고 믿었고, 그러한 행위가 결과적으로 죽음 을 무력화시킨다고 믿었다. 금에 소변을 보면 무력해진다는 논리는 부 유함이 은행 계좌의 규모나 물질적 소유의 풍부함으로 그 정도가 측정 되는 것이 아니라 가족의 크기와 규모에 달려 있다는 것이다. 다(Dah) 가 지적한 것처럼, "아기가 태어났을 때 가족에게는 항상 기쁨이 있다. 왜냐하면 자녀는 부의 상징이기 때문이다."[8] 가족 규모가 부의 상징으 로 여겨졌던 전통적인 로비 종족은 그들 중 누구도 돌아다니거나 기어

Bouna, 1902, National Archives of Côte d'Ivoire, Abidjan] (ANCI-Abidjan).

4 Monographie de Bondoukou [Monograph of Bondoukou].

5 Cécile de Rouville, *Organisation Sociale des Lobi, Une Société bilinéaire du Burkina Faso et de Côte d'Ivoire* [Social organization of the Lobi: A bilinear society of Burkina Faso and Côte d'Ivoire] (Paris: L'Harmattan, 1987), 42.

6 Klaus Schneider, "Extraction et traitement rituel de l'or" [Extraction and ritual treatment of gold] in *Images d'Afrique et sciences sociales: Les pays Lobi, Birifor et Dagara (Burkina Faso, Côte d'Ivoire et Ghana), Actes du Colloques de Ouagadougou (10-15 décembre 1990)* [Images of Africa and the social sciences: The countries of Lobi, Birifor and Dagara (Burkina Faso, Côte d'Ivoire and Ghana), Proceedings of the Colloquium of Ouagadougou (December 10-15,1990)], sous la direction de Michèle Fiéloux, Jacques Lombard, avec Jeanne-Marie Kambou-Ferrand (Éditions Karthala et Orstom, 1993), 191.

7 Schneider, 191.

8 Dah, *Women Do More Work*, 41.

다닌다고 생각하는 금에 소변을 보거나 접촉해서 발기 부전이 되는 것을 원하지 않았을 것이다. 그러나 시간이 지나면서 외부인들의 영향을 받은 새로운 로비 종족 세대들은 금에 대한 태도가 점차 바뀌었다.

'로비 금'(Lobi Gold)에 대한 태도의 변화

1990년대부터 로비 지역의 상황은 급격하게 변화하기 시작했다. 로비 종족은 일부 지역민들을 포함하여 부르키나파소 전역의 외국인 영세 광부들이 토지를 점유하는 것을 더 이상 막을 수 없었다.[9] 에버니저 블라수(Ebenezer Blasu)에 따르면, 그 지역 사람들은 신들이 전통적인 규칙을 위반해도 처벌하지 않는다는 것을 알게 되었고, 그들을 둘러싼 환경을 보존해 주는 그 규칙들을 더 이상 지키지 않게 되었다.[10]

부르키나파소 남서부의 금 채굴과 관련된 부정적 결과

식량 안보에 대한 위협

젊은 세대는 농업을 포기하고 금광업에 깊이 종사하게 되었고 부

---

9 Ini Dorcas Dah, "Desacralisation of Gold in South West Burkina Faso: A Christian Response to Gold Mining and Its Consequences on Creation," in *Essays on the Land, Ecotheology and Traditions in Africa*, ed. Benjamin Abotchie Ntreh, Mark S. Aidoo, and Daniel Nii Aboagye Aryeh (Eugene, OR: Wipf and Stock, 2019), 193.

10 Ebenezer Yaw Blasu, "Christian Higher Education as Holistic Mission and Moral Transformation: An Assessment of Studying Environmental Science at the Presbyterian University College, Ghana and the Ecological Thought of the Sokpoe-Eʋe for the Development of an African Theocology Curriculum" (PhD diss., Akrofi-Christaller Institute, Akuapem-Akropong, 2017), 93; see also Ogbu U. Kalu, "The Sacred Egg: Worldview, Ecology, and Development in West Africa," in *Indigenous Traditions and Ecology*, ed. John A. Grim (Cambridge, MA: Harvard Univ. Press, 2001), 241.

르키나파소 남서부의 농업 활동이 눈에 띄게 줄어들었다.[11] 이로 인해 2017년 부르키나파소에서는 운영되고 있는 영세 금 채굴 현장이 448개나 확인되었다.[12] 남서부 지역은 이러한 영세 금 채굴의 영향을 가장 크게 받는 지역 중 하나이며, 61개 이상이 위치해 있다. 이 지역의 4개 주 모두에서 금 채굴 활동이 기하급수적으로 발전하고 있다. 이러한 상황은 그 지역의 경제를 주도하기도 하고 인구의 80% 이상이 종사하고 있는 농업에 심각한 영향을 미치고 있다.

금 광부의 토지 침략

이 지역 사람들에게, 어느 날 아침에 일어나 보니 자신의 재산이 어떠한 예고도 없이 금 광부들에게 빼앗겼다는 사실을 알게 되는 것은 매우 흔한 일이 되었다. 이것은 금 광부들이 땅을 침략하고 점령했다는 산우나이르 캄비레(Sanwnayir Kambiré)의 증언이다.[13] 그는 어느 날 아침 잠에서 깨어 보니 자신의 땅에 금 광부가 있는 것을 발견했다고 했다. 그는 수상화서(spike, 꽃차례 또는 꽃이 핀 모양이 이삭을 닮은 것-옮긴이 주) 단계에 있는 기장을 재배하고 있었는데, 금 광부들이 와서는 그가 재배하고 있던 모든 것을 파괴하였다. 이에 캄비레는 그에 대한 보상을 요구했으며, 일부 광부들은 보상을 해 주었지만 다른 광부들은 거부하였다. 이러한 상황은 금 광부들이 더 이상 그 지역의 토지 소유권을 존중하지도, 고려하지도 않는다는 것을 보여 준다.

---

11 Sié Mickael Da, "Région du sud-ouest: Le métal jaune une menace pour la sécurité alimentaire" [Southwest Region: The yellow metal a threat to food security] *Bafujii Infos*, Oct. 31, 2019, https://bafujiinfos.com/region-du-sud-ouest-le-metal-jaune-une-menace-pour-lagriculture/.

12 국립통계인구연구소(National Institute of Statistics and Demography)가 광산 담당 부처 및 영토 행정 및 지방 분권부와 공동으로 주최한 사금 부문에 대한 전국 조사를 참조했다.

13 Sié Mickael Da, "Région du sud-ouest" [Southwest Region].

반면에 어떤 사람들은 이익을 빨리 얻고자 토지를 팔았다. 시에 미카엘 다(Sié Mickael Da)는 많은 돈을 받고 자신의 땅을 광부들에게 임대한 상 캄비레(Sam Kambiré)의 사례를 알려 주기도 한다. 다(Da)가 캄비레에게 그 돈이 가족 부양을 위해 얼마나 오래 지속될 것 같냐고 물었을 때 캄비레는 돈이 다 떨어지면 신성한 섭리에 의지하겠다고 말했다.[14] 금에 대한 집착은 일부 사람들의 마음을 좁아지게 만들어 아무런 조건 없이 주어진 천연자원을 과소평가하게 하고, 심지어 의도적으로 그 자원들을 파괴하고 나서도 신이 하늘에서 식량을 비처럼 내려 주실 것이라고 생각하게 만들었다. 캄비레는 광부들이 가족의 재산을 파괴하고 난 후, 그 땅에 살아가게 될 그의 후손에 대해서는 생각조차 하지 않는다는 것을 분명히 보여 준다.

죽음에 이르는 결과

상가레(Sangaré)에 따르면, 매일 많은 사람이 금을 찾으러 구덩이 속으로 들어갔다가 죽음을 맞이한다고 한다.[15] 필자는 앞에서 로비의 사람들은 금으로 치장하면 그것이 그들의 영혼을 삼킬 것이라고 믿는다고 언급하였다. 젊은 세대는 이러한 금기 사항을 어겨도 처벌을 받지 않는 것 같았지만, 많은 광산 현장에서는 부상과 사망에 이르게 하는 사건들이 많이 일어나고 있었고, 금광과 관련해서 많은 사람이 개인적으로 죽는 경우도 파다했다.[16] 이 비극의 한 가지 예를 들어 보겠다.

---

14 Sié Mickael Da.

15 Hamed Nanema, "Sud-ouest du Burkina: Oumar Sangaré examine l'impact de l'orpaillage sur la vie sociale" [South-West Burkina Faso: Oumar Sangaré examines the impact of gold panning on social life], *LeFaso.net*, Nov. 10, 2022, https://lefaso.net/spip.php?article117233.

16 2021년 11월, 가우아에서 약 4km 떨어진 마을인 탐빌리 출신의 한 청년이 다리를 절단했다. 가우아 출신이지만 탐빌리에서 결혼한 예리 이사벨 캄부(Yerri Isabelle Kambou)는 이

본바그네 파렌포(Bonbagnè Palenfo)는 광산 폭발로 인해 60명 이상이 사망하고 60명이 부상당한 사고를 보고한 적이 있다. 이 비극은 2022년 2월 21일 가우아에서 약 15km 떨어진 그봄블로라 지방자치단체 지역인 곤곰비로에서 발생하였다. 바푸지 인포스(Bafujii Infos)의 정보에 따르면,[17] 당시 임시 사망자 수는 60명이었다고 한다. 그날 모든 광부는 가우아 시로 이동해야 했다. 이 비극의 범인은 결국 체포되어 기소되었다. 판사가 피해자 가족들에게 손해 배상을 청구하라고 했지만 모두 거부했다.[18] 가해자들은 가족들에게 사과하고 피해자들의 명복과 부상자들의 조속한 쾌유를 빌었다.

테러리즘과 금광업의 연관성

부르키나파소의 역사적 흐름은 2015년부터 바뀌기 시작하였다. 이 새로운 역사의 흐름은 이 나라에서 인간의 삶이 세속화되고 과소평가되었기 때문인데, 이는 참으로 고통스러운 일이었다. 현재 이 나라 전체는 테러 공격으로 인해 서아프리카의 위험 지역으로 지정되어 있

청년이 자신의 양아버지와 금을 두고 마찰이 있었는데, 이때 그 청년이 양아버지에게 그는 친아버지가 아니므로 그를 무시하고 금을 찾으러 가야 한다고 하는 말을 들었다. 그 청년은 마침내 얼마의 금을 발견했고, 마을에 팔러 갔다가 돌아오는 길에 삼륜 오토바이에 치여 쓰러졌다. 첫 번째 오토바이를 뒤쫓던 두 번째 삼륜 오토바이가 그의 다리를 밟고 지나가 다리가 으스러졌다. 그가 금으로 번 돈으로는 병원비를 감당하기에 충분하지 않았다. 결국 그와 다툼이 있었던 그의 양아버지가 청구서를 처리하기 위해 개입해야 했다. 이것은 젊은 세대가 생각하는 것과 달리, 실제로는 도움이 되지 않는 금을 탐욕스럽게 추구하는 생생한 사례이다. 이 청년은 자신의 장애를 받아들일 만큼 용감하지 않다면 결국 집 안에서만 생활하게 될 것이고 가족에게 평생 짐이 될 것이다. 또한 금 때문에 자신을 키워 준 양아버지를 모욕한 것에 대해 항상 죄책감을 느낄 것이다.

17 그 수는 결국 63명에 이르렀고 부상자들 중 일부는 목숨을 잃었다.

18 Sié Gildas Nazaire Palenfo, "Procès drame du site d'or de Gongonbiro: Les réquisitions du substitut du procureur Seydou Ouèdraogo du TGI de Gaoua" [Trial drama of the gold site of Gongonbiro: The requisitions of the deputy prosecutor Seydou Ouèdraogo of the TGI of Gaoua], *Bafujii Infos*, Apr. 6, 2022, https://bafujiinfos.com/proces-drame-du-site-dor-de-gongonbiro-les-requisitions-du-substitut-du-procureur-seydou-ouedraogo-du-tgi-de-gaoua/.

다.[19] 하루나 밤바라(Harouna Bambara)에 따르면, 영세 금 광부들은 이러한 테러리스트에게 자금을 제공할 뿐만 아니라, 그 장소가 어린이를 포함하여 젊은이들을 테러리즘에 끌어들이는 데 사용된다고 보고되고 있다.[20] 부르키나파소의 행정부는 광산법에 의해 아동 노동이 엄격히 금지되어 있음에도 불구하고 이러한 상황을 통제할 수 없다.[21] 필자는 가우아 시에서 2km 떨어진 마을인 디지칸두(Djikando)의 광산 현장을 방문했을 때 그곳에 있는 아이들을 만났다. 그 당시 마을에 있는 초등학교를 방문했는데, 교장은 광산이 학교와 가까워서 학교의 학생 수가 70명에서 40명으로 줄었다고 했다.[22]

자금 조달 외에도 밤바라는 "광산 지역은 테러리스트가 무기를 숨기고, 화학 물질을 공급하고, 사제 폭탄을 제조하는 등 다른 목적으로 사용되고 있다"고 지적한다.[23] 하루에 60명 이상이 사망한 사건(앞에서 언급한 참사)이 특정 광산 현장에 숨겨진 폭탄에 불이 붙었기 때문에 발생했다는 점을 고려한다면 이 주장은 타당하다고 할 수 있다.[24] 이는 영세 광산과 관련된 심각한 문제가 있다는 사실을 나타내며, 당국의 심도 있는 관심이 필요하다.

---

19 There have been many investigations into how these terrorists are funded. This paper is not about the terrorist attacks in the country. However, I cannot avoid talking about it briefly here since terrorism arises as one of the consequences connected to gold mining in the country.

20 "L'orpaillage: sous emprise terroriste" [Gold panning: Under terrorist influence], *L'économiste du Faso*, Dec. 28, 2022, https://www.leconomistedufaso.com/2022/12/28/lorpaillage-sous-emprise-terroriste/. 이렇게 어린이를 끌어들이는 행위는 2030년까지 모든 사람이 양질의 교육을 받을 수 있도록 하겠다는 유럽연합의 지속 가능한 발전 목표의 달성을 위협한다.

21 "L'orpaillage: sous emprise terroriste" [Gold panning: Under terrorist influence].

22 Massofa Kambou, interview by author, Djikando, Gaoua, Burkina Faso, Apr. 20, 2017. 더 자세한 자료는 다(Dah)의 "Desacralisation of Gold," 200-201을 참조하라.

23 "L'orpaillage: sous emprise terroriste" [Gold panning: Under terrorist influence].

24 폭탄을 숨긴 사람이 테러리스트라고 말하는 것은 아니다.

지역 사회에 미치는 경제적 영향

광업은 2008년 국가적 아프리카 재정 공동체(CFAF)에 1,822억 달러를 기여했다. 상가레에 따르면, 부르키나파소는 아프리카 금 생산량에서도 4위다.[25] 그러나 이렇게 발생한 돈으로 여러 가지 산업과 전통 산업으로 인한 환경적 피해를 복구할 수 없다는 점은 분명하다.[26] 필자가 앞에서 또는 이전의 출판물에서 언급한 것처럼, 현지 주민들은 특별히 전통적인 채굴과 직접적으로 연관된 모든 분야에서 참혹한 결과를 경험하고 있다.[27]

또 다른 어려움은 일부 마을에서는 광부들이 지역의 금고에 금을 보관하기 전에 다양한 어려움을 겪고 있다는 것이다. 캄티(Kampti) 시의 시장인 시에 쟝 드 라 크루아 포다(Sié Jean de la Croix Poda)는 이 지역의 광산은 지역 사회의 발전에는 큰 혜택을 제공하지 않는다고 했다.[28] 상그레도 광산은 지역 주민들에게 거의 혜택이 없다는 문제를 제기하기도 했다. 이에 따라서 시장은 해당 지역을 관리하는 정책이 특별히 시행되어야 하며, 지역 관리 차원에서 공무원이 현장에 함께해 금 채굴로부터 지역 사회가 어떠한 이익이나 혜택을 얻을 수 있도록 적절한 조치

---

25 Hamed Nanema, "Sud-ouest du Burkina" [South-West Burkina Faso].

26 Gountiéni Lankoandé et al., "Evaluation Economique de L'environnement et des Ressources Naturelles au Burkina Faso: Analyse Economico-Environnementale au Niveau National [Economic assessment of the environment and natural resources in Burkina Faso: Economic-Environmental analysis at the national level] (Conseil National pour l'Environnement et le Développement Durable: Ouagadougou, 2011), https://www.researchgate.net/publication/306429184, accessed 31-12-2022.

27 Dah, "Desacralisation of Gold," 194-201.

28 Bombagnè Palenfo, "Kampti: 'L'orpaillage n'apporte rien à la commune' dixit le maire Jean de la Croix Pooda" [Kampti: "Gold panning brings nothing to the municipality" says Mayor Jean de la Croix Pooda], *Bafujii Infos*, Nov. 29, 2021, https://bafujiinfos.com/kampti-lorpaillage-napporte-rien-a-la-commune-dixit-le-maire-jean-de-la-croix-pooda/.

를 취해야 한다고 주장한다. [29]

인간과 환경의 연결

인간과 인간 이외의 창조물은 상호 작용하고 있기에 금 관련 사항들을 분명히 하는 것은 인류에게 아주 심각한 결과를 초래한다. 부르키나파소 남서부의 금 채굴과 관련된 현재 상황에 대한 다양한 설명은 인간과 환경 사이에 큰 연관성이 있음을 보여 준다. 이러한 불가피한 현실은 전통적으로 금기시되는 것들을 통해 표현되는 경우가 많다. 이 금기는 "특히 환경에 부정적인 영향을 미치는 인간 행동을 규제하는 도덕적 규칙"이다. [30] 즉 이는 생태계에서 자체적으로 사회의 안녕을 목적으로 사회를 규제하기 위해 확립되었다고 할 수 있다. 로비 땅의 금에 대한 신성한 규칙을 위반하는 것에 대해 조사하는 것은 로비 종족이 그들의 생계를 위해 의존하고 있는 환경과 연결되며, 그에 따라 로비 종족이 그것을 보호하고 돌볼 책임이 있음을 보여 준다.

앞에서 언급한 다양한 재난 외에도 기후 변화는 그 지역에 여러 영향을 미치고 있으며, 이는 또한 지구 온난화를 가속화하고 있다. 현재는 한때 가장 추운 지역 중 하나였던 남서부 지역을 포함해서 이 나라의 어떤 지역도 더위를 통제할 수 없다. 많은 나무가 베임을 당하고 수역이 오염되었다. 비록 그 지역에 여전히 비가 내리고 있지만 때로는 그 강수량의 분포도가 농부들에게 득이 되기보다는 해를 끼치는 경우가 더 많다.

---

29 Hamed Nanema, "Sud-ouest du Burkina" [South-West Burkina Faso].

30 M. Clemence and V. Chimininge, "Totem, Taboos and Sacred Places: An Analysis of Karanga People's Environmental Conservation and Management Practice," *International Journal of Humanities and Social Science Invention* 4 (2015): 9.

기독교 선교: 지상명령과 구조적 악

기독교 선교를 정의하기를 "기독교를 가르치는 것", 또는 "특별히 외국에서 사람들에게 기독교에 대해 가르치는 일"이라 할 수 있다.[31] 필자는 기독교 선교를 모든 그리스도인이 전체적으로 복음 전파에 기여하는 것이라고 생각한다. 따라서 로비 땅의 기독교 선교는 외국 선교사들뿐만 아니라 원주민 기독교 공동체와도 관련 있게 된다.

기독교 선교에 대해 이야기할 때 우리는 마태복음에서 예수님이 제자들에게 주신 명령인 지상 대명령(Great Commission)을 생각할 수 있다. 에디 아서(Eddie Arthur)는 다음과 같이 말한다.

"마태복음 28장의 명령은 모든 족속으로 제자를 삼으라는 것이다. 그것은 모든 민족에게 설교하는 것이 아니고, 모든 나라에 교회를 세우는 것도 아니며, 성경을 아직 번역되지 않은 모든 언어로 번역하는 것도 아니다. 제자를 삼는 일은 계속되어야 한다. 이는 어느 누구도 온전한 제자가 될 수 없으며, 심지어는 복음이 어떤 나라에 잘 확립되어 있다고 하더라도 그 나라에 제자들이 차고 넘친다는 의미가 아니라는 것이다."[32]

이는 마태복음 28장에 기록된 예수님의 말씀이 복음을 전파하고 교

---

31 A. S. Hornby, *Oxford Advanced Learner's Dictionary*, 6th ed., ed. S. Wehmeier and M. Ashby (Oxford: Oxford Univ. Press, 2000), 816. (필자는 선교가 사람들이 외국에 가서 기독교를 가르치는 것이라는 정의를 거부하지는 않지만, 이 논문에서는 선교를 외국 선교사들뿐만 아니라 현지 그리스도인들도 사람들에게 기독교를 가르치는 것으로 간주한다.)

32 Eddie Arthur, *The Great Commission*, 4, accessed Dec. 26, 2022, https://www.academia.edu/1998918/The_Great_Commission.

회를 개척하는 것에 관한 것뿐만이 아니라 다양한 지리적 위치에서 하나님의 형상을 반영하도록 사람들을 지속적으로 멘토링하는 것임을 의미한다. 아서가 추가적으로 주장하는 것처럼, "지상 대명령은 언젠가 교회가 해야 할 일의 목록에서 다 이루었다고 지울 수 있는 일회적인 사역이 아니다."[33] 조나단 윌리엄스(Jonathan Williams)는 지상 대명령이 아담과 그 이후의 모든 성경에 나오는 지도자들과 함께 에덴동산에서 시작된 것으로 보고 있다.[34] 비록 그는 땅의 번성과 충만에 더 초점을 맞추고 있지만, 창세기 2장 15절에 나오는 하나님의 명령은 땅의 번성과 충만의 측면에만 제한될 수 없다. 현재 상황에서는 창조 세계의 보존이 큰 위기에 처해 있으며, 이러한 측면에서 기독교 선교의 특별한 관심이 필요할 때다.[35]

가장 큰 문제 중 하나는 광부들에 대한 적절한 교육과 훈련이 부족함으로 말미암아 국가 전체가 위험에 빠지고 있고, 이는 온갖 부정적인 활동으로 이어진다는 것이다. 상가레는 이러한 문제점을 제기했고, 금 채굴 활동을 적절하게 감독한다면 지역 사회 발전에 기여할 수 있다고 생각한다. 그는 영세 광산 현장에 적절한 감독이 부족하다고 정부를 비판했고, 이러한 훈련 부족으로 이 지역에 모든 불법 행위가 이루어지고 있으며, 영세 광산 현장은 마치 정글처럼 보인다고 표현하기도 했다.[36] 이러한 리더십의 실패가 그 지역의 부패, 즉 그 땅과 그 지역 사람들의 삶을 전반적으로 더럽히는 원인이 되었음을 나타낸다. 이러한 비정상적인 관행은 구조적인 악이라고 할 수 있는데, 더 이상 아무

---

33 Arthur, 4.

34 Jonathan Williams, *The Glory of the Great Commission* (San Antonio, TX: WGS Ministries, 2017), 7-11.

35 우리는 여기서 단어의 한계로 인하여 창세기 2장 15절의 해석을 할 수 없다.

36 Hamed Nanema, "Sud-ouest du Burkina" [South-West Burkina Faso].

도 이에 대해 걱정하거나 우려하지 않고 있기 때문이다.

신시아 디 모로베다(Cynthia D. Moe-Lobeda)에 따르면, 구조적 악은 "다른 사람들과 지구 전체를 착취하는 체계적인 구조로 묶는 사슬"[37]로 구성되며, 이는 "복잡하고 교묘하게 숨겨져 있다."[38] 그녀는 더 나아가 이러한 힘은 복잡한 연결망이 있다고 말한다. 이러한 연결망은 의도하지 않았지만, 여러 세대에 걸쳐 눈덩이처럼 불어나는 결과를 가져오는 여러 상호 연관된 권력의 배열, 이데올로기, 가치, 관행, 정책 및 현실 등을 인식하는 방식이라고 할 수 있다.[39] 또한 그녀는 "구조적 악은 개인적으로 대응할 수 있는 능력을 넘어선 것이며, 인간이 구성한 권력의 배열과 여러 가지 기타 요소로 구성되어 있다"고 주장한다.[40] 즉 리더십의 올바른 결정이 부족하여 이러한 구조적 악이 정상적인 것으로 받아들여지는 것은 악한 관행이다.

우리는 부르키나파소의 교회에 어떠한 규칙을 강요하기보다는 그 나라 전체를 어떻게 선교해야 하는지 고민해야 할 때라고 생각한다. 즉 일반적으로는 사람들의 복지의 혜택과 발전을 생각하면서도, 창조 세계를 더 잘 돌보기 위해 사회 종교적인 측면에서 그들에게 여러 방면으로(영적으로, 사회적으로, 육체적으로 등) 접근할 수 있는 전략을 세우는 것이 필요하다고 생각한다.

---

37 Cynthia D. Moe-Lobeda, *Resisting Structural Evil; Love as Ecological-Economic Vocation* (Minneapolis: Fortress Press, 2013), 2.

38 Moe-Lobeda, 2.

39 Moe-Lobeda, 2.

40 Moe-Lobeda, 3.

결론

상그레는 "오늘날 로비 종족에게 신비로움을 지닌 금과 신적인 지위에 있었던 땅이 천박한 상품으로 여겨지는 것은 안타까운 일"이라고 하였다.[41] 부르키나파소의 전통적인 광산이 국가의 경제 발전에 기여하기는 하지만, 그 활동으로 인한 부정적인 결과는 이루 헤아릴 수 없을 만큼 크다. 영세 금 채굴이 계속해서 지속될 수 없기 때문에 지금 살고 있는 세대와 미래 세대 모두의 생명이 위협되고 있는 상황이다. 경제적 이익에만 몰두하고 있는 젊은 세대는 전통적인 규범과 가치를 더 이상 존중하지 않는다.

이러한 상황에서 정부 및 사회 구조는 무력하게 대응하고 있고, 이러한 무력함을 너무나 자연스럽게 받아들이게 되었다. 즉 리더십들이 현 세대와 미래 세대 모두의 행복을 위해 이러한 상황을 바로잡는 어떠한 결정적인 조치도 취하고 있지 않다는 것이다. 이것은 우리 모두가 강단에서 설교할 때, 신학교에서 가르칠 때 어떻게 해야 하는지를 다시 생각해 보게 하는, 지역 교회들에 대한 경고의 메시지다. 왜냐하면 비록 지금은 터부시하지만 전통적인 것이 우리의 환경과 인류를 보호하기에 더 나은 지침을 제시하기 때문이다. 다시 말해, 부르키나파소 남서부의 주요 기독교 교회와 교단은 가나 장로교회의 본을 따라 온 성도와 학생들에게 창조 세계 돌봄 의식을 교육해야 한다.[42]

---

41 Hamed Nanema, "Sud-ouest du Burkina" [South-West Burkina Faso].

42 Ebenezer Yaw Blasu, *African Theocology: Studies in African Religious Creation Care* (Eugene, OR: Wipf and Stock, 2020), 2.

토론 질문

1. 로비 종족의 금에 대한 전통적인 믿음에 대해 어떻게 생각하는 가?

2. 피조물을 보호하기 위해 고안된 로비 종족의 전통적인 신앙과 터부시하는 것, 그리고 창조 세계 돌봄이라는 기독교적 믿음 사이의 격차를 어떻게 메울 수 있을까?

3. 같은 상황을 겪고 있는 세계의 다른 지역을 위해 로비 땅의 사례가 어떻게 교훈이 될 수 있는가?

논찬

조나단 J. 봉크(Jonathan J. Bonk)

> 이미 있던 것이 후에 다시 있겠고 이미 한 일을 후에 다시 할지라 해 아래에
> 는 새것이 없나니 전 1:9

필자는 전통적인 로비 종족 문화에서 금을 신성시하는 것과 금을 채굴하는 데 있어서 여러 가지 제한되는 어려운 점들을 이야기하면서 사례 연구를 시작한다. 그런 다음 더 나은 삶을 희망하는 어린이들, 가난한 지역의 부랑자들, 외국의 광산 이해 관계자와 탐사자에 이르기까지 골드러시로 기회주의자들의 부풀어 오르는 탐욕의 물결에 종교심이 어떻게 휩쓸려 갔는지를 보여 주었다.

2017년에 행해졌던 부르키나파소의 영세 금 채굴 현장(총 448개)은 해당 도표가 작성된 이후 그 수와 규모가 거의 확실하게 증가했다. 광업의 해악이라고 할 수 있지만 전체적으로 예측 가능한 여러 가지 폐해는 식량 부족, 땅의 비옥도 저하, 노동자(특히 어린아이들)의 높은 부상과 사망률 증가, 여러 불법 행위와 테러의 급격한 증가 등이라고 할 수 있다. 특히 식물의 파괴와 지상 및 지하 수자원 중독은 더욱더 눈에 띠

312

게 사회적 타락과 환경 악화를 가중시킨다.

필자가 이 사례 연구를 통해 설명한 것은 부르키나파소의 심하게 훼손된 지역에 초점을 맞추고 있을 뿐, 그렇게 특별하거나 놀라운 일이 아니다. 외부 세력의 규모와 만족할 줄 모르는 탐욕이 지역 감성을 압도하고 제약을 가하고 통제하는 것은 '개발 도상국'을 포함한 세계 전반에 걸쳐 너무나 친숙한 이야기다. 마치 유럽인들이 서반구와 호주 대륙을 차지하고 정착하고 몰수한 지난 500년 동안 그랬던 것처럼 말이다.[1] 유럽의 식민지 개척자들과 제국주의 건설자들의 '문명화' 임무는, 반드시 그런 것은 아니지만, 거의 항상 착취에 앞장서 있었다. 이러한 경제적인 착취 시스템은 지역의 인적 및 환경적 비용에 관계없이 머나먼 본국의 비즈니스와 정치 단체에 영구적인 혜택을 주기 위해 설계되었다고 할 수 있다.[2]

그러나 이러한 교묘하고도 복잡하며 궁극적으로 파괴에 이르게 하는 시스템은 인간이 생존하는 것에 유익하고 필수적인 것과 불가피하게 연결되어 있다. 사람이 살기 위해서는 음식 이상의 것이 필요하다는 것은 사실이지만, 음식이 없는 사람은 곧 죽는다. 바로 이것이 정의

---

1 1914년에는 유럽의 7개 나라가 아프리카의 90%를 '지배'했다. 라이베리아와 에티오피아만 독립국으로 남았다. 그 예로 다음을 참조하라. Mark Simner, *The Lion and the Dragon: Britain's Opium Wars with China, 1839-1860* (Stroud, Gloucestershire: Fonthill Media, 2019); Adam Hochschild, *King Leopold's Ghost: A Story of Greed, Terrorism, and Heroism in Colonial Africa* (Boston: Houghton Mifflin Harcourt, 1998); Thomas Pakenham, *The Scramble for Africa* (New York: HarperCollins, 1992); William Easterly, *The White Man's Burden: Why the West's Efforts to Aid the Rest Have Done So Much Ill and So Little Good* (New York: Penguin, 2006), and Easterly's more recent *The Tyranny of Experts: Economists, Dictators, and the Forgotten Rights of the Poor* (New York: Basic, 2014); and finally, Siddharth Kara, *Cobalt Red: How the Blood of the Congo Powers our Lives* (New York: St. Martin's Press, 2023). 이러한 책들은 휴대폰, 컴퓨터, 하이브리드, 또는 전기 자동차의 축복을 받은 우리 세대가 찾아보기는 힘들다.

2 See Courtney Faal, "The Partition of Africa," Blackpast, Feb. 21, 2009, https://www. blackpast.org/global-african-history/partition-africa/.

와 형평성을 이루는 일을 더욱 복잡하게 만들기도 한다. 필자가 분석한 것처럼 악은 구조적이다. 즉 악은 인류가 자신의 존재를 저버리는 바로 그 시스템에 내재되어 있다.

우리 주님이 그분을 따르는 자들에게 "온 천하에 다니며 제자를 삼으라", "온 천하에 다니며 복음을 전파하라"고 명하셨을 때 약자 착취, 문명 말살, 인류 수탈, 토지 및 민족 강탈, 지역 및 지역 자원 약탈 등은 염두에 두지 않으셨을 것이다. 처음에 그분의 '지상명령'에 순종한 사람들은 가난했고 정치적, 경제적 영향력이 없었다. 그 당시의 복음은 세계와 특정 민족에 대한 서양 사회의 이해와 지배를 다루는 '문명화'와 문화화에 관한 것이 아니었을 것이다. 그러나 그들은 기독교가 지배하고 다스리는 국가인 기독교 국가(Christendom)가 되었다.

콘스탄티누스(Constantine)는 기독교를 로마 제국의 합법적인 종교로 선언하고 주후 313년 밀라노 칙령을 통해 성직자들을 정부 급여 대상자 명단에 포함시켰다. 주후 380년 테살로니카 칙령으로 테오도시우스 1세(Theodosius I) 황제는 기독교를 제국에서 유일하게 합법적으로 허용하였다. 당연히 주후 632년에는 이러한 기독교 국가들은 지중해 유역과 영국 제도를 포함한 유럽 대부분 지역, 아시아와 아프리카 일부 지역으로 퍼져 나갔다.

그러나 서반구를 '기독교화'한 방식은 16세기에서 20세기에 이르기까지 '발견자 우선주의'(doctrine of discovery)에 의해 합리화시킨 유럽 사회의 '문명화'를 내세운 선교 사역을 통한 폭력적인 모습이었다.[3] 그 과

---

3 미국과 국제법에 포함된 500년 된 일련의 교황 칙령이다. 이러한 교리는 유럽의 여러 강대국들 (특히 포르투갈과 스페인)이 비그리스도인들이 거주하는 땅을 정복하고 점령하고 착취하도록 승인하는 교황의 칙서에 종교적인 근거를 두고 있었다. 여기에는 그 지역 주민들의 노예화와 영토와 천연자원 착취가 포함되었다.

정에서 약 6천 만 명에서 1억 2천만 명의 원주민이 목숨을 잃었고,[4] 수백만 명의 아프리카 흑인들이 노예가 되었다. 오늘날 세계적 종교로 기독교가 지배적이게 된 것은 바로 이러한 피비린내 나는 과정 때문이었다. 즉 논찬자의 부모님이 속해 있던 서구의 선교단체는 그 지역의 주민과 그 땅의 대다수를 폭력과 군사력으로 정복하지 않았다면 존재할 수 없는 것이었다. 유럽인들은 이 대량 학살과 영토 강탈을 '문명'이라는 이론적 근거와 단어를 사용하여 합리화했으며, 최근에는 '개발'이라는 단어를 사용하며 계속해서 전진하고 있다.

영국과 프랑스는 그리스도인이 아닌 사람들의 영토를 착취하는 것을 정당화하기 위해 교황의 교서를 직접적으로 인용하지는 않았지만, 이러한 비그리스도인들의 사회를 발견한 것만으로도 이교 민족의 정복을 정당화하기에 충분하다고 생각했다. 기독교 개신교의 선교부는 이러한 노예화와 경제적 착취의 부당함을 자주 언급하면서도, 그 착취의 산물들을 누리며 식민 국가의 시민이라는 특권적 지위를 최대한 활용하기도 했다. 즉 그리스도의 제자를 삼는다는 것은 이교도들을 그리스도인으로 개종시키는 것뿐만 아니라, 이러한 과정에서의 생존자들을 시장 소비주의라는 세계 경제의 거대한 괴물로 문화화하는 것이라고 여겼다.[5]

---

4 미국 역사학자 데이비드 스타나드(David Stannard, 하와이 대학교)는 원주민 말살로 최소 1억 명이 목숨을 잃었다고 추산한다. David Stannard, *American Holocaust: The Conquest of the New World* (New York: Oxford Univ. Press, 1992).

5 1925년까지 대영제국은 세계 인구와 육지 면적의 25%를 장악하고 바다를 지배했다. 서방에서 온 기독교 선교사들은 전쟁으로 인한 대량 학살과 불법적인 조약과 강제 무역의 잔인함과 불공평함에 대해 심각한 양심의 가책을 느꼈음에도 불구하고 이것을 섭리로 받아들였다. 1839-42년에 일어난 첫 번째 전쟁과 1856-60년 프랑스와 영국이 연루된 두 번째 전쟁은 '아편전쟁'이라는 이름으로 치른 두 차례의 전쟁이다. 그들은 자유 무역이라는 이름으로 중국이 영국 상인들로부터 아편을 구매하도록 강요했고, 기독교 선교사들이 중국 법률의 적용을 받지 않고 중국 내륙에서 복음을 전할 수 있도록 허용했다.

필자는 이러한 구조적 악의 한 가지 예를 제시한다. 여기서 정말 어렵고 복잡한 점은 이러한 구조적 악이 결코 순수한 악이 아니라는 것이다. 그것은 또한 필연적으로 선과 얽혀 있다. 부르키나파소의 금 채굴은 어린아이와 이주 노동자들에게 비록 미미한 풀뿌리 수준이지만 그들의 생계와 여러 가지 혜택을 제공한다. 그것은 그들의 생계, 즉 생존이 걸려 있는 장이고, 또한 더 나은 미래에 대한 꿈이기도 하다. 아울러 이는 지역과 국가의 더 큰 경제적, 사회적 인프라에 확고히 자리 잡았고, 부패한 공무원과 각종 법을 위반하는 자들뿐만 아니라, 토론토, 뉴욕, 런던 또는 서울의 주주들에 이르기까지 운영자, 관리자 및 회사 소유자 등의 피라미드 구조를 통해 그들 모두에게 점점 더 많은 규모의 혜택을 제공한다.

모든 사회적, 경제적, 그리고 기후적으로 그리스도의 평화를 추구하는 자들이 직면한 큰 난제는 인류의 죽음이라는 짧은 생애 주기다. 여기에는 유아기부터 노년기까지 모든 인생 여정 단계에서 우리의 육체를 먹이고 보호하고 쉬게 해야 하는 끊임없는 욕구도 함께한다. 이러한 인간의 삶은 법이 바뀌고, 정의가 실현되고, 기반 시설이 발전하고, 학교가 생겨나고, 아이들이 더 이상 자기 삶을 유지하기 위해 일할 필요가 없을 때까지 계속된다. 그동안 음식을 먹어야 하고, 옷을 입어야 하고, 안식처를 찾아야 한다. 이러한 기본적인 목적을 달성하기 위해 어린아이가 소나 양을 돌보고, 영세 광산에서 일을 하고, 뉴욕이나 서울의 십 대들을 위한 디자이너 청바지(designer jeans, 유명 디자이너가 디자인한 고가의 청바지-옮긴이 주)를 재봉하는 작업장에서 일을 해야 한다고 해도 말이다.

부르키나파소의 영세 광산은 마치 하나의 작은 부패한 염증 같은 것이며 사회적, 경제적으로 그 세계의 폐 속에 깊숙이 박힌 거대한 종양

덩어리라고 할 수 있다. 이 치명적인 기생충은 환자를 죽이지 않고는 제거할 수 없다. 그러나 우리가 진실한 신앙을 가지고 있다면 우리 중 누구도 여기에 영향을 받지 않을 수 있다. 우리는 우리가 직면한 이 어려운 문제를 함께 고민할 수 있다. 우리는 악으로 가득한 경제 및 사회 구조에서 어떻게 도덕적으로 살 수 있을까? 이 같은 악의 가장 큰 수혜자라고 여겨지는 예수 그리스도를 따르는 자가 된다는 것은 무엇을 의미하는가? 이것은 너무나 어려운 질문이며, 우리의 답변과 제안되는 방법들은 항상 우리에게 주어진 운명과 연결하는 일을 염두에 두어야 한다.

세계에서 가장 부유한 나라의 선교사와 교회 지도자로서 우리는 무엇을 할 수 있을까? 다루기 힘든 상황에 존재하는 구조적 악을 생각할 때 소망의 복음은 어디에 적합하고, 이러한 복음을 선포하는 일에서 우리의 역할은 무엇인가? 한국, 영국, 캐나다, 호주, 뉴질랜드, 미국의 교회와 선교 지도자로서 우리가 아무리 좋은 의도를 가지고 있다고 하더라도, 막대한 양의 광물을 필요로 하는 정교한 제품의 생산, 마케팅, 그리고 그 제품을 소비하는 분야에서 세계를 선도하는 문화 시민인 우리 같은 남성과 여성이 어떠한 모습으로 신뢰할 만한 결단을 내릴 수 있을지는 상상하기 어렵다.

전통적인 로비 종족이 옳았고, 우리의 복음도 옳다. 즉 금은 영혼을 삼키는 힘이 있다.

사람이 만일 온 천하를 얻고도 자기 목숨을 잃으면 무엇이 유익하리요

마 8:36

제4부

기후 변화에 대한
지역적 대응의 역사와 현재

14
창조 세계 회복을 위해 하나님과 동역하라: 희망의 이야기

토니 리나우도(Tony Rinaudo)

하나님의 부르심과 응답된 기도에 관한 간증

성장기

필자는 하나님의 창조물로 둘러싸인 아름다운 호주 남동부의 오븐스 밸리에서 계곡물이 흐르는 비옥한 농장과 유칼립투스 나무로 뒤덮인 구불구불한 언덕을 놀이터 삼아 자랐다. 이러한 환경에서 세 가지가 오늘날 필자의 모습을 형성하는 데 큰 영향을 주었다.

첫 번째로, 창조 세계에 대한 무시와 파괴가 일상적인 것이었다. 필자가 좋아했던 숲이 광범위하게 개간되고, 농작물에 뿌려지는 살충제를 필자와 다른 많은 사람이 마시고, 수영하고 낚시하는 하천을 오염시키는 것을 보았다. 이러한 파괴 행위 자체만으로도 충분히 나쁘다고 생각했지만, 대부분의 어른들의 눈에는 이러한 행동이 '정상적'이라고 받아들여진다는 사실이 필자를 몹시 혼란스럽게 만들었다.

두 번째로 영향을 끼친 것은 다른 나라와 세계에서 일어나는 사건에 대한 필자의 강한 관심이었다. 어렸을 때 우연히 다른 나라에서 태어난 아이들이 굶주림에 시달리고 있는 반면, 우리 농부들은 좋은 땅을 사용하여 담배를 재배한다는 것을 알게 되었는데, 이것은 부당한 일이라고 느껴졌다. 왜냐하면 사람과 환경의 필요보다 돈과 진보를 우선시하는 사회의 우선순위가 잘못된 것처럼 보였기 때문이다.

세 번째로 영향을 준 것은 어머니의 강한 신앙과 하나님 말씀에 대한 가르침이었는데, 인생에 돈보다 더 중요한 것이 있다는 것과(마 6:25-34) 우리는 우리보다 가난한 사람들을 보살필 의무가 있다는 것(마 25:31-46)을 배웠다. 어머니는 우리가 해야 할 일이 창조 세계의 선한 청지기가 되는 것이라고(창 1:26-28; 2:15; 계 11:18) 가르치셨지만, 현실은 마음에 들지 않고 바꿀 수 있는 것은 없다는 무력함에 좌절하게 되었다. 그래서 어린아이가 할 수 있는 한 가지 일을 하기로 했는데, 하나님께 나를 어떻게든 어딘가에 변화를 가져올 수 있도록 사용해 달라고 단순히 구하면서 기도하는 것이었다.

대학교에서는 농학을 공부했지만 '나는 스스로를 누구라고 생각했나? 이 시골 소년이 세상에 어떤 변화를 가져올 것이라고 생각했는가?'라는 의문들은 여전히 남아 있었다. 그러나 하나님의 말씀은 필자에게 큰 평안과 확신을 주었다. "우리는 그가 만드신 바라 그리스도 예수 안에서 선한 일을 위하여 지으심을 받은 자니 이 일은 하나님이 전에 예비하사 우리로 그 가운데서 행하게 하려 하심이니라"(엡 2:10). 하나님이 필자가 할 수 있는 선한 일을 이미 예비해 두지 않으셨는가? 미래에 언제 어디서 무엇을 어떻게 할지 알지 못하지만 하나님은 알고 계신다는 그 사실로 충분했다.

대학에서 아프리카 선교사로 소명을 받은 아내 리즈 피어론(Liz Fearon)을 만났다. 그때 우리는 복음주의 선교단체인 SIM(Serving in Mission)에 대해 알게 되었다. SIM은 영적 및 육체적 필요를 모두 충족하는 사역을 통해 하나님과 사람들을 섬기는 총체적 접근 방식을 가지고 있었다.

환경 파괴와 빈곤

성경과 선교를 공부한 후, 우리는 대규모 삼림 벌채와 기후 변화로 인한 사막화로 고통받고 있는 극빈국인 니제르 공화국에서 섬기도록 SIM의 허락을 받았다. 1981년 니제르에 도착했을 때 생태계 파괴 직전인, 생명이 거의 살아갈 수 없는 상황을 직면하였다. 그 땅은 대규모 삼림 벌채를 겪었으며, 토양의 비옥도는 고갈되었고, 이에 더하여 가뭄의 빈도와 심각성이 증가함에 따라 사람들은 생존만을 위해 애쓰고 있었다. 그들은 가난했고 정기적으로 기근을 겪었다. 남자들은 돈을 벌기 위해 적어도 1년 중 얼마간 집을 떠나는 것이 흔한 일이었다. 환경 파괴 규모가 너무 방대하고, 상황이 너무나 가혹했으며, 사람들이 변화에 거부감을 가지고 있어서 우리가 어떤 의미 있는 영향을 미칠 수 있을지조차 의문이었다.

복원을 위한 헛된 노력들

그럼에도 불구하고 필자는 만약 삼림 벌채가 이러한 문제들의 근본 원인 중 하나라면, 삼림 재조성은 이를 해결하는 데 큰 도움이 될 것이라고 추론했다. 그래서 삼림 재조성에 관련된 문서를 읽고, 전문가들과 상담하고, 다양한 방법과 종을 실험하는 일에 모든 에너지를 쏟아부었다. 그러나 경제적으로 타당하고 지속 가능한 방식으로는 아무것도 작동하지 않았다. 심지어 심은 나무 중 80%가 죽었으며, 필자가 도우려고 했던 대부분의 사람은 이 일에 관심조차 없었다. 많은 사람이 필자를 "미친 백인 농부"라고 불렀다!

2년 반 동안의 노력이 실패한 것 같았고 시간과 돈을 낭비했다는 느낌이 들었다. 너무 낙담해서 포기하고 집으로 돌아가는 것이 당연했지만, 필자는 하나님은 실수하지 않으신다고 믿었다. 어릴 적의 기도와 지금까지의 영적 여정에서 받은 모든 확신을 기억하며 반드시 해결책이 있을 것이라고 생각했다.

땅을 새롭게 하시는 하나님

니제르 땅은 하나님의 공급하심과 은혜가 있는 모습(시 65:9-13)과는 정반대를 반영하는 것처럼 보였으며, 하나님이 니제르를 잊어버리시면 어쩌나, 걱정했다. "그의 신기한 능력으로 생명과 경건에 속한 모든 것을 우리에게 주셨으니 이는 자기의 영광과 덕으로써 우리를 부르신 이를 앎으로 말미암음이라"(벧후 1:3). 우리의 생명과 육체적 필요와 경건에 속한 모든 것을 공급하는 곳은 어디인가?

땅은 저주받은 것처럼 보였고 우리의 노력은 다양한 재앙들(가뭄, 모래폭풍, 곤충의 습격, 사람들)로 인해 정기적으로 파괴되었다. 때때로 필자는 예수님이 다시 오실 때까지 현 상태를 그대로 받아들여야 하는 것은 아닐까 하고 생각하기도 했다. 타락으로 인해 우리는 영원한 고통, 수고와 비참한 삶, 기온 상승, 가뭄 증가, 심한 폭풍우를 겪게 되는 선고를 받은 것처럼 보였다. 죄의 결과는 실제적이다. 삶은 힘들고 질병, 수고, 죽음으로 가득 차 있다.

그러나 하나님은 여전히 사랑과 자비의 하나님이시며, 비록 땅이 저주 아래 있을지라도 여전히 우리에게 손을 내밀어 우리를 축복하기 원하신다고 믿는다. 우리의 죄에도 불구하고 하나님은 자비로우시다. 시편 기자와 같이 "우리의 죄를 따라 우리를 처벌하지는 아니하시며 우리의 죄악을 따라 우리에게 그대로 갚지는 아니하셨으니"(시 103:10), "내가 산 자들의 땅에서 여호와의 선하심을 보게 될 줄 확실히"(시 27:13) 믿었기에 예수님이 다시 오실 때까지 기다릴 필요 없이 현재에 하나님의 축복을 볼 수 있을 것이라고 생각했다.

어느 날 묵상 중에 다음 말씀을 읽었다. "주의 영을 보내어 그들을 창조하사 지면을 새롭게 하시나이다"(시 104:30). 하나님의 영이 땅을 새롭게 하신다는 말씀이 필자의 관심을 끌었지만, 그 의미는 나중에야 깨달았다. 그날 늦은 시간까지 황량한 땅을 운전하며 가는 중에도 필자의 마음은 달 표면 같은 땅까지도 회복시키실 수 있는 하나님의 지혜와 능력을 보여 주시기를 간절히 부르짖었다.

그러다가 주차장으로 쓸 수 있을 것 같은 황량하고 단단한 곳에 차를 세우고 이 땅이 과연 회복될 수 있을지 궁금해하면서 발 아래를 내려다보았다. 그때 건조하고 딱딱한 땅의 틈새를 뚫고 나온 작은 싹을 보았고, 즉시 아침에 묵상했던 말씀이 떠올랐다. 하나님이 잃어버린 영혼을 구원하고, 상처받은 인류를 치유하는 일뿐만 아니라, 그분의 망가진 피조물을 새롭게 하고 치유하는 일에 참여하신다는 사실을 깨닫고는 필자가 가진 큰 짐이 사라지는 느낌을 받았다. 왜냐하면 땅을 회복하는 일은 하나님의 일이기에 그분의 인도와 도움과 힘을 구할 수 있기 때문이었다.

얼마 후 필자는 마을 주민들을 위해 나무 모종을 실은 픽업트럭과 트레일러를 몰고 있었다. 하지만 대부분의 나무가 죽을 것이 뻔했고 사람들은 관심조차 두지 않으리란 사실을 잘 알고 있었기 때문에 기분이 우울했다. 트럭이 모래에 빠지는 것을 방지하기 위해 차를 세우고 타이어의 공기압을 줄이며 바라본 황량한 풍경은 절망적이었다. 의미 있는 영향을 미치려면 몇 년, 몇백만 달러, 몇백 명의 직원이 필요할지 궁금했다. 아무런 답도 가지지 못한 채 하나님께 기도했다. 하나님이 창조하신 선물인 이 땅을 파괴해서 배고프고 가난하며 미래에 대한 두려움에 사로잡혀 있는 우리를 용서해 달라고 간구하며, 하나님은 여전히 우리를 사랑하시며, 아직 우리에게 희망이 있다고 생각하며, 필자의 눈을 열어 주시고 무엇을 해야 할지 보여 주시고 도와 달라고 기도했다.

다시 고개를 들어 주위를 바라보았더니 보잘것없는 덤불 같은 것이 눈에 띄어 가까이 다가가 살펴보았다. 나뭇잎 모양을 보자마자 전혀 덤불이 아니라는 것을 깨달았다. 그것은 잘린 나무 그루터기에서 돋아난 싹이었다. 둘러보니 그러한 '덤불'이 수백만 개 있다는 것을 알았고, 그것들이 다시 자라날 수 있는 거대한 지하 숲을 형성하고 있다는 사실을 깨달았다. 그 순간 모든 관점이 변했다. 필자는 더 이상 사하라 사막과 싸울 필요가 없었다. 염소 떼와 벌채, 가뭄을 견딜 수 있는 기적의 나무가 필요한 것이 아니었다. 필요한 모든 것이 말 그대로 발 아래에 있었으며, 그것은 '지하 숲'이었다.

필자의 접근 방식은 주로 기술적인 것(나무 심기를 통한 삼림 재조성)에서 영적, 사회적, 문화적 통념에 대처하는 것으로 변경되었다. 만약 사람들이 그들의 땅에 있는 나무의 가치에 대한 잘못된 믿음이 부정적인 태도와 파괴적인 관행으로 이어져 그 땅이 생명을 거의 지탱할 수 없는 지경에 이르렀다면, 실제로 싸워야 하는 것은 거짓된 신념에 맞서는 것이라는 판단을 내렸다. 피조물을 파괴하는 것보다 피조물과 함께 일하는 것이 그들에게 최선의 이익이 되며, 그들 자신과 자녀들을 위해 더 나은 미래를 건설할 수 있다는 것을 확신시킬 수만 있다면 삼림 복원은 상대적으로 쉬울 것이라는 사실을 깨닫게 되었다. 결국 재조림(re-forestation)에 필요한 모든 것이 실제로 그들의 발 아래 있었던 것이다!

나무를 살아 있는 그루터기에서 자라게 하는 기술은 현재 FMNR

(Farmer Managed Natural Regeneration, 농민이 관리하는 자연적 산림 복원 사업)
이라고 불린다.[1] 1984년부터 FMNR은 이후 20년 동안 큰 폭으로 농부
들 간에 전파되었고 연평균 약 25만 헥타르에 달하는 속도로 확산되
었다. 농장 내 나무 밀도는 헥타르당 4그루에서 40그루로 증가했으며,
그 결과 나무 한 그루도 심지 않고서도 황폐화된 500만 헥타르의 토지
에 약 2억 그루의 나무가 복원되었다.[2] 나무가 자라면서 풍속과 온도
의 증발률이 감소했으며, 곤충을 잡아먹는 새, 도마뱀, 거미 등 유익한
포식자의 서식지가 조성되어 생태계의 균형이 회복되었고, 해충으로
인한 작물 피해가 줄어들었다.

또한 토양의 비옥도와 수분 함유량이 향상됨으로 미세기후(microcli-
mate)가 더 유리해지면서 작물 생산량이 증가하게 되었고, 시간이 지나
면서 농부들은 다양한 종류의 작물과 가축을 키우고 생산할 수 있게 되
었다. 이러한 다양성이 증가함에 따라 기후 충격에 대한 내구성도 향상
되었다. 더 많은 아이가 학교에 다닐 수 있게 되었으며, 연료용 나무를
집 근처에서 얻을 수 있게 되어 여성들의 부담이 감소했다.

프로젝트 지역의 총소득은 매년 가구당 1천 달러씩 증가한 것으로
추산된다.[3] FMNR을 통해 추가된 소득을 전체 500만 헥타르로 추정하
면 연간 총소득 혜택이 9억 달러에 달하고, 이는 약 90만 가구 또는 450

1 Tony Rinaudo, "FMNR Frequently Asked Questions with Tony Rinaudo," The Climate
   Action and Resilience Team, World Vision Australia, accessed Jan. 9, 2023, https://
   fmnrhub.com.au/frequently-asked-questions/#.Y7tdS3YzZRY.

2 Tony Rinaudo et al., "Farmer Managed Natural Regeneration: Community Driven, Low
   Cost and Scalable Reforestation Approach for Climate Change Mitigation and Adaptation,"
   abstract, in Handbook of Climate Change Management, ed. W. L. Filho, J. Luetz, and D.
   Ayal (Cham, Switzerland: Springer, 2021), https://link.springer.com/referenceworkentry
   /10.1007%2F978-3-030-22759-3_281-1.

3 C. Pye-Smith, The Quiet Revolution: How Niger's Farmers are Re-greening the Parklands
   of the Sahel, ICRAF Trees for Change, no. 12 (Nairobi: World Agroforestry Centre, 2013),
   20.

만 주민이 혜택을 받은 것을 의미한다.[4] 후속 연구를 통해 뒷받침된 결과에 따르면 수수의 수확량이 49-153%로 증가한 것으로 나타났다. FMNR을 통해 니제르 농민들은 1970년대와 1980년대보다 연간 50만 톤 더 많은 곡물을 생산했다. 그 결과 이제 250만 명의 사람들이 더 많은 식량을 확보하게 되었다.[5] 참으로 하나님은 니제르를 잊지 않으셨다. 그분은 그 주민들의 육체적인 생활에 필요한 모든 것을 마련해 주셨다. 부족했던 것은 하나님의 창조 세계를 돌보는 문화였다.

성찰: 왜 창조 세계를 돌봐야 하는가?

창조의 순간에 하나님과 천사들의 마음속에는 어떤 생각이 있었을까? 잠언 8장 30절의 "나"는 1인칭 화자인 지혜이며, 여기서 지혜는 그리스도를 예표한다. 사실상 예수님은 사람과 창조물을 기뻐하셨다(잠 8:30-31). 하나님은 욥에게 땅의 기초가 놓일 때 "새벽 별들이 기뻐 노래하며 하나님의 아들들이 다 기뻐 소리를 질렀느니라"(욥 38:7)라고 말씀하셨다. 천사는 "그 수가 만만이요 천천"(계 5:11), 즉 셀 수 없는 무리라는 것을 생각하면 그 소리에 분명히 귀청이 터질 정도였을 것이다. 하

---

4 J. Sendzimir, C. P. Reij, and P. Magnuszewski, "Rebuilding Resilience in the Sahel: Regreening in the Maradi and Zinder Regions of Niger," *Ecology and Society* 16, no. 3 (2011): 1, http://www.ecologyandsociety.org/vol16/iss3/art1/.

5 C. Reij, G. Tappan, and M. Smale, "Agroenvironmental Transformation in the Sahel: Another Kind of 'Green Revolution,'" IFPRI Discussion Paper 00914 (Washington, DC: International Food Policy Research Institute, 2009), 18; C. Reij, G. Tappan, and M. Smale, "Re-Greening the Sahel: Farmer-Led Innovation in Burkina Faso and Niger," in *Millions Fed: Proven Successes in Agricultural Development*, ed. David J. Spielman and Rajul Pandya-Lorch (Washington, DC: International Food Policy Research Institute, 2009), 56; and Babou Ndour, Alioune Sarr, and Abdou Mbaye, "Projets BEYSATOL/SFLEI, Rapport d'Activités," Institut Sénégalais de Recherches Agricoles Centre National de Recherches Agronomiques (ISRA) (미발행 리포트, 2010).

나님의 창조 행위에 대한 천상의 반응은 차분하게 차를 마시는 다과회 분위기는 아니었을 것이다. 오히려 여기에 그려진 모습은 축구 시즌이 끝나고 무리 지어 박수하고 발을 구르며 모두가 승리를 축하하는 자유로운 기쁨과 더 잘 어울린다.

하나님과 천사들은 오늘날 창조 세계의 상태를 보고 인류가 그것을 어떻게 파괴하고 있는지를 볼 때 어떤 느낌을 받을까? 그 마음속에 무슨 일이 일어나고 있을까? 천사들이 기뻐서 소리치는 것은 결코 들을 수 없으리라! 그렇다면 이 모든 상황에서 하나님의 백성은 어디에 있는가? 우리 모두는 하나님의 놀라운 창조 세계가 의도적으로, 무작위로, 체계적으로 파괴되는 것에 대해 너무나도 자주 침묵할 뿐만 아니라 우리 대부분의 생활 방식, 즉 낭비와 오염, 무분별한 개발이 종종 그 파괴를 부추기고 있으면서, 어째서 우리의 강단에서 하나님의 창조 세계가 파괴되는 것에 대한 의로운 분노의 말을 듣는 것이 그토록 드문가?

그리스도인들이 하나님의 창조 세계를 보살펴야 하는 이유는 무엇인가? "새, 식물, 흙, 강, 숲, 공기 및 지구 대기권 등의 건강한 상태는 너무 세속적이거나 평범해서 신실한 제자들의 관심을 끌 만한 가치가 없는 것인가? 존 스토트(John Stott)는 지구와 그 모든 피조물을 적극적으로 돌보는 것은 자연에 관심이 있는 일부 신자들에게만 해당되는 특별한 영역이 아니라 제자들의 일반적인 생활에 필수적이며, 이는 하나님이 의도하신 '창조 세계 돌봄이 하나님께 대한 우리의 사랑을 반영하는 것이기 때문'이라고 말한다."[6]

그리스도인들이 하나님의 창조 세계를 돌봐야 하는 첫째 이유는 창

---

6 John Stott, *The Radical Disciple: Some Neglected Aspects of Our Calling* (Downers Grove, IL: IVP, 2010), 59, R. J. Berry with L. S. Meitzner Yoder, *John Stott on Creation Care* (London: IVP, 2021), 1에서 발췌.

조 세계가 하나님께 속해 있고 그분께 중요하기 때문이다. 2010년 세계 복음화에 관한 로잔 대회 보고서인 케이프타운 서약에는 다음과 같은 성명이 포함되어 있다.

땅과 그 안에 충만한 것들은 모두 다 주님의 것이다. 이 땅은 우리가 사랑하고 복종한다고 말하는 하나님의 소유물이다. 간단히 말해서, 이 땅이 우리가 주님이라고 부르는 그분께 속해 있기 때문에 우리는 이 땅을 돌본다.[7]

창조 세계가 하나님께 중요하다는 사실은 창세기 1장과 2장에 상징적으로 나타나 있는데, 1장에서 "하나님이 이르시되"라는 표현이 "하나님이 이르시되 빛이 있으라 하시니"(창 1:3), "하나님이 이르시되 물 가운데에 궁창이 있어 물과 물로 나뉘라 하시고"(창 1:6) 등 9회 나온다. 흥미롭게도 창세기 2장 8절은 "여호와 하나님이 동방의 에덴에 동산을 창설하시고"라고 말한다. 말씀으로 존재하게 하는 능력을 가지신 하나님이 왜 굳이 동산을 가꾸시겠는가? 그 의미는 무엇인가?

당신이 만약 정원을 가꾸게 된다면 자신의 모든 것을 쏟아부어야 한다는 것을 의미한다. 정원의 흙, 식물, 동물과 매우 특별한 관계를 맺게 된다. 주고받는 관계가 되며, 심지 않고 돌보지 않는다면 정원을 가꿀 수가 없다. 정원 가꾸기에 관심이 없는 사람들은 다른 사람에게 비용을 지불하거나 간단하게 상점에서 채소를 구입한다. 이 구절은 천지의 창조주이신 하나님 자신이 동산을 가꾸는 것을 중요하게 생각하셨다면 그분을 따르는 우리는 최소한 그분의 창조 세계, 즉 타락 이후에 창조된 인간이 개입하지 않으면 파괴될 위험이 큰 창조 세계를 소중히

---

7 "The Cape Town Commitment," Lausanne Movement, accessed Jan. 20, 2023, https://lausanne.org/content/ctc/ctcommitment.

여기고 돌보아야 한다는 것을 암시한다.

존 스토트는 "그리스도인들은 창조 세계와 청지기직에 관한 교리로 인해 환경 책임 운동의 선봉에 서야 한다. 하나님이 세상을 만드셨는 가? 하나님은 그것을 유지하시는가? 하나님이 그것을 우리의 보살핌 에 위탁하셨는가? 창조 세계에 대한 하나님의 개인적인 관심은 우리 가 똑같이 관심을 갖도록 할 충분한 이유여야 한다"[8]라고 말하며, 또한 《창조 세계 돌봄》(The Care of Creation)의 서문에 "창조 세계에 대한 우 리의 관심은 하나님께 대한 우리의 사랑을 반영할 것이다"라고 썼다.[9]

둘째, 환경 파괴가 인간의 고통으로 이어진다는 사실을 알기 때문에 그리스도인은 이웃에 대한 사랑의 행위로서 창조 세계를 돌본다. 이는 또한 우리 자신에 대한 사랑의 행위이기도 하다. 창조 세계의 회복을 통해 기아를 줄이고, 사람들을 빈곤에서 벗어나게 하며, 환경 재해의 위험을 줄일 수 있다는 지식을 바탕으로 그리스도인들이 환경 보호와 회복 운동에 앞장서는 것은 반드시 필요하다. 상황에 따라 이러한 조 치는 식량과 물의 가용성을 높이고, 심한 폭풍이나 산사태, 홍수, 가뭄 의 발생 가능성과 그에 따른 영향을 줄이며, 사람들이 기후 변화에 적 응하도록 도울 수 있다. 건강하고 제 기능을 다하는 생태계에 사는 사 람들은 생계를 위한 선택권이 더 많고 기후 충격과 자연재해에 더 잘 대처하는 경향이 있다. 이런 관점에서 이웃을 우리 자신처럼 사랑하는 것은 창조 세계를 돌보는 것과 분리될 수 없을 것이다.

셋째, 하나님이 그분이 만드신 모든 것을 보기에 심히 좋아하셨으므 로(창 1:31) 우리는 창조 세계를 돌보아야 한다. 창조 세계는 경제적, 기

---

8 P. Harris, *Under the Bright Wings* (London: Hodder and Stoughton, 1993), 181-82.

9 R. J. Berry, ed., *The Care of Creation. Focusing Concern and Action* (Leicester: IVP, 2000), 8-9.

330

능적 가치와는 별개로 본질적으로 가치를 지닌다. 창조 세계의 순수한 아름다움, 복잡성, 다양성, 상호 연결성 및 경이로움만으로도 그것을 돌볼 만한 충분한 이유가 된다.

넷째, 논쟁의 여지가 있을 수 있지만, 비록 새롭게 되는 지구이기는 하지만 이 지구는 영원히 우리의 집이 될 것이다. "균형 잡힌 성경적 이해는 죄에 빠져 타락하고 악하며 죄악을 범한 모든 것에 대한 하나님의 심판은 전체 창조물에 대한 철저한 정결을 의미하겠지만, 하나님의 구원하시는 사랑은 결국 그분이 만드신 모든 존재에 대한 재창조, 재구성, 재생으로 이어질 것임을 인식하는 것이다."[10]

데이브 부클리스(Dave Bookless)는 계속해서, "베드로후서 3장 13절이나 요한계시록 21장 1절에 언급된 '새 하늘과 새 땅'은 현재의 우주가 허물어지는 것을 의미하는 것이 아니라, 오히려 새로워진 창조 세계를 의미한다. 하나님이 깨지고 버릇없고 더러워진 사람들을 재활용하여 그리스도 안에서 새로운 피조물을 만드시는 것처럼, 부서지고 탄식하는 이 모든 창조 세계도 다시 새롭게 될 것이다"라고 말한다.[11] 우리가 자신의 집을 돌보고 유지하는 것처럼, 확실히 생명체가 존재할 수 있는 유일한 행성을 동일한 수준으로 보살펴야 하지 않겠는가?

에필로그

필자가 FMNR과 관련하여 가나 북부 동부 지역의 탈렌시(Talensi)를 처음 방문한 것은 2009년이었다. 그곳도 수십 년 전 니제르에서와 마찬가지로 삼림 벌채와 기후 변화로 인해 피해가 발생했다. 여성들은

---

10 D. Bookless, *Planet Wise: Dare to Care for God's World* (Nottingham: IVP, 2008), 146.
11 Bookless, 80.

땔감을 모으기 위해 4시간을 걸어가야 했으며, 농부들은 사료가 부족해 도난 위험에도 불구하고 가축을 먼 언덕까지 몰고 가야 했다. 농작물은 종종 홍수나 가뭄으로 인해 파괴되었으며 오두막 지붕이 벗겨질 만큼 바람이 강했다. 아이들은 학교에 다니지 못했고 기아가 그 땅에 만연했다. 결국 마을 사람들은 자신의 터전을 버리고 떠날 것을 고려하고 있었다. 하지만 FMNR을 소개하는 워크숍 이후 지역 사회는 공동토지에서 FMNR을 시험해 보기로 합의했다.

2년 후 돌아온 필자는 그들이 이루어 낸 성과를 축하하는 행사를 목격하게 되었다. FMNR의 도입으로 여성들은 이제 가까운 곳에서 땔감을 구할 수 있었고, 짧은 거리 내에 있는 풍부한 사료로 가축들이 잘 번식하고 있었으며, 자라난 나무들은 비와 바람의 영향을 완화하고 있었다. 식량 생산이 증가함으로 아이들은 학교로 돌아갈 수 있게 되었다. 행사가 진행되는 동안 옛 추장이 일어서서 "이 FMNR의 선물은 전능하신 하나님이 주신 것이므로 FMNR을 시행한다면 어디를 가든 생명과 기쁨을 가져다줄 것이다"라고 선언했다.

수년에 걸쳐 필자는 자신의 땅과 삶을 변화시킨 많은 지역 사회를 방문하는 특권을 누렸다. 회복된 푸르른 풍경도 인상적이지만, 필자가 느낀 가장 큰 변화는 사람들의 희망이 회복되었다는 점이다. 어디에서나 노래와 춤, 박수로 표현되는 기쁨이 절로 터져 나왔다. 흥미롭게도 이것은 창조 행위에 대한 천상의 반응과 매우 흡사하다! 창조 세계의 청지기직과 회복에 참여함으로써 우리는 이 땅에서 천국을 미리 맛보는 것이 아닐까?

토론 질문

1. 창조 세계 돌봄에 관한 그리스도인 개인의 책임은 무엇인가?

2. 교회는 창조 세계 돌봄에 충분한 주의를 기울이며 가르치고 있
   는가?

3. 창조 세계 돌봄이 하나님과 이웃에 대한 사랑을 보여 주는 타당
   한 표현 방식인가?

논찬

—

박기홍

그중에 십분의 일이 아직 남아 있을지라도 이것도 황폐하게 될 것이나 밤나무와 상수리나무가 베임을 당하여도 그 그루터기는 남아 있는 것같이 거룩한 씨가 이 땅의 그루터기니라 하시더라 사 6:13

이것도 황폐하게 될 것이나

"희망이 없었다. 집으로 다시 돌아가기 일보직전이었다."[1] 2년 반 동안 많은 좌절을 겪었던 23세의 젊은 선교사는 이제 모든 사역을 그만두고 집으로 돌아갈 생각을 하고 있었다. 필자는 계속된 가뭄으로 고통받고 있던 니제르 공화국에 1981년에 도착한 뒤 하나님과 니제르 민족을 섬기는 사역으로 작은 재조림(reforestation) 프로젝트를 인계받았다.

그러나 그가 심은 나무 대부분은 가뭄, 모래폭풍, 동물, 흰개미 떼로 인해 죽거나 실패하였다. 하지만 실패의 더 큰 원인은 재조림에 대한

---

1 Johannes Dieterich, ed., *Tony Rinaudo: The Forest-Maker* (Zurich: Rüffer & Rub, 2018), 59.

농부들의 '상식' 때문이었다. 즉 나무가 작물에 그늘을 드리우면 수확량이 낮아진다는 것이다. 게다가 그들은 땔감을 팔아 식량을 사기 위해 필사적으로 남아 있던 마지막 나무까지 베어 버리곤 했다. 재조림 관련 자료를 읽고, 전문가와 상담하고, 다양한 방법을 실험하는 등 온 힘을 다해 프로젝트에 임했음에도 불구하고 그의 노력은 별 성과를 얻지 못했다. 많은 니제르 농부들에게 필자는 "미친 백인 농부"였으며 그의 생각은 어리석게만 보였다.

그러던 어느 날이었다. 절망의 상황이 필자를 무겁게 짓눌렀을 때 그는 운전을 멈추고 황량한 풍경을 바라보며 하나님께 "하나님의 아름다운 창조 세계라는 선물을 파괴한 잘못을 용서하시고 내 눈을 열어 무엇을 해야 할지 하나님이 보여 주십시오"[2]라고 간구했다.

그 그루터기는 남아 있는 것같이

척박한 풍경에 겉보기에 '쓸데없는 덤불'을 다시 바라보면서 필자는 그것이 쓸모없는 덤불이 아니라 남아 있는 그루터기에서 트고 있는 싹이라는 것을 깨달았다. 이전에는 그 의미를 한 번도 인식한 적이 없었던 곳에 희망이 있었다. 겉보기에 절망적으로 보이는 지표면 아래에 존재하며 다시 자라기를 기다리고 있던 '광활한 지하 숲'이 있었던 것이다. 재조림화는 더 이상 삼림 벌채를 반하는 의미가 아니라는 사실을 발견한 순간이었다. 즉 이제부터의 재조림화는 충분한 자금, 인력, 시간을 들여 나무를 심는 방식으로 이루어지는 것이 아니라, 사람들이 잘못된 믿음과 싸우고 자신과 자녀들을 위해 하나님의 창조 세계와

---

2 Dieterich, 59-60.

함께 일하도록 설득함으로써 이루어질 것이라는 전환의 시점이었다.

사실 하나님은 환난의 때마다 그루터기를 남겨 두신다. 남은 그루터기는 성경에서 관용적으로 사용하는 "남은 자"를 지칭한다(예: 사 10:20-23; 11:11). 히브리어 어근 shǒ'a(שאר)는 문자적으로 '남은 자' 또는 '남아 있는'을 의미한다. 성경은 대홍수 이후 노아와 그의 가족들을 '남은 자들'로 불렀으며(창 7:23), 하나님이 요셉을 "큰 구원으로 … 생명을 보존"(창 45:7)하여 남은 자를 지키기 위해 보내셨을 때도 사용되었다. 또 다른 예로 바울 역시 남은 자들이 하나님의 은혜로운 선택임을 지적했으며(롬 11:5), 엘리야는 하나님이 신실한 남은 자를 대표하는 7천 명을 예비하셨는데(왕상 19:18) 자기만 남은 것으로 오해하기도 했다(왕상 19:14). 그러므로 남은 그루터기는 하나님의 숨은 회복 계획이자 목적이요, 이 땅의 소망과 축복이 되는 것을 의미한다.

거룩한 씨가 이 땅의 그루터기니라

거룩한 씨는 재조림을 위한 그루터기였다. 하나님이 하시는 일은 전문 건축자들도 버린 쓸모없어 보이는 돌을 모퉁잇돌이 되게 하시는 것이듯, 필자는 하나님의 영이 땅을 새롭게 하신다는 개념(시 104:30)을 이해했을 때 재조림화에 필요한 모든 것이 문자 그대로 그의 발 아래 있으며 실제로 그가 서 있는 곳이 지하 숲에 둘러싸여 있다는 사실을 깨닫게 되었다. 실제로 남은 그루터기에는 이미 지역 조건에 적응해 잘 자란 뿌리가 토양의 영양분과 물에 접근할 수 있는 다량의 전분 저장량이 포함되어 있기 때문에 거기서부터 발아하는 줄기는 빠르게 재성장할 수 있는 능력을 가지고 있었다.

롤랜드 번치(Roland Bunch)의 재식생(revegetation) 방법[3]을 참고하여, 그루터기로부터 발아하는 줄기 중 가장 강한 줄기를 선택하여 가지치기하고, 자라는 동안 잉여 줄기를 제거하였더니 최종 생존율이 거의 100%에 가까웠다.[4] FMNR(Farmer Managed Natural Regeneration, 농민이 관리하는 자연적 산림 복원 사업)이라고 불리는 이 기술은 생존율이 20%에 불과한 묘목을 이식하는 것보다 훨씬 저렴하고 쉬우며 더 성공적이었다. FMNR은 1980년대 초 니제르 공화국에 헥타르당 평균 4그루의 나무가 존재했던 것에 비해 20년 동안 나무 밀도가 10배 증가한 결과를 가져왔다.[5]

"거룩한 씨"(zeraʿ qōdhesh/קֹדֶשׁ זֶרַע, holy seed)라는 표현은 환난을 겪고 남은 자들 가운데 하나님의 거룩한 백성이 생존할 것이라는 희망을 특징으로 하는 "복된 씨"의 의미에 가깝다.[6] 하나님의 은혜로운 선택으로 그 씨는 다른 씨들로부터 분리되었던 것처럼, FMNR도 희망적인 미래를 위해 줄기를 선택하고 가지치기한다는 데 공통점이 있다. 필자의 논문의 부제 "희망의 이야기"에 표현된 것처럼, 창조 세계를 회복하시는 하나님과의 동역 속에 희망이 있으며, 결국 인간에게도 희망의 회복이 있게 되는 것이다.

---

3 Center for Regenerative Agriculture and Resilient Systems, "Roland Bunch," California State University, Chico, https://www.csuchico.edu/regenerativeagriculture/international-research/roland-bunch.shtml.

4 How Farmer Managed Natural Regeneration works; https://news.mongabay.com/2022/08/let-it-grow-qa-with-reforestation-and-land-restoration-visionary-tony-rinaudo/.

5 Tony Rinaudo, *The Forest Underground: Hope for a Planet in Crisis* (Forest Hill, Victoria: ISCAST, 2022), 144.

6 Grzegorz Szamocki, "'Holy Seed' in Isaiah 6:13: Echo of an Exclusive Concept of Israel's Identity," *Verbum Vitae* 40, no. 4 (2022): 1055, https://doi.org/10.31743/vv.14605.

섭씨 1.5도 상승

IPCC는 지구 온도 상승을 섭씨 1.5도로 제한하는 것이 섭씨 2도의 전환점을 피하고 자연과 인간 시스템을 보호하기 위한 마지노선임을 강조한다.[7] 그러나 일부 기후 과학자들은 현재의 지구 온난화 속도로 볼 때 향후 5년 내에 지구 온도가 섭씨 1.5도 상승할 확률이 이미 50%에 달할 것이라고 경고한다.[8] 이러한 맥락에서, '지구 온난화'(global warming)라는 표현이 임박한 기후 변화의 재난에 대하여 강력한 경고를 충분히 표현하지 못했기 때문에 최근 몇 년 동안 '지구 가열화'(global heating)라는 용어가 더 많이 사용되었다. 아이러니하게도 세계의 가장 부유한 나라들의 과도한 소비가 기후 변화에 부정적인 영향을 끼치고 있지만, 가난한 사람들이 많은 피조물과 함께 아주 큰 대가를 치르고 있다.

더욱이 미래의 기후 변화 조건을 바탕으로 생태계를 관리하려면 육상 및 해양 생태계에 대한 이해가 필요하다. 논찬자의 최근 연구는 식물성 플랑크톤 개체군과 동물성 플랑크톤 개체군이 기후 변화에 대응하여 적응할 수 있는 잠재력을 어떻게 가지고 있는지 보고했다. 결과적으로, 식물성 플랑크톤과 마찬가지로 동물성 플랑크톤 개체군도 해양 온난화 및 산성화 조건에 신속하지만 제한적으로 적응하는 것으로

---

7 Ove Hoegh-Guldberg, Daniela Jacob, Michael Taylor et al., "Impacts of 1.5°C of Global Warming on Natural and Human Systems," in *Global Warming of 1.5°C: IPCC Special Report on Impacts of Global Warming of 1.5°C above Pre-industrial Levels in Context of Strengthening Response to Climate Change, Sustainable Development, and Efforts to Eradicate Poverty*, ed. Valérie Masson-Delmotte et al. (Cambridge: Cambridge Univ. Press, 2022), 177-231, https://doi.org/10.1017/9781009157940.005.

8 M. T. Dvorak et al., "Estimating the Timing of Geophysical Commitment to 1.5 and 2.0°C of Global Warming," *Nature Climate Change* 12, no. 6 (2022): 547, https://doi.org/10.1038/s41558-022-01372-y.

나타났다.[9] 이 작은 플랑크톤까지도 기후 변화에 영향을 받는다는 사실은 모든 생태계가 기후와 관련된 도전의 위협에 노출되어 있다는 것을 의미하며, 그리스도를 믿는 신앙을 책임감 있게 실천하는 남은 자들, 즉 하나님의 아들들이 나타나기를 플랑크톤과 같은 피조물들도 간절히 고대하고 있음을 감히 유추해 본다.

왜 생태계를 돌봐야 하는가?

코로나19 등의 환경적·인적 재난을 통해 많은 사람이 이미 전환점을 지나 예전과 같은 정상적인 삶을 살 수 없게 되었음을 실감하고 있다. 마찬가지로, 니제르에 닥쳤던 1980년대의 일련의 극심한 가뭄과 기근은 아마도 지금과 같이 사람들에게 생의 전환점처럼 느껴졌을 것이다. 그러나 FMNR이라는 개념이 소개되었을 때 많은 농부가 자신들의 상식에서 기대했던 것과는 정반대로 나무 사이에서 작물이 더 잘 자라는 것에 놀랐다. 결과적으로 FMNR 운동은 연간 약 25만 헥타르의 비율로 농부에서 농부로 입소문을 내며 번져 나가기 시작했다.

이제 250만 명의 사람들이 더 많은 식량을 확보하고 있지만, 필자는 가장 근본적인 것은 하나님의 창조물을 돌보는 문화, 즉 그리스도인들이 왜 하나님의 창조 세계를 돌봐야 하는지를 이해하는 것임을 깨달았다. 하여 필자는 다음을 강조했다. (1) 창조 세계는 하나님께 속하며 하나님께 중요하다. (2) 이웃을 우리 자신처럼 사랑하는 것은 창조 세계를 돌보는 것과 분리될 수 없다. (3) 창조 세계는 본질적으로 선하며 그 자체로 가치를 갖는다. (4) 하나님은 부서지고 타락하고 엉망이

---

9 Hans G. Dam, Gihong Park et al., "Rapid, but Limited, Zooplankton Adaptation to Simultaneous Warming and Acidification," *Nature Climate Change* 11 (2021): 780-86,

된 사람들도 그리스도 안에서 새로운 피조물로 만드신다. 우리 하나님은 재활용의 전문가시다. 왜냐하면 하나님은 아무것도 낭비하지 않으시기 때문이다.[10] 모든 것을 창조하신 분의 손에는 구원의 희망이 있다. 우리가 보지 못하는 것을 바란다면 그리스도 안에서 인내로 기다리며 하나님의 영원한 사랑 가운데서 행해야 한다. 이것이 재조림화 및 토지 복원의 선지자인 필자의 이야기다. 이제 아무도 그를 "미친 백인 농부"라고 부르지 않고, "숲을 만드는 사람", "기근과 싸우는 투사"라고 부른다.

보충 질문

토론을 위한 필자의 질문을 바탕으로 논찬자는 다음 세대를 위한 더 나은 미래를 건설하는 데 도움이 되는 세 가지 질문을 제안하고 싶다.

1. 자녀들을 위한 창조 세계 돌봄에 대한 교육적 책임은 무엇인가?
2. 당신이 속한 교회의 주일학교는 창조 세계 돌봄에 충분한 관심을 기울이고 있는가?
3. 이웃을 사랑하는 것이 창조 세계 돌봄과 불가분의 관계에 있다면, 선교 현장에서 영혼 구원과 창조 세계 돌봄 사이에 어떻게 균형을 유지하는가?

---

10 Dave Bookless, *God Doesn't Do Waste: Redeeming the Whole of Life* (London: IVP, 2012), 62-63.

15

온누리교회의 환경 사역과 전략

정운오, 유진아, 김우용

온누리교회는 2014년 초 교회의 사회 참여를 확대하기 위해 사회선교본부를 창설하였다. 교회 지도자들은 전도가 사회 참여보다 우선하는지에 대한 논쟁을 끝내기 원했는데, 이는 두 가지 모두가 하나님 나라의 진보를 위해 필요하기 때문이다. 이재훈 위임목사는 전도와 사회 선교를 교회가 하나님 나라를 위해 "비상"하기 위해 함께 일해야 하는 "두 날개"라고 언급하였다.[1] 사회선교본부의 창설은 온누리교회가 케이프타운 서약의 정신에 부합하여 총체적 선교를 향해 나아가는 중요한 이정표가 되었다. "우리가 선포하는 구원은 우리가 개인적 책임과 사회적 책임을 총체적으로 수행하도록 우리를 변화시켜야 한다. 행함이 없는 믿음은 죽은 것이다."[2] 온누리 사회선교사역은 미가 6장 8절에 기초하여 시작되었다. "오 사람아, 무엇이 좋은지 이미 그분께서

---

1 이재훈 위임목사, "낮아진 교회" (2015년 10월 7일 온누리교회 30주년 부흥비전집회 설교).

2 "케이프타운 서약," 로잔 대회, 2011 (pt. 1, sec. 10, par. B ["로잔 언약", par. 5 인용]), https://lausanne.org/content/ctc/ctcommitment.

네게 말씀하셨다. 여호와께서 네게 원하시는 것은 공의에 맞게 행동하고 긍휼을 사랑하며 겸손히 네 하나님과 함께 행하는 것이다"(미 6:8, 우리말성경).

이후 사회선교본부 산하에 다양한 사역 팀들이 조직되었으며, 그중의 하나가 '생명과 환경팀'이다. 생명과 환경팀의 두 가지 주요 임무는 첫째, 자살, 낙태, 동성애, 아동 학대(모두 무신론, 진화론, 왜곡된 인본주의의 영향으로 발생하는 악으로 간주됨)의 급증에서 분명히 나타난 인간 생명에 대해 만연한 경시 풍조에 대응하여, 하나님의 형상대로 창조된 인간 생명의 존엄성에 대한 인식을 높이고 이를 회복하는 것이다. 둘째, 물질주의와 소비주의에 물든 인간의 탐욕에 의해 오랫동안 착취되고 파괴되어 온 창조 세계의 질서를 회복하기 위한 구체적인 노력을 기울이는 것이다. 특히 현재 진행 중인 생명을 위협하는 기후 위기에 대한 교회의 인식을 높이고 기후 변화의 진행을 늦추기 위한 실행 계획을 제안하기 위해 노력할 것이다.

본 논문의 주요 목적은 생명과 환경팀의 비전, 사명, 전략을 소개하고, 팀의 창설로부터 현재까지 진행된 주요 사역을 요약하여 제시하는 것이다. KGMLF 2023 포럼의 주제와 일관되게 본 논문은 팀의 환경 사역에 초점을 맞출 것이다.

생명과 환경팀의 비전, 사명, 전략

생명과 환경팀의 비전은 창조된 자연 속 생태계의 아름다움을 보전하는 것이다. 창세기 1장 28절에 나오는 하나님의 명령을 이행하려면 건강한 생태계는 필수적이다. "생육하고 번성하여 땅에 충만하라, 땅을 정복하라"(창 1:28). 팀의 임무는 21세기에 빠르게 악화하고 있는 환경 오염과 기후 변화에 긴급히 맞서 싸워야 함을 성도들에게 인식시키고, 생태계의 지속적인 파괴를 막아서는 일에 참여하도록 이끄는 것이다. 팀의 전략은 사회선교본부의 사역 전략과 일치하며, 이는 "러빙 유"(Loving U) 슬로건에 잘 반영되어 있다. 여기서 대문자 "U"는 "Unfamiliar", "Uncomfortable", "Unsafe"의 앞 글자를 대표하며, '낯선', '불편한', '안전하지 않은'이라는 삼중의 의미를 담고 있다.

"Unfamiliar" 전략은 성도들이 낯선 사람들에게 접근하여 그들의 친구가 되어 물질적, 심리적, 영적 필요를 충족시키면서 복음을 전하도록 요청한다. 낯선 사람들은 우리 가운데 살고 있는 '외국인들'과 같이 일반적으로 사회에서 소외된 사람들이다. 하나님의 나라가 그리스도의 성육신을 통해 인간 역사 속으로 뚫고 들어온 것처럼, 참된 교회는 그리스도와 함께 이 세상에 침투하여 겸손히 낯선 영혼들에게 다가가야 한다.

"Uncomfortable" 전략은 편안함과 편리함을 추구하는 생활 방식과 습관에서 벗어날 것을 성도들에게 제안한다. 이는 하나님 나라의 복음을 살아 내기 위해 일상에서 불편함을 기꺼이 감수하자는 것이며, 생태계에 주요 위협이 되는 일회용품(예: 플라스틱)의 과도한 소비와 사용이라는 현대적 생활 방식을 거스르는 것이다.

"Unsafe" 전략은 자신의 안전지대를 떠나 구조적인 불의, 빈곤, 억압이 만연한 곳에서 위험을 무릅쓰고 하나님 나라를 건설할 것을 요구한다. "러빙 유"는 온누리 사회선교본부 사역에 적합한 전략인데, 이는 세상에서 가장 위험한 일이 예수님을 믿는 것이고, 교회는 이 세상에서 가장 안전하지 못한 공동체이기 때문이다.[3]

---

3 이재훈 위임목사, "위험한 교회" (2015년 10월 6일 온누리교회 30주년 부흥비전집회 설교).

생명과 환경팀의 환경 사역에 있어 가장 적절한 전략은 불편함을 포용하는 "Uncomfortable" 전략이다. 환경 보전을 돕기 위해 우리는 많은 불편함에 익숙해져야 한다. 예를 들어, 교회에 올 때 대중교통을 이용해야 하고, 일회용 컵 대신 텀블러를 휴대해야 한다. 효과적인 재활용을 돕기 위해 자발적으로 쓰레기를 분류하는 일은 우리가 불편함을 '사랑'하는 법을 배워야만 가능하다.

사역 초기 온누리 사회선교본부는 다소 부정적인 반응과 오해에 직면하기도 하였다. 많은 사람에게 환경 문제가 실제로 신앙의 영역에 속한다는 우리의 주장은 받아들이기 어려웠다. 특히 구원을 단순히 개인적이고 사적인 문제로 이해하는 사람들은 사회 정의를 실천하는 책임과 복음을 연결시키는 것을 어려워했다. 교회 지도자들조차 환경 보호와 기후 위기 대응이 복음과 어떤 관련이 있는지 이해하는 데 어려움을 겪었다.

이 문제를 해결하기 위해 우리는 성경뿐 아니라 제3차 로잔 대회의 "케이프타운 서약: 신앙 고백과 행동 촉구"도 참고하였다. 케이프타운 서약의 일곱 번째 신앙 고백인 "우리는 하나님의 세상을 사랑한다"는 이렇게 선언한다. "하나님이 창조하신 세상을 사랑한다는 고백은 '그분에게 속한 것을 돌보는 것'이며, 하나님을 사랑하는 사람이라면 모두 그렇게 해야 한다."[4]

이 세계와 그 안에 있는 만물은 우리가 사랑한다고 말하는 하나님의 소유물이므로, 만일 우리가 이 세계를 파괴하고 남용한다면 우리는 하나님을 사랑한다고 말할 수 없다. 그러므로 우리는 창조된 세계를 돌보고 그 자원을 책임감 있게 사용해야 한다. 우리는 인간적인 이유 때

---

4 "케이프타운 서약" (pt. 1, sec. 7, par. A).

문이 아니라 하나님을 향한 사랑 때문에 이 창조된 세계를 돌보아야 한다. 그러므로 창조 세계 돌봄은 하나님의 주권과 관련하여 복음을 실천하는 일이 된다. 바로 이러한 고백은 우리의 총체적 선교를 표현하는 것이다. 즉 창조 세계는 개인 및 인간 사회와 더불어 죄로 인해 깨어져 고통받고 있으며, 따라서 이 세 가지 실체 모두가 하나님의 선교의 대상이 된다. 이러한 총체적 선교의 정신은 생명과 환경팀을 지지하는 기본 원칙이며, 팀의 환경 사역을 '환경 선교'라 부를 수 있는 근거가 된다.

초기 사역: 대중교통 이용하기 캠페인

사역 초기에는 사회 선교를 이해하고 팀의 정체성을 확립하는 데 더 중점을 두었기 때문에 환경 사역이 즉각적으로 활성화되지는 않았다. 당시 유일하게 활발했던 사역은 "대중교통 이용하기 캠페인"이었다. 온누리교회는 분기마다 한 주일을 지정하여 전 성도가 대중교통으로 교회에 오도록 하고 교회 내 모든 차량의 출입을 금지하였다.[5] 이 캠페인은 수만 명의 예배자들이 자동차를 타고 교회에 오면서 발생하는 주일의 전형적인 동네 교통 체증을 완화하여 인근 주민들이 겪는 엄청난 불편을 해소하는 부가적인 혜택도 가져왔다. 팀은 이날을 기후 위기와 기타 환경 문제에 대한 성도들의 인식을 제고하고, 탄소 배출을 줄이는 수단으로서 대중교통을 이용하도록 장려하는 기회로 활용했다.

---

5 특별 배려가 필요한 일부 성도들은 예외로 하였다.

후기 사역

생명과 환경팀은 사역의 정체성을 더욱 확고히 하고 내부 역량을 쌓은 후 2018년부터 가시적인 성과를 거두기 시작하였다. 그해 1월에는 기후 위기에 적절히 대응하는 행동이 복음을 실천하는 것이라는 우리의 확신을 재확인하기 위해 두 번의 워크숍을 개최하였다. 이 워크숍은 다음과 같은 사역 계획을 수립하고 마무리되었다.

"그린 스테이션"(거점형 쓰레기 분리수거장, 자원 재순환·활용센터)

"그린 스테이션"(Green Station)의 설치는 팀의 첫 번째 의미 있는 사역이었다. 2018년 2월, 교회의 쓰레기 처리 및 재활용 절차를 점검한 결과, 여러 부족한 점을 발견했다. 효과적인 재활용을 위해서는 쓰레기를 철저히 분리해야 하며, 이를 위해서는 최소한 8-9개의 재활용 쓰레기통이 필요했다. 그러나 재활용 쓰레기통이 몇 개밖에 되지 않았다. 그나마 야외 수거장으로 쓰레기를 운반하는 과정에서 모든 쓰레기가 함께 뒤섞임으로써 재활용을 위해서는 다시 분류 및 분리가 필요하였다. 이러한 비효율적이고 비효과적인 재활용의 문제를 극복하기 위해 야외 쓰레기 수거 장소에 여러 개의 분리 수거통을 설치하고 이를 "그린 스테이션"이라고 명명했다. 아울러 실내 쓰레기통의 수를 줄이기 위한 노력도 진행했다.

그린 스테이션은 2019년 6월에 설치를 완료하였다. 그린 스테이션은 쓰레기통 4개로 이루어졌는데, 길이 4.5m, 너비 2.5m, 높이 2.8m로 앞면을 제외한 모든 면이 덮여 있다. 제한된 공간으로 인해 원래 의도한 개수의 쓰레기통을 설치할 수는 없었지만, 그린 스테이션은 보다 효과적인 재활용을 위한 첫걸음이 되었다. 그러나 안타깝게도 2019년

말 코로나19의 확산이 그린 스테이션의 운명을 바꾸어 놓았다. 교회 건물이 폐쇄되고 성도들이 예배를 드릴 수 없게 되자 그린 스테이션의 이용률은 급격하게 떨어졌다. 더욱이 그즈음 시작된 교회 건물 서쪽의 공원 공사로 인해 그린 스테이션은 임시 이전되었고, 현재는 공원 한 구석에 자리하여 잡동사니 보관소로 사용되고 있다.

"러빙 유"(Loving U) 캠페인 및 텀블러 사용 장려 혜택

이 캠페인은 2018년부터 시작되었으며, 교회 카페에서 일회용품 사용을 줄이기 위해 개인 물병과 텀블러 사용을 독려하는 데 초점을 맞췄다. 팀은 교회 카페에서 종이컵과 플라스틱 컵을 머그잔으로 교체하고 텀블러 이용자에게는 할인 혜택을 제공하기로 계획하였다. 그러나 이를 위해서는 사용한 머그잔을 매번 세척해야 하는데, 적은 숫자의 카페 종업원과 적절한 식기 세척 장비의 결여로 인해 그렇게 하는 것이 불가능하였다. 팀은 단기간에 이 계획을 실행하는 것이 불가능하다는 것을 깨닫고 그 대신 텀블러 사용자를 위한 혜택에 초점을 맞추었다.

또 팀은 성도들이 텀블러를 더 자주 애용하기를 기대하며 온누리교회 로고가 새겨진 텀블러 400여 개도 판매하였고, "왜 텀블러를 사용해야 하나?"라는 제목의 브로슈어를 제작, 배포하여 텀블러를 사용해야 하는 이유와 이점, 유지 및 관리하는 방법을 자세히 설명하였다. 그리고 구매자들에게는 텀블러 구매에 대한 추가 혜택으로서 커피 쿠폰을 제공하였다.

환경 의식 및 "제로 웨이스트"(Zero Waste) 캠페인

2014년 창립 이래로 팀은 환경 문제에 대한 성도들의 인식을 높이기 위해 계속 노력해 왔지만, 2018년이 되어서야 교회 차원의 환경 사역을 적극적으로 추진할 수 있게 되었다. 대중교통을 이용하는 주일을 지정할 때 의도적으로 어린이주일[6]과 교회창립기념주일에 맞추었고, 이날에는 비어 있는 교회 주차장에 어린이들을 위한 '활동 부스'를 설치하였다. 이를 통해 어린 방문객들에게 자원 순환 관찰하기 및 자원 순환 지도[7] 그리기, 버려진 빈 캔으로 양초 만들기, 재활용 플라스틱 컵으로 선인장 화분 만들기 등의 활동 기회를 제공하였다. 그리고 참여도를 높이기 위해 참가자들에게는 자원 봉사 시간 기록증을 발급해 주었다.

2019년에는 "Zero Waste", "Zero Plastic", "Zero Leftovers"라는 슬로건을 앞장세워 보다 효과적으로 환경 의식을 제고하였다. 이 슬로건은 쓰레기, 일회용 플라스틱, 남은 음식을 없애거나 최소한 줄이는 것을 목표로 하였다. 3분 분량의 홍보 영상을 제작하여 온누리교회 주일예배 시간에 상영함으로써 "제로 웨이스트" 캠페인을 시작하였다. 자원 봉사자들은 캠페인 포스터를 들고 교회 로비에 줄을 서서 성도들에게 캠페인 정보와 관련 활동을 안내하였다. 그리고 교회 어린이 부서와 협력하여 "일회용품 줄이기와 텀블러 활용하기"라는 제목으로 초등학생들을 대상으로 그림 그리기 대회도 진행하였다. 최종 선발된 그림들은 액자에 넣어 교회 내 24개의 정수기 옆에 전시해 성도들이 종이컵으로 물을 마실 때 그 그림들을 보고 환경 문제를 생각해 보도록 유도하였다.

---

6 한국 교회는 5월 5일 어린이날을 기념하고자 하는 의미에서 전통적으로 5월 첫째 주일을 어린이주일로 지정해 왔다.

7 자원 순환 지도는 쓰레기가 처음 어디에서 얼마나 발생하여 어떤 과정을 거쳐서 마지막 처리 단계까지 가는지, 모든 과정을 구체적으로 보여 준다.

"그린 아웃리치"(Green Outreach) 및 "플로깅"(Plogging)[8]

"그린 아웃리치"는 환경 사역에 초점을 맞춘 아웃리치이며, 2019년부터 매년 2-3회 진행하고 있다. 아웃리치 방문 대상이 되는 곳은 환경 사고가 발생한 지역, 환경 문제가 지속되고 있는 지역, 환경 선교 실천에 성공한 교회나 단체 등이다. 그린 아웃리치에서는 "플로깅"(걸으며 쓰레기 줍기) 등 친환경 활동을 펼치고, 일회용품 사용을 최소화하며, 잔반 남기지 않기를 실천하였다. 팀이 방문한 곳 중 하나는 태안반도에 위치한 한국 해양교통안전공단이었는데, 이곳에서는 해양 오염의 심각성과 복구 노력에 대해 배울 수 있었다.[9] 2020년과 2021년에는 코로나19 팬데믹으로 인한 사회적 거리두기 및 폐쇄로 인해 모든 그린 아웃리치가 중단되었고, 사회적 거리두기 규정이 해제된 이후 2022년 가을이 되어서야 재개되었다.

"창조 질서 회복" 캠페인

이 캠페인은 기후 변화의 근본 원인인 이산화탄소 배출을 줄이기 위한 "탄소 금식"(carbon fast) 운동에 팀이 동참하기로 결정한 2021년에 기획되었다. 그 당시 탄소 금식은 기후 위기에 대해 민감한 의식을 가진 많은 교회 사이에 이미 확산되어 있었다. 이 캠페인은 '금식'을 요청하는 것이므로 사순절에 적합하다고 간주되어 2022년 사순절에 맞추어 시행하기로 하였다. 이 캠페인은 그 이면에 있는 성경적 명령을 올바르게 반영할 뿐 아니라, 탄소 금식이라는 개념에 대한 회중의 생소함을 고려하여 "창조 질서 회복"이라고 명명하였고, "보시기에 좋았더

---

8 '플로깅'이란 조깅을 하면서 쓰레기를 줍는 행위를 일컫는 말이다. 이는 스웨덴어로 '줍다'라는 의미를 가진 'plocka upp'이라는 단어와 영어 'jogging'의 합성어다.

9 2007년 12월에 태안반도 인근 바다에 12,547kl 기름 유출 사고가 있었다.

라"라는 부제를 달았다.

먼저 팀은 브레인스토밍을 통해 탄소 감소에 도움이 되는 실천 가능한 활동들을 생각해 냈다. 그리고 하나님이 창조하신 세계를 본래 의도한 대로 회복하고 보존한다는 개념에 입각하여, 창세기에서 일곱 가지 창조 주제를 가져와 사순절 기간 한 주마다 새로운 주제를 배정하였다. 창세기의 일곱 주제는 "빛", "공기", "물", "지구(땅)", "계절", "동식물(생명)", "인간"이며, 배정 방식은 대략적인 창조의 연대순을 따랐다. 그런 다음 각 주제에 맞는 실천 가능 활동들을 모아 해당하는 주에 할당하였다. 다음 표는 팀의 초기 기획안을 요약한 것이다.

표 15.1: "창조 질서 회복" 캠페인(2022년 원안)

	월요일	화요일	수요일	목요일	금요일	토요일
1주차 빛			3월 2일 가전제품 미사용 시 플러그 뽑기	3월 3일 엘리베이터 대신 계단 이용하기	3월 4일 휴대폰 (미디어) 사용 줄이기	3월 5일 빈방 조명 끄기
2주차 공기	3월 7일 대중교통 이용하기	3월 8일 쓰레기 배출 감소하기	3월 9일 지역에서 생산된 과일·채소 소비하기	3월 10일 공기 순환을 위해 창문 열기	3월 11일 채소 먹기	3월 12일 걷기 또는 자전거 타기
3주차 물	3월 14일 샤워 시간 줄이기	3월 15일 비누칠· 샴푸하는 동안 물 잠그기	3월 16일 세탁물 가득 채워 세탁기 돌리기	3월 17일 미세 플라스틱이 없는 주방용품 사용하기	3월 18일 자연 발효 세정제 사용하기	3월 19일 설거지할 때 설거지통 사용하기, 폐식용유 분리하기

	3월 21일	3월 22일	3월 23일	3월 24일	3월 25일	3월 26일
4주차 지구	재활용 쓰레기 잘 씻어서 버리기	일회용 물티슈 사용 금지하기	손수건 사용하기, 이면지 사용하기	비닐 랩, 빨대, 일회용 플라스틱 용기 사용 금지하기	플라스틱에 든 생수 대신 끓인 물이나 정수기 물 마시기	온라인 쇼핑 줄이기
	3월 28일	3월 29일	3월 30일	3월 31일	4월 1일	4월 2일
5주차 계절	계절에 맞게 옷 입기, 히터 사용 줄이기	산책하기, 햇빛 쬐기	밤 9시 소등하고 잠자기	제철 과일과 채소 먹기	실내 온도 20℃ 유지하기	봄꽃을 즐기며 하나님께 감사하기
	4월 4일	4월 5일	4월 6일	4월 7일	4월 8일	4월 9일
6주차 동식물	생물 다양성에 대해 배우기	실내에서 식물과 꽃 키우기	반려동물 돌보기	로드 킬 (roadkills) 에 대해 알아보기	유기 반려동물을 보호하는 단체 지원하기	꽃 또는 나무 심기
	4월 11일	4월 12일	4월 13일	4월 14일	4월 15일	4월 16일
7주차 인간	꼭 필요한 것만 구매하기	집과 직장 청소하기	불필요한 물건 정리하기	불필요한 물품 나눔 및 기부하기	성금요일; 금식(한 끼) 하기	창조 질서 회복을 위해 기도하기

〈표 15.1〉에 제시된 초기 기획안은 이후 교회의 목회기획위원회와 이재훈 위임목사의 검토를 거쳐 다음과 같이 수정되었다. 첫째, 탄소 금식과 기후 위기에 대한 초점을 생명 보호 의제로 확대하고, 하나님의 형상대로 창조된 인간 생명, 특히 자신을 방어할 수 없는 태아의 권리에 대한 존중을 강조하였다. 둘째, 일부 활동들은 모든 성도가 실천하는 것이 불가능하여 캠페인 전체를 비실용적으로 만들 수 있다는 문제점이 드러나 원안을 수정하게 되었다.

수정된 캠페인 계획은 〈표 15.2〉와 같다. 이 새로운 계획에 따라 캠페인 참가자는 사순절 기간 언제라도 주제에 관계없이 하나 이상의 활동을 자유롭게 선택하여 실행할 수 있다. 그리고 새 계획에서는 "동식물"이라는 주제가 "생명"이라는 주제로 변경되었고, "인간"의 경우는 미니멀리즘(최소한의 소비 활동)을 통한 탄소 금식이라는 원래의 초점이 '생명 존중'을 강조하는 것으로 대체되었다.

표 15.2: "창조 질서 회복" 캠페인(2022년 최종)

주제	실천 사항
빛	• 사용하지 않는 공간 전기 소등하기 • 사용하지 않는 가전제품 플러그 뽑기 • 엘리베이터 대신 계단 이용하기
공기	• 자차 대신 대중교통 이용하기 • 지역 농산물 구매하기 • 걷거나 자전거 타기
물	• 샴푸·비누칠하는 동안 물 잠그기 • 양치할 때 양치 컵 사용하기 • 세탁물 가득 채워 세탁기 돌리기 • 설거지할 때 물 절약하기
땅	• 새 종이 대신 이면지 활용하기 • 화장지, 휴지, 일회용 물티슈 적게 사용하기 • 일회용품 사용 자제하기
계절	• 제철 과일과 채소 먹기 • 실내 온도 20도 유지하기 • 봄꽃 감상하며 하나님께 감사하기
생명	• 생명을 위한 40일 기도(낙태 반대) 운동 참여하기 • 입양·가정위탁 프로그램 알아보기 • 생물 다양성 이슈에 대해 알아보기
인간	• 자기 사랑-하루에 한 번 "나는 소중한 사람입니다" 선포하기 • 타인 사랑-타인을 존중히 여기는 말과 행동하기 • 어려운 환경에 처한 이웃에게 격려 메시지 보내기

이렇게 수정된 계획을 바탕으로 2022년 재의 수요일을 맞아 온누리

교회 첫 번째 "창조 질서 회복" 사순절 캠페인을 시작하게 되었다. 재의 수요일 이전 한 달 동안에는 매주 교회 신문에 하나님의 창조의 회복이 성경적으로 요구되는 신앙의 문제임을 설명하는 기사를 실었다. 그리고 재의 수요일 직전 주일에는 본 예배 중 3분짜리 홍보 영상을 상영함으로써 이 새로운 캠페인을 교회 전체적으로 시작하게 되었다. 캠페인 참가자들은 활동 참여 사진과 짧은 문자 메시지를 팀에게 보내는 형식으로 피드백을 제공하도록 권면하였으며, 이에 대한 보상은 소액의 모바일 선물로 이루어졌다. 캠페인 진행 상황은 교회 신문뿐만 아니라 온누리교회의 각종 SNS 채널을 통해 보도되었다.

맺는말

생명과 환경팀의 사역을 검토하면서 우리는 여러 면에서 부족한 점이 있음을 인정한다. 그럼에도 우리는 우리의 환경 선교를 계속 수행할 것이다. 특히 창조 세계를 회복하고 돌보는 일은 신앙 실천의 문제라는 인식을 높이기 위해 더욱 노력할 것이다. "창조 질서 회복" 캠페인은 매년 계속될 것이고, 공원 조성으로 인해 운영이 중단된 그린 스테이션도 복구할 것이다. 또한 탄소 금식 운동에 더욱 적극적으로 참여하기 위해 온누리교회를 녹색 교회로 선포하는 것도 고려해 볼 것이며, 기후 위기로 가장 큰 고통을 겪게 될 Z세대와 그 밖의 다른 사람들에게 더 많이 다가갈 필요도 있다.

기후 위기의 매우 중요한 측면은 위기의 진짜 원인이 물질주의로 악화된 인간의 탐욕에서 비롯된다는 것이다. 이러한 이유로 케이프타운 서약은 지구 자원을 파괴한 것과 소비주의 숭배를 용인한 것에 대해 회개를 촉구한다.[10] 물질주의는 물질적인 것을 소비하고 소유하는 것이 육체적, 정신적 필요뿐 아니라 영적인 필요까지도 충족시킬 수 있다고 주장하는 환원주의적 세계관이다. 이 은밀한 세계관은 사람들의 마음속에 스며들어 과소비를 부추기는데, 과소비는 과잉 생산에 의해서만 유지될 수 있고, 과잉 생산은 과도한 탄소 배출과 그로 인한 기후 위기를 초래한다. 따라서 문제의 상류에(업스트림) 있는 과소비가 기후 위기의 진짜 원인이며, 이것이 하류에서(다운스트림) 부당한 고통을 발생시키는 것이다.

이러한 기후 위기 문제의 상류에 있는 원인을 해소하기 위해 우리는 교회가 성도들에게 단순한 삶의 방식을 장려하고 소비와 소유를 최소화하도록 격려할 수 있기를 소망한다. 이는 성도들이 소비에 대해 더욱 신중을 기하고 가진 것을 적극적으로 재활용하고 공유하도록 촉구하는 일이 될 것이다.

토론 질문

1. 오늘날 많은 복음주의 한국 교회에서는, 전 세계 많은 복음주의 집단에서처럼, 교회의 전통적인 선교 사역에 관해 논의할 때 환경 문제는 무시되어 왔다. 최근 몇 년 동안 창조 세계 돌봄이 선교적 우선순위로 점점 더 부각되고 있지만, 기존의 인간중심적 성경 해석과 이해는 여전히 많은 어려움을 안겨 준다. 환경 보호의 실천이 실제로 신앙의 영역에 속하며 창조 세계 돌봄이 실제로 복음의 명령이라는 것을 성도들에게 확신시키는 효과적인 방법은 무엇인가?

---

10 "케이프타운 서약" (pt. 1, sec. 7, par. A).

2. 환경 문제(예: 탄소 금식)에 대해 복음주의 한국 교회가 부정적인 반응을 보이는 것에 대한 설명 중 하나는 한국의 정치 역사와 관련이 있다. 흥미롭게도, 복음주의 한국 교회의 대부분은 역사적으로 정치적 우파에 속해 있는 반면, 환경 문제는 대체로 정치적 좌파에 속해 있었다. 교회는 정치가 선교 사역을 이끌어야 한다고는 분명히 믿지 않지만, 이 보이지 않는 장벽은 매우 현실적이며 극복하기 어려운 것으로 입증되었다. 이 딜레마를 해결하는 방법에 대해 통찰력을 얻을 수 있는 다른 국가의 경험이 있을까?

3. 온누리교회 생명과 환경팀은 오늘날 세계 곳곳에 만연한 물질주의와 소비주의로 인해 더욱 악화된 인간의 탐욕이 하나님의 창조 세계를 남용하고 파괴하며, 그것이 오늘날 우리가 직면하고 있는 기후 위기의 근본 원인이라고 믿는다. 이러한 연관성을 어떻게 현대 그리스도인들에게 더욱 분명하고 적절하게 보여 줌으로써 이들이 전통적인 다운스트림 노력(예: 재활용, 업사이클링)뿐만 아니라 창조 질서 회복을 위한 선교 사역의 한 부분으로서의 업스트림 노력(예: 미니멀리즘, 탄소 배출 금지)에 더 집중하도록 장려할 수 있을까? 우리의 주장을 뒷받침하기 위해 코로나 셧다운의 경험과 비록 단기적이긴 하지만 환경에 미친 긍정적인 영향을 어떻게 활용할 수 있을까?

논찬

——

로라 S. M. 요더(Laura S. Meitzner Yoder)

온누리교회의 첫 10년 환경 사명과 전략을 세 분의 필자들의 글을 통해 배울 수 있는 기회를 얻게 되어 감사드린다. 온누리교회의 2014년에 시작된 사회선교본부 사역의 생명과 환경팀은 위임목사와 리더십의 지원과 지도를 통해 총체적 선교 사역을 증대 시키기 위해 노력하고 있다. 이 논문의 두 가지 주요 목적은 (1) 인간 생명의 존엄성을 중시하며 구체적인 방법으로 창조 세계를 회복하는 것, (2) 인간의 물질주의와 소비주의를 생태적 파괴의 근본 원인으로 인정하는 동시에 기후 변화를 개선하기 위한 조치를 촉진하는 것이다.

생명과 환경팀은 예배의 리듬과 교회 생활의 일반적인 측면을 가지고 환경 관리, 보호 및 수리를 위한 구체적이고 개별적이며 공동체적인 활동들을 합력하게 하는 것을 목표로 한다. 팀의 계획은 처음 몇 년 동안은 교회 공동체의 인식을 높이는 것으로 시작하였고, 매우 신중하게 실행하는 시기를 정하였다. 이러한 사역에서 논찬자가 칭찬할 만한 도전이라고 생각하는 여러 가지 요소와 몇 가지 공헌들이 있다! 이는 논찬자의 집이 있는 환경에서는 교회 사역으로 실행하기 힘든 대담한 계획으로 생명과 환경팀 프로그램을 시작한 것이다. 즉 분기별로 개인 차량이 교회 건물에 진입하는 것을 허용하지 않는 "대중교통 이용하기" 캠페인이다. 전략적으로 이것은 어린이주일을 포함하여 중요한 행사가 있는 주일에 계획되어 있으며, 교회가 위치한 이웃의 교통량을 크게 줄이는 효과를 가져왔다.

이 밖에도 쓰레기 분리 수거를 위한 "그린 스테이션" 설계, 교회 카페 일회용품 줄이기, 어린이 환경 교육, 기름 유출 등 환경 재난 현장 방문하기, 쓰레기 청소 등의 활동도 진행되었다. 사순절에는 탄소 금식을 통해 환경 활동과 교회 달력을 통합하기도 하였다. 교회의 목회 지도자들은 무방비한 상태의 태아가 기후 위기의 주요 희생자라고 생각하여 이 프로젝트가 교회의 낙태 반대 운동과 연결되면 좋겠다고 제안하기도 했다. 사회적으로 용인된 탐욕이라는 죄에 뿌리를 둔 현재의 소비 과잉은 결국 다음 세대의 고통을 증가시키게 된다.

또한 이 팀의 사역이 신학적으로도 중요한 것은 전 세계 많은 교회에 자리 잡고 있는 복음주의와 사회 선교의 기독교적이지 않은(un-Christ-like) 분리를 화합하고 개선하려는 온누리교회의 광범위한 노력의 일부이기 때문이다. 이 두 가지는 다 복음 전파의 핵심이지만 이러한 분리 속에서 서로를 제한한다. 필자들은 이러한 오래된 내적인 분리를 극복하려면 충분한 시간과 신중한 노력이 필요하다고 언급하며, 이러한 화합의 노력을 모든 성도와 모든 교회 지도자가 다 받아들이고 실행에 옮기기란 쉽지 않을 것이라고 이야기한다. 많은 사람이 당연하게 지어놓은 범주의 구분을 없애는 이유를 이해하기 어려울 수 있다. 이는 필자들이 자신들의 상황을 이처럼 언급한 것처럼 논찬자의 상황에서도 마찬가지다. 이 땅에 육신을 입고 우리와 함께 머무신 예수 그리스도를 따르는 것은 온전히 실재하는 경험이다.

우리는 신학과 정치의 교차점에서 또 하나의 도전의 시작에 직면한다. 많은 사람이 환경 문제를 자신의 신앙생활과 연결시키지 못하거나, 어떻게 기후에 대한 대응을 복음과 연관시켜야 하는지 경험한 적이 없기 때문에 이 도전의 시작은 천천히 진행될 수밖에 없다. 필자들은 환경 문제의 정치화된 협의를 "매우 현실적이며 극복하기 어려운 것으로 입증된 보이지 않는 장벽"으로 설명한다.

이 논문은 교회 리더십과 관련하여 생명과 환경팀 프로그램이 교회 회중을 위해 형성되는 과정을 간략하게 보여 준다. 사회선교본부 사역에서 이 사역을 세 가지 "러빙 유"(Loving U), 즉 '낯선'(Unfamiliar), '불편한'(Uncomfortable), '안전하지 않은'(Unsafe)으로 요약해서 조직적으로 추진했다는 것은 주목할 만하다.

첫째로, 성도들에게 낯선(그리고 간과되는) 사람들의 친구가 되라고 제안한다. 둘째로, 불편하다는 것은 "편안함과 편리함을 추구하는 생활방식과 습관에서 벗어나는 것"을 의미한다. 이는 "하나님 나라의 복음을 살아 내기 위해 일상에서 불편함을 기꺼이 감수하는 것"을 의미한다. 이는 문화적으로 가치 있다 여겨지는 기업적인 차원에서의 죄로서 비판적으로 간주되는 '소비주의와 물질주의'라는 금기에 가까운 (심지어 교회에서도) 것에 반대하는 놀라운 목표다. 셋째로, 위험을 회피하는 사회에서 반문화적인 것을 추구하는 것과 마찬가지로 안전하지 않은 것은 "자신의 안전지대를 떠나 구조적인 불의, 빈곤, 억압이 만연한 곳에서 위험을 무릅쓰고 하나님 나라를 건설하는 것"이고, 때로 이러한 것들을 우리 교회 안이나 그 근처 어디에서도 찾아보지 못할 수도 있다는 것을 깨닫는 것이다.

논찬자는 이미 다져져 있는 기초 위에 생명과 환경팀과 온누리교회 리더십이 세 가지 "러빙 유" 캠페인을 중심으로 더욱 협력하여 이 사역의 영향력을 확대할 것을 촉구한다. 우리는 종종 낯선 것에 가까워지게 되는 과정에서 지식적이며 의도적으로 그것에 거리를 두거나 고의로 무시하게 될 수 있다. 이런 면에서 생명과 환경팀이 무엇보다도 생활 방식의 측면에서 우리가 영향을 받는 방법이나 장소, 그리고 사람들을 직접 대하여 알아 가기 위해 교회 회중이 함께하도록 이끄는 것은 참으로 중요하고 대담한 움직임이라 할 수 있다. 그렇다면 "대중교통 이용하기" 캠페인이 긍정적으로 영향을 미친 지역 가운데 지역 사회의 이웃을 교회로 초대하는 것과 결합될 수 있을 것인가?

이 사역의 또 다른 확장성은 생명과 환경팀의 사역에 공동체적·집단적, 체계적, 옹호적 측면을 추가하는 것에 있다. 이 사역의 초기 기획안의 대부분은 개별적으로 이행되는 개인적 훈련에 초점을 맞춘 것 같다. 이러한 개인적 훈련 또한 중요한 이유는 엄청난 소비적 생활 방식을 정비하라는 하나님의 명령을 따름과 동시에 우리 삶과 생활 방식 또한 여러 면에서 변화되어야 한다는 것을 알려 주기 때문이다. 구체적인 이행은 우리가 새로운 습관을 개발하는 데 도움이 될 수 있다.

그러나 개인이 개별적으로 할 수 있는 일에 크게 초점을 맞추다 보면 공적인 옹호라는 매우 중요한 부분과 종종 교회 다니는 사람들이 피하고 싶어 하는 낯선 사람들과 안전하지 않은 장소라 할 수 있는 가난하고 소외된 사람들을 대변하거나 옆에서 함께 환경 정의 활동을 고심하고 수행하는 것을 놓칠 수 있다. 사순절 탄소 금식 활동은 교회 자체를 포함해서 이를 주시하고 있는 세상이 볼 수 있는 방식으로 교회 회중이 이러한 불편함을 감내하도록 이끌고 있는가?

생명과 환경팀은 앞으로 얼마든지 성도들과 동역하거나 다른 사람들과 협력하여 구조적인 빈곤과 억압을 해결하는 실천 방법을 추가할 수 있을 것이다. 여기서 권고하고 싶은 사항은 "대중교통 이용하기" 캠페인이 교회가 지역 사회에 미친 긍정적인 효과로 이미 입증된 것처럼, 지역 사회를 직접적으로 도울 수도, 해를 끼칠 수도 있는 체계에 초점을 맞춰야 한다는 것이다. 사순절 "창조 질서 회복" 캠페인 세 번째(또는 네 번째) 열에 각각의 사순절 주제에 맞추어 다른 사람의 유익을 위해 공동체적으로 행동을 취한다든지, 체계적 요소를 강조한다든지, 공적인 옹호를 호소하는 활동 등을 추가적으로 넣을 수 있지 않을까?

예를 들어, 개별 활동은 걷기나 자전거 타기일 수 있지만, 공동체적 활동으로는 도로의 유지나 관리에 참여한다거나, 장애가 있거나 교통수단이 제한된 사람들이 접근할 수 있는 도로의 수를 늘리는 것을 지지하는 것이 될 수 있다. 또 다른 개별 활동으로는 제철 농산물 먹기일 수 있지만, 공동체적·체계적·옹호적 활동으로 텃밭을 가꾸거나 식품 유통센터에서 자원 봉사를 하거나 저소득층 가정의 농산물 접근성을 확대하는 것을 옹호하는 캠페인에 참여하는 것이 될 수 있다.

성도들은 목회 지도자들의 제안에 따라, 사순절 활동을 생명 존중 운동에 중점을 두고 연관시켜 보기 위해 대기 오염과 환경 오염이 태아에 어떤 영향을 미치는지 조사할 수 있다. 앞으로 태어날 태아는 우리가 현재 살아가면서 사용한 일회용품, 플라스틱, 그리고 방출된 탄소의 영향을 오래도록 받으며 살아가야 할 것이다. 앞으로의 사순절 금식은 성도들에게 공기, 물, 땅, 계절 등 각 주간의 주제에 대해 생각해 보도록 권면할 수 있을 것이다. 그렇다면 어떻게 다음 세대에게 하나님의 사랑을 계속해서 전해 줄 수 있을까? 교회 내에서 창조 세계 돌봄과 기후 문제에 대한 관심을 각 가정들과 연계하고 (미래의) 친척들을 돌보는 의무와 책임을 지는 것은 큰 공감을 불러일으킬 수 있다. 또한 이는 성도들이 기후 변화에 대한 관심을 아직 우리가 알지 못하는, 시공간적으로 멀리 떨어져 있는 사람들의 행복과 더욱 구체적으로 연결할 수 있도록 도와줄 것이다.

개인적인 일화로 논찬을 마무리하겠다. 논찬자는 모교회에서 자라면서 교회 안에서 원활하게 운영되는 프로그램과 아름다운 예배 때문에 교회를 다닌 것이 아니라, 주일학교 교사들의 실제적 삶의 간증을 들으며 교회 공동체에 기쁘고 창의적인 포용력이 있다는 것을 알게 되면서 교회에 다니게 되었다. 이 교회 공동체는 카풀과 대중교통을 이용할 때의 불편을 감수하고, 먹거리를 재배하는 데 시간을 보내기도 하고, 도움이 필요한 아이들을 입양하기도 하며, 위기에 처한 이웃을 위해 봉사하고, 자원을 공유하며, 간단하게 식사하고, 일회용품을 사용하지 않기 위해 힘을 모아 설거지를 한다. 그리고 시간과 재정을 포함한 삶 전체를 가족, 이웃, 낯선 사람, 하나님이 주신 땅을 통합적으로 돌보는 데 집중한다. 이러한 우리의 생활 방식은 우리의 삶 속에서 복음의 중요성을 능력 있게 증거한다!

토론 질문

1. 교회의 복음 증거와 이웃 사랑 사역의 일환으로, 환경 활동을 포함한 총체적 선교에 대한 교회 회중의 이해가 확장되는 과정을 어떻게 관찰하거나 경험했는가? 이와 관련하여 어떤 행사, 강연, 활동 등이 가장 의미 있었나?

2. 불편함의 신학에 중요한 요소는 무엇인가?

3. 소외, 불의, 억압의 상황에서 사람들과 직접 협력하는 것같이 사순절의 개별적 활동과 협력할 수 있는 공동체 활동은 무엇이 있을까?

4. 교회 리더십과 성도들이 대중적인 사회 참여를 위해 가장 중요하게 생각할 수 있는 두세 가지 옹호적 사항은 무엇이 있을까?

5. 우리 자신의 가족을 포함하되 이에 국한되지 않고 다음 세대에게
   까지 확장되는 교회 내에서의 이웃 사랑을 장려한 경험이나 다음
   세대가 거주하게 될 환경을 보호하거나 개선하기 위해 지금 실천
   하고 있는 경험이 있는가?

16

폐플라스틱을 활용한 경제성 있는 친환경 에너지:
선교를 지원하고 환경을 축복하기 위한
"네 번째 강" 에너지 제안

벤 토레이(Ben Torrey), 이봉주

소개

본 논문은 하루에 1톤의 수소를 생산할 수 있는 용량을 갖춘 수소 생산 공장과 수소 자동차의 연료 전지 충전을 위한 수소 충전소를 건설하기 위한 일반적인 제안이다. 이 공장에서는 하루에 10톤의 폐플라스틱과 비닐이 소비된다. 전자파 플라즈마 토치를 사용하여 연료 원료(폐플라스틱 등)를 개질하여 '녹색' 수소를 생성한다. 생산된 수소는 생산 시설 인근에 위치한 수소 연료 전지차 충전소에 소매 판매될 예정이다. 연료전지전기자동차(FCEV: fuel cell electric vehicles)라고도 알려진 이러한 차량은 수소를 사용하여 운행을 위해 전기를 생성한다. 이는 북한의 복음화를 준비하는 "네 번째 강(The Fourth River Project) 프로젝트"의 본거지인 삼수령센터의 운영 및 확장 자금을 제공하게 될 것이다.

("네 번째 강 프로젝트"와 삼수령센터에 대한 자세한 내용은 〈별첨 4〉를 참조하라.)

사용되는 기술은 공급 원료(폐플라스틱 및 비닐)의 가스화를 위한 마이크로파 생성 플라즈마 토치다. 이 기술은 이봉주 박사가 개발했으며, 강원도 태백에 위치한 그린사이언스(Green Science) 회사를 통해 제공될 예정이다.

수소 생산의 실행 가능성과 비교

수소를 에너지원으로 사용하는 것은 꽤 오랫동안 인식되어 왔다. 가장 가볍고, 가장 작으며, 가장 풍부한 원소이며, 독성이나 부식성이 없다. 수소 연료 전지는 크고 작은 차량, 중장비, 철도 등에 전력을 공급하고, 건물, 데이터 센터 등에 전력을 공급하는 경제적이고 무공해 연료로 전 세계적으로 사용되고 있다. 수소 연료 전지는 산소와 수소의 화학 반응을 통해 전기, 열, 물을 생산하는 방식이다. 다른 물질의 방출은 없다. (연료 전지 기술에 대한 자세한 내용은 〈별첨 2〉를 참조하라.)

현재 수소는 천연가스(세계 수소 생산량의 48%), 석유(30%), 석탄(18%), 물 전기 분해[1](4%) 등 4가지 주요 공급원을 사용하여 생산된다. 화석 연료를 사용하여 생산하면 '회색' 수소와 온실가스가 발생한다. 이산화탄소가 격리되면 그 결과를 '청색' 수소라고 한다. 물을 전기 분해하면 이산화탄소 배출이 없는 '녹색' 수소가 생성된다.[2] 전기 분해의 주요 문제점 중 두 가지는 공정에 필요한 많은 전기와 해당 전기의 공급

---

1 Wikipedia: Hydrogen production; https://en.wikipedia.org/wiki/Hydrogen_production accessed 2022-12-20.

2 21st Century Tech Blog: Grey, Blue and Green Hydrogen: What's the Difference and What It Could Mean for Fighting Climate Change; https://www.21stcentech.com/grey-blue-green-hydrogen-difference-fighting-climate-change/ accessed 2022-12-20.

원이다. 이러한 이유로 풍력 등 다른 재생 가능 에너지원과의 조합만 고려되고 있다.

1980년대에 액체 탄화수소로부터 수소와 카본 블랙을 생산하기 위해 노르웨이에서 플라즈마를 사용하는 공정이 개발되었다. 나중에 산소가 부족한 환경에서 탄화수소체(예: 도시 폐기물 또는 플라스틱)를 가스화[3]할 수 있는 초고온 플라즈마를 생성하기 위해 아크 방전(electric arc)을 사용하여 이 프로세스의 변형이 개발되었다. 아크 방전 방법의 주요 문제점은 필요한 전극의 높은 비용과 짧은 지속 시간 및 이에 따른 높은 유지 관리 비용이다. 이 방법은 다양한 국가에서 시도되었지만 우리가 아는 바로는 현재 어느 곳에서도 경제적으로 실행 가능하지 않다. 우리는 이 기술을 기반으로 한 새로운 건설 계획을 알고 있지만 이는 정부 보조금에 크게 의존하는 것으로 보인다.

이 박사의 방법의 독특한 기여는 탄화수소를 개질하기 위해 전자파(아크 방전이 아님)를 사용하여 1,400°C 이상의 플라즈마 토치를 생성한다는 것이다. 이 프로세스는 유지 관리가 거의 필요 없이 1년에 330일 이상 하루 24시간 동안 실행될 수 있다. 상업적 생산의 경우에도 공장은 3교대로 하루 16시간만 가동하면 된다. 또한 도시 고형 폐기물, 플라스틱, 비닐, 농업 부산물 등과 같은 폐기물을 제거하는 매우 효율적인 방법을 제공한다. (플라즈마 가스화에 대한 자세한 내용은 〈별첨 3〉을 참조하라.)

---

3 Wikipedia: Plasma gasification, https://en.wikipedia.org/wiki/Plasma_gasification, 2022년 12월 20일 접속.

표 16.1: 전자파 플라즈마 토치와 기존(아크 방전) 플라즈마 토치의 비교

	전자파 플라즈마 토치	기존(아크 방전) 플라즈마 토치
폐기물을 가스화하는 데 10kW를 적용하는 경우의 전기 요금	10kWh	250kWh
토치의 최고 온도	> 6,500℃	> 10,000℃
유지 관리 비용	낮음	높음(적어도 300시간마다 전극 교체 필요)
운영 시간	24시간/일, 330일/년 이상	270일/년 이하

아크 방전 기술과 비교하여 비용적인 측면에서 전자파의 이점은 전기 사용량, 반응기 라이너 유지 관리, 그리고 전극을 사용하지 않는 세 가지 영역에서 나타난다. 전자파 플라즈마 토치는 아크 방전 플라즈마 토치에 비해 작동하는 데 필요한 전기량의 약 25분의 1을 사용한다.

아크 방전 플라즈마 토치는 4,000-6,000°C의 온도에서 작동하는 반면, 전자파 플라즈마 토치는 고형 폐기물을 가스화하는 데 적합한, 보다 효율적인 1,400°C에서 작동한다. 이로 인해 반응 챔버 라이너의 손상이 줄어든다. 아크 방전 플라즈마 토치 반응기 챔버 라이너는 더 자주 교체해야 한다. 챔버 라이너 유지 관리 외에도 아크 방전 플라즈마 토치는 전극을 자주 교체해야 한다. 사용된 가스 유형에 따라 전극 수명은 몇 시간에서 몇 주까지 측정할 수 있다.

플라스틱 폐기물을 처리하기 위한 플라즈마 토치의 경제성에 대한 최근 연구에는 다음과 같은 진술이 포함되어 있다. "PG 시설의 유지 관리 비용은 기술을 개발하는 회사가 정보 공개를 주저하기 때문에 추

정하기 어려울 것이다. 이는 유지 관리 비용이 플라즈마 전극의 수명에 크게 좌우되기 때문일 수 있다."[4] 전극 비용은 개당 약 1천 달러로 추산된다. 전자파 플라즈마 토치는 교체가 필요한 전극을 사용하지 않는다. 전자파 플라즈마 토치의 작동 및 유지 관리 비용은 플라스틱 및 기타 폐기물 또는 유기 물질을 가스화하는 유일한 다른 가능한 방법인 아크 방전 플라즈마 토치보다 훨씬 적은 것이 분명하다.

운영 및 유지 관리 비용 외에도 자본 지출이 크게 절감된다. 아크 방전 플라즈마 설비는 일반적으로 경제성에 접근하기 위해 전자파 토치 설비보다 훨씬 더 큰 규모로 고안되거나 건설 및 운영되었다. 전자파 토치 시스템은 상당히 적은 자본 지출로 훨씬 더 작은 규모로 구축할 수 있다. 하나의 크고 값비싼 중앙 시설을 건설하는 것이 아니라 가장 필요한 곳에 여러 개의 작고 저렴한 시설을 건설함으로써 확장이 이루어질 것이다. (전체 재무 분석은 〈별첨 1〉을 참조하라.)

정부 및 업계 우선순위

한국 정부와 강원도는 가능한 경우 수소 연료 차량으로의 전환을 매우 높은 우선순위로 두었다. 트럭, 버스, 중장비를 수소 연료 전지로 전환하는 것이 중앙정부와 지방정부 모두의 의도다. 2022년부터 중앙정부와 강원도가 수소 소매 충전소 건립에 자본금을 각각 50%씩 지원한다는 계획이다. 강원도는 안정적인 수소 시장에 관심을 갖고 있으며, 이러한 시장 활성화에 도움이 될 것으로 기대된다.

---

4 DigitalCommons@University of Nebraska-Lincoln, Treatment of Plastic Wastes Using Plasma Gasification Technology, 2022년 12월 20일 접속, https://digitalcommons.unl. edu/cgi/viewcontent.cgi?article=1081&context=honorstheses.

한국가스공사(kogas.or.kr)는 생산자로부터 수소를 1kg당 약 8천 원에 구매하여 전국적인 수소 충전소 네트워크에 공급하기 위해 수소 거래소를 설립했다.[5] 지방정부는 플라스틱 폐기물을 배달하기 위해 톤당 약 175달러의 수수료를 지불할 것이다. 도와 시는 태백에 기술 인큐베이터(technology incubator)를 건립해 이 기술의 개발과 활용을 촉진할 계획으로 "그린 수소 생산 클러스터"(green hydrogen cluster) 구축에 나선다.

다음은 2021년 1월 강원도가 발표한 태백시 클러스터 조성 계획인 "플라즈마 그린 수소 클러스터 조성" 특별 보고서에서 발췌한 내용이다. 이 표는 2025년까지 강원도의 일일 수소 소비량을 톤(이하 t/d)으로 분석한 것이다.

표 16.2: 강원도의 일일 수소 소비량

총 t/d	차량 (자동차, 버스, 트럭 등)	연료 전지 주요 사용자 (선박, 발전소 등)	기타 (철도, 드론 등)
38.6	20.6	8.0	10.0

강원도는 현재 수소 생산의 초기 계획 및 구현 단계에 있다(현재 온라인에는 없음).

- 계획된 생산량은 4.1t/d이며 부족량은 34.5t/d다.

---

5 H2Exchange Beta Version; https://www.h2exchange.kr/hd/hdb/HDB10320/insertBidPlanVw.do?pageFlag210=Y&bidNo=2022121601007&bidOdr=01&bidId=20221215007;jsessionid=1E872BA495770F6DB49552C280EF02ED.tomcat1 Accessed 2022-12-20.

- (춘천) 건설산업부 수소 추출 시설 2.5t/d 생산을 위해 162억 원 투자 입찰 참여
- (동해) 민간 투자를 모색하는 P2G 수소 생산 실증 단지, 350kg/일 생산에 486억 원
- (속초) 환경부는 하루 250kg을 생산하기 위해 46억 원의 공개 입찰을 요청
- (삼척) 수소 생산 시설은 1t/d를 생산하기 위해 70억 원의 정부와 지방 자금을 모색

필요한 공간

50톤의 플라스틱 공급 원료 저장 공간을 포함하여 1t/d 수소 생산 공장의 건설 및 운영에 필요한 공간(5일 공급량-1톤의 폐플라스틱이 1입방미터 입방체로 압축되어 운송)의 면적은 1만 6천 평방피트(167평방미터)다. 차량을 위한 적절한 주차 공간을 포함하여 연료 전지 충전소를 운영하는 데 필요한 공간은 동일하다. "네 번째 강" 에너지 생산 및 판매 시설에 필요한 총 공간은 3만 2천 평방피트(334평방미터)다.

지속적인 폐플라스틱 공급

2018년 한국 환경부 보고서에 따르면 강원도에서는 하루 약 170톤의 폐플라스틱이 발생한다. 2021년 1월에 발표된 강원도 특별 보고서에 따르면 그 양은 하루 177톤에 달한다.[6] 이 폐플라스틱은 매립지에 쌓이고 있는데, 이것이 유일한 처리 방법이다. 앞에서 언급한 바와 같이, 지방정부가 플라스틱을 처리하기 위해 수수료를 지불할 것이다.

---

6 "플라즈마 그린 수소 클러스터 조성"(Creating a green plasma cluster), 13.

플라스틱 소각이 금지된 이후로 폐플라스틱의 양은 수년 동안 증가해 왔다. 필자의 나라에서는 매일 약 6천 톤의 폐플라스틱이 발생하고 있다.

관리 및 인력 배치

관리 및 인력 배치는 엔지니어링, 조달 및 건설, 운영 및 유지 보수 계약 업체에 위탁될 수 있다. 전자파 플라즈마 기술 개발사인 그린사이언스는 시설 운영 및 관리에 대한 기술 교육을 제공할 예정이다. 감독은 "네 번째 강 프로젝트"(The Fourth River Project, Inc.)의 통제 아래 있는 "네 번째 강" 삼수령센터(Fourth River Energy Corporation)에서 제공한다. 이 시설은 다른 위치나 해외에서 이러한 유형의 시설을 개발, 관리 및 유지하는 인력 교육에 사용될 수도 있다.

투자

"네 번째 강 프로젝트"는 현재 이 프로젝트에 대한 투자자를 찾고 있다. 관심 있는 사람은 벤 토레이(bentorrey@thefourthriver.org)에게 문의할 수 있다.

별첨 1. 재정적 분석(Financial Analysis)

표 16.3: Facility Planning and Total Investment Costs

Type and quantity	Description		Cost (₩1,000)
Plant construction cost	Basic (detail) design and simulation		1,500,000
Excavation and construction			*2,000,000
Technical construction			*2,000,000
Equipment:			4,000,000
Microwave heater pyrolyzer (4)		600,000	
Pyrolysis reactor and char gasifier		530,000	
Quencher		50,000	
Water replacement		100,000	
Demister		30,000	
Pressure swing adsorption		1,000,000	
60 kW microplasma torch (2)		800,000	
3 kW microwave generator (72)		400,000	
Mist generator		20,000	
Compressor (for PSA)		300,000	
Chiller (80RT)		70,000	
Misc.		100,000	
Estimated investments for plant			9,500,000
Reserve			500,000
Total Cost			10,000,000

*Excavation and construction costs are estimates. Numbers will depend on the actual site selected.

예상수익(Estimated Revenue)

수소 판매. 수소 충전소의 수소 가격은 지역에 따라 차이는 있지만, 대략 1킬로그램당 7,000원에서 9,000원 정도이다. 강원도에서는 1킬로그램에 7,000원으로 구매할 수 있다. 우리가 제안한 보고서에는 기준보다 적게 1킬로그램당 6,000원이라는 측정값으로 나왔지만, KOGAS는 수소를 1킬로그램당 8,000원에 구입하여 전국의 수소 충전소에 공급할 계획을 가지고 있다.

봉사 수수료 수익. 환경부에 따르면, 폐플라스틱, 비닐의 수거, 운반, 처리 비용은 1톤당 27만 원 정도이다. 이러한 가격은 폐기물 유형에 따라서 민간 부문을 고려하여 책정된다. 실제적인 처리 비용은 1톤당 18만 원에서 27만 원 정도라고 할 수 있다. 이 소득에 대한 가격을 예측하는 모델은 이 보고서에서는 제외되었고, 적게 측정해 보더라도 1톤당 20만 원 정도라고 할 수 있다.

Estimation of efficiency rate and annual sales volume

Type	Unit		Remarks
Uptime	h	16	
Output	t/d	10	
Downtime	d	20	
Efficiency	%	94.52%	Stabilizing the maintenance period for fiscal year one (FY1)
Daily H$_2$ production	t/d	1	
At efficiency sales volume	t/y	345	

Estimated sales volume and price

Type	Unit	H₂ Production	Remarks
After FY2	Tonne	345	Full capacity
H₂ price	₩/kg	₩6,000	

Estimated annual revenue

Type	Multiplier unit(₩)	Sales	Remarks
Tipping fee	1,000	690,000	₩200,000/t, 10 t/d
H2 sales	1,000	2,070,000	At efficiency
Total	1,000	2,760,000	At efficiency

Estimated Production Cost

The table below shows the production cost per unit (kg) under normal operation.

Processing and production cost per unit

Type	Multiplier unit(₩)	Cost per year	Remarks
Labor	1,000	550,000	
O₂ usage	1,000	4,830	At efficiency
Overhead	1,000	35,000	At efficiency
Electricity	1,000	256,960	

H₂O usage	1,000	10,046	At efficiency
Treatment fee	1,000	6,900	At efficiency
Misc.	1,000	110,000	
Net cost	1,000	973,736	
Production	t/y	345	At efficiency
Unit price (changes)	1,000/kg	2,822	
Depreciation	1,000	500,000	
Total	1,000	1,473,736	
Total Cost	1,000/kg	4,272	W depreciation

Annual water usage and cost

Type	Usages (t/d)	Usages (t/y)	Remarks
For mist	6.4	2,336	
For cooling	12.8	4,672	50% recycling rate
Others	1.6	584	
Total	20.8	7,592	16/d, Taebaek
Unit price (₩)		1,400	
Cost (₩)		10,629	100% operating

Chemical treatment volume and cost

Type	Usage (t/d)	Usage (t/y; cost/y)	Remarks
Est. treatment volume	0.02	7	NaOH oil absorbent

Unit price (₩)		1,000,000	
Cost (₩1,000)	1,000	7,000	

Oxygen usage and cost

Type	Unit (t/d)	Usage (t/y; cost/y)	Remarks
Est. O_2 usage	0.1	37	
Unit price (₩)		140,000	Unit price/t
Cost (₩1,000)		5,180	

Electricity cost

Type	Usages (kW/h)	Usages (MW/y)	Remarks
Electricity usages	6,400	2,336	
Unit price (₩/MW)		110,000	Weighted avg. price
Cost (₩1,000)		256,960	100% operation

Maintenance cost

Type	Expenses/y (₩1,000)	Remarks
Quartz heating plate, etc.	15,000	
3kW magnetron	10,000	Weighted avg. price
Other maintenance	10,000	
Total	35,000	100% operation

Labor details and cost

Labor cost	Type	Persons	Group	Shift	Persons	Remarks
	Drivers	2	3	3	6	
	Main control room operator	1	3	3	3	
	Maintenance and misc.	1	1	NA	1	
	Manager	1	1	NA	1	
				Total	11	
Avg. Salary (₩1,000)	1,000				50,000/y	
Total (₩1,000)	1,000				550,000/y	Fixed
Misc. exp. (₩1,000)	20% of avg. salary				110,000/y	

Summary

Type	Remarks
Processing capacity	10 t/d (1 tonne of H_2 produced/d)
H_2 sales price and income	₩6,000/kg, tipping fee ₩200,000/t
H_2 unit cost	₩2,822/kg (W/O depreciation), ₩4,272/kg (W depreciation)
Est. yearly profit	₩2,760,000,000 (est. annual avg. net profit)
Est. NPV	₩158,000,000 (WACC 4.5%, 20 years operation)
Est. IRR	14.20%
Est. ROI	5 years

Assumptions made	Economic variables and inflation not considered. Corporate tax to be reduced by 50%

IRR = Internal Rate of Return; NPV = Net Present Value; ROI = Return on Investment; WACC = Weighted Cost of Capital

별첨 2. 연료 전지 기술

연료전지는 1838년에 발명되었고, 1932년에 수소 연료전지가 발명되면서 상업적으로 사용되기 시작했다. 연료전지는 연료와 산소의 화학반응을 통해 전기를 생산하는데 수소 연료전지의 경우 연료는 수소다. 산소는 공기에서 얻어지고 연료전지의 화학 반응을 통해 전기와 물이 생성된다. 전기는 기계를 작동하는 데 사용되기 때문에 H_2 연료전지를 사용하는 차량의 경우 내연 기관을 전기 모터로 교체한다.

별첨 3. 플라즈마를 이용한 고체 연료의 가스화 기술

플라즈마는 물질의 네 번째 상태 즉, 고체, 액체, 기체, 플라즈마 중 하나다. 고체 상태부터 시작하여 각각의 새로운 상태는 열을 가함으로써 발생하는 상전이를 통해 달성되는데 예를 들어, H_2O는 $0\,^{\circ}C$ 미만의 온도에서 고체인 얼음이고, $0\,^{\circ}C$ 이상으로 온도를 올리면 얼음은 액체인 물이 된다. 물을 $100\,^{\circ}C$로 가열하면 증기가 되며, 매우 높은 온도로 계속 가열하면 H_2O의 구성 분자인 수소와 산소 원자로 분해된다. 온도가 충분히 높아지면(물은 약 $100,000\,^{\circ}C$) 원자에서 전자가 떨어져 나가 플라즈마가 생성된다. 즉 양이온과 전자가 느슨하게 모이는 것이다(예: 태양은 플라즈마다). 하지만, 탄소 기반 고체 원료를 가스화하는 목적에 따라 만들어지는 플라즈마의 온도는 1,400°C 이상에 불과하다.

가스화는 플라즈마 토치를 사용하여 다양한 탄소 기반 물질을 유용한 가스로 변환하는 과정이다. 플라즈마 토치는 마이크로파를 사용하여 생성되며 플라즈마 가스화는 공급 원료가 공급되는 가스화 챔버 내에서 발생한다. 폐플라스틱에서 수소를 생산하는 경우, 폐기물은 고체가 기체 상태로 변환되는 마이크로파로 가열하는 회전식 가마에 공급되는데 이때 발생하는 가스 혼합물은 가스화 챔버로 공급되어 합성 가스, 즉 일산화탄소(CO)와 수소(H_2)의 혼합물로 변환된다. 이후 구성 분자마다 별도로 흡착되는 압력 변동 흡착 시스템(PSA)에 공급되며 H_2는 PSA에서 최종 사용을 위해 추출된다. CO는 물과 반응하여 수소와 이산화탄소(CO_2)로 변환되며 후에 순수한 탄소(C)와 산소(O_2)로 변환되는데 순수 탄소(종종 카본 블랙이라고 함)는 다양한 산업 용도로 사용된다. O_2는 대기 중으로 배출되거나 수소와 반응하여 물로 배출된다.

공급 원료에 폴리염화비닐(PVC)이 포함된 경우 가스화 공정에서 생성된 염소 가스는 물에 용해되어 매우 약한 염산(HCl) 용액을 형성하고 수량은 무시할 수 있으며 저렴한 가격으로 쉽게 폐기되거나 판매된다.

별첨 4. "네 번째 강 프로젝트"와 삼수령센터

"네 번째 강 프로젝트"

- 필요성

가까운 장래에 북한의 주요 개방이 기대됨에 따라, 북한에 갈 사람들이 북한의 문화, 사회, 심리, 역사 뿐만 아니라 언어에 관해서까지 깊은 이해를 갖추도록 준비되는 것이 시급하다. 이러한 이해 없이는, 예수 그리스도의 사랑을 나누고 북한을 재건하려는 시도는 유익을 주기보다 더 많은 해를 주기 쉽다.

- 사명

"네 번째 강 프로젝트"의 사명은 예수 그리스도의 기초 위에 북한의 재건을 위하여 섬기는 일꾼들을 삶의 모든 경로로 잘 갖추게 함으로써 복음을 증거하고 예수 그리스도를 기반으로 하는 새로운 한국을 만들기 위함이다.

- 비전

네 번째 강의 비전은 그리스도인들이 직접 북한에 들어가 살면서 그리스도의 사랑을 드러내고 화합을 구하며 온전한 복음을 선포하며 예수 그리스도의 교회를 세우기 위한 것이며, 성경적 원리 원칙의 가치에 대한 깊은 이해를 가지고, 북한 사회를 재건하는 것을 돕기 위하여 삶의 모든 영역에서 준비된 여러 남녀로 이루어진 팀들을 구성하는 것이다.

- 궁극적인 목표들

궁극적인 목표들은

- 기독교 원리 원칙 위에 세워진 새로운 국가와,
- 기독교 세계관에 근거하여 이를 표현해내는 문화를 가진 새로운 사회와,
- 세상에서 가장 위험한 지역들에 복음을 가져 가는 연합된 한 민족이 이루어지는 것이다.

장소: 한국 강원도 태백 삼수령센터

- 목적

삼수령센터의 목적은 그리스도의 몸인 회원들이 학습과 훈련과 노동과 기도와 일상생활을 통하여 남한과 북한, 그리고 땅끝에서 하나님을 위한 봉사에 잘 준비되도록 전략적으로 위치한 장소를 제공하는 것이다. 특별히 센터의 용도는 다음과 같다.

- 나누어진 이 땅을 유산으로 이어받은 한국의 다음 세대들을 생명의 강 학교나 다른 교육 프로그램들을 통해 "통일 세대"로 양육하는 곳.
- 하나님의 일꾼들을 언어, 문화 그리고 다른 다양한 것들로 훈련시켜 북한이 개방되는 때에 그들이 그 땅으로 들어가 살며 일할 수 있도록 준비시키는 곳.
- 북한과 남한의 개개인이 안전하고 환영받는 곳에서 관계를 회복하게 하는 곳.
- 북한 관련 사역을 하고 있는 여러 조직, 단체, 그리고 교회들을 연

결하여 각자가 한 사역을 합친 것보다 더욱 큰 시너지를 활성화하는 곳.

- 위치

삼수령센터의 위치는 상징적이며 동시에 전략적이다.

상징적 측면

- 남한을 둘러싸고 있는 삼면의 바다로 흘러 들어가는 삼대 주요 강 체계의 분수령 정상이 되는 이곳은 그리스도가 우리의 근원지이신 것처럼 생명의 강이 솟아오르는 바로 그 "근원지"가 될 수 있다.
- 이곳은 한반도의 등줄기인 백두 산맥 위에 있으며, 북한으로 흘러 가는 생명의 강과 하나님의 백성들에게 복음을 가지고 북으로 가라는 부르심 둘 다를 상징한다. 이것이 바로 "네 번째 강 프로젝트"의 의미다.

전략적 측면

- 예수원 근처인 것이 왜 중요할까?
- 예수원은 다음에 헌신된 공동체다:

  중보기도 : 우리가 하고 있는 모든 노력에 대해 성공의 열매를 맺으려면 없어서는 안 될 만큼 중요하다.

  공동체 생활 : 서로 공유하고 성령님의 능력 안에서 서로에게 복종하는 공동체 생활은 압제 없이 사랑으로 공동체주의의 이론적 가치를 직접 보여 준다. 예수원은 40년이 넘는 공동체 경험을 가지고 있으며 공동체 생활을 성공적으로 이루어 내고 있다. 이것은 공산주의자들의 세계관을 가진 사람들과 관계하는 데 중요하다.

노동의 가치 : 공산주의 이론의 또 다른 이상인 노동의 가치는 성경적이고 기독교적인 가치로서 증명되었다. 이것 또한 공산주의자의 세계관을 가진 사람들과 관계하는 데 중요하다.

- 예수원 공동체는 직원들이 있고 여러 가지 프로그램을 가지고 있다.
- 예수원은 삼수령센터와 함께 지어진 땅을 산림원으로부터 임대하고 있다.
- 도시에 있는 주요지들로부터 멀리 떨어져 있기에 도시와 직장 및 기타 소음과 압박감에서 멀어질 수 있는 기회가 될 수 있고, 다른 이들과 함께 기도하고 묵상하고 공부할 수 있는 기회를 제공한다.
- 산의 경치와 자연적인 환경은 개인의 비전을 확장시켜 주고 여러 가지 가능성들에 대해 흥미를 유발시킨다.

삼수령센터는 거주 공동체이자 협의회와 훈련의 본부가 될 것이다. 이 본부와 "네 번째 강 프로젝트"에 참여할 직원들과 같은 영구 거주자들 외에도, 훈련과 준비뿐만 아니라 연구와 프로그램 개발에 참여하는 임시 거주자들도 있게 될 것이다. 이 곳은 또한 다수의 사람들이 모여 협의회와 단기 훈련 과정에 참여하는 장소가 될 것이다.

토론 질문

1. 본 프로젝트는 선교를 지원하기 위한 방법으로 제안되었다. '비즈니스 선교'(Business as Mission)라는 일반적인 개념이 아닌 '선교를 위한 비즈니스'(Business for Missions)다. 이것은 이 시대에 실행 가능한 개념인가?

2. 전자파 플라즈마 토치 기술은 매우 새로운 기술이다. 현재 온라인상에 상용화된 애플리케이션은 한국 강원도 태백에 있는 발전소 한 곳뿐이다. 상업 및 정부 기관을 막론하고 전 세계 수많은 조직에서 큰 관심을 보였다. 그러나 이러한 유형의 프로젝트에 실제로 투자자가 투자하도록 유도하기란 어렵다. 이러한 선구적인 노력이 투자자들에게 매력적인 이유는 무엇일까?

3. 전자파 플라즈마 토치를 사용하여 상업적으로 폐플라스틱에서 수소를 생산함으로써 하나님의 창조 세계를 돌보는 것과 관련하여 얻을 수 있는 특별한 축복은 무엇인가?

논찬

제프리 T. M. 요더(Jeffrey T. M. Yoder)

"폐플라스틱을 활용한 경제적으로 실행 가능한 녹색 에너지: 선교를 지원하고 환경을 축복하기 위한 '네 번째 강' 에너지 제안"이라는 논문을 작성한 필자들에게 감사하다. 창조 세계 돌봄과 교회 및 선교 기관의 선교적 지원을 하는 것에 있어서 오늘날 교회 안팎으로 우선순위를 다루는 제안들을 제시하는 이 논문을 논찬하게 된 것은 너무나 영광스러운 일이다.

이 논문의 제안서에서 필자들은 수소를 포획하여 수소 구동 차량의 에너지원으로 소매 판매하는 벤처에 대한 투자자를 찾고 있다. 그들의 수소 포획 방법은 폐플라스틱에서 탄화수소를 기화시키는 것인데, 이 것은 궁극적으로는 수소의 소매 판매를 위해 수소를 분리하는 데 사용되는 새로운 기술인 전자파 플라즈마 토치에 의존한다고 할 수 있다. 이 판매 수익은 "네 번째 강 프로젝트"의 주 거점인 삼수령센터로 돌아간다. 이 프로젝트의 사명은 "국가 재건과 복음 선포를 위해 각계의 일

꾼을 준비시켜 북한의 개방을 준비하는 것"이다.[1]

이 논찬에서는 수소 포획 및 판매 과정에 대해 폭넓게 다룰 것이며, 또한 새로운 선교(이 경우에는 창조 세계 돌봄)와 교회의 장기적인 소명(이 경우에는 현재 폐쇄된 북한 지역 선교)에 대해 나누게 될 것이다.

폐기물에서 자원으로

현대 기술과 산업 공정이 현재의 생태적 파괴에 상당한 영향을 주었고, 그러한 영향을 줄이기 위해 새로운 기술을 적용시킨 혁신적인 방법을 찾는 것은 현재 시대적 차원에서 매우 중요하다. 기존의 기술 장치 중 하나인 백열전구를 예로 들어 보겠다. 이 장치의 주요 목적은 방을 밝히는 것이다. 백열전구가 이 작업을 수행하는 동안 에너지 소비 수준이 높아진다. 창조 세계를 보호하고 지구의 기후 위기를 해결하려면 이러한 조명 작업을 위해 에너지를 덜 소비하는 기술을 찾아야 한다. 우리는 다른 기술을 찾아야 할 것이고, 이로 인해 형광등이 개발되었고, 결국 동일한 작업을 수행하면서도 백열전구보다 훨씬 적은 에너지를 소비하는 LED 전구가 개발되었다. 이는 필자들이 수소 포획을 위해 새로운 방법을 찾으면서 발전시킨 것과 같은 종류의 신뢰할 수 있는 청지기적 환경 관리다.

수소는 1800년대부터 청정 에너지원으로 부상했다. 이는 수소가 산소와 반응하면 그 부산물은 물뿐이기 때문이다. 즉 수소 전기차는 운행 중에 배출되는 물 이외의 탄소나 물질이 전혀 없다. 그러나 예를 들어 차량에 동력 공급을 위해 에너지로 사용될 수 있는 수소를 포획하

---

1 The Fourth River Project, *Jesus Abbey's Three Seas Center*, accessed May 19, 2023, http://www.thefourthriver.org/PDF%20Documents/Main%20Brochure%20English.pdf.

는 과정은 일반적으로 에너지가 매우 집약적으로 사용된다. 필자들이 언급한 것처럼, 대부분의 수소 포획 공정은 천연가스, 석유 또는 석탄을 사용하기 때문에 수소가 물의 전기 분해로 포획되는 비율이 훨씬 줄어든다. 이 프로젝트의 궁극적인 목표는 수소 포획 과정에서 에너지를 줄여 이 과정 또한 '친환경'화하는 것이다.

필자들은 폐플라스틱을 폐기물이 아니라 수소 포획을 위한 원료 공급원으로 생각한다. 플라스틱은 플라즈마 상태로 가열되어 수소를 포함한 여러 구성 요소들로 분리되고, 이 과정에서 수소는 목적에 따라 포획되고 저장된다. 필자들이 제시하는 프로젝트에서 이 플라즈마 상태는 새롭게 개발되어 실험되고 있는 전자파 플라즈마 토치를 사용하여 만들어지는데, 현재 사용되고 있는 플라즈마 토치 기술이 제공하는 것보다 훨씬 낮은 에너지 소비율과 유지 관리 비용으로 성사되었다. 이는 백열등에서 LED 전구로 전환하는 것과 유사한 아이디어다.

필자들은 플라스틱 폐기물이 전 세계 도시에서 지속적으로 풍부하게 발견되기 때문에 이를 큰 자원으로 생각한다. 이런 특별한 경우에, 지방정부는 폐기 비용까지 기꺼이 지불하여 사용 가능하도록 장기적으로 보관되고 있는 소스까지 제공한다. 폐플라스틱을 이런 식으로 재사용한다면 플라스틱 폐기물을 줄이려는 공공의 목표에도 달성할 수 있다.

여기에 따른 수소 포획을 위한 제안은 다음과 같은 여러 생산 관리·위기 감소를 목표로 이루어진다.

- 에너지 효율이 높은 수소 포획 방법을 개발하기 위해 현재 기술을 구축한다.
- 폐플라스틱 처리 문제 해결-계속 증가하는 폐플라스틱 양을 수용

할 폐기물 매립지의 재사용 대책을 제공한다.

- 유일한 배출물이 물인 '친환경' 수소 차량 운영으로의 전환을 지원한다.

이는 수소를 차량의 에너지원으로 사용하는 사람들에게 축복이 되고, 이로 인해 선교적인 성과도 거둘 수 있으며, 도시에서는 플라스틱 폐기물을 친환경적으로 처리할 수 있는 방법을 찾을 수 있게 된다. 이처럼 수소 에너지의 개발이 기후 위기를 완화시킬 수 있으므로 추가적인 개발이 전 세계적으로 큰 관심거리가 되고 있다.

그러나 플라스틱은 탄소, 수소, 산소, 질소, 염소 및 황과 같은 원소로 구성된다. 또한 모든 산업 공정의 과정이 환경적 정의를 실현할 수 있게 하는 것이 중요하다. 예를 들면, 플라스틱의 재활용으로 만들어진 여러 가지 또 다른 폐기물을 염두에 두어야 하며, 이에 연관된 사람들과 장소가 겪게 되는 불균형한 비용과 이익 비용을 생각해야 한다. 이를 조금 더 확장해서 생각하면, 고형 폐기물을 보관하는 장소, 공기오염 정도, 근로자와 주민들에게 주어지는 위험에 대한 노출 정도 등이라고 할 수 있다.

사역 지원과 이중적 축복의 창출

이 프로젝트의 창조 세계 돌봄에 대한 요소는 분명하겠지만, 필자들은 수소 포획에 대한 논리적인 근거를 "네 번째 강 프로젝트"에 재정적으로 지원하는 것에 초점을 맞춘다. "네 번째 강 프로젝트"를 지원하기 위한 수소의 판매 프로젝트를 지원하는 창의적인 방법을 도안하는 것은 참으로 중요하며, 모금 프로젝트와 자금 지원 프로젝트 모두가 그 자체로 임무를 수행할 때 시너지 효과를 낼 수 있다. 논찬자는 여기서 이중적 선교의 이점을 보여 준 북아메리카 메노나이트의 상황을 나누고 싶다.

1920년대 메노나이트중앙위원회(MCC: Mennonite Central Committee)는 현재의 우크라이나 지역에 있는 메노나이트들에게 기근에 따른 구호 활동을 제공하기 위해 만들어졌다. 기근이 끝나자 MCC는 오늘날까지 이루어지고 있듯이 그리스도의 이름으로 구호하고 개발하며 평화 구축을 위해 전 세계 다른 민족들을 섬기기 시작했다. 1960년대에는 많은 사람이 중고 의류를 MCC에 기부하기도 했고, MCC는 그 의류를 도움이 필요한 다른 나라들의 동역자들에게 전해 주었다.

MCC가 1972년에 물품을 배송하는 것보다 구호 지역에서 물품을 구매하는 것이 유익하다는 방향으로 선교 사역의 모델을 바꾸었을 때 캐나다 매니토바주 알토나의 한 공동체는 지역 사회 내에서 의류와 중고 물품 수집을 멈추지 않겠다고 결정했지만, 이 물품들을 해외로 배송하는 대신 그 지역에서 판매하고 그 수익금을 MCC에 기부하였다. 이것이 MCC 중고품 가게의 기원이 되었다. 이곳에서는 중고품을 판매하여 MCC 선교를 돕는다. 오늘날 북미에는 85개의 MCC 중고품 매장이 있으며, 이들은 지난 50년 동안 MCC에 2억 5천만 달러 이상을 기부했다.[2]

이러한 MCC 중고품 매장들이 MCC의 (초창기) 선교에 기부한 현금의 혜택을 넘어서, 중고품 가게 자체는 지역 사회의 사명이자 축복이 되었다. 그들은…

---

2 Lori Giesbrecht, "MCC Thrift Shops Celebrate 50 Years," *Anabaptist World*, March 23, 2022, https://anabaptistworld.org/mcc-thrift-shops-celebrate-50-years/.

- 사람들이 상대적으로 좋은 옷을 구입하게 하고 다른 품목들을 저렴한 비용으로 재사용할 수 있게 했다.
- 기존 제품을 지역에서 순환해 유지시켰으며, 매립되어야 하는 폐기물을 줄이고, 새 품목을 생산하고 운송하는 데 필요한 에너지를 줄였다.
- 사람들이 더 이상 사용하지 않는 품목과 옷을 '선반에서 정리'할 수 있는 매장을 제공했으며, 이러한 품목들은 그것들을 유용하게 사용할 수 있는 다른 사람들에게 축복이 될 것이라는 점을 인식시켰다.
- 자신의 시간을 가치 있는 일에 쓰고자 하는 자원 봉사자들을 위한 커뮤니티 센터 역할을 했다.
- 다른 사람에게 봉사하는 사람들로서 지역 사회에 정체성과 정신을 제공했다.

MCC 프로그램에 자금을 지원하기 위한 방법으로 시작된 MCC 중고품 매장은 이제 미국의 많은 지역 사회에서 광범위한 부수적 혜택을 제공하는 자체적인 선교 사역을 하고 있다. 마찬가지로, "네 번째 강 프로젝트"에 자금을 지원하기 위해 개발된 수소 연료 공급 센터는 또 다른 선교 사역이 될 수 있으며, 이는 창조 세계 돌봄의 일환으로 환경적 영향을 줄이는 방법을 찾음으로 창조 세계를 축복할 수 있고, 현재의 기후 위기를 다룰 수 있을 것이다.

결론

필자들은 이 제안서를 통해 인류가 초래한 두 가지 위기, 즉 기후·환경 위기와 한반도의 정치적 분열 위기를 고심하게 되었다. 이들은 폐 플라스틱을 사용해 수소를 포획한 뒤 이를 수소차 연료로 판매하는 효율적 에너지 창출 방법을 통해 기후·환경 위기를 해결하려 한다. 또한 수소 판매 수익금을 "네 번째 강 프로젝트" 자금으로 사용함으로써 분단된 한국 정치의 위기를 해결하려 한다.

사람들이 저마다 각각 다른 영적 은사를 갖고 있고, 이 은사들은 저마다 가치 있다는 것을 알듯이(고전 12장), 이러한 위기를 해결하는 은사에 대해서도 마찬가지라고 말할 수 있다. 은사가 다 똑같지는 않지만 각각은 다 중요하다. 어떤 사람에게는 수소를 포획하는 효율적인 에너지를 찾는 방법을 고안하는 능력이 있는 한편, 또 다른 사람에게는 한반도 사람들을 단결시키고 힘을 실어 주는 은사가 있다. 이러한 여러 선교 사역들을 하나의 시스템으로 통합함으로써 이 계획은 우리 시대의 여러 가지 긴급한 위기를 해결할 수 있는 시작이 될 것이다.

17

환경과 자연재해, 그리고 민들레공동체의 경험

김인수

1. 머리말

산업화와 개발, 그리고 성장주의의 불가피한 폐해로서의 환경 오염과 자연재해는 이제 인류 전체의 가장 심각한 생존 문제로서 일반적인 주제가 되었다. "돌들이 소리 지르리라"(눅 19:40)라는 말씀처럼 산림과 호수와 바다와 하늘에서, 심지어 어린아이들의 입을 통해서도 들리고 있다.[1]

그간 기독교계의 선각자들은 이 주제의 심각성을 간파하여 끊임없이 호소했으나 주류의 관심사에 비해 무시당해 왔으며, 선교계에서조차 여전히 영혼 구원을 우선으로 한 이원론적 입장으로 환경과 자연이라는 주제는 주된 관심사가 아니었고 전인적인 복음(holistic gospel)의

---

[1] 그레타 툰베리(Greta Thunberg)는 청소년기후행동을 결행하여 2019년 전 세계적인 기후 관련 동맹 휴학 운동을 이끈 인물이다. 이후 세계 각국에서 어린이와 청소년들의 발언과 호소가 터져 나오고 있다.

한 부분으로서의 환경의 중요성을 겨우 다룰 정도였다.

이제 개발과 성장은 그만두어야 한다는 근본생태주의(Deep Ecology)의 주장이 설득력을 가진다. 그러나 우리는 여전히 지속 가능한 성장의 추구와 세계 변화로서의 선교를 강조하고 있는 형편이다. 우리는 어떻게 과거를 성찰하고, 어떻게 현실을 전환시키고, 어떻게 미래를 대비할 것인가의 도전에 맞서고 있다. 그동안의 지나친 인간중심적 낙관론에서 자연과 신과 인간에 대한 경탄과 경외와 공경을 회복하면서 공동체적 해법을 찾고 실험하고 공유하고 지켜 나가야 할 것이다. 무엇보다 우리는 지식과 기술과 과학을 기반으로 한 전문화의 폐해를 줄여 나가고 삶과 생명 자체를 지켜 나가려는 일상적인 문화를 키워 가야 할 것이다. 일상화는 생활 과학 또는 적정 기술의 적용으로 생태 환경과 사회 공동체와 영성을 보존해 나가는 사람들의 삶의 방식이 될 수 있을 것이다.

민들레공동체는 한국과 아시아 농촌에서의 선교를 수행하는 과정에서 삶으로 실험하고 있는 전인성과 회복, 공동체와 활력, 재앙과 재난을 준비하는 방주로서의 역할 등을 공유할 수 있는 작지만 또 다른 모델이 되기를 바란다.

2. 삶과 신앙의 전환

환경 오염과 자연재해라는 용어 자체가 하나님이 만드신 창조 세계의 아름다움과 풍성함과 지속성을 훼손하는 의미다. 인간의 불순종과 죄로 말미암아 세계와 자연의 조화와 균형이 불완전해졌다. 그러나 오늘날과 같은 환경 오염과 기후 변화, 지속된 자연의 재앙의 뿌리에는 최근 200여 년간의 물질문명의 발전, 그리고 탐욕으로 말미암은 인간

중심적 세계관과 생활 양식이 있다. 물론 고대 그리스인들의 합리적인 사고방식과 로마인들의 실용적인 기술로 자연조차 자신들이 정복한 식민지들 가운데 하나로 취급한 오래된 전통이 있었다.[2] 환경 파괴의 기원을 그들에게 물을 수도 있지만, 오늘날처럼 지구적 차원의 자연 파괴와 재앙은 근대 물질문명과 우리의 생활 양식에 근원하고 있음을 부인할 수 없다.

인류는 명백한 파멸의 길을 계속 갈 수도 없고, 그렇다고 뒤돌아 갈 수도 없는 진퇴양난의 처지가 되어 버렸다.[3] 이런 형국에서 근대 산업과 환경 파괴의 진원지인 영국에서 전환운동(transition movement)이 시작된 것은 의미심장하다.[4] 석유 정점(peak oil)과 기후 변화(climate change)로 인한 문명의 위기에 직면해서 우리의 삶이 이제는 자연과 우정을 맺고, 비폭력적인 사회 관계를 찾아내며, 대안적 삶을 모색하자는 전환운동은 회복을 열망하는 인류에게 서서히 새 길을 넓혀 가고 있다.

이 전환의 시대에 기독교 선교 운동은 세 가지 방향 전환이 고려되어야 할 것 같다. 이것은 또한 민들레공동체의 생활로서의 실험이기도 하다.

1) 흙을 기반으로 한 농본적 삶으로의 전환

한국에는 예로부터 '농자천하지대본'(農者天下之大本)이라는 사상이 있었다. 이것은 농민들뿐만 아니라 모든 백성이 잘 아는 사상이다. 그것은 '농사는 천하의 사람들이 살아가는 큰 근본'이라는 뜻으로서 농본

---

2 도날드 휴즈, 표정훈 역, 《고대 문명의 환경사》(사이언스북스, 1998), 256.

3 모리오카 마사히로는 《무통문명》(無痛文明)에서 인류의 문명은 기본적으로 인간의 신체적 욕망과 편리함을 추구해 왔다고 주장한다.

4 대안대학인 슈마허 칼리지(Schumacher College)에서 "Life After Oil"이란 강좌가 개설되었고, 토트네스, 대번에서 마을 단위의 전환 운동이 시작되어 확산되고 있다.

적 세계관을 함축적으로 웅변하고 있다. 그러나 현대는 돈이 되고, 돈을 많이 벌 수 있는 것이 근본이 되어 버렸다.

인류가 기술 과학의 발달로 도시와 문명을 발전시켜 왔지만, 그것은 흙과 더불어 공생하는 삶이 아니라 흙의 생명력을 죽이고 흙의 가치를 약탈하는 과정이었다. 매년 서울시의 100배나 되는 아일랜드 면적의 땅이 이 지구상에서 경작되지 못하는 땅으로 사막화되어 간다는 사실을 믿을 수 있겠는가?[5] 도시화와 문명화는 결코 땅을 비옥하게 보존할 수 없다. 도시의 본질은 소비와 죽임의 영에 지배되어 있다.[6] 도시가 확장되면 될수록 가까운 농·산·어촌부터 먼 농·산·어촌이 파괴되어 가고, 에너지는 고갈되고, 지구의 환경은 악화되어 인간조차 소비되고 죽어 간다. 공부를 많이 하면 할수록 상급 학교로 진학하고 명망 높은 대학을 가면 갈수록 돈도 벌고 명예를 얻고 권력을 손에 쥐지만, 땅에서 멀어지고 흙을 멸시하고 고향을 저버리며 인간 근원을 상실한다.

흙의 또 다른 이름인 '부엽토'(humus)에서 '인간', '인류'(human, human-ity)라는 말이 나왔으며, 우리 영성의 최종적인 과정인 '겸손'(humility)조차 흙과 떼놓을 수 없는 근원에 맞닿아 있음을 알아야 한다.[7] 역사적으로 흙에 운명을 맡기고 산다는 것, 농사를 짓는다는 것은 가난하게 산다는 의미다. 우리는 가난하게 살아갈 능력을 배워야 하고, 가난한 자와 함께 운명을 같이할 은혜를 배워야 한다. 그것은 최우선적으로 땅에 뿌리박은 농본적 삶이어야 한다. 농본적 삶은 도시화, 문명화의 과

---

5 John Madeley, *Food for All-The Need for a New Agriculture* (ZED BOOKS, 2002), 134.

6 For his groundbreaking biblical theology of the city and modern technological society, see the reprints of Jacques Ellul's, *The Meaning of the City*, trans. Dennis Pardee (Eugene, OR: Wipf and Stock, 2011) and *The Technological System*, trans. Joachim Neugrosche (Eugene, OR: Wipf and Stock, 2018).

7 실제로 베네딕도수도규칙은 겸손의 열두 단계를 설정, 수행함으로써 하나님의 사랑에 도달할 수 있다고 한다.

정에서 생명을 소비하고 생명력을 죽이는 구조에서 우리를 보호하는 진정한 영성 회복의 근본이 될 수 있다.

2) 삶의 양식으로서의 단순 소박한 삶에 기반한 제자도로의 전환

그간 교회의 선교 현장은 예수를 따르는 제자도를 구현하기 위해 엄청난 추구를 해 왔다. 그러나 주류 문명의 골격인 산업주의적 성장, 풍요에 대한 유혹, 도시적 생활 양식에서 벗어나지 않았고, 훈련과 교육을 받으면 받을수록 자연과 우리의 운명이 분리되는 경향을 보여 왔다. 이제 제자도의 진정성과 그 근원을 예루살렘에서가 아니라 갈릴리에서 찾아야 할 때가 아닌가? 역사상 출현한 수많은 제자 훈련의 방법론과 실천은 분명히 세계 선교를 촉진했고 양적인 복음화를 이루었다. 그러나 "우리가 전한 복음은 어떤 사회를 만들어 냈는가?"라는 질문에 우리는 쉽게 답하기 어렵다. 제자도의 내적 본질인 사랑과 일치[8]는 보기 어렵고 식민주의의 하수인으로서의 기독교, 자본주의 기독교, 현대 문명의 개척자로서의 기독교라는 비판에서 자유로울 수 없었다.

사실 우리의 기독교 제자도는 부를 추구했고, 문명을 따랐고, 원치 않았지만 자연과의 조화에서 멀어졌다. 우리는 부를 따르는 것이 아니라 예수와 그 제자들의 길을 따랐어야 했다. 이 길은 단순 소박한 삶이며, 정직하게 대면할 수 있는 가난한 삶으로 나아갔어야 했다. 많은 재앙이 소박한 삶을 싫어하기 때문에 일어난다는 사실을 직시해야 한다. 기독교가 2천 년의 세월을 지냈지만 여전히 가난하고 압제받는 자가 끝이 없는 것은 우리 제자도의 목적과 방향이 잘못된 것은 아닌지

---

8 "너희가 서로 사랑하면 이로써 모든 사람이 너희가 내 제자인 줄 알리라"(요 13:35). "아버지여, 아버지께서 내 안에, 내가 아버지 안에 있는 것같이 그들도 다 하나가 되어 우리 안에 있게 하사 세상으로 아버지께서 나를 보내신 것을 믿게 하옵소서"(요 17:21).

돌아보아야 한다.

더 나은 문명과 더 편리한 삶을 위해 부르신 것이 아니라 가난한 자들에게 복음을 전하라고, 하나님의 창조 세계를 구속하라고 우리를 부르신 것이라면 먼저 우리는 땅이 우리에게 주는 교훈, 농민과 가난한 자들이 우리에게 전하는 메시지, 자연이 우리에게 건네는 소리를 들을 수 있어야 하지 않겠는가? 이것은 우리에게 시적 상상력을 요구한다. 땅과 자연과 가난한 자들의 언어는 우리와 다르다. 그것은 이해되는 언어라기보다 공감하는 태도와 경탄과 공경으로 표현되는 마음의 언어로 비로소 다가갈 수 있기 때문이다. 논리와 설득의 언어가 아니라 몸으로 아프게 느껴지는 언어여야 한다. 그런 면에서 우리의 시대는 새로운 시편이 불려야 할 때가 되었다.

3) 선교 현장에서 우정으로의 전환

우리는 우리가 전력을 기울여서 일구어 놓은 선교 현장을 소중하게 생각한다. 많은 신학적, 인문학적, 정치경제학적, 기술공학적 재능이 투입되었고, 수많은 눈물과 피로 걸어온 길임에 틀림없다. 그러나 우리는 다시 질문해야 한다. 우리가 익숙하게 행하고, 우리가 쉽게 그리고 수완 있게 해 왔던 그 사역들, 그로 인한 성과가 어쩌면 우리의 발목을 잡고 있는 것은 아닌지 질문해야 한다.

우리 선교의 목적과 과정과 방법론을 회개할 것까지는 없더라도 우리는 되돌아보아야 한다. 우리는 사역자로서, 선교사로서 "우리는 무엇을 하고 있는가?", "우리는 왜 이렇게 하고 있는가?"를 물어야 한다. 진정한 신앙 운동은 우정의 공동체를 형성했다. 진리 되신 하나님과의 우정, 동료 인간과의 우정, 그리고 친구 된 자연과의 우정이 가능했다. 그러나 오늘날 선교사는 외로움의 특성을 가지고 있다. 선교사 공동체 사이의 불화와 분열, 심리정신적인 고통과 좌절은 평범한 스토리다. 후원금과 재정 지원이 없이는 쉽게 허물어져 버릴 수 있다는 불안감과 초조함이 우리 마음속에 있다. 우리는 소위 '우정 전도'라는 전략으로, '전도를 위해 우정을 맺는 것'이 아니라 진심으로 친구가 되는 삶으로 나아가야 한다. 우리가 전하고, 우리가 베풀고, 우리가 이끄는 것이 아니라 그들이 말하게 하고, 가난하지만 그들이 베풀게 하고, 그들이 우리를 이끌게 해야 한다. 우리는 한스 칼리어(Hans Carlier)의 말처럼 "가난하고 글 모르는 제3세계의 농민을 우리의 선생으로 받아들일 의지가 있는가? 그렇게 할 수 있는가?"[9]

그들이 우리에게 말하기 시작하고, 그들이 우리를 이끌기 시작할 때 우리 사이에는 진정한 우정이 싹트며 돈과 재능과 전략으로 진격하려는 우리의 어리석음을 겸손히 내려놓고 진리를 향해 한 걸음씩 나아갈 수 있을 것이다. 이것은 가난한 자들과의 우정뿐만 아니라 우리가 처한 바로 그 땅과 그 풀들과 그 흐르는 물과도 가능한 우정일 것이다. 우리는 비로소 땅과 자연에 대한 경탄과 가난한 자들에 대한 공경과 진리 되신 우리 하나님에 대한 경외감을 떠오르는 햇살처럼 포근하게 느끼게 될 것이다.

3. 민들레공동체의 삶과 경험

우리는 32년이라는 적지 않은 세월을 지내 왔고 영광스럽고 자랑할 만한 것도 적지 않았다. 그러나 우리는 걷는 걸음마다 좌절했고, 함께 했던 동료들과 불화했으며, 과거와 현재와 미래를 통합하는 일에는 여

---

9 J. Madeley, 20.

전히 미숙했다. 그러나 우리의 삶을 돌이켜보면 우리가 애써 지켜 왔던 삶이 여전히 있다는 점을 알 수 있다. 그것은 "가난한 자들에게 복음을 전파하라"는 주님의 명령을 결코 잊은 적이 없었고, 가난하고 고통당하는 자들이 왔을 때 내치지 않았고, 땅에 뿌리박고 농사지어 먹고살면서 자연이 주는 은총을 결코 작다 하지 않았다는 것이다. 우리는 배우고 나서 행하기보다 행하면서 배워 나갔기에 시행착오가 적지 않았지만, 그 시행착오는 오히려 우리의 스승이 되었다. 성경만이 우리를 가르친 것이 아니라 산과 들과 물이 우리를 가르치기도 했고, 가난한 자들이야말로 우리의 스승이 됨을 부끄럼 없이 말할 수 있게 되었다. 그간 우리가 민들레공동체로 살면서 얻은 몇 가지 생활 양식과 통찰은 다음과 같다.

1) 자립자족적 공동체 형성

민들레공동체는 기본적으로 식량 자급, 에너지 자급, 경제적 자급, 교육과 문화의 자급, 신앙과 양심의 자급자족이라는 다섯 가지 기본 정책을 세워 놓고 애쓰고 있다. 그리고 우리의 이러한 노력을 동료 교회와 선교지에 공유하고자 한다.

① 식량 자급은 주곡 작물을 중심으로 농사하되 농약이나 화학 비료가 없는 친환경 농법을 고수하고 있다.

② 에너지 자급은 여전히 어려운 과제다. 이미 우리의 생활 양식이 편리한 전력 체제로 살기 때문이기도 하나, 향후 모든 건물을 분산형 전력 체제로 전환하고 적정 기술과 전통 기술(구들, 생태 건축 등)을 활용할 예정이다. 가을에는 민들레학교 학생들에게 '에너지 자립 훈련' 과정을 통해 스스로 에너지를 만들고 활용하는 학

습 기회를 제공한다.

③ 경제적 자립은 가능한 비경쟁적인 공동체적 협력을 바탕으로 농업과 수공업 중심의 소득 창출을 염두에 두되 '공동체 기업' 창업을 권장한다. 교육, 생태, 대안적 삶, 농업, 체험 학습, 공예 등이 우리가 잘할 수 있는 비즈니스 영역이 될 것 같다. 무엇보다 빚지지 않고, 오히려 빚진 자와 단체의 빚을 갚아 주는 운동을 하고자 한다.

④ 교육과 문화의 자급은 현재 민들레학교를 운영하고 있으며, 민들레대학을 통해 아시아와 아프리카의 농촌 선교 지도자와 국내의 청년들이 교학상장(教學相長: 가르치고 배우면서 함께 성장함)하면서 실천적 농촌 지도자로 배양될 수 있을 것이다. 문화 예술을 단지 수동적으로 즐기고 돈으로 사서 소비하는 것이 아니라 자신의 손으로 직접 만들고 생산하고 키우는 문화를 중심으로 공동체를 운영한다.

⑤ 신앙과 양심의 자급자족은 특정 교파나 신학에 치우침이 없이 공동체의 삶으로 입증되는 진리 운동으로서의 관계를 고수하고 세상에 저항하는 정신을 키우도록 한다.

2) 돈의 힘을 최소화하는 생활 양식

현대 사회와 교회는 돈의 힘으로 운영되고, 또 그 돈의 힘에 의존한다. 더 많은 돈은 더 많은 선을 행할 수 있고, 더 많은 사역을 할 수 있다는 믿음이 고착되어 있다. 그러나 인류 역사를 살펴볼 때 가난한 자들을 도왔던 사람들은 다름 아닌 주위의 다른 가난한 자들이었다. 우리는 탁월성과 경쟁력만이 살아남는 냉혹한 경제학이 아니라 우정의 경제학을 계발하고, 노동과 일상이 일치되고, 돈이 쉽게 권력이 되는 위험을 분산하는 삶을 살고자 한다. 생산, 가공, 판매의 전 과정에서 주인 의식이 느껴지는 노동이 되도록 하고자 한다.

돈의 힘을 최소화하는 생활 양식은 우리를 필연적으로 땅과 지역과 자원, 그리고 사람들과의 평화로운 관계로 이끌고 삶에 뿌리내린 신앙을 실현 가능하게 한다. 또한 이러한 자세는 우리를 좀 더 겸손하고 자족하는 삶으로 이끌게 된다.

인류 사회나 공동체에 위기가 오고 재앙이 오는 원인은 단순하다. 그것은 "하나님을 사랑하고 이웃을 사랑하라"는 성서의 대원칙을 무시할 때 일어난다. 하나님 대신 돈을 사랑하고, 이웃 대신 자기만을 사랑할 때 말세의 고통이 다가온다. 디모데후서 3장 1-5절은 이 사실을 정확하게 지적한다. "너는 이것을 알라 말세에 고통하는 때가 이르러 사람들이 자기를 사랑하며 돈을 사랑하며…." 야고보서 5장 3절도 말세에 경계해야 할 최우선의 위험으로서 "너희가 말세에 재물을 쌓았도다"라고 경고한다. 그리고 시편 41편 1절에는 "가난한 자를 보살피는 자에게 복이 있음이여 재앙의 날에 여호와께서 그를 건지시리로다"라는 약속도 있다.

이것은 임박한 위기와 위험 사회를 대비하는 현대인과는 너무나도 다른 권고다. 대부분의 사람들은 오랜 신뢰와 사랑으로 얻어지는 공동체를 원하지 않는다. 확실한 보장으로서의 돈이 더 중요한 것이다. 그러나 돈은 극단적인 상황에 쓸모가 없게 된다. 우리가 금이나 돈을 먹을 수 있는가? 그러나 내 주위의 형제자매는 나의 운명을 구출할 수 있다.

소유가 아니라 향유의 기쁨을 누릴 때 우리가 자연을 바라보는 시각이 달라지며, 자연이 주는 부요함을 누릴 뿐만 아니라, 고통받는 사람들이 들어오는 문이 더 넓어질 것으로 예상한다. 많은 경우 현대인

의 신경정신적 질병은 '문명병'으로 일컬을 수 있을 것이다. 이들에게
는 탁월한 의료 기술과 상담과 의약품이 아니라 빛과 우정의 요소가
절대적일 수 있다. 빛과 우정의 공동체가 곳곳마다 창설되어야 한다.
다음은 필자가 살아가는 민들레공동체의 풍경을 바라보며 지은 시다.

<우리 사는 골짜기>

우리 사는 골짜기 빛이 좋음이여
일찍 해 뜨고 늦게 해 지니, 빛이 밝고 많음이여
온기와 화기가 충만함이여

나무도 잘 자라고 풀도 잘 자라고
사람들도 평안하고 가끔씩 어려운 병도 나음이여

물새도 찾아들고 산새도 찾아오고
빛이 모이는 땅이여, 그 땅에 온기를 발하는 곳이여
우리 심령에도 빛이 모임이여,
그 온기와 화기로 마음 착해지고 서로 사랑함이여
그늘진 것 걷어 내고, 마음속 냉골 녹여 내어 함께 살아감이여
빛의 골짜기에 빛의 사람들 살아감이여

3) 라이프 마일리지(Life-Livelihood Mileage)를 줄여 나가는 삶

건강과 에너지, 환경 문제로 인한 "푸드 마일리지"(Food Mileage) 운동
은 이미 세계적으로 호응을 얻고 있다. 가까운 텃밭과 지역에서 생산
된 농작물은 누가 생산한 것이지 알고 건강을 고려한 우정의 통로가 된

다. 우리는 먹는 것뿐만 아니라 건축 자재도 가능하면 지역에서 생산된 재료로, 친환경적인 자원으로 짓는, 그리하여 하우징 마일리지(Housing Mileage)도 줄여 나가도록 하고, 우리가 먹는 물도 먼 강이나 먼 호수에서 가져오는 것이 아니라 정수와 빗물 이용, 친환경 오수 처리 방식 등을 도입하여 물 자급률을 높여야 할 것이다. 이것은 우리 주변 환경에 습지를 살려 나가고, 논을 친환경적으로 지켜 나가고, 개천과 하천을 살려 나가는 실천적 운동이 될 수 있다.

민들레공동체에서는 친환경 수질 정화 기술로 설치된 자연 통풍형 수직 및 수평 흐름 인공 습지를 이용하여 생활 오수 처리를 설치하여 사용하고 있다. 무엇보다 에너지는 가장 중대한 이슈인데 에너지원을 다각화하고(화목, 바이오매스, 전기, 태양광, 지열 등), 에너지를 절감하는 생활 양식(의복, 창문 기밀, 건축 단열재 보완 등)을 도입할 뿐만 아니라, 건물 자체를 패시브 하우스(Passive House, 외부 에너지원에 의존하지 않고 단열재 등을 이용해 내부 열이 밖으로 새어 나가는 것을 막음으로써 에너지 사용량을 절감하는 집의 구조-옮긴이 주) 방식으로 짓도록 한다. 우리가 먹고 마시고 지낼 곳과 사용할 에너지는 가능한 가까이에서 찾는 것이 좋지만 유일하게 먼 곳에서 와야 할 대상은 환대해야 할 사람들이다. 특히 경제적인 고통, 정치적인 압제, 환경의 재앙, 그리고 내적 고통과 불안을 겪는 사람들을 환대하는 공동체의 창설이 그 무엇보다 절실하고 긴급하다(고전 1:26-28; 삼상 22:1-2). 소박하지만 자급자족의 삶, 환대의 삶이 가능하려면 땅에 뿌리박은 삶, 우리의 자연과 자원, 이웃과 공동체가 조화롭게 살아갈 수 있는 길을 찾고, 그 길을 넓혀 나가야 할 터이다.

4) 땅의 비옥도 유지하기

경작 가능한 표토층(topsoil) 1cm가 자연적으로 형성되려면 최소 100

년에서 300년이 걸린다고 한다. 표토층 30cm 정도가 되어야 보통의 경작지 수준인데, 그 30cm는 최소 3천 년에서 1만 년 가까운 세월이 지나야 한다. 그런데 이 표토층이 매년 아일랜드 면적만큼 유실되어 간다.

인류의 비극의 시작은 땅에 대한 무지와 탐욕에서 비롯되었다. 최초의 인간에게 주어진 최초의 명령은 '에덴동산을 경작하며 지키게 하신 것'이었다(창 2:15). 400년도 더 된 흠정역 성경(KJV: King James Version)에서 "경작하다"라는 표현을 "to dress"로 번역한 것은 놀라운 일이다. 고대 영어에서 'dress'의 의미가 더 있는지는 알지 못하지만 'dress'는 말 그대로 '옷을 입히다'라는 뜻이다. 이 말씀은 "땅에 옷을 입혀라", "표토층을 햇빛과 폭우로부터 보호하여 그 비옥도를 보존하라"는 의미다. 이것은 자연 농업에서 토양 피복으로서의 '멀칭'(mulching)의 중요성을 드러내는 내용이다. 현대적으로 번역하자면 "경작하라"는 땅의 비옥도를 보존하라는 의미이며, "지키라"는 땅의 사유화를 엄금하라는 말씀이다.

토양에 대한 산업적 태도는 토양의 비옥도를 고갈시켜 갔고, 모든 문명의 쇠퇴와 몰락에서 공통적으로 발견되는 부인할 수 없는 이유가 되어 왔다. 에드워드 하임스(Edward Hyams)는 《토양과 문명》(범양사출판부, 1988)에서 주요한 고대 문명, 특히 그리스-로마 문명의 쇠퇴와 몰락의 직접적인 원인으로 자작농의 몰락과 토양 비옥도의 고갈을 일관되게 주장하고 있다.[10]

민들레공동체는 화학 비료나 농약 없이 자연 농법(Natural Agriculture)을 기반으로 한 지속 가능한 농업을 고수하고 있다. 자연 농법은 기존

---

10 Edward Hyams, *Soil and Civilization* (New York: Thames and Hudson, 1952).

의 유기농업에서 발전한 개념인데, 토양의 토착 미생물을 활성화시켜 지력을 증진시키는 농법으로 노동력 경감, 저비용, 농작물의 품질 향상 등의 유익이 있다. 현재 민들레공동체에서는 벼, 밀, 감자, 콩, 고추, 각종 채소, 허브 등을 재배하고 있으며, 자연 양계와 교육용 가축을 기르고 있다. 종자, 퇴비, 자연 농약, 관수 등 대부분을 지역에서 해결함으로써 순환 농법(Circular Farming)을 정착시켜 나가고 있다. 땅의 비옥도는 농작물과 가축의 건강과 영양에 기여하며, 최종 소비자인 사람에게 건강과 행복을 준다. 민들레공동체의 치유와 건강에 가장 중요한 요소 중의 하나가 건강한 먹거리다.

좋은 공기와 맑은 물, 건강한 식품과 적절한 노동, 그리고 쾌활하고 열린 공동체 삶은 사람을 치유한다. 그간 여러 사람이 불면증, 우울증, 중독, 호흡기 질환, 비만, 암, 정신적 고충, 관계의 어려움 등에서 개선이 있었다는 이야기를 듣고 있다. 치유는 땅의 회복에서부터 시작되어야 할 것이다.

5) 공예 공동체 준비

민들레공동체는 돈을 주고 쉽게 무언가 살 수 있는 것이 아니라 가능한 기계와 에너지의 소비를 줄이고 지역 자원을 활용하고 간단한 도구나 연장을 이용해 생활의 기본적인 수단들을 생산해 내는 습관을 기른다. 과도한 탐미적 사회 분위기에서 생산되는 물품이 아니라 실용적이지만 품위 있는 아름다움을 표현해 내어 사람 속에 있는 자기 표현으로서의 가치 있는 삶을 구현하도록 한다. 흙과 돌, 쇠와 나무, 물과 불의 속성을 깊이 이해하고 그 활용도를 증진해 나가는 것은 오늘 우리의 삶을 소비 지향적에서 생산 지향적으로 나아가게 하고 장기적으로 볼 때 재앙의 때를 예비하는 지혜의 삶이 될 것이다. 공예 공동체로서의 정체성은 주위의 환경과 자원의 숨겨진 가치를 찾아내게 하고 아낌으로써 장기적으로 자연과의 조화로운 삶, 지속 가능한 삶으로 나아가게 한다.

우리의 경험에 의하면, 가장 품위 있고 조화로운 건축은 부분적으로라도 주변의 재료를 활용하여 짓는 것이고, 교육에 있어서 건전하고 온건한 성품의 단련은 쓸모 있고 아름다운 것을 몸과 손을 이용하여 만드는 공예적 교육에 달려 있음을 보았다.

4. 두 편의 시를 읽으면서

<자살 문명>

모든 인류의 문명
물 좋고 교통 좋고 사람 모이기 좋은 데 모여
잘 먹고, 잘 살려고 발전한 것이다.
지식과 학습과 교육 덕택에
인간의 한계를 끌어올리고
자연의 한계를 끌어내리고
불가능해 보였던 수많은 영역이 현실이 되었다.
오히려 현실이 비현실화되는 기현상이 일어나고 있다.
수많은 사람 비현실이 주는 쾌락에 정신이 홀려 있다.
현실의 전복 현상이요, 지식과 기술의 반역 현상이요,
자연의 역공 현상이 온 천하에서 매일같이 목도되고 있다.

우리 삶 편하고, 빠르고, 넉넉하여

겨울 추위 염려 없고, 여름 더위 걱정 없고

하루 세 끼 상에는 오대양 육대주에서 날아 오고 실어 온

산해진미가 가득함이여

시공간을 뛰어넘어 영상 보고, 통화하고, 즐기면서

전지전능감을 매일 누림이여

육체의 쾌락, 정신의 쾌락, 심지어 영혼의 쾌락까지 만족시키는

온갖 수단과 수양 방법이 다 발견되어

인간 이제 거의 신이 되어 감이여

그러나 땅이 병들어 망해 가고

숲이 병들어 망해 가고

호수와 바다가 병들어 망해 가고

하늘이 병들어 망해 가고

인간이 병들어 망해 감이여

그 자멸의 길, 그 자살의 길이

이제 선명히 나타나기 시작함이여

잘 살려고 자살하는 자 없는데,

우리 인류 잘 살려다 자살 문명에 접어들었음이여

어찌할 것인가? 이 일을 어찌할 것인가?

어찌할 것인가? 이 낭패를 어찌 피할 것인가?

<우리의 문명>

자연은 사람 손보다 빈틈없고

본능(本能)은 교육보다 오래 간다.

406

산과 들과 바다와 사막은 태초부터
뭇 생명을 키우고
온갖 풍상을 겪어 왔지만
결코 쓰레기를 만들지 않고
늘상 경탄과 아름다움을 잊은 적이 없다.

그러나 우리의 문명은
오염과 쓰레기 위에 세워져 왔으며
죽음에 죽음을 이어 온 지 하도 오래되어
생명을 경축하는 기억조차 쓰러져 간다.

진종일 가르치고 지치도록 배우지만
우리는 우리가 세운 문명을 두려워하고
우리의 하늘을 우려하고
우리의 남은 땅이
우리의 아이들을 살려 낼까 걱정이다.

무엇보다 우리는 우리가 가르치고
우리 아이들이 배운 그 지식이란 게
거짓이었거나, 허약하거나,
우리를 절망케 할 수도 있을 거란 예상에
밤잠이 편치 않다.

교육은 쉽게 희망을 노래해서는 안 된다.
최선의 교육이라 할지라도

우리의 아이는 겨우 자연의 일부이며

그 은총에 잇대어 살 수밖에 없는

존재이기 때문이다.

토론 질문

1. 농본적 삶으로의 전환이 과연 얼마나 실현 가능할까? 최근의 귀
   농, 귀촌의 흐름은 우리 그리스도인들에게 농본적 삶으로의 전환
   에 어떤 의미일까?

2. 선교 현장에서의 우정의 공동체는 어떻게 형성될 수 있는가? 물
   질적으로 더 나은 삶과 복지의 추구가 우정을 대신해 버린 상황
   에서 선교 현장의 마을과 지역에서 오래전부터 내려온 공동체성
   과 우정을 어떻게 재해석하고 적용할까?

3. 땅과 자연과 가난한 자들의 언어, 마음의 언어, 몸으로 아프게 느
   껴지는 언어란 단순히 추상적인 표현인가? 아니면 그것은 경험될
   수 있는가? 실제 당신의 경험은 어떠한가?

4. 가난한 자들과 함께하는 삶, 환대의 공동체 창설은 재앙의 시대
   에 가장 긴급한 우리의 생활 양식이 되어야 하는데, 오늘 우리 삶
   의 현장에서 어떻게 진전을 이룰 수 있겠는가?

논찬

더글라스 데이 카우프만(Douglas Day Kaufman)

민들레공동체의 공동 실천과 선교 신학에 대해 배우는 것은 참으로 기쁜 일이다. 그들은 자연재해, 기후 재앙, 사회 경제적 불평등을 낳는 포스트모더니즘, 글로벌 자본주의 세계에 대한 강력한 대안을 제시한다. 그들의 선교는 또한 이러한 세계적인 역기능에 대한 대조됨을 보여 주기보다는 이를 포용하고 장려하는 선교의 대안이기도 하다. 후터라이트(Hutterites)나 브루더호프(Bruderhof)와 같은 수도원 공동체와 공동체주의 아나뱁티스트(Anabaptist)처럼, 그들은 대안적 경제로서 기독교를 제시한다.[1] 즉 민들레공동체는 글로벌 자본주의에 대한 대안 정치 경제다.

생태학과 경제학은 공통적으로 '집'이나 '가구'를 뜻하는 동일한 헬라어인 오이코스(oikos)에 뿌리를 두고 있지만, 경제학은 인간 삶의 한 부분에만 초점을 맞추는 반면, 생태학은 모든 창조 세계를 포함하는 것

---

[1] Eberhard Arnold, *Why We Live in Community* (Farmington, PA: Plough Publishing, 1995). 한국어판, 《공동체로 사는 이유》(에버하르트 아놀드, 예수전도단, 2012)로 번역 출간되었다(옮긴이 주).

17 환경과 자연재해, 그리고 민들레공동체의 경험

이라 할 수 있다. 만약에 이 둘을 따로 생각하거나 나눌 경우 여러 가지로 비극적인 결과를 초래할 수 있다.

웬델 베리(Wendell Berry)는 "위대한 경제"(great economy)라는 용어로 이 문제를 다루고 있다. 이 용어는 화폐 경제가 어떻게 농지를 망치고 있는지에 대한 웨스 잭슨(Wes Jackson)과의 대화에서 유래되었다. 토지를 포함할 만큼 포괄적인 경제를 찾기 위해 고군분투하던 중, 잭슨은 마침내 "하나님의 나라"(kingdom of God)를 제안했다. 마태복음 6장 25-33절에 나오는 예수님의 말씀에서 영감을 받은 베리는 이것을 "위대한 경제"라고 불렀으며, 여기에는 "공중의 새"(26절)와 "들의 백합화"(28절)까지 모든 것이 포함된다. 우리가 경제라고 생각하는 것, 장부 담당자와 경제학자가 계산할 수 있는 것 등은 비교적 작은 경제를 뜻하며, 더 넓게 말해 경제라는 것은 하나님의 생태학에 의존한다고 할 수 있다.[2]

필자는 자연과의 관계를 설명하면서 이 두 가지 경제·생태학을 아름답게 연결한다. 필자의 관점은 신학 경제·생태학이다. 필자는 우정의 경제, 즉 하나님, 동료 인간, 자연과의 우정에 대해 기술하였다. 이러한 관계는 깨질 수도 있기 때문에 민들레공동체 같은 공동체가 존재해야 한다. 이러한 관계의 깨짐은 다가오는 기후 변화의 위협을 부채질하는 것이다.

대안적인 정치 경제를 제시하는 것은 기후와 기타 재난에 직면한 교회의 가장 중요한 과제 중 하나다. 기후 변화 문제를 인식하기 위해 논찬자가 시도한 여정은 아마도 너무나 전형적인 것일 것이다. 처음에는 지구 온난화를 과학적인 문제로 인식했다. 그 후 너무 많은 온실가스 배출이 원인이 되었기 때문에 그 배출을 줄여야 했다. 그러나 이 문제

---

2 Wendell Berry, "Two Economies," *Review & Expositor* 81, no. 2 (1984): 209-12, https://doi.org/10.1177/003463738408100204.

를 해결하기 위해 지구촌이 처음으로 모인 이후[3] 30년이 넘는 기간 동안 온실가스 배출량은 도리어 급격히 증가했다. 실존적 위협에 직면하여 인류는 멸종을 향해 가속화되어 가고 있음을 인식하게 된다. 이로 인해 논찬자는 기후 변화의 사회 심리학을 연구하게 되었다. 인간은 왜 이성적이고 선한 일과 정반대의 일을 하고 있는 것일까?

사회학자인 카리 노가드(Kari Norgaard)는 기후 변화에 대한 여러 가지 다양한 부정적인 형태를 식별해 냈다.[4] 많은 사람이 일부 보수주의자들의 강경한 부정에 초점을 맞추고 있는 반면, 그녀는 더 많은 사람이 기후 과학을 알고 있고 받아들이지만 그 의미를 무시하고 기후 변화에 대한 생각을 피하려고 하는, 기후에 관한 온건한 부정에 참여하고 있다는 점을 밝혔다. 이러한 부정은 죄책감, 두려움, 무력감과 같은 수많은 불편한 생각과 감정으로부터 우리를 자유케 한다.[5] 핀란드의 목회 신학자 파누 피칼라(Panu Pihkala)는 의식, 예술, 교육, 대화 등을 통해 이 딜레마에 대한 영적인 대응을 제시한다. 인간이 문제의 심각성을 알게 되면서 변화할 수 있기를 바라는 것이다.[6]

그러나 기후 변화에 맞서 일하는 사람은 결국 냉철한 현실에 직면

---

3 1992년 6월 리우정상회담이 이루어진 때였다. 그러나 기후에 관한 최초의 국제 회의는 20년 앞선 1972년 스톡홀름에서 개최되었다.

4 Kari Marie Norgaard, *Living in Denial: Climate Change, Emotions, and Everyday Life* (Cambridge, MA: MIT Press, 2011), Kindle.

5 인간이 잘못된 일을 하는 딜레마를 포함하여 노가드(Norgaard)의 논문에 대한 또 다른 신학적인 반응을 참조하라: Willa Swenson-Lengyel, "Moral Paralysis and Practical Denial: Environmental Ethics in Light of Human Failure," *Journal of the Society of Christian Ethics* 37, no. 2 (Fall/Winter 2017): 171-87, https://doi.org/10.1353/sce.2017.0039.

6 Panu Pihkala, "Eco-anxiety, Tragedy, and Hope: Psychological and Spiritual Dimensions of Climate Change," *Zygon: Journal of Religion and Science* 53, no. 2 (June 2018): 545-69, https://onlinelibrary.wiley.com/doi/abs/10.1111/zygo.12407, and "The Pastoral Challenge of the Environmental Crisis: Environmental Anxiety and Lutheran Eco-Reformation," *Dialog: A Journal of Theology* 55, no. 2 (Summer 2016): 131-40, https://doi.org/10.1111/dial.12239.

하게 된다. 전 세계적으로 확고한 이해관계가 책임 있는 변화를 방해하기 때문이다. 즉 문제는 정치 경제학의 문제다. 신앙 공동체 내에서 이 문제를 해결하려면 기후 변화에 대한 정치 신학이 필요할 것이다.[7]

민들레공동체의 대안적 정치 경제는 여러 가지 핵심 사상, 특히 식량, 에너지, 기업, 교육, 신앙 분야의 자립에서 발견된다. 그러나 이것은 개인주의적이거나 독립적인 방식의 자아가 아니라 급진적인 공동체주의와 토양, 공동체, 그리고 서로 간의 상호 의존이다. 또한 여기에는 '비경쟁적 공동체 협력'의 강조와 함께 '돈의 힘'도 존재한다. 이를 필자는 "우리는 탁월성과 경쟁력만이 살아남는 냉혹한 경제학이 아니라 우정의 경제학을 계발하고, 노동과 일상이 일치되고, 돈이 쉽게 권력이 되는 위험을 분산하는 삶을 살고자 한다. 생산, 가공, 판매의 전 과정에서 주인 의식이 느껴지는 노동이 되도록 하고자 한다"고 썼다.

우정과 나눔을 기반으로 한 경제인 대안적 정치 경제는 자연과의 또 다른 관계와 상호 학습으로 이어진다. 이를 필자는 "성경만이 우리를 가르친 것이 아니라 산과 들과 물이 우리의 스승이 됨을 부끄럼 없이 말할 수 있게 되었다"라고 말한다. 이러한 경제는 보다 긍정적인 관계로 이어진다. "돈의 힘을 최소화하는 생활 양식은 우리를 필연적으로 땅과 지역과 자원, 그리고 사람들과의 평화로운 관계로 이끌고 삶에 뿌리내린 신앙을 실현 가능하게 한다."

가난한 사람들을 가르치기만 하는 것이 아니라 그들에게서 배우기 때문에, 가난한 사람들과의 관계도 변화된다. 관계의 경제학이 있으면 은퇴를 위해 잉여금을 저축할 필요가 없다. 탐욕이 미덕이 아니라 악

---

7 예를 들어 다음을 참조하라. Michael Northcott, *A Political Theology of Climate Change* (Grand Rapids: Eerdmans, 2013), and Daniel Castillo, *An Ecological Theology of Liberation: Salvation and Political Ecology* (Maryknoll, NY: Orbis Books, 2019).

으로 보일 때 필요한 것보다 더 많이 가져갈 필요는 없다. 다른 말로 한다면, 상호 배려와 나눔의 실천은 사람들이 필요한 것보다 더 많은 소득을 얻도록 장려하지 않는다.

작가 다니엘 퀸(Daniel Quinn)은 그의 소설 《나의 이스마엘》(평사리, 2011)에서 산에서 배우고 돌들의 울부짖는 소리를 듣는 것을 적용해 (눅 19:40) 인간이 이스마엘이라는 고릴라에게서 배우는 것을 상상한다. 고릴라는 현대인을 '테이커'(Takers), 즉 필요한 것보다 더 많이 가져가는 사람이라고 부른다. 그들은 결과를 고려하지 않고 세상에서 원하는 것을 가져간다. 그들은 자연을 낭비한다.[8] 하지만 민들레공동체는 주고받고, 받고 떠나는 곳이다. 이것이 바로 지속 가능한 대안적 삶의 방식이다.

그런데 어떻게 이 대안이 표준이 될 수 있는가? 어느 시점에서 필자는 민들레공동체를 "안전한 방주"라고 말한다. 홍수 후에 방주가 회복된 땅에 정박했다는 점을 제외하면 이 비유는 적절하다. 기후가 변화하는 세상에서는 홍수가 계속될 것이며 출구는 없을 것이기 때문이다. 그렇다면 민들레공동체나 브루더호프 같은 대안이 영감을 줄 수 있지만, 그들의 교훈이 어떻게 공동체 밖의 사람들에게 다가갈 수 있을까? 우리는 예수님의 경제·생태학에 더 가까운 것을 실천하는 보다 광범위한 사회 운동을 향해 어떻게 나아갈 수 있을까?

이러한 난관은 에른스트 슈마허(E. F. Schumacher)가 설립한 조직인 프랙티컬 액션(Practical Action)에 변화를 가져왔다. "환경 악화 및 기후 변화와 같이 복잡하고 상호 연관된 문제로 인해 우리는 지역 사회 수준에서 고립된 조치를 넘어 더 광범위한 문제를 해결해야 하고, 증상

---

8 Daniel Quinn, *Ishmael* (New York: Bantam Books, 1992).

뿐만 아니라 구조적으로 해결하기 위해 작업을 확장해야 한다."⁹ 최근 프랙티컬 액션의 CEO인 폴 스미스 로마스(Paul Smith Lomas)는 이러한 변화에 대해 다음과 같이 설명한다. "그때와 지금의 실제 차이점은 이제 우리가 구조적인 변화를 가져오는 데 훨씬 더 집중한다는 것이다. 즉 효과가 있는 것을 찾았다면, 우리는 그 당시 우리가 작업했던 개별 프로젝트나 개별 프로그램을 뛰어넘어 뭔가를 만들 수 있는 방법을 어떻게 찾을지 고민한다."¹⁰

이 접근 방식은 시장이 실제로 자유롭고 개방적이며, 특수 이익 단체가 보조금이나 세금 감면을 받지 않고, 정부의 절차가 투명하고, 선거가 결정을 책임지는 경우에 효과적이다. 이러한 방식이 존재한 적이 있었든 없었든 상관없이 오늘날 이 모든 것이 위협을 받고 있는 듯 보이고, 변화하는 기후는 이러한 불평등을 더욱 심화시키게 될 것이다.

그렇다면 이러한 대안이 어떻게 전 세계적으로 새로운 표준이 될 수 있을까? 우리에게는 대립적이고 직접적이며 비폭력적인 행동 양상이 필요할 것 같다. 그러나 실제로 우주 전체가 어떠한 공의를 향해 기울어진다면, 누군가는 비록 작은 규모라 할지라도 그 공의를 더욱 충실하게 실천해야 한다.

오늘날 많은 기독교 선교학은 개인주의적이고 자본주의적인 접근 방식에 단순히 하나님에 대한 이야기를 추가한다. 즉 하나님은 당신이 노동과 토지를 착취하는 더 나은 자본가가 되도록 도와주실 것이라고 말이다. 이전의 브루더호프처럼 민들레공동체도 사회적, 생태학적 선

---

9 "E. F. Schumacher's Founding Philosophy and How It Still Guides Us Today," Practical Action, June 30, 2021, https://practicalaction.org/news-media/2021/06/30/e-f-schumachers-founding-philosophy-and-how-it-still-guides-us-today/#:~:text=discussed%20and%20championed-,E.F.,rather%20than%20a%20select%20few.

10 "E. F. Schumacher's Founding Philosophy."

교학을 보여 준다. 우리는 서로에게서, 하나님께로부터, 그리고 모든 창조 세계로부터 포용하고 배우는 삶의 방식으로의 진정한 전환이 필요하다. 이것이 모든 창조물이 창조주와 조화롭게 번영하도록 돕는 일종의 정치와 경제다.

18
모든 피조물의 복음화: 선교로서의 목회적 생태학

더글라스 데이 카우프만(Douglas Day Kaufman)

서론

필자는 당신이 전도에 대한 관점을 넓혀 우리 동료 인간뿐만 아니라 인간이든 아니든 모든 동료 피조물을 복음화하도록 초대한다. 이것을 인간뿐만 아니라 교회를 통해 전체 생태계와 관련된 선교인 목회적 생태학(pastoral ecology)으로 부르고자 한다.

성경적 근거

모든 피조물을 복음화하는 것은 신약 성경에서 몇 번이나 눈에 띄지 않게 반복되는 구절들에서 비롯된다. 골로새서 1장 23절에서 성경 필자는 골로새의 형제자매들에게 "너희들은 천하 만민에게 전파된 복음을 굳게 지키라"고 권면한다. 복음이 어떻게 모든 피조물에게 선포되는가? 이것은 단지 과장된 표현인가? 이것이 실제로 모든 인간을 의미하지는 않는가?

그리스도와 피조물과의 관계를 묘사할 때, "만물"이라는 문구가 반복되는 문맥을 보면 그것이 단지 과장된 표현 이상이라는 점을 알 수 있다. "그[그리스도]는 보이지 아니하는 하나님의 형상이시요 모든 피조물보다 먼저 나신 이시니 만물이 그에게서 창조되되 하늘과 땅에서 보이는 것들과 보이지 않는 것들과 … 만물이 다 그로 말미암고 그를 위하여 창조되었고"(15-16절). "그의 십자가의 피로 화평을 이루사 만물 곧 땅에 있는 것들이나 하늘에 있는 것들이 그로 말미암아 자기와 화목하게 되기를 기뻐하심이라"(20절). 여기서 창조 세계는 구원 역사의 배경이나 풍경이 아니다. 창조 세계는 창조와 화평이라는 신성한 드라마의 참여자다. 어쩌면 창조는 신적 존재에까지 참여하는지도 모른다.

비슷한 문구가 마가복음의 긴 결론인 지상 대명령(막 16:15)에 나온다. 예수님은 "너희는 온 천하에 다니며 만민(whole creation)에게 복음을 전파하라"라는 말씀으로 시작하신다. 어떤 이유에서인지 NRSV는 여기서의 헬라어 단어를 골로새서 1장과 다르게 번역한다. KJV는 이를 "모든 피조물"(every creature)로 번역한다. 여기에는 이러한 표현이 과장되었다고 생각할 더 많은 이유가 있다. 예수님은 계속해서 "믿고 세례를 받는 사람은 구원을 얻을 것이요"(16절)라고 말씀하셨다. 다른 피조물이 어떻게 의미 있는 방식으로 세례를 받을 수 있는지 알기란 어렵다. 동시에 믿는 자들에게 따르는 표적 목록에는 위협적인 피조물의 대표적인 예인 뱀을 집어 올리는 것이 포함되어 있다(18절).

강 세례 이야기

세례는 필자로 하여금 하나님의 선교에서 하나님의 창조의 위치를 처음으로 생각하게 한 계기가 되었다. 필자는 세례를 침례의 형태로 행했는데, 이를 통해 우리 교회 근처에 사는 피조물들에 대해서 알게 되었다. 그 피조물 중에는 강바닥에 살며 주변에 작은 집을 짓는 날도래(Caddisfly) 유충이 있는데, 강바닥에서 그물로 담아 올려서 찾을 수 있다. 필자는 이 피조물을 또 다른 이웃으로 생각한다. 아니, 그 이상으로 그들을 지역 복음화의 동역자로 생각한다. 그렇다면 필자가 강바닥에서 그 피조물을 찾는 이유가 무엇인지 궁금하지 않은가?

그 일은 약 20년 전에 시작되었다. 우리 교회인 인디애나주 고센에 있는 벤튼 메노나이트 교회(Benton Mennonite Church)는 신자들과 그리스도를 따르겠다고 결심한 모든 사람에게 세례를 준다. 특별한 방법을 고집하지는 않지만, 우리 교회는 엘크하트강에서 사람들에게 침례를 주기 시작했다. 예수님도 강에서 세례를 받으셨고, 우리 교회는 강 건너편에 위치해 있기 때문이다.

우리가 처음으로 강 세례를 준비할 때 한 성도가 말했다. "목사님, 엘크하트 환경보건국에서는 엘크하트강에 온몸을 담그는 것을 권장하지 않습니다." 우리는 시골에 살고 있었기 때문에 이러한 정보는 필자를 당황하게 했다. 필자는 침례 교인들에게 이 문제를 의논하였고, 그들 중 한 사람은 "세례를 받을 때 하나님이 우리가 병들지 않도록 보호하실 것을 믿습니다"라고 말했다. 필자는 그리스도를 따르는 데는 고난도 함께한다는 것을 알지만 이 경우에는 확신이 없었다. 어쨌든 우리는 강에서 세례를 주기로 했고, 사람들이 세례를 받은 후에 샤워를 할 수 있도록 장소를 마련했다.

강 생태 학습

이러한 계기로 필자는 강 생태의 건강 관련 정보들을 찾아보기 시작했다. 우리 지역의 토양 및 수자원 보존을 위해 일하는 지도자들을 알게 되었고, 수질이 건강하지 않다는 경고를 받은 이유가 때때로 강물이 너무 많은 분뇨로 오염되기 때문이라는 사실을 알게 되었다. 즉 우리 같은 농촌 지역에서는 사람과 농장에서 키우는 동물의 하수를 잘못 관리하면 물이 건강에 해로울 수 있다는 점이 이해가 되었다.

필자는 "후지어 강 추적 관찰 프로그램"(Hoosier Riverwatch)에 대해서도 배웠는데, 여기서 '후지어'는 인디애나 출신의 사람을 부르는 이름이다. 주 정부 기관은 우리에게 엘크하트강의 수질 모니터링을 시작할 수 있는 교육과 장비를 제공했고, 이를 가지고 산소 농도, 인산염 농도, 질산염 농도 및 물의 산도를 살펴보는 화학적 실험을 수행하기도 했다. 우리는 강 주변의 서식지가 얼마나 자연적으로 건강한지를 조사하였다. 그 결과, 주차장이나 콘크리트, 지붕들 가운데 위치한 강은 아무래도 나무와 초원으로 둘러싸인 강만큼 건강하지 않았다.

그리고 마지막으로 그물을 이용해 강바닥에 집을 짓고 사는 많은 생물을 발견하는 생물학적 실험을 실시했다. 다른 실험은 우리가 실험하는 순간의 수질을 알려 주는 한편, 생물학적 실험은 시간이 지난 뒤의 수질을 알려 준다. "그렇다면 이 강에는 어떤 생물이 서식하고 번성할 수 있을까?"라는 중요한 질문을 던져 보았다. 우리는 생물의 다양성과 그 다양성 가운데 오염에 민감한 일부 생물이 포함되어 있는지 여부를 찾았다. 만약 어떠한 급격한 변화가 있을 때 강에는 무슨 일이 일어나겠는가?

우리가 실행한 실험 중 가장 중요한 실험은 물속에 얼마나 많은 대장균이 있는지를 알아내는 것이기도 했다. 이는 물속에 얼마나 많은 분뇨가 있는지를 나타낸다. 우리는 비전문가 자원 봉사 과학자들로서 원래 달걀을 부화하는 데 쓰는, 즉석에서 만든 작은 배양기를 사용했는데, 따라서 박테리아 배양이 쉽지 않았다.

우리는 이 실험을 통해서 강과 인간이 어떻게 상호 작용하는지를 많이 배우게 되었다.[1] 대부분의 경우 강은 깨끗하다. 그러나 특히 비가 내린 후에는 분뇨와 흙이 물로 흘러 들어간다. 흙이 있다는 것은 토양 침식을 나타낸다. 즉 농사를 위해 토양을 경작하고 건설을 위해 흙을 부수는 과정에서 귀중한 표토가 토양 침식을 통해 미시간 호수로, 그리고 궁극적으로는 대서양으로 흘러가게 되는 것이다.

이를 통해서 필자가 배운 기본적 교훈은 침례 전에 비가 내리지 않으면 환경보건국에서 경고한 수질 문제가 큰 문제가 되지 않는다는 것이다. 그래서 필자는 비가 올 경우 침례 교인들에게 먼저 이러한 정보를 공유하고, 강에 들어가서 몸을 담그기보다는 머리 위에 물을 조금 부어 주겠다고 제안했다. 하지만 지금까지 침례를 행하는 동안 강에 몸을 완전히 담그지 말라고 요청한 사람은 아무도 없었다. 그렇다. 지금까지는 전통적인 침례가 옳았다. 하나님은 적어도 필자가 아는 한 세례를 받다가 병에 걸리는 일을 허락하지 않으셨다.[2]

영성과 강

필자는 강의 과학과 생태에 관심을 가지고 연구를 하면서 성경도 다른 시각으로 읽기 시작했다. 하나님의 관점에서는 강이 어떤 역할을 하는지 궁금했다. 구원 역사의 결정적인 순간에 강이 어떻게 존재하는지 성경을 보고 놀라지 않을 수 없었다. 성경의 맨 처음에 나오는 에덴에

---

1 논문을 읽다 보면 필자가 다른 피조물들에게 비인칭 대명사 'it'을 사용할 때 표준 영어를 따르지 않고 'he'와 같은 인칭 대명사를 사용한다는 것을 알게 될 것이다. 이것은 "우리는 우주에 대해 사물들의 집합이 아니라 그 대상들의 교감이라고 말해야 한다"(Thomas Berry, *The Great Work: Our Way into the Future* [New York: Crown, 1999], 82, Kindle)라는 확신에 근거한다. 또한 필자의 제2언어가 스페인어이기 때문에 해당 언어의 성별을 자주 사용한다.

2 이 이야기는 Doug Kaufman, "Water Evangelism," *Purpose* 47, no. 6 (June 2014): 20-21 에도 실려 있으며, Jamie Pitts, "The Hovering Spirit, the Elkhart River Watershed, and Political Institutions," *The Mennonite Quarterly Review* 46, no. 1 (January 2022): 39-40에 수록된 엘크하트강 유역에 대한 광범위한 조사의 일부다.

있는 강, 이집트 제국에 내린 10가지 생태적 재앙 중 첫 번째 재앙인 피 묻은 나일강을 비롯해 요단강을 건너 하나님의 약속을 이루고, 요단강에서 세례를 받고, 빌립보 강가에서 예배를 드리고, 마침내 성경 마지막에는 새 예루살렘 생명수 강가에서 예배를 드린다. 이렇듯 구속 지리(*Heilsgeographie*, salvation geography)는 구속 역사(*Heilsgeschichte*, salvation history)와 함께 세상에 대한 하나님의 비전에 필수적인 위치에 있다.

우리는 15년 동안 1년에 세 차례씩 수질 검사를 했지만, 코로나19 팬데믹 기간 동안 중단해야 했다. 만약 우리가 우리의 데이터가 중요했던 그 강을 깨끗하게 만들기 위해 더 많은 지역 사회 동역자와 함께 일할 수 있는 방법을 찾았거나 강에 대한 대중의 옹호를 이끌어 내어 더 많은 사람이 그 프로그램에 참여하게 했다면 수질 검사를 더 오래 지속할 수 있었을 것이다. 그럼에도 불구하고 필자가 우리 교회의 이야기를 하는 이유는 우리가 환경 지향적인 녹색 교회가 되기 위한 이상에 도달했기 때문이 아니라, 단지 우리가 다른 많은 사람과 함께 이 여정을 걷고 있기 때문이다. 아직 함께 걷고 있지 않은 다른 이들에게도 이 여정, 즉 모든 창조 세계와 함께 좋은 소식을 나누는 여정에 참여하도록 격려하고 싶다.

15년간의 실험을 돌아보니, 이제는 그래프로 보여 줄 수 있는 데이터에는 관심이 줄어들었다. 즉 그만큼 의미 있는 추세를 발견하지는 못했지만, 우리가 발견한 사실 하나는 비가 올 때는 강에 들어가지 말고, 비가 오지 않을 때는 강을 즐기라는 것이다. 땅을 잘 관리하라. 왜냐하면 땅과 강은 서로 연결되어 있기 때문이다. 당신의 이웃을 잘 돌보라. 왜냐하면 땅과 물은 유역에 있는 모든 피조물과 연결되어 있기 때문이다. 그 피조물에는 우리 인간도 포함된다.

필자는 캐나다 토론토의 온타리오 호수에서 이 주제에 대해 설교를 한 적이 있다. 온타리오 호수는 우리가 세례를 주는 강의 하구에 위치해 있는데, 몇 달 전에 우리가 세례를 주는 모습을 목격한 신성한 피조물들이 오대호에서 우리 곁을 지나가는 광경을 상상했다. 이런 의미에서 어쩌면 세례의 성수 근처에 있는 피조물들은 스스로 세례를 받는 것일지도 모르겠다.

필자는 우리가 행했던 강 수질 조사가 필자와 회중, 지구 및 그 피조물들과의 관계에 어떤 영향을 미쳤는지가 너무나 흥미로웠다. 우리는 그 조사를 위해서 그물을 담그고 강 생물을 실험할 때마다 강에 서식하는 우리의 이웃이 누구인지를 확인하는 작업인 듯 느껴졌다. 그 이웃에게 우리는 이러한 질문도 했다. "어떻게 지내세요? 여기 사람들이 당신들을 제대로 대해 주고 있나요?" 사실 그들은 강에 흙이 많이 떠다닐 때 가장 힘든 시기를 보낸다. 이를 '탁도'라고 하는데, 보통 우리 강의 탁도는 낮았다. 특히 봄에 눈이 녹고 비가 내리면 강의 색은 진한 갈색이 되어 강 밑에 아무것도 보이지 않았다. 그때마다 생물들은 어려움을 겪는 반면, 도리어 우리는 강이 맑고 깨끗하게 흐를 때 다양하고 방대한 생명체를 찾는 일에 난항을 겪었다.

필자는 솔직히 존재조차 깨닫지 못했던 생물들, 즉 강바닥에 자리를 잡고 살아가는 이 작은 피조물들과 15년 동안 관계를 맺으면서 변화되었다. 날도래 유충처럼, 이들 중 다수는 성장기에는 물속에 살다가 성체가 되어서는 공중에 나는 피조물이 되는 특권을 가진 경우도 있다. 물속에 살다가 어느 날 하늘을 날아다니는 광경을 상상해 보라! 하나님은 이 피조물들에게 특별히 참으로 놀라운 변화의 삶을 허락하셨다!

한스 헛과 "모든 피조물의 복음"(Gospel of All Creatures)

앞에서의 모든 경험은 초기 아나뱁티스트(Anabaptist, 재세례파)인 한스 헛(Hans Hut)이 1526년에 쓴 "모든 피조물의 복음" 관련 책을 처음 읽었을 때 특별히 유사점을 찾을 수 있었다. 아나뱁티스트는 아미쉬(Amish)와 후터라이트뿐만 아니라 필자가 속한 메노파 전통에 직접적으로 영향을 준 교파다.

헛은 한동안 루터를 따랐지만, 그의 비전은 더욱 사회적이고 생태학적으로 변했다.[3] 독일 남부에서 서점을 운영하며 살던 그는 1525년 스위스 취리히에서 시작된 아나뱁티스트 운동이 퍼지고 있을 때 한스 덴크(Hans Denck)에게 세례를 받았다. "모든 피조물의 복음"이라는 문구는 그의 소책자《세례의 신비에 관하여》[4]에 처음 등장하지만, 그 이후 한 세대가 지나는 동안 다른 아나뱁티스트 저작물에도 계속해서 등장한다.

"모든 피조물의 복음"이라는 문구는 마가복음 16장 15절의 독일어 번역에서 따온 것이다. 독일어와 헬라어에는 모두 격어미가 있다. 헬라어 원문에서는 이 단어가 "모든 피조물에게 전하는 복음"인 반면, 독일어에서는 최종적으로 해석되는 뜻이 더 모호하다. 즉 그것은 헬라어처럼 여격일 수도 있고, "모든 피조물의 복음"인 속격일 수도 있다. 그렇다면 우리가 본문을 오해한 것일까? 그렇다기보다는 필자의 생각에는, 모든 피조물의 복음은 모든 피조물에게 전하는 복음이기도 하다는 뜻으로 해석될 수 있다고 본다.

이러한 관점에서 필자는 캐나다 메노나이트 신학자 막스 케넬(Max

---

3 헛(Hut)의 전기 작가인 고트프리드 제바스(Gottfried Seebaß)의 사회 질서에 대한 논평에서 필자는 그의 "Hans Hut: The Suffering Avenger", in *Profiles of Radical Reformers*, ed. Hans-Jürgen Goertz and Walter Klaassen (Scottdale, PA: Herald Press, 1982), 54에서 인용한 생태학적 측면을 덧붙였다.

4 Hans Hut, "On the Mystery of Baptism: Baptism as Symbol and as Essence, the Beginning of a True Christian Life. John 5," in *Early Anabaptist Spirituality: Selected Writings*, ed. and trans. Daniel Liechty (New York: Paulist Press, 1994), 67.

Kennel)의 말에 동의한다. 그는 "모든 피조물의 복음"을 많은 메노나이트 신학의 강력한 교회-세계 이원론에서 기원이 되는 특정한 형이상학적, 정치적 문제에 대한 해결적으로 본다.[5] 케널은 처음에 필자를 헷갈리게 했던 모호함을 처음부터 받아들인다. 그리고 그는 영어에서 "'of'라는 단어는 모든 피조물 안에 있는 복음의 존재이며, 또는 모든 피조물이 선포하는 복음의 역량을 나타낼 수 있다"는 점에 주목한다.[6] 앞에서 언급한 독일어 버전은 이러한 모호성을 더욱 광범위하게 만들기도 한다. 케널은 다음과 같이 썼다. "복음이 모든 피조물을 위한 방식(창조하기 위한)과 복음이 모든 피조물 안에 있는 방식(피조물 자체에서 나오는) 사이를 구분하는 것은 현대적인 범주에서 받아들이기 힘든 모호성을 보여 준다."[7]

그렇다면 "모든 피조물의 복음"이란 정확히 무엇인가? 헛의 말을 인용하면, "모든 피조물의 복음은 십자가에 못 박히신 그리스도 외에는 다른 것이 없다. 그러나 머리 되신 그리스도만이 십자가에 못 박히신 것이 아니라 모든 지체의 그리스도가 못 박히신 것이다. 이 그리스도가 모든 피조물에 의해 전파되고 가르쳐지는 것이다. 즉 한 지체가 고통을 당하면 모든 지체가 함께 고통을 당한다는 것이다(고린도전서 12장 26절을 참조하라-옮긴이 주)."[8]

여기서 좋은 소식은 우리가 혼자 고통받는 것이 아니라는 것이다.

---

5 Maxwell Kennel, "The Gospel of All Creatures: An Anabaptist Natural Theology for Mennonite Political Theology," *Journal of Mennonite Studies* 37 (2019): 354. 이 책은 모든 피조물을 포함한 복음의 현대적 의미에 대한 가장 포괄적인 설명이며, 생태학적 측면을 포함하는 필자의 에세이와 거의 같은 시기에 출판되었다. Douglas Kaufman, "Caring about Climate Change: An Anabaptist Cruciform Response," *Mennonite Quarterly Review* 94, no. 1 (January 2020): 89-95 참조.

6 Kennel, "The Gospel of All Creatures," 355.

7 Kennel, 356.

8 Hut, "On the Mystery of Baptism," 67.

예수님의 고난은 단지 일회적 십자가 사건이 아니라, 우리 인간을 포함한 모든 피조물의 고난에 지속적으로 참여하신다는 의미다. 침례교 신학자 제임스 윌리엄 맥클렌던(James William McClendon)이 중요하게 생각했던 것은 헛이 주장했듯 고통을 단순히 죄책감과 연결시키지 않는다는 것이다. 맥클렌던은 "한스 헛은 고통을 지속적인 창조와 연관시킨다. 존재한다는 것은 고통을 의미한다"라고 말한다.[9] 그러나 메노나이트 목사인 이삭 빌레가스(Isaac Villegas)는 이 고통을 더욱 구체적으로 설명하면서 "생명이 있는 것들이 상처받을 때 십자가에 못 박히심으로 보여 주신 하나님의 사랑을 기억해야 한다"라고 썼다.[10]

헛은 이러한 고통의 한 측면으로 포식의 구조를 구체적으로 언급한다. 그는 채식주의자가 아니었고, 또한 채식주의에 반대했던 것도 아니다. 그는 아마도 채식과 포식을 연결 지어 상상하지 못했을 것이다. 인간이 동물을 도살하고 먹는 것은 창조 질서의 일부에 속하며, 이렇게 자신을 포식자들에게 바치는 동물들도 그러한 방식으로 그리스도의 고난에 동참하는 것이다.

또한 그는 인간의 고난과 그리스도의 고난에 관해서는 그리스도인들이 고난 속에서도 그리스도를 따라야 한다고 보았다. 이러한 그의 견해는 그리스도가 모든 것을 성취하셨다고 본 마르틴 루터의 것과 대조된다. 그는 창조 과정에서 계속되는 고통을 주시한다. 그러나 그가 생각하는 그리스도인의 고난은 칭의와 정화의 과정, 즉 하나님이 우리

---

9 James Wm. McClendon Jr., *Systematic Theology*, vol. 2: *Doctrine* (Nashville: Abingdon Press, 1994), 163. *In defining his own Anabaptist vision, McClendon preferred small "b" baptist.*

10 Isaac Villegas, "Wounded Life," *The Conrad Grebel Review* 39, no. 1 (Winter 2021), 45. 모든 피조물의 복음에 대한 이러한 성찰은 세례, 교회론, 생태학과 십자가를 본받는 삶 (cruciformity)을 아름답게 연결시킨다.

에게 원하시는 모습으로 되어 가는 과정이다. 이것이 바로 전도의 일부이기도 하다.

그는 이렇게 썼다. "만일 하나님이 우리를 사용하시게 하거나 그분의 유익에 참여하려면 우리는 먼저 내외적으로 그분에 의해 의롭다 하심을 받고 정결하게 되어야 한다. 이러한 정화 과정은 내적으로는 탐욕과 정욕에서, 외적으로는 우리의 모든 생활 방식에 녹아 있는 불의와 피조물 오용에서부터 시작될 수 있다."[11] 이는 단지 성찰의 과정일 뿐 아니라, 다른 피조물을 포함한 다른 사람들과의 관계에서 우리 자신을 하나님의 공의를 향해 나아가게 하는 과정이다. 우리는 이러한 방식으로 복음이 되어 가고 그에 따라 생활해 간다.

빌레가스는 헛의 논문이 침례에 관한 것임을 다시 한 번 상기시킨다. "'모든 피조물의 복음'에 따르면, 침례에서 침수는 죄에서 자유케 되어 그리스도와 연합하는 우리의 반응임을 강조한다. 즉 침례는 생명에서 나오는 능력이 죽음의 위협으로부터 파생된 억압적인 지배 권력에 맞서는 투쟁이라고 할 수 있다."[12]

이러하듯 우리는 피조물에게서 복음을 찾을 수 있기에 헛은 "성경에 나타날 수 있는 모든 것은 이미 피조물에 나타나 있다"라고 썼다.[13] 그는 또한 학문적으로 주류를 이루는 그 당시의 개혁파들을 비판하기도 했다. 당시 유럽의 대부분이 문맹자였는데 이런 사람들이라도 모든 피조물의 고통 속에서 발견되는 이러한 기쁜 소식을 통해서 복음을 이해할 수 있다고 생각했다.

그 시대 다른 많은 개혁가와 중세의 조상들도 인간과 모든 피조물의

---

11 Hut, "On the Mystery of Baptism," 70.

12 Villegas, "Wounded Life," 43.

13 Hut, "On the Mystery of Baptism," 72.

관계에 대해 헛에게 비슷한 말을 했다. 그의 전기 작가들은 당시 독일과 스페인의 신비주의를 다양한 선례로 제시한다. 필자는 이것이 프란체스코 영성과 유사하다고 본다. 루터 역시 비슷한 맥락으로 이렇게 기록했다. "하나님은 모든 피조물 안에, 모든 피조물을 통해, 그들의 모든 각 부분과 존재하는 장소에 실질적으로 현존하신다. 그분은 모든 피조물 밖에 계시며 동시에 모든 피조물 위에 계신다."[14]

그러나 피조물 안에 있는 하나님의 임재에 대한 헛의 접근 방식은 고통을 강조한다고 할 수 있다. 이는 현대의 창조 세계의 재난을 생각해 보면 적절한 관점이라 할 수 있다. 하지만 우리는 그리스도의 부활에서도 그리스도와 연결된 창조 세계를 알 수 있다. 즉 우리는 우리 자신과 피조물 안에서 고통과 부활, 우울함과 기쁨, 슬픔과 희망을 모두 볼 수 있다. 죽음과 고통으로부터 새 생명과 새 창조가 나오기 때문이다.[15]

사실 이것은 토양 생태학에서 논의되는 일반적인 논리 전개다. 힌두교 출신의 토양학자인 라탄 랄(Rattan Lal)은 토양에서 뿌리와 이와 관련된 미생물의 네트워크인 '근권'(rhizosphere)에 대해 언급한 적이 있다. 그는 근권을 죽음이 주기적으로 생명으로 부활하는 우주적인 장소라고 불렀다.[16] 창조 자체가 구원과 새로운 창조를 공표한다. 이런 맥락에서 예수 그리스도의 희생은 큰 의미가 있으며, 이는 창조 세계 전반에 걸쳐, 특별히 인간들 사이에서뿐만 아니라 모든 피조물 가운데서도 발견된다.

---

14 Heinrich Bornkamm, *Luther's World of Thought* (Saint Louis, MO: Concordia, 1958), 189.

15 *Villegas connects grief and hope with baptism* ("Wounded Life," 42).

16 Rattan Lal, "The Soil Will Save Our Soul" (paper presented at the conference On Food and Faith: Ministry in a Time of Climate Change, Methodist Theological School of Ohio, Delaware, OH, May 31, 2019).

오늘날의 모든 피조물의 복음화

예수 그리스도의 생태적 연합에 대해 헛이 제시한 비전은 우리 시대 생태적 위기 속에서의 고통 중에 특별히 중요하다. 만약 우리의 복음이 모든 피조물을 위한 좋은 소식이 아니라면 복음은 더 이상 창조 질서에 대한 하나님의 비전에 미치지 못하는 것이 되기 때문이다. 이것은 분명히 해야 할 필요가 있는데, 이는 하나님의 피조물을 파괴하는 우리 인간의 행위가 피조물이 인간을 길들인 것처럼 피조물을 길들이려는 인간의 욕구를 능가했기 때문이며, 결국 우리는 고난에 직면하게 된다. 이러한 상황에서 그리스도의 교회는 모두를 위해 생태계를 복원하고 회복하고 부활시키는 노력을 해야 하며 인간 및 인간 이외의 모든 창조 세계와 협력해야 한다.

현대 사회에서는 전례 없는 속도로 피조물들이 죽어 가고 있다. 우리는 개별 생물의 죽음은 피할 수 없지만, 전체 종의 무수한 죽음은 피할 수 있다. 이런 멸종 위기는 소행성으로 인해 공룡이 멸종한 이래 최대 규모다. 이것은 정말 모든 피조물에게 좋은 소식이 아닐 것이다.

어쩌면 복음, 즉 좋은 소식은 제파라 자바니스 메노나이트 교회 앞에서 필자가 본 상징 벽화와 비슷하다고 할 수 있을 것이다. 거기에는 자바인의 우주의 상징인 와얀(Wayan) 중앙에 여러 야생 동물과 가축이 있고 그들과 함께 십자가가 서 있다. 이 십자가는 모든 피조물을 화해시킨다(골 1장). 한 친구는 이 상징이 혼합주의적인 것이 아닌가 의구심을 가졌지만, 우리는 그 단어를 선택적으로 사용해야 한다. 오늘날 더 위험한 혼합주의는 지구를 파괴하는 국제 정치 경제와 타협한 세계적인 기독교 안에서의 혼합주다.

목회적 생태학은 단순히 공동체 안에서의 인간뿐만 아니라 전체 생태계를 포함하는 선교적 사역의 한 방법이다. 이러한 목회적 생태학은 우리의 예배에 영향을 미친다. 설교, 기도, 찬송 등 우리가 해 오던 모든 신앙생활에 모든 창조 세계가 포함된다는 점에서 그러하다. 이는 우리의 사명과 통합되어 있다고 할 수 있다. 우리 지역의 사회 선교 프로젝트에는 강 청소, 나무 심기, 침입종 제거하기, 태양 전지판 설치하기, 홍수 복원력 및 기타 여러 프로젝트가 포함된다. 여기에는 홍수 범람과 생태적 재난에 가장 큰 영향을 받는 기타 지역에 거주하는 가장 취약한 사람들을 위한 사역도 포함된다. 목회적 생태학에는 태양열 설치, 댐 제거, 이러한 상태적 위기에 가장 취약한 사람들이 기후 재난에 탄력적으로 대처할 수 있도록 돕는 정책을 지지하는 정치적인 지지도 포함된다. 그리고 여기에는 심리학적으로 적극적인 의식 제고과 토론을 통해서 사람들이 무기력하게 아무것도 활동하지 않는 상태에서 희망을 가지고 행동하도록 돕는 것도 포함된다.

이 모든 것이 복음이다. 비록 강 사역은 처음부터 필자가 생각했던 방식은 아니었지만, 이것이 복음적인 일이라는 점은 분명하다. 이 사역으로 인해 필자는 세례를 줄 수 있는 강의 수질에 관심이 많은 몇 안 되는 사람 중 한 명이 되었다. 한번은 어떤 강 유역에서 하는 행사에 참석한 적이 있다. 그중 한 사람은 우리가 행사가 끝난 후에 그 강에서 침례를 받을 수 있다고 농담을 하기도 했다. 우리 지역 강 유역에 대한 필자의 관심과 돌봄은 강과 하나님의 피조물에 대한 그분의 관심과 돌봄을 표현한 것이다. 어떤 사람들은 필자가 말하는 것이 교회가 뭔가 더 많은 일을 해야 한다고 주장하는 것이냐고 묻기도 한다. 목회라는 것은 참으로 너무 어렵다. 우리는 이미 심리학과 커뮤니케이션을 연구했는데, 이제는 생태학과 정치학도 추가적으로 해야 할까? 그렇다. 그렇게 해야 한다.

이러한 총체적인 목회 사역을 하는 사람은 이미 알고 있듯, 이러한 하나님의 부르심을 따르는 것은 자신뿐 아니라 다른 사람들에게 참으로 좋은 소식을 의미한다. 여기서 우리가 명심해야 할 것은 우리가 지구를 구하는 것이 아니고 하나님이 하신다는 것이다. 그러나 우리는 세상을 사랑한다(요한복음 3장 16절에서 "세상"은 헬라어로 "코스모스"[kosmos, 우주]다). 하나님은 우리가 지역 사회의 다른 구성원들과 함께 우리 지역에 나무를 심는 것을 사랑하신다. 우리는 강 청소를 통해 카약을 즐기는 사람들이나 어부들과 하나가 될 수 있다. 우리가 목회적 생태학에 참여하고 피조물이 우리를 보살피듯 우리 또한 창조 세계를 돌볼 때 우리는 하나님이 지으신 전 우주를 사랑하게 된다.

토론 질문

1. "모든 피조물의 복음"은 생태학적 위기를 해결하는 데 어떻게 도움이 되는가? 또는 어떻게 잘못 해석될 수 있는가?

2. 당신이 속한 지역이나 국가의 모든 피조물에게 복음이 될 수 있는 어떤 대안적 행동을 개인적으로나 공동체적으로 취해 본 적이 있는가? 또는 취할 수 있는가?

3. "모든 피조물의 복음"과 연결되는 다른 성경 구절과 신학적 주제를 생각해 볼 수 있는가?

논찬

———

김한성

메노나이트 전통에 대해 많이 알고 있지 못한 상태에서 더글라스 데이 카우프만의 연구를 읽는 과정은 논찬자에게 좋은 학습의 경험이었다. 널리 알려져 있듯이, 한국에는 장로교와 감리교가 다수를 이루고 있으며 메노나이트 교회는 매우 작은 교단이다. 상황이 이렇다 보니, 한국 그리스도인들 대다수는 재세례파 전통과 메노나이트 교회와 아미쉬와 후터라이트 등에 대해서는 교회사 도서들의 몇 페이지와 "위트니스"(Witness)와 같은 할리우드 영화를 통해 접했을 뿐이다. 한편, "모든 피조물의 복음"을 한스 헛이 어떻게 이해했으며, 카우프만이 이것을 새롭게 해석하는 것을 배우는 것은 참으로 흥미로웠다. 스승을 공경한다는 것은 스승이 말한 것을 배우고 스승의 그늘 안에 머무는 것이라고 생각하는 문화적 배경을 가진 논찬자가 카우프만이 헛의 "모든 피조물의 복음" 개념을 다루는 것을 보는 것은 다른 문화에 대한 경험이기도 했다.

논찬자는 먼저 카우프만의 연구를 요약한 뒤에 헛의 "모든 피조물의 복음"을 카우프만은 어떻게 발전시켰는지를 논하려고 한다. 그리고 동양적 사고방식이 반영된 논찬자의 견해를 밝히고자 한다.

카우프만은 우리가 전도의 범위를 인류를 넘어서서 모든 피조물로 확대해야 한다고 제안했다. 이것을 논의할 때 그는 인근 하천의 환경 상태를 모니터링한 자신의 경험과 헛의 소책자인 《세례의 신비에 관하여》를 창조적으로 연결지었다. 그는 세례와 "모든 피조물의 복음"이라는 두 요소 위에 자신의 주장을 펼쳤다. 그는 세례에 대한 자신의 경험을 헛의 세례에 대한 가르침과 연결하여 "모든 피조물의 복음"의 의미를 탐구했다. 결론적으로, 그는 모든 피조물을 위한 복음의 새로운 의미, 즉 피조물을 돌볼 것을 제안했다.

지역 교회의 목회자인 카우프만이 어떻게 목회적 생태학에 참여하게 되었는지에 대한 이야기를 읽으며 큰 영감을 받았다. 그는 성도들에게 더 상징적인 의미를 가질 수 있는 방식으로 신앙 예식을 준비하면서 환경 문제를 깨닫게 되었다. 그는 자신이 섬기는 교회의 일부 성도들과 함께 성도들의 안전을 위해 하천 상태를 정기적으로 모니터링하기 시작했다. 그는 단순히 세례 준비를 위한 실무적 준비를 하는 차원을 넘어 하천의 생태에 대해 신학적 이해를 추구했다. 이것은 실천과 이론의 조화를 보여 주는 좋은 예라고 생각한다. 신학교의 연구자나 목회 현장의 실천가나 할 것 없이 우리는 모두 현상 너머의 의미를 추구할 필요가 있다.

헛의 소책자 《세례의 신비에 관하여》에 대한 논찬자의 이해는 다음과 같다. 헛은 세례에 대해 논할 때 "모든 피조물의 복음"이라는 표현을 사용했다. 다음 몇 가지의 역사적 배경에 대한 지식은 그의 의도를 이해하는 데 도움이 될 것이다. 그 당시 일반 그리스도인들은 모국어로 번역된 성경을 쉽게 접할 수 없었다.[1] 사실 그들 대부분은 문맹이었다.[2] 재세례파를 핍박하는 주류 교회들도 성경의 권위를 주장했다.[3] 이러한 맥락에서 헛은 당시 성도들이 늘 접해서 쉽게 이해할 수 있는 동식물을 세례를 설명하는 수단으로 사용했다. 매우 훌륭한, 대안적이고 효과적인 의사소통이라고 할 수 있다.

헛은 모든 피조물이 사람들을 예수님께로 가리킨다고 주장했다. "모든 피조물의 복음은 믿는 모든 사람을 축복하시는 하나님의 능력 외에 다른 어떤 것도 아니다."[4] 그는 그리스도의 고난이 복음 메시지의 핵심이며, 모든 피조물은 십자가에 매달리신 그리스도를 보여 준다고 믿었다. "모든 피조물의 복음은 다름 아닌 십자가에 못 박히신 그리스도에 관한 것이다." 사람들이 고통받는 피조물을 볼 때 십자가에 못 박히신 그리스도를 볼 수 있다는 뜻이다. "이 예수님의 비유는 피조물이 인간 때문에 고통당한다는 점을 잘 지적한다. … 그러므로 성경 전체와 모든 피조물은 그리스도가 그분의 모든 지체 안에서 겪으신 고난을 예시한다."[5] 인간이 자신의 유익을 위해 모든 피조물을 깨끗이 씻고 변화시키고 죽이고 사용할 때 그들은 고통받는다. 헛은 그리스도인들에게 복음을 상기시키기 위해 그리스도의 고난과 모든 피조물의 고난을 연

---

1 마르틴 루터가 신약 성경을 번역하고 출간한 때가 1522년이었다. 신구약 성경과 외경이 포함된 성경 인쇄는 1534년에 이루어졌다.

2 1450년에 영국과 독일에서 글을 읽을 수 있는 사람은 전체 인구의 고작 7%에 불과했고 1550년이 되어서야 16%로 증가했다 (Natelie Calder, "Literacy and Print in Early Modern Germany and England," *Medieval Forum*, Queen's University, Belfast, uploaded Aug. 19, 2015, assessed May 27, 2023). 즉 1526년에 한스 헛의 《세례의 신비에 관하여》가 출판되었을 때 문해율은 16%보다 적었을 것이다.

3 한스 헛은 자신의 소책자에서 국가와 국가 교회에 대해 비판적이었고 이들의 성경 이해에 대해서도 비판적이었다.

4 Hut, "One the Mystery of Baptism," 69.

5 Hut, 69.

결시켰다. 그는 모든 피조물이 사람들에게 복음을 전한다고 생각했다.

헛은 교회가 모든 피조물의 행복을 추구해야 한다고 제안하지는 않았다. 그는 고난을 부득불 있을 수밖에 없고, 피할 수 없는 것으로 보았다. 그는 모든 피조물이 겪는 고통의 원인이 인간이라는 것을 알았다. 헛이 살던 시대에 모든 생물이 겪는 고통은 대부분 필연적인 것이었다. 당시의 세계 인구는 오늘날보다 훨씬 적었고, 따라서 소비도 상대적으로 훨씬 적었다. 많은 생물에게 해악을 끼치는 현금 작물, 제한된 동물 사육 작업(COFOS) 또는 대량 생산도 없었다. 공기와 물을 오염시키는 자동차, 비행기, 선박은 없었다. 모든 생물의 생명과 안녕을 위협하는 화학 물질, 석유, 플라스틱, 핵폐기물은 전혀 없었다.

오늘날의 상황은 다르다. 모든 생명체는 폭발적으로 증가하는 인구의 안락함과 즐거움을 위해 고통받고 있다. 사람들은 더 편리한 삶을 누리고, 더 먼 곳으로 더 자주 여행하며, 더 많은 상품과 서비스를 소유하고 소비한다. 오늘날 많은 사람은 헛이 살았던 시대의 왕과 왕비보다 더 많은 상품과 서비스와 기회를 누리고 있다. 예를 들어, 논찬자의 작은 차는 16세기의 어느 위대한 왕이나 여왕의 마차보다 더 많은 마력을 가지고 있다. 한편, 이것은 모든 생물에게 나쁜 소식이다. 오늘날 인간에게 좋은 것이 다른 생명체에게는 나쁜 것이 되었다.

카우프만의 주장에 현대 교회는 관심을 가져야 한다. 하나님의 창조 세계는 아담과 하와의 죄 이후로 고통을 겪었다. 뱀은 모든 가축과 들의 모든 짐승보다 더욱 저주를 받았다(창 3:14). 그리고 땅은 아담으로 말미암아 저주를 받았다(창 3:17). 인간의 이기심에서 비롯된 현대인들의 더 나은 삶의 추구는 모든 피조물의 고통을 더욱 악화시키고 있다.

한편, 사물을 총체적으로 보고 경건주의적이고 신앙 부흥을 경험한 한국인인 논찬자는 "모든 피조물의 복음"을 카우프만과 조금 다르게 이해한다. 논찬자는 교회의 지속 가능성과 모든 피조물의 지속 가능성이 똑같이 중요하다고 생각한다. 자연의 안녕을 위해 그리스도인의 존재는 필수 요소이며, 교회는 하나님의 선교를 수행하는 데 필수적인 도구다. 현대 교회는 하나님의 백성을 재생산하기 위해 가까운 곳과 먼 곳에서 영혼 구원을 위해 구체적인 노력을 기울여야 한다. 예수 그리스도의 복음이 그리스도인과 비그리스도인 모두에게 전파되는 지역에서 교회는 성장하고 있다. 복음이 당연하게 여겨지는 지역에서는 교회가 성장하지 않고 있다. 모든 피조물을 돌보는 사역은 교회의 지속 가능성에 달려 있다. 그리스도인이 많을수록 지구상의 더 많은 곳에서 모든 피조물을 위한 목소리가 더 커진다.

현대 교회는 창조 세계 돌봄에 대해 의도성을 가진 태도를 취해야 하는데, 그 이유는 이것이 옳은 일이기 때문이다. 인류는 생태계의 일부이며 우리 모든 생명체는 생존을 위해 서로가 필요하다. 또한 창조 세계를 돌보는 것은 젊은 세대와 신뢰를 쌓는 방법이다. 창조 세계의 지속 가능성에 관심을 가지는 것은 젊은이 전도를 위한 좋은 접촉점이 될 수 있다.

우리는 초대 교회로부터 배울 것이 있다. 그들은 예수님의 재림을 기다렸고, 십자가가 부끄러움이 아니라 영광이기 때문에 십자가에 못 박히신 그리스도를 전했고, 자신을 위해 십자가에 달리신 예수님을 더 많은 사람이 알게 하려고 기꺼이 고난에 동참했다. 재난이 닥쳤을 때 다른 사람들은 목숨을 위해 도망갈 때에도 이들은 그리스도의 사랑을 실천했다. 이들은 다른 사람들에게 예수님을 전하고 이웃에게 희망을 전하는 데 헌신했다. 예수님을 알리려는 우리의 헌신은 언제나 동일해야 하지만, 우리 이웃의 범위를 모든 피조물에게까지 확장하는 것을 고려할 필요가 있다.

19
사막이 초원으로 될 수 있는가?:
광야에 희망을 심는 환경 선교

로렌스 고(Lawrence Ko)

서론: 아시아에서 한 수천 마일의 여행

21세기에 접어들면서 중국과 인도의 경제 성장과 발전은 아시아 대류 전체에 큰 혜택을 안겨 주었으며, 21세기는 '아시아의 세기'라고 불릴 만큼 큰 성과를 거두었다고 할 수 있다. 이러한 강력한 재정력은 결국 정치적인 자결권 강화로 이어질 것이다. 그 결과 민족적 국민주의와 정체성 정치가 확대됨으로 일부 국가에서는 더 깊은 토착화가 강력하게 요구되고 있다. 이러한 상황에서 기독교는 여전히 외국의 종교이며, 실제로는 서구적인 종교로 간주되기 때문에 만약 기독교가 국내 정치에 간섭하려는 가능성이 보이거나 지역 문화 발전에 위협이 된다고 간주된다면 이들 국가에서의 기독교 선교와 활동은 더욱 제한될 것이다.

지난 20년 동안 아시아에서는 그리스도의 복음과 이와 함께하는 선교가 총체적인 것을 아울러야 한다는 인식이 커졌다. 하나님의 창조 세계와 모든 문화권의 사람들을 향한 하나님의 사랑은 구체적인 사랑과 자비가 표현되는 방식으로, 평범하지만 절박한 삶을 살아가는 사람들의 필요를 충족시킬 수 있어야 한다. 이제는 아시아의 사회적, 문화적 배경 속에서 발전하고 있는 그리스도의 복음에 대한 아시아적 관점의 서술이 필요할 때다. 여러 가지 환경 프로젝트를 통해 지역 사회에 참여하는 것은 그리스도의 복음을 증거하는 데 효과적으로 작용할 수 있는데, 그리스도의 복음은 우리의 창조주이자 구속주이신 하나님의 총체적이고 메시아적인 선교이며, 하나님 나라의 비전과 가치를 실현하는 것이기 때문이다.

환경 선교의 첫걸음

2002년 주식회사 아시안 저니즈(Asian Journeys Ltd.)는 33명의 청소년이 소주강(Suzhou River) 오염 문제를 연구한 "상하이 양쯔강 보존 프로젝트"(the Yangtze River Conservation Project)를 시작으로 아시아 도시에서 환경 프로젝트에 착수했다. 이 프로젝트의 성공적인 마무리는 내몽골 재조림화 프로젝트로 연결되었고, 3개월 후 "녹색 사막 프로젝트"(the Green Desert Project)를 시작하게 되었다.

싱가포르의 사회적 기업인 아시안 저니즈는 그리스도에 대한 믿음과 평화를 전하기 위해 싱가포르의 젊은이들이 아시아의 자원들을 발견하고 회복할 수 있도록 돕기 위해 설립되었다. 이 프로그램의 목적은 빠르게 현대화되는 아시아 환경 속에서 개인적이거나 집단적인 발전을 이루는 풍부한 아시아 문명 자원을 이해하고 올바르게 인식하는 것이며, 싱가포르의 젊은이들이 각 지역으로 나가 봉사하고 배우도록 장려한다.

아시안 저니즈는 도시의 지역 사회 프로젝트와 환경 프로젝트를 조직하는 등 정부 자금을 활용하기 시작했다. 청소년 자원 봉사자들이 현지의 호스트 커뮤니티를 위해 3주간의 봉사 프로젝트에 집중한 결과, 그들은 주민들과 자유롭게 교류하고 문화는 물론이고 복잡한 사회 문제를 맥락에 맞게 경험할 수 있었다.

1에이커의 사막 땅에 나무 심기와 도시의 푸른 하늘 복원

2002년부터 1천 명이 넘는 청소년 자원 봉사자들이 이러한 체험 학습 여행을 우리와 함께했으며, 그중 대부분은 우리의 대표적인 프로젝트인 "녹색 사막 프로젝트"에 참여했다. "녹색 사막 프로젝트"는 13세부터 30세까지의 청년 참가자 700여 명을 동원하여 이 프로젝트가 시작된 이후부터 내몽골의 사막화된 초원에 약 3만 그루의 나무를 심었다. 참가자들은 대학과 고등 교육 기관뿐만 아니라 교회와 기관을 통해서도 참여해 왔다.

2002년에는 둬룬현(Duolun County)의 시장이 초청해 몽골 초원을 방문하여 예전의 푸른 초원이 사막화되어 감으로써 어떤 영향이 있는지를 살펴보았다. 매년 봄마다 40개가 넘는 모래폭풍이 그 지역을 휩쓸어 농장에서는 농업을 할 수 없게 되었고, 목초지가 급격하게 손실되면서 유목민인 몽골 목동들에게는 양 떼를 치는 것이 많이 힘들어졌다.

2001년의 1년 전인 2000년 봄부터는 둬룬현을 방문한 당시의 중국 총리 주룽지(朱龍基)를 통해 산림 녹화 사업이 시작되었다. 황폐화된 초원을 보며, 그는 즉시 사막화 방지를 시작해야 한다고 지시했다. 이에 국영 CCTV가 이 프로젝트에 대한 국민적 인식과 자금 조달을 위해 "둬룬 1에이커의 사막 땅에 나무를 심고 베이징의 푸른 하늘을 복원하자"라는 슬로건을 사용하며 진행되기 시작했다.

그해 초 마침 2008년 올림픽 게임의 개최지가 베이징으로 결정되었다는 발표가 나서 이는 시의적절한 프로젝트가 되었다. 이에 따라 베이징을 깨끗하고 친환경적으로 유지하는 것이 국가의 최우선 과제가 되었다. 이후 필자는 내몽골 지역 주민들을 동원해 사막에 나무를 심는 일에 앞장섰던 중국 녹색 재단 이사장과 식사하는 영광을 누렸다. 매년 모래폭풍의 직격탄을 맞는 두 도시인 베이징과 천진에서도 자원봉사자들이 나와 이러한 노력에 동참했다.

"녹색 사막 프로젝트"

이것이 바로 아시안 저니즈가 지역 정부 및 NGO와 긴밀히 협력하여 재조림화 프로젝트에 참여하게 된 과정이다. 우리는 이 프로젝트를 "녹색 사막 프로젝트"라고 명명하여 상하이, 난징, 우한, 베이징 등 중국 도시에서도 확장할 수 있는 문을 열었다. 그러나 이 프로젝트의 기부자와 보조금 제공자들의 눈에는 큰 기대를 걸 만한 분명한 사안이 되지는 못했다. "사막에서 뭐가 자랄 수 있을까?"라는 가시 돋친 질문은 프로젝트 자금을 지원받기 위해 재단을 찾았을 때부터 받아 왔다. 그래서 이 환경 프로젝트에 관한 필자의 책의 제목을 《사막이 초원으로 될 수 있는가?》(Can the Desert Be Green?)로 정해야 했다.[1]

'녹색 사막'이라는 용어는 사실 모순적이기도 하고 주목받을 만하게 역설적이다. 사막이 녹색일 필요는 없지만, 녹색 사막이란 건조한 사막 지대를 녹색 오아시스와 푸른 목초지로 변화시킬 수 있는 희망과 가능성에 대한 비전을 의미한다. 이는 사막을 다시 초원으로 만드는 시도를 통해 젊은이들이 감히 꿈을 꾸고, 이를 행동에 옮기고, 변화를 주도하도록 도전하게 한다. 이는 선교의 핵심이라고 할 수 있는 변화의

---

1 Lawrence Ko, *Can the Desert Be Green? Planting Hope in the Wilderness* (Singapore: Singapore Centre for Global Missions, and Asian Journeys, 2014).

희망을 불러일으킨다.

광야에 희망 심기

"녹색 사막 프로젝트"는 사막에 강이 있다는 비전을 바탕으로 만들어졌다. 2002년 가을, 필자는 둬룬현 시장의 초청을 받아 3,500평방 킬로미터에 달하는 사막화된 초원을 방문했다. 그곳에서 우리는 2010년에 마침내 기념비가 세워진 아시안 저니즈 나무 심기의 기지로 300에이커의 땅을 할당받게 되었다. 사막의 강이 둬룬 호수(Duolun Lake)라는 거대한 저수지로 막혀 있는 것을 확인했다. 또한 내몽골에서 천진시로 흘러 들어가는 거대한 강으로 바뀌는 루안강의 수원지를 볼 수 있었다. 이러한 물들은 재조림화 프로젝트의 성공을 위한 중요한 자원이었다.

그런데 그 지역의 시장을 만나 사막 지대를 횡단하던 중 다라터기현(Dalateqi County)에서 우연히 또 다른 강을 발견하게 되었다. 필자는 이곳이 황하(黃河)라는 말을 듣고 즉시 차를 세워 달라고 요청한 후, 재빨리 내려 사진을 찍고 강변에서 잠시 시간을 보냈다. 황하 강변에 서 있으니 황하에 관한 중국 시와 속담 중 일부가 마음속에 떠올랐고, 이 강이 어떻게 갑자기 90도 방향을 틀어서 북쪽의 내몽골로 흐를 수 있는지, 놀라지 않을 수 없었다. 이 강은 바로 지금은 사막이 되었지만 과거에는 초원이었던 곳에 물을 주라고 지시하시는 하나님의 손가락처럼 보였다. 그 순간, 필자는 하나님을 예배하며 그분의 창의성에 감사했다.

이러한 사막 한가운데로 흐르는 강의 비전을 발견하고 나니 이사야 43장 18-20절에 묘사된 하나님의 은혜로운 섭리가 생각났다. 하나님은 광야에 길을 내시며 사막에 강을 내시는 새 일을 행하신다. 이러한 환경 선교 사역은 단순히 물리적인 환경을 회복하고 복원하는 것이 아니라 사회적 불의를 해결하는 것이기도 하다. 이사야 42장 1-4절은 믿는 자들에게 정의 실현을 위해 일할 것을 제안한다. 마찬가지로 이사야 35장은 사막이 백합화같이 피어나고 시냇물이 흘러 습지가 될 것이라는 희망의 메시지를 예언한다. 그리하여 이 땅에서의 치유, 회복, 구원이라는 메시아적 사명이 드러날 것이며, 이는 누가복음 4장 18-19절에서 확증되고, 이 메시아적 사명에 믿는 자들도 동참해야 할 것을 권고한다.

"녹색 사막 프로젝트"를 통해 우리는 땅의 사막화와 여러 가지 기후 위기에 맞서는 것은 물론, 사회적 불의를 해결하는 비전을 지방자치단체 및 현지 지역 사회와 직접 협력하며 공유하였고, 몽골의 목동들과 후이족 무슬림 농민들(Hui Muslim farmers) 같은 실제로 비천한 종족 집단인 가난한 이들과 연대 의식을 나누기도 하였다. 심지어 우리가 "이곳은 우리 하나님 아버지의 세상"이기 때문에 지구를 돌봐야 한다고 했을 때 정부 관리들조차 우리에게 공감했다. 우리는 초원에서 일하는 동안 예배하고 기도하는 시간을 가졌다. 기도는 하나님께 소망을 두는 행위이며, 우리가 이 땅을 축복해 달라고 하나님께 기도한다고 하면 그들 또한 기뻐하며 호응했다.

희망 심기와 청년의 삶 육성

2019년 7월, 둬룬현 지방정부는 우리와 지방정부의 파트너십 10주년을 기념하기 위해 환경 포럼을 개최했으며, 이 내용은 현지 언론에도 보도되었다. 우리는 이를 축하하기 위해 한문 두루마리를 지방자치단체에 선물하기도 했다. 이 두루마리에 쓰인 "나무를 심는 10여 년, 생명을 만드는 100년"이라는 표구를 통해 환경에 희망을 심고 지역 사회에서 젊은이들의 삶을 육성하자는 우리의 궁극적인 목표를 발표하였다.

지난 20년 동안 "녹색 사막 프로젝트"는 싱가포르의 학교와 교회와 협력하여 청소년을 위한 "녹색 사막 클럽"(Green Desert clubs)을 창설하기도 했고, 2011년에는 연례 "청소년 환경 청지기"(YES: Youth Environmental Stewards) 포럼을 시작할 수 있었다. 2017년에는 "녹색 도시 청년"(Green Urban Youth)이라는 포럼도 시작되었는데, 이는 청소년 자원봉사자들이 도시 빈민가의 가난한 사람들을 돕고, 이로 인해 도시 빈곤 문제를 해결하는 데 참여할 수 있는 플랫폼을 마련하였다. 또한 2009년에는 어린아이들이 살고 있는 도시의 집에서부터 시작하여 나무의 소중함을 깨닫고 환경과 함께할 수 있는 지속 가능한 생활 방식을 배울 수 있도록 "녹색 사막 키즈 클럽"(Green Desert kids clubs)도 설립되었다.

사막에서 도시까지

수년에 걸쳐 필자는 학교, 교회의 선교 콘퍼런스, 리더십 포럼, 기업 행사와 대학 워크숍에 초대받아서 참여해 왔다. 한번은 지역 라디오 방송국 쇼 인터뷰에 응한 적이 있는데, 이는 그리스도인들이 독창적인 방법으로 기후 위기를 행동으로 대응하고 있다는 인식을 높이는 데 탁월한 방법이 되었다.

2019년에는 싱가포르의 기독교 싱크탱크인 에토스 연구소(Ethos Institute)로부터 기독교 공동체를 위한 창조 세계 돌봄에 대해 책을 써 달라는 요청을 받아서 글을 쓰기도 했다. 이 책《사막에서 도시로: 창조 세계를 돌보는 그리스도인》(*From the Desert to the City: Christians in Creation*)[2]에서 필자는 도시에서 녹색 생활 방식을 실천하는 것도 중요하지만, 직접 광야에 희망을 심는 것 또한 중요하다고 말했다. 즉 우리가 소

---

2 Lawrence Ko, *From the Desert to the City: Christians in Creation Care* (Singapore: Ethos Institute for Public Christianity, Sower Publishing Centre, 2020).

비 중심적인 도시의 생활 방식을 바꾸지 않게 되면 도시는 계속해서 에너지를 끊임없이 소비할 것이고, 그로 인해 발생한 폐기물들은 현재 우리가 겪고 있는 기후 위기를 더욱 악화시킬 것이다. 창조 세계를 맡은 청지기로서 우리는 이러한 기후 변화에 잘 대응해야 하며, 하나님의 창조 세계의 제사장으로서 창조주 하나님을 예배하는 가운데 창조 세계를 주님께 온전히 올려 드리는 책무를 독창적으로 수행해야 할 것이다.

이 책에서 필자는 특히 그리스도인이 기후 위기에 대응하는 행동에 참여하는 것이 중요하다는 점을 강조했는데, 이를 위해서 그리스도의 교회들은 신학적 관점, 특히 새 창조와 서로 연결되어 있는 천국과 이 땅에 대한 기존의 견고한 종말론을 먼저 바로잡아야 할 것이다. 이러한 신학적 기초는 우리가 창조 명령과 함께 이루어지는 선교 명령을 회복하는 데 도움이 될 것이다. 이는 우리의 영성 개발과 제자도에 중요한 역할을 하게 될 것인데, 우리의 교회가 십자가에 못 박히신 그리스도로 말미암아 구원받고 변화되기를 간절하게 기다리는 나약하고 고통받는 창조 세계를 진정한 소망으로 품을 수 있는 종말론적 공동체가 될 수 있도록 할 것이다. 우리는 땅과 땅에 거하는 모든 것이 주님의 것이므로 인간 중심적인 삶의 관점을 회개하고 창조 세계 돌봄이라는 하나님 중심의 비전을 회복해야 할 것이다.

결론

"녹색 사막 프로젝트"는 환경 및 생태학적 위기의 시기에 교회가 대응할 수 있는 발판을 마련한 기독교 환경 선교의 대표적인 예다. 우리가 교회 안팎에서 함께할 참가자들을 동원하고, 참가자들은 봉사와 배움의 자세로 이 프로젝트에 참여함으로써 국가와 도시 지역에서 어려움 없이 환영을 받게 되었으며, 지방정부 및 지역 사회 지도자들과 함께 가장 궁핍하고 취약한 지역 사회를 위해 일할 수 있게 되었다. 복음은 우리가 살아가고 있는 거리에서 드러나고 구현되어야 하는 것이다, 이러한 환경 프로젝트를 통해 그리스도인들은 궁핍한 사람들에게 다가가 죄악 된 환경 속에서 살아가는 곤경을 직접 함께 경험하고, 그 고난 속에서 그들과 직접 교제함으로 말미암아 하나님의 사랑을 그들에게 전하는 법을 배울 수 있다.

환경 선교는 기도를 통해서만 시작될 수 있으며, 이는 애통함과 회개를 거쳐 그리스도의 제자로서 온전하고 책임감 있게 살아가겠다는 그리스도인들의 새로운 결단으로 이어질 수 있다. 우리는 이러한 여러 가지 기후 변화에 대응하면서 역사라는 하나님이 활동하시는 무대 안에서 새로운 역사를 쓰는 것에 참여하고 있다. 환경 선교는 창세기 1장에서 말하는 창조주의 사랑과 요한계시록 22장에서 말하는 그리스도 안에서의 종말론적 소망을 동시에 품으면서 그리스도에 대한 온전한 복음 이야기를 드러낸다고 할 수 있다. 우리는 하나님의 공의와 자비를 가지고 하나님이 창조하신 세계를 돌보는 영광스러운 평화의 비전을 향하고 있고, 이는 아직 이 땅에 완전히 이루어지지 않았지만 반드시 이루어질 하나님 나라를 향한 것이다.

논찬

이명수

아시안 저니즈의 비전과 그 영향

아시안 저니즈는 싱가포르의 도시 거주 청소년을 양육하는 데 목표를 두는 필자의 비전에서 시작되었다. 청소년들이 광대한 자연 경관을 경험하고, 뿌리 깊은 중국의 문화유산을 탐구하며, 자연과 지역 공동체에 대한 관심을 갖도록 북돋아 주려는 것도 그 비전의 일부였다. 결국 자연, 자신과 타인, 그리고 하나님에 대한 사랑을 키워 나가는 것이 아시안 저니즈의 전반적인 목표였다.

싱가포르 청소년들은 "녹색 사막 프로젝트"에 참여하면서 자연 속에서 하나님의 창조와 구원의 섭리의 위대함을 목격하게 되었다. 이는 그리스도인의 책무 중 사회정치적 참여와 전도라는 주요 요소를 포함하고 있어 자신의 삶을 통한 전도로 총체적인 메시아의 사명을 이루어 가게 한다. 이런 혁신적 방식은 그리스도인의 선교 활동에 대해 적대적인 국가에게도 접근할 수 있게 하였다. 또한 도시 청소년들에게 희망을 불어넣어 그들이 환경 수호자가 되고 자기 삶의 목적도 찾아가는 사람들이 되었다.

아시안 저니즈가 주도한 "녹색 사막 프로젝트"는 문제 해결적 관점에서 보아도 기독교의 포괄적 선교의 모범적인 사례다. 이에 이 프로젝트의 장점을 문제 해결 관점에서 먼저 분석하고, 이를 한국적 현실에 적용할 때 제기될 수 있는 어려움에 대해서 논하고자 한다.

한국적 현실을 고려하여 본 "녹색 사막 프로젝트"

1. 프로젝트의 성공을 가져온 기본 구성 요소

"녹색 사막 프로젝트"는 다음과 같은 효율적인 문제 해결 방식의 구성 요소들을 우리에게 제시하고 있는데, 이는 한국적 현실에서 프로젝트를 설계하고 실행할 때에도 고려되어야 할 것이다.

1) 상호 협력적인 문제 해결에 초점을 맞춤

복잡한 환경 문제를 해결하려면 다양한 이해 관계자들 간의 협력이 필요하다. 이해 관계자들을 확인하고 공통의 관심사를 찾는 것이 성공적인 협력에 중요하다. "녹색 사막 프로젝트"에서 보면, 중국의 중앙정부와 지방정부 및 비정부 기관 간에 내몽골 안의 사막화된 땅의 재조림이 공통의 목표가 되었다. 환경, 기후 변화, 청소년 복지, 다문화주의 등과 관련된 정부 정책을 검토해 보면, 교회와 기독교 단체들이 사회적으로 중요한 과제의 해결에 기여할 수 있는 공통적인 관심사가 무엇인가를 밝히는 데 도움이 될 것이다.

2) 이해 관계자 간 평등

모든 이해 관계자 간의 조화롭고 상호 의존적인 협력이 중요하다. 외국 정부 및 비정부 기관과 협력할 때 상호 이해하며 관심을 존중하고 그 차이를 받아들이는 것이 성공적인 프로젝트를 만드는 데 중요하다. 우월감에서 나오는 억압적인 태도와 일방적인 해결책을 피하면 최적화된 결과를 얻을 수 있다. 다양한 관점을 들으려고 노력하면 대화의 불통을 피하고 협력적인 마음가짐을 갖게 된다.

3) 효과적인 의사소통

프로젝트 참여자와 현지 주민 간의 의사소통은 매우 중요하다. 초기의 입장 차이를 극복하기 위해서는 이러한 입장의 차이가 협력적 노력을 해 나갈 수 있는 출발점이라는 점을 이해하는 것이 필요하다. "녹색사막 프로젝트"에서 보면, 참여자와 내몽골 주민 간에 중국어라는 공통의 언어를 쓴다는 것이 소통의 중요한 매개체가 된다. 이러한 공통의 언어와 문화적 배경은 참여자 간의 공유 의식을 강화하고 원주민의 관점을 이해하는 데 도움이 된다.

2. 한국 상황에 적용하게 될 때 접하게 될 도전들

1) 복음과 하나님 말씀의 힘: 주님의 종의 비전 변화

이 프로젝트를 만든 필자는 아시안 저니즈의 창립 때부터 황무지에 길을 내고 사막에 강을 내겠다는 하나님의 말씀을 믿었다(사 43:19). 여러 가지 어려움에 직면하면서도 필자는 하나님의 말씀과 그리스도의 복음을 우선적인 인도 방침으로 선포하기로 했다.

한 사람이 하나님과 마음을 일치시키고 그분의 자비로운 사랑을 경험하면 그의 시야는 단순한 시각적 관찰을 초월하게 된다. 사회의 회의적 시선 속에서도, 하나님의 천지 창조를 연상시키는 하나님의 성스러운 아름다움이 반영되어 있는 자기 삶을 향한 하나님의 약속을 인식하고 받아들일 수 있게 된다. 환경과 인간에게 임한 하나님의 구원 역사를 목격하면서 한 사람, 한 사람이 하나님의 신성한 피조물을 관리하는 충성스러운 관리자와 협력자로 탈바꿈하게 된다. 1950년대부터 1990년대까지 한국의 역사 가운데 많은 하나님의 종들이 그리스도의 죽음과 부활의 능력을 개인적으로 깊이 체험하면서 일어났던 일들과 비슷하다 할 수 있다. 당시 주의 종들은 전쟁의 참담함과 가난 속에서 소망 없는 대한민국 사람들의 마음에 희망을 심기 위해 성령의 손길을 열렬히 간구하였다.

그러나 대한민국이 기적적인 경제 발전을 경험하고 교회가 엄청나게 규모가 큰 메가 교회들로 변화함에 따라 하나님의 말씀에 근거한 주의 종의 비전을 따르는 식은 이제 덜 일반화된 것으로 여겨진다. 이러한 변화는 세상에서 많이 배운 교인들이 하는 교회 내의 합리적이고 집단적인 의사 결정 과정을 통해 교회의 결정이 영향을 받았기 때문이다. 그러나 소규모 교회나 기독교 NGO에서는 여전히 주님의 종이 확신하는 방향대로 고수하는 것이 가능할 수 있다.

여기서 우리는 본질적 질문 하나를 해 본다. 이런 헌신적인 주의 종들이 노고의 열매를 목격할 때까지 자신의 확신을 유지하도록 우리는 어떻게 지원할 수 있을까? 더욱이 중요한 공통의 문제를 해결하기 위해 각자 고유의 방향으로 일하는 수많은 헌신적인 개인의 집체적인 노력을 어떤 메커니즘을 통해 효과적으로 활용하고 조정되도록 보장할 수 있을까?

2) 도시 거주 청소년과의 협력: 관점의 전환

싱가포르 청소년들이 사막화된 땅에 나무를 심을 때 그들은 자신들 안에도 희망을 심었다. 멀고 황량한 이국적 환경에서 자원 봉사를 하면서 도시 거주 청소년들은 모국에서 겪는 자신의 고난을 넘어서서 보다 넓은 사회적 과제를 해결하려는 동기를 부여받았다. 외국이란 환경이 이들에게 관점의 변화를 일으켜서 그들 속에 있는 절망적인 감정을 극복할 수 있도록 했다. 이를 통해 청소년들이 환경 보호 의식도 높이고, 고향의 땅과 자기 삶의 치유에 기여하는 데 집중할 수 있었다.

그러나 한국의 도시 거주 청소년들을 외국의 자연으로 데려오는 것은 큰 도전이다. (1) 교회나 기독교 NGO의 영적 지도자들은 한국 부모들이 대학 입시와 취업 준비로 시간 제약을 받는 자녀들을 하나님의 돌보심에 맡기도록 설득해야 한다. (2) 환경 프로젝트를 위해 육체적으로 힘겨운 자원 봉사에 참여하는 것이 어려울 수 있다. (3) 이들 청소년이 빈곤한 지역 출신이라면 겉보기에 실현 불가능할 것 같은 일에 대한 두려움과 자신의 기존의 절망감이 더 도전하기 어렵게 만든다.

한국 사회는 도시화, 물질주의, 서양의 극단적인 개인주의와 자기 계발에 대한 강력한 열망으로 인해 가정이 무너져서 많은 그리스도인 부모들이 자기 자녀들에 대해 영향력을 잃게 되었다. 그러나 부모님과 청소년들의 마음의 변화는 하나님의 종들에서부터 시작되는데, 이 종들은 자신의 삶에 임한 하나님의 구속 사역을 통해 광야에도 길이, 사막에도 강이 있음을 보는 눈이 뜨인 사람들이다.

온누리교회의 M센터와 같은 한국의 다문화 공동체에서 외국인 어머니들이 자녀에게 자신의 모국어를 가르치게 하는 혁신적인 접근 방식이 등장했다. 이 아이들은 한국인으로서의 정체성 문제로 고민하거나 한국에 잘 적응하지 못하는 부모로 인해 수치심을 느끼는 대신, 어머니의 모국어를 배우고 그들의 문화적 뿌리를 포용하게 되었다.

한국의 도시 거주 청소년들에게 그저 자기 계발만을 끝없이 추구하기보다는 타인에 대해 관심을 갖게 하고, 해외 여행을 하거나 국내에서라도 자연을 탐구하는 기회가 다양하게 주어지기를 진심으로 바란다. 남한의 청소년들이 북한 주민들과 같이 기도와 예배, 소통을 하면서 북한의 헐벗은 산들을 회복시키는 날을 기대해 본다. 또한 아시아 여러 국가 출신의 부모 밑에서 태어난 한국 청소년들이 같이 협력하며 일하면서 부모님의 고향 땅을 축복하기를 바란다. 싱가포르 청소년과 같이, 한국의 도시 거주 청소년들도 국내에서나 해외에서 자연을 접하며 하나님의 가르침을 체험함으로써 자기들이 속한 지역 사회의 선한 청지기가 될 수 있다.

3. 그리스도인과 기독교 단체 간의 협력: 교회를 위한 비전-총체적인 메시아적 선교

한국의 목회자와 선교사들이 순수한 복음을 선포하여 그리스도인들과 기독교 NGO들이 그들의 비전에 변화를 받아 성령으로 하나로 통일되기를 바란다. 필자가 "녹색 사막 프로젝트"의 지속적인 성공을 위해 외국 정부와 NGO들과 협력하고 청소년 자금을 위해 자국 정부로부터 지원을 받듯이, 한국 기독교 NGO와 교회들은 그리스도의 한 몸으로 단합되어 상호 의존적으로 일해야 한다. 또한 정부와 비기독교 단체들과도 상호 존중과 협력의 정신으로 일해야 한다.

선교 활동으로부터 얻는 모든 결과가 즉시 보이거나 정량화될 수는 없지만, 하나님을 높이고 성령의 능력으로 그분의 말씀을 전파하는 것이 주요 초점이 되어야 한다. 선교 자금을 확보하기 위해서는 효과성과 효율성을 입증하는 것이 필요하지만, 하나님의 역사는 금전적인 계산을 초월한다.

결론

환경의 변화는 개개인의 변화와 밀접하게 연결되어 있다. 사람이 곧 문제의 중심인 동시에 문제 해결의 열쇠다. 환경을 변화시키려면 사람들의 사고방식을 바꾸는 것이 필요하다. 지체들이 하나로 결합된 그리스도의 몸이 사람과 환경을 변화시키는 해결의 열쇠를 갖고 있다고 단언한다. 그리스도인들과 다양한 기독교 단체들은 자신이 더 큰 그리스도의 교회의 필수적인 부분임을 기억해야 한다. 하나님의 궁극적인 목적에 집중함으로써만 그들은 서로에게 감동을 주고 지원하며 효과적으로 협력할 수 있다.

제5부

간증

20
빛의자녀교회(Shine Church) 창립과 환경 선교에 대하여

김형민

1. 들어가는 말

5년간의 중동 선교 끝에 빛의자녀교회(Shine Church)를 개척하게 되었다. 우리는 소형 개조된 배송 컨테이너에서 모임을 시작했고, 현재 건국대학교 강당에서 예배를 드리고 있다. 2023년 현재 우리 교회는 하나님의 은혜로 18개의 교회와 4개의 학교를 성공적으로 세웠다.

필자는 고등학교를 졸업하고 나서 예수 그리스도를 믿기 시작했고, 지금까지 43년 동안 예수님을 믿고 있다. 그동안 필자 역시도 요셉처럼 풍성한 축복을 받았다. 지금 생각해 보면 이런 것들은 하나님이 필자에게 허락하지 않으셔도 되는 일들이었기에, 이것들은 하나님의 은혜의 일부였다. 필자는 하나님과의 깊은 관계를 통해 많은 기적을 경험했다. 인간의 노력으로는 도저히 일어날 수 없는 일들이었다. 그러나 하나님은 시간이 흐르면서 그 모든 것을 이루셨다.

필자는 학창 시절 인생의 꿈도 없었고 행복한 사람도 아니었다. 그

때 누군가 지금의 필자가 어떻게 될지 알려 주었다면 미래를 열심히 준비했을 것이다. 필자의 간증을 통해 모든 분이 자신의 미래를 볼 수 있기를 바라고, 이미 보신 분들은 스스로를 의심하지 말고 자신감을 갖고 미래를 준비하기 바란다.

2. 교회의 설립과 선교 사업

1) 하나님을 찬양하는 것은 인간의 기본 원리다(사 43:21)

고린도후서 4장 15절에 따르면, 감사하는 것이 하나님께 영광을 돌리는 길이다. 우리가 하나님께 영광을 돌리기 원한다면 그분께 감사해야 한다. 감사한 마음을 노래로 표현하면 더욱 좋다. 이것을 찬양이라고 한다. 이사야 선지자는 하나님이 우리를 창조하신 이유는 우리가 하나님을 찬송하기 원하시기 때문이라고 했다(사 43:21). 하나님께 감사하거나 찬양하는 것은 조용히 해서는 안 된다. 이는 음악, 춤, 그림 등 다양한 방식으로 표현될 수 있다. 다윗왕처럼 시를 통해서 하나님을 찬양하는 것도 가능하다. 그러므로 필자가 예수 그리스도를 믿고 내린 결론은 이것이다. 기독교는 감사였다. 하나님께 감사하고 찬양하자 온갖 기적이 일어났다. 그중에 세 가지에 대해 나누고 싶다.

첫 번째 기적은 영어도 못하고 돈도 별로 없던 필자가 좋은 대학에 장학금을 받고 유학을 갈 수 있었던 것이다. 가난했던 필자는 미국에 발을 디딘 그날부터 무조건 하나님께 감사와 찬양을 드렸다. 어느 날, 조깅을 하던 한 노인이 비를 피해 필자의 집에 들어와도 되냐는 허락을 구했다. 필자는 그것을 허락했고, 그는 필자가 눈물을 흘리며 기도하고 찬양하는 모습을 보고 깊은 감동을 받았고, 무엇을 위해 기도하는지 물었다. 필자는 미국에서 공부하고 싶고 사우스웨스트 침례대학교에 다니고 싶다고 말했다. 그는 필자를 다시 만나고 싶다고 했고, 어느 날 집으로 돌아왔을 때는 그 대학에 다닐 수 있는 4년제 특별 장학금이 주어져 있었다. 그 사람은 알고 보니 그 대학의 총장인 찰스 채니(Charles Chaney) 박사였다. 필자가 집에서 감사하는 마음으로 하나님을 찬양하던 중 이런 기적이 일어났다.

두 번째 기적은 중동에서 교회를 다니던 중에 일어났다. 유치원을 운영하며 내국인은 물론 외국인을 대상으로 예배를 열었다. 게다가 S국 사람들에게 비밀리에 복음을 전하는 것을 우리의 사명으로 알고 그리하였다. 그런데 우리의 선교 활동이 결실을 맺으려던 찰나, 갑자기 동역자가 감옥에 갇히고 교회가 분열되는 등 큰 어려움을 겪었다. 그럼에도 불구하고 우리는 새벽 기도와 정기 기도로 무장하여 더욱 강한 믿음을 가지고 나아갔다. 그런 어려움 속에서도 우리는 이전보다 더욱 힘차게 하나님을 찬양했다. 그러자 서서히 어둠이 사라지기 시작했다. 그 후 그리스도를 믿는 사람들은 더욱 번영했고 자녀들은 축복을 받았다. 이런 일로 인해 이전에는 교회를 반대했던 한국 대사관이 나중에는 필자의 전도 덕분에 예수 그리스도를 영접하게 되었다.

필자의 동역자도 기적을 경험했다. 그는 다음과 같은 매우 특이한 방식으로 감옥에서 풀려났다. 그 당시 교회의 한 고등학생을 통해서 미국 상원의원의 한 보좌관이 자신과 일했던 두 명의 상원의원과 연락할 수 있도록 도와준다고 하였다. 몇 달 후 미 국무부 차관보가 공무로 S국에 오게 되면서 상황이 호전되기 시작했다. 차관보가 S나라의 종교부 장관을 만났고, 모이는 것이 불법인 이 나라에서 우리 교회는 종교부의 사적, 공식적, 암묵적 승인을 받아 예배를 드리는 허가를 받았다. 동역자도 감옥에서 풀려나 집으로 돌아왔다. 이 기쁜 소식이 주한 미국 대사를 통해 한국 대사에게, 그리고 우리에게 전해졌다.

감사를 표현하면 분노가 축복으로 변한다. 예전의 우리의 예배는 폐허가 된 건물에서 비밀리에 드려졌지만, 나중에는 수영장과 축구장, 유치원 건물까지 갖춘 복합 시설에서 아름다운 예배를 드릴 수 있었다. 이전까지 교인들은 목숨을 걸고 무슬림 가정에 성경과 기독교 관련 영상을 소개하거나 위성을 통해 기독교 콘텐츠를 방송하려고 노력했다. 비록 우리 교회는 결국 종교 경찰에 의해 폐쇄되었지만, 우리의 고난 속에는 놀라운 하나님의 선물이 숨겨져 있었다. 고난이 닥치면 반대의 정신으로 선포하라! 그러면 훨씬 나아질 것이다! 할렐루야!

세 번째 기적은 12년 전 기독교 대안 학교를 시작하는 계기로 시작된다. 집안 문제로 할머니를 따라 서울로 갑자기 이사를 오게 된 한 초등학생은 어느 학교로 전학할지 급하게 정할 수가 없었다. 그래서 그 아이와 필자 단둘이 새 학교 이름이 적힌 현판을 걸고 입학식을 거행했다. 그런 다음 우리는 교회 목사님들을 초대했고, 우리 교회는 요리를 준비하고 교회 밴으로 통학하게 하는 등 새 학교에서의 공부를 계속할 수 있도록 도와주었다. 시간이 지나면서 그 학교에는 한 명이 아니라 수십 명의 학생이 다니게 되었다. 교회 창고가 첫 번째 교실이 되었고, 나중에 우리는 예배하는 데 점점 더 많은 시간을 보내고, 공부하는 시간은 줄어들기 시작했다. 아이들이 찬양을 부르고 있는 중에 기적이 일어났다. 아이들이 찬양을 부르고 있는 방의 문손잡이를 만지작거리다가 엄마들이 갑자기 공중으로 1미터 이상 튕겨져 쓰러지는 믿을 수 없는 사건도 일어났다.

또 다른 기적도 있었다. 한 어린이의 자폐증이 치료되었고, 불치병을 앓고 있던 다른 어린이의 눈도 치유되었다. 우리 학교는 이제 하나님의 축복으로 최대 규모의 기독교 대안 학교로 성장했다. 우리 학교는 강한 기독교 정신을 지닌 학교로 국민일보의 교육 브랜드 대상을 수상하기도 했다.

2) 하나님을 찬양하는 것은 모든 피조물의 의무다(시 100:1; 148:3-7)

하늘의 천사들과 땅의 인간들만이 하나님을 찬양하는 피조물이 아니다. 시편 148편을 보면 우주 만물은 하나님을 찬양하는 목적으로 창조되었다. 여기에는 해와 달과 지구가 포함된다(시 148:3, 7). 과학이 발전하면서 우리는 블랙홀의 소리도 녹음할 수 있게 되었다. 그 소리는 드럼, 바이올린, 첼로의 소리와 같다. 우주의 모든 것이 노래한다. 우주를 날아다니는 운석도 소리를 낸다. 이 음파는 성경에서 다음과 같이 언급하고 있다. "밝은 별들아 다 그를 찬양할지어다 하늘의 하늘도 그를 찬양하며 하늘 위에 있는 물들도 그를 찬양할지어다"(시 148:3-4).

다른 무생물도 하나님을 찬양한다. 바리새인들은 예수님을 미워하고 주님을 존경하고 찬양하는 사람들을 방해했다. 예수님은 바리새인들에게 이렇게 말씀하셨다. "만일 이 사람들이 침묵하면 돌들이 소리 지르리라"(눅 19:40). 이는 사람들이 예수님을 찬양하기를 멈추면 돌들이 대신 예수님을 찬양할 것임을 의미한다.

바다에 있는 것들도 하나님을 찬양한다. 하나님이 창조하신 모든 것은 독특하고 특별하다. 그들의 존재 형태는 그 자체로 하나님을 찬양하는 것이다. 필자는 개인적으로 혹등고래를 좋아한다. 이 고래들은 노래를 작곡하고 부른다. 그들은 노래를 부를 때마다 빙빙 돈다. 노래가 끝나면 새로운 노래를 만들어서 부른다.

땅의 생물들도 하나님을 찬양한다. 귀뚜라미 소리의 속도를 높이면 오케스트라처럼 아름다운 소리를 들을 수 있다. 실제로 모든 생명체는 다양한 방식으로 노래를 부른다. 그들은 하나님에 대한 인식이 없을 수도 있다. 그럼에도 불구하고 그들은 하나님 보시기에 아름답다. 이런 이유로 상아를 얻기 위해 코끼리를 죽이는 것은 끔찍한 일이다. 코끼리는 빚진 사람들에게 감사할 줄 알고, 훈련을 받으면 그림도 그릴 수 있다. 그러므로 하나님 보시기에 그들은 그들만의 독특한 방식으로 하나님을 찬양할 수 있다.

우리에게 행복을 주신 하나님은 정말 행복하셔야 한다. 필자는 아들이신 예수 그리스도를 희생하신 하나님의 행복을 소망한다. 우리의 부모이며 창조주이신 하나님은 행복할 권리가 있으시다. 지성과 사랑으로 이 땅을 설계하신 우리 하나님은 선하시고 자비로우시다. 하나님은 우리에게 이 아름다운 지구를 선물하시고, 우리에게 자유를 허락하시며 이를 맡기셨다. 그러나 인간은 "만물과 땅 위의 만물뿐 아니라 하늘과 하늘의 모든 것이 다 너희 하나님 여호와의 것임에도 불구하고"(신 10:14, CEV) 하나님을 조롱하고 주인처럼 행동한다. 지구의 관리자로서 인류의 점수는 'F'다.

인간은 겸허하게 본연의 자리로 돌아가는 것이 필요하다. 로마서 8장 19절은 "피조물[모든 자연]이 고대하는 바는 하나님의 아들들이 나타나는 것이니"라고 말한다. 우리가 예수님을 믿는다면 창세기 1장 26-28절의 생태 명령으로 돌아가야 한다. 이것이 종의 사명이다. 교회는 작든 크든 이 일을 전 세계 환경 단체에만 맡기지 말고, 적극적으로 환경 선교에 참여하고 생태계 보호를 지원해야 한다.

3. 빛의자녀교회의 환경 선교

국내 최초로 환경 선교를 시작한 빛의자녀교회는 환경 선교사 양성을 위해 기독교 환경 대학원을 설립했다. 또한 10년 전 환경 연구소를 설립하고 캄보디아와 온두라스의 공립학교에 환경 폐기물을 재활용해 만든 "샤인 가든"(Shine Garden)을 조성했다.

어린이들의 환경 교육을 위한 커리큘럼을 개발하고 개발 도상국에 친환경 폐기물 소각장을 설치했다. 또한 필리핀 마닐라의 한 마을에 태양광 발전 시설을 설치하여 학교를 도왔다. 우리는 개발 도상국의 많은 공립학교에 친환경 화장실을 설치했고, 공중 보건 기준이 미비한 국가의 어린이들에게 위생 교육을 실시하고 있으며, 환경 단체와 함께 해변 쓰레기 청소 봉사 활동을 펼치고 있다. 우리는 가난한 지역 사회를 방문하여 환경을 주제로 한 벽화를 그리는 활동을 구상하기도 한다. 아이들이 교육의 기회를 갖지 못하는 마을을 대상으로 소규모 프로젝트를 통해 학교를 건립하고 있다.

4. 나가는 말

현재의 지구 환경은 우리와 우리 후손들이 지켜 내야 하는 중대한 고비에 놓여 있다. 지구상에 사는 모든 생물은 대기 오염, 폭염, 화재, 치명적인 기후, 식량과 물 부족, 코로나19 바이러스와 같은 바이러스로 인해 고통받고 있다. 지구 온도가 0.3도 더 오르면 재난 직전 단계로 접어들게 된다. 지구의 생태계는 이미 파괴되기 시작했다. 전 세계 대부분의 학자들은 사람들이 이를 깨닫고 조치를 취하지 않으면 2100년까지 이러한 생태계가 완전히 파괴될 것이라고 추정한다. 피조물에게는 원죄가 없다. 죄 없이 멸망하는 모든 피조물을 위해서, 우리를 위해서도 겸손히 하나님을 찬양하는 자리로 돌아가야 한다.

21
성장과 소망의 여정: 하나님의 말씀이 사역과 기적과 창조 세계 돌봄으로 이어지다

로렌스 가타와(Laurence Gatawa)

> 오직 우리 주 곧 구주 예수 그리스도의 은혜와 그를 아는 지식에서 자라 가라 벧후 3:18

필자는 자연을 깊이 존중하는 부족 공동체에서 태어났다. 물질적 부유함이 턱없이 부족했기에 우리가 처한 가난이 도리어 환경과 깊이 연결될 수 있음을 간과하였다. 우리는 자연을 신성한 것으로 여겼으며, 자연계의 본질에는 영적인 존재가 거한다고 믿었다. 필자는 어릴 때부터 무모하게 행동했을 때의 예기치 않은 결과들을 잘 인식하고 있었기에 자연의 영역에 접근하는 것이 아주 조심스러웠다. 사실 이러한 사고방식은 삶의 모든 면에 걸쳐 환경을 보존하는 것에 긍정적으로 작용하였다. 그러나 우리 부족에 여러 세대에 걸쳐 내려오는 전통적인 고대 이교 의식을 두려워하는 마음으로 행했으며 이는 부족 주변에 존재하고 있다고 믿는 영혼들을 달래기 위해서였다.

우리는 또한 광활한 산속에서 피난처를 찾을 때도 큰 두려움을 마주했는데, 이는 정부군과 반군이 대치하고 있다는 소식을 들었을 때다. 소수의 사람들은 자신들의 대의를 펼치는 목소리를 냈지만, 대다수의 사람들은 매우 조심스럽게 숨을 죽였다. 이러한 불확실한 상황 가운데, 필자는 필자의 가족이 그들에게 문을 열어 주어야 했던 때를 기억한다. 우리는 부족한 식량으로 식사를 나누며 식탁을 중심으로 유대감을 형성했다. 우리는 그들의 투쟁 이야기와 사회 정의와 평등을 위한 호소에 귀를 기울였다. 그 사건은 우리의 젊은 마음에 확신을 주었으며, 나중에 필자의 나이 많은 친구 중 한 명은 반란군과 어깨를 나란히 하고 전투에 참여했다.

물질적 부가 부족했던 우리 가족도 다른 많은 사람처럼 광산에서 일자리를 구하게 되었다. 필자는 광부로 땅굴 속에서 수고하고 계신 아버지의 이야기를 들으며, 자연을 자원화하는 비용으로 얻게 되는 재정적 안정화에 대한 꾀임에 대해 통찰력을 가질 수 있었다. 그러나 필자는 자라는 동안 노천 채굴 작업을 포함해 채굴 활동이 계속해서 확대되는 모습을 볼 수 있었고, 이로 인해 그 지역은 완전히 폐허가 되어 벌거숭이가 되었다. 한때 번창했던 땅은 황폐한 지형으로 변했고, 이는 가난과 탐욕이 결합하여 초래한 결과였다. 여기서 필자는 필자의 삶의 여정을 회상하며 하나님의 말씀을 배우고, 사회 사업에 참여하고, 하나님의 경이로움에 대해 간증하고, 창조 세계 돌봄이라는 대의를 위해 캠페인을 벌이면서 필자가 성숙해 갔던 과정을 나누려고 한다.

말씀

모든 성경은 하나님의 감동으로 된 것으로 교훈과 책망과 바르게 함과 의로 필자는 필자만이 가진 부족의 문화적 유산을 간직한 채, 그리스도의 부르심에 순종하여 먼 곳까지 찾아온 선교사가 전한 복음의 메시지를 통해 변화하기 시작했다. 열네 살 때 형을 통해 선교사를 만나게 되었고, 그 선교사를 통해 예수 그리스도를 구세주로 영접하였다. 이러한 종교적인 경험은 필자에게 새로운 목적 의식을 제공하였고, 마음속 깊이 성경의 거룩한 가르침을 더 깊이 탐구하고 싶은 강렬한 열망에 사로잡히게 되었다.

필자는 이렇게 새롭게 발견한 믿음 안에서 그 믿음의 깊이에 빠져 있었고, 그 가운데 어떤 목회자를 만났는데, 그는 자기가 회심하기 전부터 환경에 대해 높은 경외심을 품고 있었다고 간증하였다. 그는 잠재적으로 어떠한 영향이 있을 수도 있다는 이유를 들어 나무, 특히 영혼이 살고 있다고 생각되는 나무를 베는 일을 주저하기도 했다고 했다. 그러나 그는 기독교를 받아들이면서 이러한 두려움으로부터 완전히 새롭게 해방되었다고 했다. 그는 용기를 내어 전기톱으로 거대한 나무를 쓰러뜨렸지만, 그 일로 인해 아무런 부정적인 일들이 일어나지 않았다는 것을 알게 되었다. 이는 비록 창조 세계 돌봄의 영역과 동떨어져 있는 듯 보이지만, 이 이야기는 필자 안에 호기심의 씨앗이 되었고, 필자는 환경과 관련된 자신의 믿음을 좀 더 넓게 이해하고 싶었다.

계속해서 필자의 믿음은 성숙해 갔으며, 교회 사역에 참여하면서 복음주의적 신학대학에서 신학을 공부해야 한다고 느꼈다. 그러나 이러한 공부를 통해 신학, 성경 연구, 전도에 대해 심도 있게 탐구할 수는 있었지만, 하나님의 창조 세계의 청지기로서 우리의 근본적인 역할에 대해 포괄적으로 이해하기란 힘들었다. 필자가 공부하면서 느낀 것은 우리의 창조 세계 돌봄에 대한 집중적인 이해가 부족한 이유는 이 세계의 마지막에 일어날 일들에 대한 교리(종말론)가 어느 정도 불확실하게 적용되고 있기 때문이라는 확신이 들었다. 어떤 사람들은 "현재 우리가 살고 있는 이 땅에 임박해 있는 멸망과 새 하늘과 새 땅에 대한 약속이 창조 세계 돌봄과 어떠한 관계가 있는가?"라는 의문을 가지게 되었고, 이는 "결국 현재의 창조 세계가 소멸될 운명이라면 우리는 왜 그것을 보존하는 데 우리의 귀중한 시간과 에너지를 투자해야 하는가?"라는 질문으로 이어지게 된다.

사역

우리는 그가 만드신 바라 그리스도 예수 안에서 선한 일을 위하여 지으심을 받은 자니 이 일은 하나님이 전에 예비하사 우리로 그 가운데서 행하게 하려 하심이니라 엡 2:10

필자의 그리스도인으로서 여정 가운데는 교회와 신학적 교육이 전인적인 사역에 중요하다는 깊은 확신이 있었다. 필자는 행함이 없는 믿음은 죽은 믿음이라는 야고보서 2장 14-17절을 늘 염두에 두고 있었다. 이는 인간이 경험할 수 있는 전체적인 영역에서 베풀어 주신 예수님의 사랑과 긍휼에 감명받아 다른 사람들의 실질적인 필요를 채워 주어야 함을 강조하는 구절이다. 따라서 필자는 우리는 섬기는 교회 내에서 긍휼의 사역을 통해 우리의 믿음이 사회적으로 중요하게 확립될 수 있으며, 각각의 행복의 모든 측면을 돌아볼 때 진정한 변화가 일어난다는 것을 인식했다.

필자는 한때 복음의 대중적 중요성을 강조하는 사역을 연결한 주기도문의 의미를 파악하는 책을 집필하는 프로젝트에 참여하는 영광을 누릴 기회가 있었다. 맡은 임무는 필리핀 공론장에서 "우리를 시험에 빠지지 않게 하시고 악에서 구하소서"라는 기도문을 설명하는 것이었다. 그때 필자는 사탄의 존재와 그의 악의적 영향을 인정해야 하며 구조적 악으로 고통받는 사회에서 그리스도의 구원이 긴급하게 필요하다는 점을 조명하려고 노력했다. 기도는 사회적 불의에 대항해 가난하고 억압받는 사람들의 이익을 추구하려는 필자의 사역에 근본적인 힘이 된다. 더 나아가 필자 자신도 모든 악을 의식적으로 피하고 천국의 법을 따르는 변화된 삶을 살아야 한다.

그러나 필자는 교회에서 전인적인 사역을 하는 가운데 창조 세계 돌봄에 대해서 어떤 부분이 간과되고 있다는 사실을 발견하게 되었다. 우리는 전도와 사회 사역을 우선시하며 열심을 다하고 있지만, 이 가운데 있는 하나님의 창조 세계 돌봄의 의미는 여전히 모호하게 다가왔다. 필자가 볼 때는 동료들조차, 비록 그들이 활발하게 사역을 하고는 있었지만, 그 가운데 창조 세계 돌봄의 거룩한 책임에 대한 성경적 가르침은 부족해 보였다. 비록 많은 목회자가 환경 파괴에 대해 많은 유감을 표했지만, 이를 성경적 관점에서 해석하며 다가간 경우는 찾아보기 힘들었다. 이러한 자각은 우리의 사회 사역과 창조 세계 돌봄 사역을 연결했으며, 하나님이 맡겨 주신 창조 세계에 대한 청지기로서 우리의 역할을 이전보다 포괄적으로 이해할 필요성을 확실히 알게 하였다.

이적

너는 내게 부르짖으라 내가 네게 응답하겠고 네가 알지 못하는 크고 은밀한 일을 네게 보이리라 렘 33:3

필자는 신앙이 형성되기 시작하는 시기에 목사님이 멀리 떨어진 마을에서 귀신을 쫓는 사역을 하는 것을 보는 특별한 체험을 했다. 기도를 통해서 사람들이 어둠의 속박에서 풀려나서 흔들리는 때가 있음을 알게 되었다. 필자가 신학 공부를 한 후 목회 사역을 하면서도 비슷한 사건을 경험했다. 필리핀의 외딴 지방에 도착한 한 여성이 우리의 기도회에 참석했다. 기도하는 동안 그녀의 얼굴은 험악해졌으며, 갑자기 혀를 내밀며 얼굴이 어두워졌고, 말없이 이상한 소리를 냈다. 필자는 두려운 마음이 있었지만 용기를 내어 그녀의 구원을 위해 예수님의 이름으로 중보했다. 한 시간쯤 기도한 후 그녀는 진정되었고 자신을 사로잡았던 두 가지 영이 사라졌다고 간증했다. 그녀는 자신이 깊은 숲속에 고립되어 살면서 외로움을 느꼈고, 그 틈을 타고 이 영혼들이 그녀를 붙잡았으며, 그곳에서 무의식적으로 그들의 이름도 불렀다고 말했다.

필자 또한 영국에서 연구 학위를 취득하는 동안 믿음을 시험하는 힘든 상황에 봉착했다. 날이 갈수록 목에서 자라나는 용종 때문에 너무나 힘든 시기를 보내고 있었다. 이를 해결하기 위해 인터넷을 검색했는데, 암일 수 있다는 불안한 정보를 읽기도 했다. 당시 필자는 사랑하는 아내와 어린 자녀들을 남겨 두고 이 세상을 떠난다는 생각에 불안과 두려움이 더욱 커져만 갔다. 그래서 통곡하며 주님 앞에 엎드려 눈물을 흘리다 결국 깊은 잠에 빠졌다.

다음 날 아침에 일어나서 가장 먼저 한 일은 입 안을 살펴보는 것이었는데, 필자를 그렇게 고통스럽게 했던 용종이 사라진 것을 발견했다. 어떻게 해서도 필자에게 일어난 일을 설명할 수 없었기에 이는 필자로 하여금 하나님을 경외할 수밖에 없게 하였다. 용종이 밤사이에 녹아서 삼켜졌는지, 아니면 기적적으로 작아졌는지 확인할 수가 없었다. 그러나 한 가지는 확실했다. 주님이 필자가 드린 기도를 들으셨고, 필자의 삶을 위한 계획과 목적을 하나님이 여전히 가지고 계시다는 것을 믿는 큰 용기로 필자를 가득 채우고 계시다는 것이었다.

필자는 이렇듯 다양한 모습으로 나타내시는 주님의 경이로움들을 목격했다. 그분의 거룩한 손길은 자연의 작용, 의학적 개입, 초자연적 사건 등을 통해 지속적으로 필자에게 나타났다. 필자는 자신과 가족, 그리고 필자의 사역을 위하시는 하나님의 기적적인 역사와 공급하심에 대하여 셀 수 없이 많은 간증을 할 수 있다.

또한 필자는 한 신학교의 책임자로서 하나님의 특별한 공급하심을 직접 경험했다. 신학교가 빚을 지고 있을 때 한 여성이 갑자기 찾아와 1만 4천 달러 수표를 내밀었다. 처음에는 의심스러웠지만 관리자에게 수표 확인을 요청했고, 그 수표가 유효하다는 사실을 알게 되었다. 최근 재정적인 필요가 시급해졌을 때에는 무력함 가운데서도 소망을 붙잡으며 간절히 주님께 기도로 나아갔다. 다음 날 학교의 사업 관리자는 1만 4천 달러의 정부 장학금이 계좌에 입금되었다는 소식을 알려 주었다. 그 후 그 관리자가 추가로 7천 달러가 예치되었다는 소식을 전했는데, 출처는 아직 알려지지 않았다. 그러나 필자는 이러한 공급이 주님에게서 왔다는 강한 확신을 가지고 있다. 이는 주님의 견고한 신실하심과 보살피심의 실질적 증거이며, 이를 통해 필자의 신앙은 계속해서 성장하고 있으며, 그분이 필자의 앞에서 보여 주신 길에 계속적으로 순종하고자 하는 결심을 지지해 준다.

창조 세계 돌봄

여호와 하나님이 그 사람을 이끌어 에덴 동산에 두어 그것을 경작하며 지키게 하시고 창 2:15

필자는 연구를 진행하면서 같은 생각을 가진 사람들과 대화를 나눌 수 있는 기회를 가지게 되었고, 이를 통해 창조 세계 돌봄에 대한 이해가 새롭게 자리 잡기 시작했다. 필자는 우리의 신앙 기반이 되는 소망의 복음이 영적이고 사회적인 영역뿐만 아니라 우리가 살고 있는 현실 세계 전체가 변화의 주체가 되도록 영감을 주어야 한다는 것을 깨달았다. 이러한 깨달음은 개혁주의 신학교에서 시작되었는데, 신학교 교수들은 거룩한 영역과 세속적 영역 사이에 구분이 없음을 열심히 가르쳤고, 복음 전도 명령과 문화 명령의 중요성을 강조하기도 했다. 더욱이 프란시스 쉐퍼(Francis Schaeffer)는 그의 책에서 신앙, 문화, 환경이 분명히 연관되어 있음을 주장하였다. 그는 불교와 같은 다른 종교 전통을 믿는 사람들이 종종 대다수의 그리스도인들보다 창조 세계에 더 큰 관심을 보인다는 주목할 만한 현실을 언급했다. 필자는 이 부분이 참으로 인상적이었고, 이를 통해 필자의 믿음과 행위를 다시 한 번 평가해 보기로 했다.

아는 교수님 중 한 분이 창조 세계의 정원화 개념에 대해 강의했는데, 필자는 큰 감명을 받았고, 이는 주님이 에덴 동산과 창조 세계를 돌보라고 하신 거룩한 소명을 생각나게 하였다. 게다가 정원사로서의 예수 그리스도에 대한 발표는 창조 세계 돌봄에 대한 성경적 서사를 제공하기도 하였다. 이는 하나님이 아담과 하와를 관리인으로 두어 에덴 동산을 가꾸게 하시고, 장차 펼쳐질 새 하늘과 새 땅에서의 낙원을 엿볼 수 있게 했던 구약의 기록을 재조명한 것이기도 하다. 이를 통해 필자는 궁극적으로 회복될 창조 세계를 자세히 들여다볼 수 있었고, 그것을 책임감을 다해 돌보아야 한다는 것을 새롭게 깨닫게 되었다.

필자는 이렇게 창조 세계 돌봄에 대한 이해의 폭이 넓고 깊어짐에 따라 이를 행동으로 표현하고 싶었다. 그래서 필리핀 장로교신학대학교(PTS College Advanced Studies) 총장으로서 영성과 창조 세계 돌봄에 대한 중요성을 현실적으로 표현할 수 있는 기도 정원 만들기를 시작했고, 우리 학교의 랜드마크가 되었다. 이는 우리 학교의 창조 세계 돌봄이라는 주제를 잘 표현할 뿐만 아니라 우리의 사명을 다시 한 번 떠올려 준다. 즉 기후 변화와 인간의 무책임함으로 현재 필리핀에도 생태적 위기 상황이 찾아왔는데, 필자는 이 위기 속에서 자연 생태계 환경의 실질적인 회복에 직접적으로 도움이 되는 능력을 갖춘 다음 세대의 그리스도인들을 양성하고, 영성을 추구하며, 창조 세계 돌봄을 조화롭게 이루어 내는 공동체를 꿈꾸어 본다.

회상

너희는 옛적 일을 기억하라 나는 하나님이라 나 외에 다른 이가 없느니라
사 46:9

필자는 갈림길에서의 인생의 전환점을 회고해 본다. 필자는 감당해야 할 고난에 사로잡혀 신학 공부와 종교적 소명을 포기할 생각도 했다. 다른 직업을 찾아보기로 결심했을 때 갑자기 눈물이 터져 나와 30분 정도 울었다. 그러던 중 함께 그 길을 걷던 친구가 부르는 소리가 들렸지만 필자는 숨어서 계속 울 수밖에 없었다. 그 순간, 주님이 필자의 마음을 꼭 붙들고 놓아 주지 않으신다는 것을 알게 되었고, 기독교 사역을 통해 하나님을 섬기라는 소명을 다시 한 번 확인할 수 있었다. 그 순간부터 굳건히 주님을 따랐으며, 하나님의 말씀을 가르치고, 여러 가지 사역에 참여하고, 하나님의 놀라운 기적을 목격했으며, 지금은 창조 세계 돌봄에 대한 사역을 하고 있다.

필자의 성장 여정을 되돌아보면 복음이 어떻게 삶을 변화시키는지에 대해 온전히 감사할 뿐이다. 그 복음은 필자를 하나님과 화해시켰을 뿐만 아니라 필자의 믿음을 환경, 인류의 복지와 깊이 연관시킬 수 있는 눈을 뜨게 해 주었다. 필자는 이 길을 계속 걸어가면서 환경 재해와 인적 재난에 대한 선교적 대응에 관한 포럼에 참석할 수 있게 되었고, 창조 세계에 치유와 회복이 있도록 인도하는 복음에 대해 감명을 받기도 했다. "잘하였도다 착하고 충성된 종아 … 네 주인의 즐거움에 참여할지어다"(마 25:23)라는 우리 주님의 말씀을 들을 때 필자는 계속해서 나아갈 것이다. 오직 하나님께만 영광을(Soli Deo gloria)!

22

KGMLF의 선교적 코이노니아

김선만

하나님이 … 보시기에 심히 좋았더라 창 1:31

자연환경은 지금 인류의 생존을 위협하는 위기 상황에 처해 있다. 대기 오염, 기후 변화 등 환경 문제는 세계적인 문제가 되었다. 그럼에도 불구하고 우리는 희망의 복음이 여전히 인류에게 유효하다는 사실에 안도의 한숨을 내쉰다. 이런 위기의 직접적인 책임은 인간에게 있기 때문에 우리 자신을 되돌아보고 해결책을 찾는 것은 매우 가치 있는 일이라고 생각한다. 필자의 간증은 환경 문제를 직접적으로 다루지 않는다. 그러나 자연환경에 대한 책임을 맡은 인간으로서 희망의 복음이 필자의 삶에 끼친 영향을 함께 나누고 싶다. 그리고 한국 글로벌 선교지도자 포럼(KGMLF)의 시작과 진행 과정을 직접 목격한 사람으로서 이에 대해 간략한 간증도 하고 싶다.

필자의 고향인 원주시는 한국의 많은 도시와 마찬가지로 사방이 산으로 둘러싸인 작은 분지에 위치하고 있다. 우리는 산에서 나무를 모아 요리와 난방에 사용했다. 우리 집 굴뚝과 마을 대부분의 집에서는 매일 아침저녁으로 연기가 피어 올랐는데, 이는 우리나라 대부분의 농어촌 마을을 연상케 하는 광경이었다. 그러나 1983년 미국으로 이민한 후 약 20년이 지나 고국을 방문했을 때 필자는 매우 놀랐다. 요리와 난방을 위한 장작이 전기와 가스로 대체되었고, 1960년대 중반 초등학생 시절부터 사람들이 매년 식목일에 나무를 심은 덕분에 산마다 숲이 울창해졌으며, 멧돼지, 사슴 등 야생 동물들의 서식이 엄청나게 늘어나고 있었다. 그러나 그 후 급속한 산업 발전과 자동차 수요 증가로 인해 환경 오염이 심각해졌고 우리나라도 예외는 아니었다.

이러한 지구적 환경 문제는 우리로 하여금 하나님의 말씀에 점점 더 집중하도록 만들어 주고 있다. 하나님은 자신의 형상대로 창조된 인간에게 땅, 즉 자연환경을 '정복'하라고 하셨고, 모든 피조물을 '다스릴' 책임을 맡기셨다(창 1:28). 그러므로 필자는 인간이 하나님과 올바른 관계를 맺을 때에만 우리가 청지기직을 완수할 수 있다고 믿는다. "아버지께서는 모든 충만으로 예수 안에 거하게 하시고 그의 십자가의 피로 화평을 이루사 만물 곧 땅에 있는 것들이나 하늘에 있는 것들이 그로 말미암아 자기와 화목하게 되기를 기뻐하심이라"(골 1:19-20). 평화가 하나님과 올바른 관계를 회복한 인간의 상태라면, 필자를 포함한 모든 피조물이 그리스도를 통해 화목케 되는 것을 하나님이 기뻐하신다는 것을 필자는 경험했다.

필자는 고등학교 3학년 때 세상에 대해 비관하고 독약을 마셨다. 3일 동안 혼수상태에 빠졌고, 의사들은 절망적이라고 했다. 그러나 다니던 교회 성도들과 친구들의 기도로 기적적으로 살아났다. 필자는 그 순간을 잊을 수 없다. 왜냐하면 예수님의 십자가 죽음이 필자의 존재와 관련이 있다는 것을 생애 처음으로 깨달은 순간이었기 때문이다.

필자 역시 비참한 죄인임을 변명 없이 인정했다. 그것을 인정한 순간부터 회개의 눈물이 주체할 수 없이 흘러내렸다. 눈물을 흘리며 불쌍한 죄인의 모습이지만 그와 동시에 이러한 죄인을 불쌍히 여기시고 받아 주시는 하나님의 임재를 느끼게 되었다.

필자는 그렇게 죽고 싶었지만 지금은 오히려 살고 싶다. "그런즉 누구든지 그리스도 안에 있으면 새로운 피조물이라 이전 것은 지나갔으니 보라 새것이 되었도다"(고후 5:17). 필자가 죄인이라는 사실을 몰랐더라면 지금 어떤 삶을 살고 있었을지, 생각하면 현기증이 난다. 그러나 이제 죄인이라는 것을 알았으므로 필자에게는 항상 예수님이 필요하며 그분을 부름으로써 살 수 있다는 것을 믿는다.

1983년 미국으로 이민 간 후에는 "새로운 땅에서는 어떻게 살아가야 할까?"라는 문제에 온통 정신이 팔려 있었다. 그러던 중 하나님이 은혜 가운데 무명의 전도자를 통해 필자를 부르셨다. 이민 1년 차 겨울, 뉴욕 맨해튼의 혼잡한 거리에서 한인 길거리 전도자와 눈이 마주쳤다. 그는 "제 자리 좀 맡아 주세요" 하며 마이크를 건넨 뒤 어디론가 달려갔다. 필자는 그 자리에 서야만 했고, 이내 머뭇거리며 마이크를 입에 대고 전도자와 같은 말을 반복했다. 그것이 필자가 처음으로 전도자의 삶을 살아 본 경험이다.

그날 밤 집에 돌아와 이민 가방을 정리하던 중 원주 고등학교 친구에게 받은 선물 상자를 발견했다. 그것은 친구가 필자를 위해 무릎을 꿇고 기도하는 음성이 담긴 카세트 테이프 였다. 그것을 듣던 중 한 가지 기도 제목이 필자의 마음을 강타했다. "제 친구 선만이가 뉴욕의 고층 빌딩 숲에 숨어들지 않고 복음을 전하는 사람이 되도록 도와주세요!" 필자는 그날 밤 필자의 삶을 예수님께 다시 바쳤다.

이렇게 필자는 20대 중반에 맨해튼 거리에서 하나님의 부르심을 받아 이민자 교회의 목사가 되었다. "하나님의 은사와 부르심에는 후회하심이 없느니라"(롬 11:29). 이제 필자는 은퇴를 생각할 나이가 되었는데 한 번씩 인생의 황금기가 지나갔다는 생각이 들 때가 있다. 하지만 지금은 가족과 함께 행복하다. 돌이켜보면 하나님이 필자를 부르셨기 때문에 후회가 없다.

코네티컷주 하트퍼드에서 사역할 당시 해외사역연구센터(OMSC)가 근처에 있었다. 필자는 그곳에 머물고 있는 선교사 가족들을 방문하곤 했고, 때로는 그들을 교회에 초대하여 선교 메시지를 듣기도 했다. 지역 교회와 선교사 가족 간의 이러한 친교는 지역 교회가 선교에 대한 인식을 높이고 참여할 수 있는 좋은 기회이기도 했다. 당시 OMSC 원장인 조나단 J. 봉크 박사와 후임인 J. 넬슨 제닝스 박사는 안식년 선교사나 각 분야의 학자들을 초청해 세미나와 포럼을 자주 개최했으며, 정기적으로 선교저널(IBRC: International Bulletin of Missionary Research)을 발간했다.

OMSC에서 필자는 2006년 아프리카 기니 파송 선교사 김진봉 선교사를 만났을 때 그것이 KGMLF의 시작이 될 줄은 몰랐다. 우리는 즉시 서로 인생 이야기를 나눴다. 한번은 그가 양화진 선교사 묘소에서 결혼식을 올렸다는 결혼 간증을 전해 들었다. 그의 진심과 선교적 열정을 느꼈고 우리는 더욱 가까워졌다. 어느 날 김진봉 선교사와 함께 짜장면을 먹다가 선교 문제를 제기하게 되었는데, 서양인이나 외국인 선교사들이 의외로 한국 선교에 관심이 많다는 것이었다. 그러나 언어의 장벽으로 인해 서로에게 접근하고 대화하는 것이 어렵다는 것이었다. 그래서 우리는 한국 선교 지도자들과 서양 또는 비한국 선교 지도자들이 함께 포럼을 열고 그 결과를 영어판으로 출판하는 것이 좋을 것 같다는 이야기를 나눴다.

결국 첫 번째 KGMLF는 2011년 2월에 열렸다. 이는 순전히 현지 교회 일꾼들과 선교 지도자들이 공유한 코이노니아의 산물이었다. 포럼의 결과로《선교 책무》한국어판과 영어판이 출판되었다. 이 포럼은 코네티컷 주 정부에 비영리종교단체로 등록된 GMLF(Global Mission Leadership Forum Inc.)를 탄생시켰으며 그 GMLF가 KGMLF를 개최한 후 영어와 한국어(일부는 중국어도 포함)책을 출판하고 있다. 2015년부터는 미국의 William Carey Publishing이 영어책을 전자책으로도 출판하고 있어 세계 어디에서나 접할 수 있게 되었다.

그러나 2013년 제2차 포럼 직후 OMSC는 시련에 직면했다. 이사회 구성원 중 한 명이 OMSC의 정책과 재정을 두고 내분을 일으킨 것이다. 여러 번의 이사회 회의 후에도 해결책이 발견되지 않았고, 마지막 회의에서는 이사회 구성원 모두가 이 문제에 대해 한마음이 되지 못했다. 문제를 제기한 구성원들은 회의에 자신을 대리할 변호사를 초빙해 불리한 의견이 나오지 않도록 노력하기도 했다. 결국 그들의 의견에 동의하지 않는 이사회 구성원들은 사임해야 했고, 리더들 역시 새로운 길을 찾기 위해 나서야 했다. 그것은 큰 고통이자 상처였다. 그러나 우리는 복음으로 사람을 구원하는 사명을 그 무엇도 막을 수 없음을 경험했다. "우리가 항상 예수의 죽음을 몸에 짊어짐은 예수의 생명이 또한 우리 몸에 나타나게 하려 함이라"(고후 4:10).

그런 점에서 이 뼈아픈 사건 이후에도 지속된 KGMLF의 가치는 참으로 컸다. 필자는 OMSC의 전 이사 중 한 사람으로서 이제 KGMLF에 주어진 사명의 소중한 가치를 깨닫는다. 주권적인 섭리 가운데 여기까지 인도하신 하나님께 모든 영광과 감사를 돌린다. 동시에 한마음으로, 끈끈한 우정으로 예수님을 섬기는 조나단 J. 봉크 박사, J. 넬슨 제닝스 박사, 김진봉 박사께도 깊은 감사를 드린다.

제6부

요약 및 결론

23
희망 없는 세상 속의 희망의 복음

조나단 J. 봉크(Jonathan J. Bonk)

생각하건대 현재의 고난은 장차 우리에게 나타날 영광과 비교할 수 없도다 피조물이 고대하는 바는 하나님의 아들들이 나타나는 것이니 피조물이 허무한 데 굴복하는 것은 자기 뜻이 아니요 오직 굴복하게 하시는 이로 말미암음이라 그 바라는 것은 피조물도 썩어짐의 종노릇한 데서 해방되어 하나님의 자녀들의 영광의 자유에 이르는 것이니라 피조물이 다 이제까지 함께 탄식하며 함께 고통을 겪고 있는 것을 우리가 아느니라 **롬 8:18-22**

1. 서론

우리는 인간 행동으로 인해 확대되어 가는 세계적 재난이 있는 인류세(Anthropocene)에 살고 있다.[1] 성경은 이를 "우리의 죄가 우리를 찾아

---

1 "인류세(人類世, Anthropocene)는 인류가 지구 지질이나 생태계에 미친 영향에 주목하여 제안된 지질 시대의 구분 중 하나다"(위키백과 "인류세"), 2024년 3월 23일 접속(옮긴이 주), https://ko.wikipedia.org/wiki/인류세.

냈다"고 표현한다(민 32:14, 23).

《수호자》(*The Guardian*)라는 책의 온라인 버전인 2023년 7월 15일자 오피니언란에서 조지 몽비오(George Monbiot)는 다음과 같은 부정적인 예측을 했다. "우리는 식량 시스템이 붕괴 직전에 있는 상황이고, 이는 큰 부를 소유한 자들과 지구상의 모든 생명체가 대치되는 상황이다." 그 전주에 발표된 어느 과학 논문에서는 이렇게 썼다. "우리는 세계적인 기후의 급격한 변화로 인해 세계의 주요 재배 지역에서 동시다발적으로 작물이 손실될 위험이 높아지고 있음을 간과하고 있다. 우리는 예측할 수 없고 상상하기 힘든 앞으로의 전망에 직면한다. 즉 가장 큰 두 가지 실존적인 위협이라고 할 수 있는 환경의 파괴와 식량 시스템의 붕괴가 어느 순간 하나의 현상적 결과로 나타나는 순간, 우리는 또 다른 문제에 봉착할 것이다."[2]

또 다른 권위 있는 필자가 2023년 7월 30일 〈뉴욕 타임즈〉에 기재한 내용도 절망적이긴 마찬가지다. 그는 "캐나다 산불을 통해 입증한 앞이 캄캄한 기후 위기의 교훈"을 주제로 쓴 글에서 이렇게 썼다. "환경 오염을 가져다주는 배출을 통제하려는 인간이 세운 모든 계획에 더 이상 사람들은 책임을 완전히 지지 않으려 하고 심지어 회피한다."[3] 이러한 현실은 또 죠 리가 자신의 논문에 질문과 함께 신랄하게 비판한다. "21세기에는 누가 세계를 먹일 것인가?"

---

2 George Monbiot, "With Our Food Systems on the Verge of Collapse, It's the Plutocrats v Life on Earth," *The Guardian*, 2023년 7월 15일 접속, https://www.theguardian.com/commentisfree/2023/jul/15/food-systems-collapse-plutocrats-life-on-earth-climate-breakdown.

3 David Wallace-Wells, "One Grim Lesson from the Canadian Wildfires: For All Our Plans to Control Emissions, Humans Are No Longer Fully in Charge," *The New York Times Magazine*, July 30, 2023, 16-17. 월러스 웰즈(Wallace Wells)는 잡지의 전속 작가이자 *The Uninhabitable Earth: Life after Warming* (New York: Tim Duggan Books, 2019)의 저자다.

비운의 선지자들은 그들의 백성이나 동역자들로부터, 특별히 드러난 진실을 이해하는 것이 그들을 불편하게 하는 그 어떤 증거보다 낫다고 확신하는 사람들에게 따뜻한 환대를 받는 경우는 거의 없다고 할 수 있다. 우리 시대의 많은 사람과 마찬가지로 이사야 시대의 백성처럼 하나님의 진리보다는 하나냐(렘 28장)나 로버트 슐러(Robert Schuller)가 주는 안위의 메시지에 더 환호하였다.

> 대저 이는 패역한 백성이요 거짓말하는 자식들이요 여호와의 법을 듣기 싫어하는 자식들이라 그들이 선견자들에게 이르기를 선견하지 말라 선지자들에게 이르기를 우리에게 바른 것을 보이지 말라 우리에게 부드러운 말을 하라 거짓된 것을 보이라 너희는 바른길을 버리며 첩경에서 돌이키라 이스라엘의 거룩하신 이를 우리 앞에서 떠나시게 하라 하는도다 사 30:9-11

이 논문에서 필자가 할 일은 이 포럼의 주요 쟁점들을 강조, 요약하여 최종적인 요약문을 작성하는 것이다. 필자는 이 요약문에서 이 포럼에서 발표된 여러 가지 광범위한 발표문들과 포럼 자체의 잘 짜인 일정들을 기반으로 발표문, 논찬, 그리고 토론의 여러 논점들을 다양한 측면에서 전반적으로 다루었으며, 모든 측면에서 공통적이고 병합되는 네 가지 광범위한 주제를 요약하였다. 이 네 가지 주제는 성경적이고 신학적 진리,[4] 역사적이고 문화적 접근,[5] 물질적이고 사회적 차원,[6] 그리고 소망의 징후(sign)[7]다.

---

[4] (1) 크리스토퍼 라이트의 성경 강해(렘 1장; 7장; 사 24-25장), (2) 마이클 G. 디스테파노의 논문, (3) 데이브 부클리스의 논문

[5] (1) 앨리슨 하웰의 논문, (2) 제이 마텡가의 논문, (3) 에드 브라운의 논문, (4) 이명석의 논문

[6] (1) 홍종호의 논문, (2) 엄주연의 논문, (3) 죠 리의 논문, (4) 이니 도카스 다의 논문

[7] (1) 토니 리나우도의 논문, (2) 정운오, 유진아, 김우용의 논문, (3) 벤 토레이, 이봉주의 논문,

2. 성경적이고 신학적 진리

여호와께서 구름 가운데에 강림하사 그와 함께 거기 서서 여호와의 이름을
선포하실새 여호와께서 그의 앞으로 지나시며 선포하시되 여호와라 여호
와라 자비롭고 은혜롭고 노하기를 더디 하고 인자와 진실이 많은 하나님이
라 인자를 천대까지 베풀며 악과 과실과 죄를 용서하리라 그러나 벌을 면제
하지는 아니하고 아버지의 악행을 자손 삼사 대까지 보응하리라 출 34:5-7

우리는 포럼의 모든 발표 가운데, 특별히 성경적이고 신학적으로 초
점을 맞춘 발표에서는 더욱 확실하게, 창조 자체가 윤리적 측면으로
가득 차 있다는 점을 다시 한 번 발견하게 되었다. 이러한 측면에서 인
류가 무엇을 하고, 하지 않는지는 중요하다고 할 수 있다. 하나님이 창
조하시고 운영하시는 이 나약하기 그지없는 창조 세계에는 윤리적 책
임 의식을 가지고 관리하는 인류가 살고 있다. 이러한 메타프레임워크
(mata-framework, 다른 체계를 결합하거나 포함하는 폭넓은 적용성을 갖춘 체계-옮
긴이 주) 가운데, 인류는 우리의 조상과 우리 자신이 만들어 낸 이러한
재난의 결과를 감내해야만 한다. 하나님은 인류의 행동으로 인해 재난
이 초래될 수 있는 창조 세계를 디자인하셨고 책임지고 계시다. 크리
스토퍼 라이트(Christopher J. H. Wright)의 말을 인용하면, "인류의 역사
를 지배하는 것은 … 하나님의 말씀"이다.

마이클 디스테파노(Michel G. Distefano)의 연구 또한 이런 부분에서
경각심을 자극하는데, 이는 성경의 저자들은 모든 재난이 일어난 궁극
적인 원인에 대해서 잘못 인식하고 있지 않다는 것이다. 디스테파노

_____

(4) 김인수의 논문, (5) 더글라스 데이 카우프만의 논문, (6) 로렌스 고의 논문

23 희망 없는 세상 속의 희망의 복음

의 지적처럼, "신성한 주권과 인간의 도덕적 책임은 너무 밀접하게 얽혀 있어" 인간이 재난에 대해 이해하고 그 뜻을 파악할 때에는 이를 반드시 기억해야 할 것이다. 인류의 윤리성은 이미 알려져 있거나, 혹은 알려지지 않은 하나님의 창조 세계의 모든 차원에 영향을 미칠 수 있으며, 또한 인류의 모든 행동과 하나님이 창조하신 인류들 사이의 상호 작용은 긍정적으로든 부정적으로든 직접적이고 궁극적으로 그 결과에 기인한다.

우리 모두는 인류가 태초에 하나님께로부터 계속적으로 멀어진 이후, 인류가 창조된 목적인 창조 세계 돌봄의 책임이 심각하게 무너진 냉혹한 현실에서 살고 있다. 이는 인류를 살아 숨 쉬고 있는 창조 세계에서 도리어 가장 파괴적인 침입의 존재로 인식하게 할 수 있다. 즉 동물과 식물, 광물, 물, 대기 등 지구상의 어떤 것도 인류의 파괴적인 손길에서 벗어날 수 없다. 인간이 하나님께 받은 독창성(즉 온전히 특화된 언어라는 선물을 통해 역사 속에서 좋은 것이든 나쁜 것이든 학습하고 전달하고 축적하고 발전시키는 능력)과 죄악 된 본성(즉 개인적으로나 집단적으로 어떠한 이익을 달성하거나 유지하기 위해서 거짓말, 탐욕, 폭력을 사용하는 인간의 행동과 능력)이 우리로 하여금 지금과 같은 안타까운 상황에 처하게 했다. 우리는 우리가 의도하고 이끌어 온 이처럼 통제할 수 없었던 거대한 힘에 제동을 걸어 반대 방향으로 나아가는 데에는 어쩌면 수 세기, 수천 년이 걸릴 수도 있다는 사실을 알아야 한다.

이것은 또한 창조 세계와 인류 역사의 재난에 대한 성경의 해석과 일치하기도 한다. 우리는 고의적으로든 무의식적으로든 하나님을 대적하는 죄인이다. 예수 그리스도가 이 땅에 탄생하셨을 때 당시의 유대교가 너무 구체적으로 발전하여 종교 지도자들이, 예수님이 그들이 기다리고 섬겨 왔던 분이심에도 불구하고 그분을 십자가에 못 박을 근거를 발견한 것은 그렇게 놀라운 일이 아니다. 즉 예수 그리스도가 자신의 모습을 실제적으로 그들에게 나타내셨을 때 하나님의 것들을 관리한다고 하는 사람들은 그분을 십자가에 처형할 것을 계획했다. 이는 오늘날도 마찬가지인데, 이 시대의 가장 완강한 종교인들은 생명을 주는 의로운 길이 있음에도 불구하고 자신의 국가가 이를 따르지 않도록 최선을 다한다.

3. 역사적이고 문화적 접근

"현재의 시간과 과거의 시간은 아마도 둘 다 미래의 시간에 존재하고, 미래의 시간은 이미 지나간 과거의 시간에서 발견할 수 있다." - T. S. 엘리엇(T. S. Eliot), 《사중주 네 편》

앨리슨 하웰(Allison Howell)은 역사적으로 기록된 그리 멀지 않은 과거에 나약한 인류에게 발생한 기후 변화로 인한 재난을 소개하였다. 수년에 걸쳐서 화산 폭발이 있었고, 이로 인해 태양이 가려지면서 농작물의 흉작과 기근이 발생하였으며, 쥐와 벼룩으로 인해 전염병이 발생하였고, 이는 막대한 인명 피해, 사회 질서 붕괴, 대량 학살 전쟁으로 이어졌으며, 결국 인류의 인구가 멸종 위기를 맞기도 했다. 이에 그의 논문을 논찬하는 이정숙 박사는 주후 536년에서 547년 사이에 격변을 일으킨 아이슬란드 화산 폭발이 있던 시기에 기독교 선교 활동이 거의 없었다는 것을 감지했다. 또한 그 논찬 논문은 1876년과 1879년 사이에 발생한 가장 최근의 엘니뇨-남방 진동(ENSO)과 한국에서 18차례 있었던 공식적인 특별 기도 의식(기우제) 가뭄 상황을 직접적으로 연결시키기도 했다.

기후와 관련된 재난은 지구의 생명 있는 모든 생명체 가운데 자주 반복되는 특징이 있다. 오늘날의 기후에 관련된 재난의 경우 조금 다른 특징이 있다면 지금까지 중에서 가장 부유한 시대를 살아가는 인간 사회의 생활 방식과 누리고 있는 권리들이 지역적 규모가 아닌 지구적 규모로, 돌이킬 수 없는 기후 재난을 향해 가고 있는 것을 가속화시키는 직접적인 역할을 한다는 것이다.

데이브 부클리스(Dave Bookless)는 우리가 교묘하게 만든 잘 정리된 세대주의적인 종말론(의도적으로든 의도적이지 않든 이 시대의 믿는 자들을 하나님 나라의 우선순위에서 제외시키는 것)은 해석학적으로 결함이 있고, 그 결과는 너무나 예측 가능하다고 지적한다. 스스로를 '기독교 국가'라고 크게 자처하는 대부분의 국가들이 지구가 현재 겪고 있는 많은 문제점의 근본적 원인임이 드러나게 되었다. 이 국가들은(그리고 그들이 창출해 낸 문화적인 인공위성들은) 창조 세계의 회복을 목적으로 피조물을 잘 돌보기는커녕, 도리어 어느 정도의 설득력을 가진 경제 복음을 통해 적극적이고 이데올로기적으로 모든 것이 결코 충분하지 않다는 의식을 키웠으며, 인류의 다른 구원 수단을 고안하는 데 힘쓰고 있고, 이러한 모습은 이미 피해를 입고 있는 창조 세계에 계속해서 엄청난 타격을 주고 있다.

제이 마텡가(Jay Mātenga)는 '계몽주의'가 우리에게 지금까지 알려지지 않았던 현실에 대해 눈을 뜨게 했을 뿐만 아니라 신학적인 어떠한 이해가 없는 짙은 정신적 안개를 낳았다고 말한다. 서양의 정신적 인도자라고 할 수 있는 성경은 과학에 의해 대체되었고, 지나간 시대의 유물로 전락하기도 했다. 이러한 시대에 과학자들은 끊임없이 증가하는 물질적 재화의 생산과 계속되는 소비를 부추기는 사회 경제 체제에 이상적으로 잘 맞아떨어지는 역동적인 종교 집단의 성직자처럼 행세하게 되었고, 이러한 생산과 소비 문화를 매우 효과적으로 전도하는 존재가 되었다. 여전히 종교를 필요로 하는 사람들은 그들의 기이하게 의인화된 투사(anthropomorphic projections, 인간 이외의 무생물, 동식물, 사물 등에 인간적 특성을 부여해서 보는 시각-옮긴이 주)를 고수할 수 있었다. 물론, 이것들이 소비 세계의 필수품들을 방해하지 않는다면 말이다. 즉 경건의 형태가 경제적, 정치적, 윤리적 제약이나 조건을 만들어 낼 수 있는 실제적인 힘과 잘 조화된다면 괜찮다는 것이다.

그렇다! 아마도 우리는 인류의 역사가 끊임없고 냉혹한 인류 발전의 이야기가 아니라는 사실을 너무 늦게 깨달은 것이 아닌가 한다. '진보'라는 개념은 기독교의 섭리 교리의 세속적 버전이라고 할 수 있지만, 인류의 본성 자체는 물질적 또는 사회적 변화와 함께 진보하는 모습을 보이지 않고 있다. 즉 우리는 시간이 지난다고 재물이 많아지고 더 진보하고 있지 않다는 것이다. 역사 속에서 어떤 개선을 위한 정치 체제는 항상 우발적인 편이었고, 탐욕, 이기심, 자만심, 폭력, 인종 차별로 인한 도덕적 쇠퇴는 도적적 부패로 나타났다. 무신론자였던 존 그레이(John Gray) 교수는 이러한 현상을 다음과 같이 예리하게 비판했다.

"인류의 삶은 전체적으로 누적된 형태로 이루어지는 것이 아니다. 한 세대에서 얻은 것이 다음 세대에서는 사라질 수도 있다. 과학은 인간의 힘을 강화하고 인간 본성의 결함을 확대한다. 이를 통해 우리는 과거보다 더 오래 살고 더 높은 생활 수준을 누릴 수 있다. 동시에 그것은 우리가 그 어느 때보다 더 큰 규모로 서로서로를, 또는 우리가 살고 있는 지구를 파괴할 수 있도록 할 수 있다.

진보라는 개념은 지식의 성장과 인류의 진보가 함께 간다는 신념에 기초한다. 지금은 아니더라도 장기적으로는 그럴 것이라는 것이다. 인간의 타락에 관한 성경의 신화에는 금단의 진리가 담겨 있다. 지식은 우리를 자유롭게 해 주지 않는다. 그것은 언제나 그랬던 것처럼 우리를 모든 종류의 어리석음에 사로잡히도록 인도한다."[8]

서양인들은 자기 자신 또는 인류가 허무하게 거하고 있는 세상이 새롭게 창조될 수 있다고 감히 상상해 왔다. 그들은 인류의 삶의 목적은 물질세계를 발전시키는 것이 아닌, 물질세계를 올바르게 해석하고 그보다 훨씬 더 크고 신비스러운 현실 속에서 겸손하고 조화롭게 살아가는 것이어야 한다는 사실을 망각했다고 할 수 있다. 이 근본적인 진리는 역사 속의 많은 원주민의 정신적인 지침서(the meaning maps)에서도 발견할 수 있다. 그리스도인을 포함한 현대 세속주의자들은 소위 우리가 존재하고 있는 자궁, 즉 지구 자체에 대한 이러한 원주민 신학으로부터 배울 점이 많다.

이것이 바로 케이프타운 서약에서 창조 세계 돌봄을 하나님의 복음의 필수적인 부분으로 포함시켰다는 에드 브라운(Ed Brown)의 논문에 언급된 것이고, 이는 매우 큰 전환점으로 힘을 실어 준다. 그것은 근시안적으로 유감스러운 방향으로 구체화된 신학이 다시 한 번 새롭게 될 수 있음을 시사하였다!

우리 복음주의자들은 우리가 신학적인 의무를 계속 옳게 이행해 왔다는 것을 증명할 필요가 없다는 사실을 자유롭게 받아들인다. 우리는 미가선언에서 복음주의자라도 회개하고 변화될 수 있다는 것을 볼 수 있다. 즉 우리는 잘못된 신학을 버리고, 옳지 않은 관점을 바로잡음으로 신학적 뼈대를 구체화시킬 수 있다. 이러한 사실은 참으로 큰 격려

---

8 John Gray, *Straw Dogs: Thoughts on Humans and Other Animals* (New York: Farrar, Straus and Giroux, 2002), xiii-xv.

가 되며, 로마서 12장 2절에서 초대 교회 교인들에게 한 바울의 권면에서도 찾아볼 수 있다. "너희는 이 세대를 본받지 말고 오직 마음을 새롭게 함으로 변화를 받아 하나님의 선하시고 기뻐하시고 온전하신 뜻이 무엇인지 분별하도록 하라."

이명석 박사는 기후 변화와 쓰나미의 경고를 고의적으로 무시했던 한국 전근대 시대의 고위 지도자들이 수십 년 동안 부패하고 무능한 정치를 해 왔고, 그 결과 너무나 비참한 결과를 가져왔다고 비판한다. 그러나 이를 조금 일반적으로 설명하자면, 이러한 모습은 궁극적으로 문화와 정치적 구조를 넘어 인류 역사 전반에 걸쳐 유사하게 나타난다고 할 수 있다. 어떠한 중요한 예언의 경고에 귀를 기울이지 않았던 완고함은 유대교-기독교 사회의 특징에서 나타난다고 할 수 있으며, 이는 때로는 사회의 정치적이고 부유한 지배 계층의 단기간의 관심사가 우리 같은 평범함 사람들의 이익과 맞아떨어졌을 때 나타날 수 있다.

제2차 세계대전 시 가미카제(kamikaze)의 공격으로부터 우리 사회를 구할 방안에 대해 가장 현실적으로 강한 신념을 가지고 행동으로 옮기려는 사람들에게 큰 위험과 죽음이 기다리고 있었다는 것은 그 당시에도 다들 알 수 있었다. 사회의 모든 방면에서 높은 수준의 (윤리적이고 정의로운) 통치는 참으로 유익한 점이 많다는 것은 아무리 강조해도 지나치지 않다. 반대로, 이기주의로 초래된 부패와 불평등이 지배하는 사회는 결코 번영할 수 없다. 세계 여러 지역에서 기독교 선교사들의 헌신적인 섬김이 인류가 더 나은 길로 나아갈 수 있는 꽃을 피우는 씨앗이 된 것은 그렇게 놀라운 일이 아니다.

4. 물질적이고 사회적인 차원

"이것이 미국 사회의 두 가지 큰 계명이다. '더 많은 욕망을 창조하라. 소비하라.'" - 줄스 헨리(Jules Henry), 《인간에 대항하는 문화》(*Culture Against Man*)[9]

"좋은 사회의 많은 모델 중에 '다람쥐 쳇바퀴'의 모습을 모델화한 사람은 아무도 없다." - 존 케네스 갈브레이스, 《풍요로운 사회》(*The Affluent Society*)[10]

한국의 경제학자 홍종호의 사례 연구와 부르키나파소의 이니 도카스 다(Ini Dorcas Da)의 사례 연구는 개인, 기업, 국가, 무역 블록(trade bloc, 정부 간 협정의 한 유형으로 관세를 줄이거나 제거하는 것-옮긴이 주), 또는 인류 전체 문명의 단기적이고 편협한 경제적 이익에서 비롯되는 의도하지 않았던 여러 가지 피해와 그로 인한 전 세계적 규모의 재난을 다루고 있다.[11] 기독교 신학에서 탐욕은 우리가 (자기 자신처럼 사랑하는) 이웃

---

9 Jules Henry, *Culture Against Man* (New York: Random House, 1963): 19-20.

10 John Kenneth Galbraith, *The Affluent Society*, 3rd ed., rev. (New York: New American Library, 1976), 124.

11 이러한 사고는 캐나다와 광물 채굴 및 임업이 이루어지는 전 세계의 모든 곳에서 흔히 발생한다. 예를 들어 다음을 참조하라. Leyland Cecco, "Mercury Exposure Linked to High Youth Suicides in Canada First Nation: Grassy Narrows' Exposure to Toxic Metal Helped Cause a Suicide Rate Three Times Higher than Other Communities, Research Finds," *The Guardian*, 2023년 7월 20일, https://www.theguardian.com/world/2023/jul/20/canada-mercury-poisoning-first-nations-indigenous-youth-suicides. "그레시 내로우(Grassy Narrows)는 1963년 이후 거의 10년 동안 수은을 투기한 장소였다. 한 제지 회사가 20,000lb 이상의 수은을 와비군(Wabigoon)과 English River Systems에 방출했을 때, 월아이 같은 물고기는 얼마 지나지 않아 독성이 높아 식용으로 사용할 수 없게 되었다. 쓰레기 투기는 150마일 이상의 유역을 오염시킨 것으로 추정되며, 1g의 수은은 반경 20헥타르 내에 서식하는 물고기를 소비하기에 안전하지 않게 만들기 충분하지만 그레시 내로우에 투기되는 양은 9m나 더 많았다."

이 충분하지 않은 상황 가운데 사회적으로 충분히 용인되는 권리라고 할 수 있는데, 이는 다른 많은 죄가 너무나 자연스럽게 또 다른 문제가 되도록 이끄는 "우두머리 죄" 또는 "치명적인 죄" 중 하나다.[12] 이에 수반되는 피해(그중 일부는 전 인류나 다음 세대의 동식물에게 치명적으로 피해를 주는데)는 때때로 의도하지 않게 일어나며, 많은 경우 과소평가되기도 한다. 그러나 또 다른 경우는 그러한 피해가 고의적으로 발생하기도 하고, 국가적, 종교적 이해 관계에서 불가피하게 드러나게 되지만, 이는 또한 전쟁에서는 그렇게 되지 못한다.

탐욕이 공식적으로 승인되고 보상받을 때 그 경제적 보상은 일시적이고 필연적으로 결코 득이 되지 않는데, 이는 그에 수반되는 탐욕의 황폐성이 삶을 장기적으로 번영시키는 것을 불가능하게 하기 때문이다. 즉 창조 세계 돌봄은 멀리 떨어져 있는 관련성 없는 추상화된 개념이 되고, 창조 세계 파괴는 전체 경제의 가장 중요한 초점이 되어 버린다는 것이다. 민족주의의 우상 숭배적 관점은 창조 세계 돌봄을 포함한 다른 여러 가지 관심들을 저버린다.[13] 전쟁보다는 덜 위협적이지만, 인간, 동물 및 유기체에 장기적으로 참혹한 영향을 끼칠 수 있는 자연 세계에 가해지는 화학적인 독소는 매우 치명적이다. 홍종호 박사의 논문에 대한 데이브 부클리스(Dave Bookless)의 건설적인 논찬은 이 논문을 지적, 신학적, 사회적 측면에서 더욱 깊이 있게 보완한다. 그의 논찬

---

12 이것은 교회가 궁극적으로 모든 죄악의 근원이라고 정의한 마음의 근본적인 나쁜 습관이다. 그것들은 "죄악의 일곱 뿌리"라고 불릴 수도 있다. 다음을 참조하라. Dorothy L. Sayers's introductory remarks in Dante, *Divine Comedy*, vol. II, *Purgatory*, trans. Dorothy L. Sayers," in *Delphi Complete Works of Dorothy L. Sayers* (Delphi Classics, 2021), 7185, Kindle.

13 예를 들어 다음을 참조하라. Donovan Webster, *Aftermath: The Remnants of War: From Landmines to Chemical Warfare—The Devastating Effects of Modern Combat* (New York: Vintage Books, 1998), and Dan Kaszeta, *Toxic: A History of Nerve Agents, from Nazi Germany to Putin's Russia* (New York: Oxford Univ. Press, 2021).

은 다시 읽고 연구하고 토론할 만한 가치가 충분하다.

환경 문제에 대한 한국 선교사들의 인식에 대한 엄주연 박사의 분석에서 알 수 있듯이, 보수적인 신학을 가진 우리가 세속적이거나 신학적으로 의문스러운 점이 남아 있는 부분의 전문가들이 주장하는 통찰력에 대해서는 받아들이거나 적용하는 데 다소 소극적이라는 사실은 놀라운 일이 아니다. 그러나 성경에 나와 있듯이 여호와 하나님이 인류의 불순종에 대해서나 성경에서 보여 주는 하늘의 평화(샬롬, Biblical Shalom)에 반하는 불의하고 착취적인 사회 경제 시스템에 대해서 재난을 허락하신다는 사실을 무시하는 것은 참으로 어리석은 일이 아닐 수 없다.

엄 박사의 선교사 설문 조사 중 선교학적인 함의적 요소가 포함된 질문인 "피조 세계의 회복도 선교적 임무에 포함되어야 하는가?"라는 질문에 대해 이번 포럼의 발표자들은 암묵적이든 명시적이든 "그렇다!"라고 단호하게 대답했다고 할 수 있다. 그러나 아마도 "회복", "보존"(preservation)이라는 단어는 창조주의 명령을 설명하기에는 너무 부족한 단어일 것이다. 정원사는 '보존' 이상의 일을 한다. 정원사는 식물과 토양, 농산물 등 정원을 건강하고 생산적으로 유지하기 위해 열심히 일한다. 선교사들이 가뭄으로 피해를 입은 시골 지역 사회에서 일을 할 때 선교 이론과 실천적 측면에서 기후 변화를 크게 고려하고 더 많이 인식하고 있다는 사실은 놀라운 일이 아니다. 예수님처럼 그들은 사람들에게 필요한 것이 무엇인지 직접적으로 말하지 않는다. 그들은 사람들에게, 그들이 삶의 어려움 가운데 어떻게 도움이 될 수 있는지를 '묻는다'(또는 분별한다).

케이프타운 서약에 뿌리를 둔 "온누리교회의 환경 사역과 전략"은 우리 각자를 위한 모델이자 우리가 대표하는 교회, 기관, 교육 기관을 위한 모델이 될 수 있다. 하나님 나라에 대한 교인들의 이해가 커짐에 따라, 더 깊이 있게 성경적이게 된 대중적 복음주의 신학에 기초하여 '낯선'(Unfamiliar), '불편한'(Uncomfortable), '안전하지 않은'(Unsafe) 것을 사랑하는 "러빙 유"(Loving U)라는 슬로건은 교회가 생각할 수 있는 모든 상황에 적용할 수 있다는 것이 드러났다. 다른 기독교 기관이나 예수님을 따르는 사람들도 사역하도록 부름을 받을 수 있다. 이는 온누리교회가 세상을 향한 하나님의 사랑에 대한 점점 더 많은 이해와 일치하는 충실함을 모델링하는 여러 가지 방법 중 하나다.

"네 번째 강 프로젝트"는 비록 더 좁은 범위에 초점을 맞추긴 했지만, 이러한 온누리교회의 신학적 스펙트럼에서 너무나 비슷하다고 할 수 있다.[14] 언뜻 보면, "10톤의 폐플라스틱과 비닐을 소비함으로써 하루에 1톤의 수소를 생산할 수 있는 용량을 갖춘 수소 생산 공장과 수소자동차의 연료 전지 충전을 위한 수소 충전소를 건설"할 것을 개척하려는 철저한 복음주의 선교단체의 비전은 윌리엄 캐리나 "복음을 전파하라"라는 '지상 대명령'에 대한 최근의 해석과는 거리가 먼 것처럼 보인다. 그러나 이 논문의 큰 기여도는 그 논문의 제목에 비해서 선견지명적인 면이 있다고 할 수 있다.[15] 우리가 그렇게 생각했던 것은 우리의 신학적 이해가 단편적이었기 때문이었다.

이 상상력이 넘치는 제안서는 피조물을 돌보라는 하나님이 우리에게 주신 명령 안에 포함되어 있는 내용이었다. 만약 그것이 결실을 맺

---

14 "'네 번째 강' 프로젝트의 사명은 예수 그리스도의 기초 위에 북한을 재건하기 위해 각계각층의 일꾼을 준비시켜 북한이 복음에 열릴 수 있도록 준비하는 것입니다. 이를 위해 우리는 북한에 대한 연구를 장려하고 지식 교환, 교육 및 훈련을 통해 연구와 경험의 결과를 공유하려고 노력합니다"("프로필: 네 번째 강 프로젝트", *Jesus Abbey's Three Seas Center*, accessed Aug. 5, 2023, http://www.thefourthriver.org/PDF%20Documents/Profile.pdf).

15 William Carey, *An Enquiry into the Obligations of Christians to Use Means for the Conversion of the Heathens* (1792; repr., London: Carey Kingsgate Press, 1961).

는다면 그것은 분명히 '가난한 사람들을 위한 좋은 소식'이라는 복음의 범주에 속하는 것이다. 그리고 이는 예수님이 이 땅에 계실 때 일종의 선험적으로 실재하는 모습으로 복음을 선포하셨을 뿐 아니라 주위에 모여든 모든 남자와 여자에게 복음을 어떻게 이해하는지를 질문하신 후 그들이 이해한 대로 반응하신 것과 유사하다.

예수님이 물으셨을 때 그들의 반응은 다양했는데, 한 맹인의 친구들은 "그가 보고 싶어 한다"고 말했고, 나병 환자들은 "깨끗해지고 싶다"고 했으며, 예수님의 옷자락을 잡고는 겁에 질린 여자는 "출혈이 멈추기를 원한다"고 말했다. 군중은 "음식이 필요하다"고 했고, 청각 장애인의 여러 무명의 친구들은 "우리는 이 사람이 듣고 말하기를 원한다"고 예수님께 답했다. 어린 딸이 아파서 정신이 없는 어머니는 "내 어린 딸에게서 귀신을 쫓아내 주기를 원한다"고 간청했다. 이것이 우리 주님이 유대에서 짧은 3년 동안의 공생애 사역을 하실 때 나타난 주요 패턴이라고 특정할 수 있다. 복음은 예수님이 만나신 사람들에 의해 정의되었다. 그리고 이 땅을 떠나시기 전에 주님은 그저 그런 염소와는 다른 그분의 양들이 항상 이런 방식으로 복음을 선포할 것임을 분명히 말씀하셨다(마 25:31-46).

5. 소망의 징후

"내가 소망의 여러 가지 모습을 묵상하고 이해할 때, 나는 어느 무엇보다 이 세상의 상태가 아니라 마음의 상태를 들여다본다. 즉 우리 안에 소망이 있거나 없거나 둘 중 하나다. 이것은 영적인 차원의 것이며 본질적으로 이 세상에 대한 특정한 현상이나 상황에 미루어 생각하여 판단하지 않는다. 소망은 어떤 일이 잘될 것이라는 확신이 아니라 결과에 관계없이 그 어떠한 일이 의미가 있다는 확신이다." - 바츨라프 하벨 (Vaclav Havel), 《평화를 교란하다》(Disturbing the Peace)[16]

여호와의 말씀이니라 너희를 향한 나의 생각을 내가 아나니 평안이요 재앙이 아니니라 너희에게 미래와 희망을 주는 것이니라 렘 29:11

니제르의 재조림화 사역에 대해 토니 리나우도(Tony Rinaudo)는 놀라운 사실을 이야기하는데, 이는 그의 재조림화 사역이 어떤 기준으로 보아도 녹색 혁명처럼 보이는, 지구상에서 전혀 있을 법하지 않은 환경을 만들고자 하는 거창한 시작이 아니라, 마을 사람들의 무관심과 무기력한 절망감에서 시작되었다는 것이다. 그가 시편 104편 30절을 통해서 환경 운동으로 그의 사역의 방향을 바꾸었다는 것은 참으로 주목할 만하다. "주의 영을 보내어 그들을 창조하사 지면을 새롭게 하시나이다"(시 104:30).

모든 생명의 근원이신 하나님은 끊임없이 창조하시고, 또 창조하고 계신다. 니제르에서의 재창조의 규모는 놀라울 정도다! 20년 동안 매년 25만 헥타르를 재배하면 총 500만 헥타르가 된다. 500만 헥타르는 5만 평방킬로미터로, 남한 면적(10만 32제곱킬로미터)의 거의 절반에 해당한다! 이는 창조의 새로움과 함께 그 지역의 전체 인구에게 풍성한 혜택을 가져왔다. 이 모든 것은 호주 아웃백 출신의 한 젊은이가 몇천 년 전에 쓰인 성경 본문을 우연히 발견한 것으로부터 시작되었다! 하나님의 영이 땅의 얼굴을 새롭게 하셨다! 창조 세계는 창조주에게 너

---

16 Václav Havel(Czech playwright, president), "Václav Havel Quotes," AZ QUOTES, 2023년 8월 5일 접속, https://www.azquotes.com/author/6389-Vaclav_Havel. Havel. The quote is from Václav Havel and Karel Hvížďala, *Disturbing the Peace: A Conversation with Karel Hvížďala*, trans. Paul Wilson (New York: Knopf, 1990), 181.

무나 중요하며, 수년 전 존 스토트(John Stott)가 복음적 진리로 가르쳤듯이, 창조주를 경배하는 사람들에게도 역시 창조 세계가 가장 중요해야 한다. 리나우도의 논문은 필자가 찬송을 부르게 하기도 하였다. 정말 너무나 좋은 소식이 아닐 수 없다!

아마도 민들레공동체의 김인수 대표는 현재 기후 위기의 원인과 전망을 가장 예언적으로 포착하고, 우리에게 건설적인 대안을 제시하는 사람이라고 말하고 싶다. 현재의 기후 및 환경 관련 재난은 우리가 '서구 문명'이라고 부르는 모든 소비자적 관점을 언급하지 않고는 설명할수 없다. 사실 우리는 우리의 문화와 가치를 창조하지 않는다. 우리는 그것에 의해 창조되었으며, 이러한 우리의 행동을 통해 의식적으로는 교사, 선구자, 학자로서, 그리고 무의식적으로는 급증하는 물질적 소비자 문화의 세력 가운데 형성되고 적용된 사회적 존재로서 문화와 가치를 영속시키고 촉진시킨다.

우리는 뭔가 심각하게 잘못되었다는 것을 알면서도 벗어날 수 없다. 우리 조상들의 허무하기 그지없는 이러한 삶의 방식은 우리의 사고, 언어, 선교 전략, 개인적인 생활 방식, 자녀를 위한 기대에 자연스럽게 스며들어 있다. 우리 아이들을 위한 우리의 꿈은 결국 경쟁적인 소비 사회에서 비롯된 급격한 부름에 대한 응답이다. 즉 최고의 성적, 명문 학교, 뛰어난 지위, 존경심, 아낌없는 소비 등은 하나님의 조건이 아닌 인류 소비자 사회의 조건에 따라 형성된 꿈이라고 할 수 있다. 아무래도 탈출구를 찾는 것은 어려울 듯 보인다.

예레미야 시대처럼 우리도 이러한 소비 문화가 자멸의 길로 가차 없이 이끌고 있음을 알면서도 빠져나오지 못하는 포로 생활 가운데 있는 것은 아닌가 생각해 본다. 탈출할 길이 전혀 보이지 않는다. 그리고 우리는 이러한 상황에서 웃음밖에 나오지 않는 너무나 하찮은 대안만을 제시할 수 있다. 우리는 문명적 쓰나미의 꼭대기에 표류하는 조각들과 같아서 그 힘, 속도, 파괴력을 통제할 수 없다. 여기서 우리는 우리가 갖고 있는 어떠한 희망으로든 이 현실을 살아 내야 한다.

모든 피조물에 대한 창조주의 깊고 넓은 사랑을 더욱 완전한 모습으로 이해하기 위한 끊임없는 여정을 기록한 김인수 대표의 논문에 대한 더글라스 카우프만(Douglas Kaufman)의 논찬은 그리스도 예수 안에 있는 새로운 피조물인 우리가 복음의 범주를 묵상할 수 있도록 도와준다. 우리는 어디에 있든 복음으로 살고 선포해야 한다. "하나님이 세상 사람들을 이처럼 사랑하사 독생자를 주셨으니 이는 그를 믿는 자마다 영생을 얻고 영원히 죽지 아니하려 하심이니라"(요 3:16, CEV).

김한성 교수가 카우프만의 발표에 대한 논찬에서 언급했듯이, 복음은 인류로부터 시작된다. 왜냐하면 피조물을 더럽히고 타락시키고 고통과 파괴를 가져온 것도 바로 인류이기 때문이다. 하나님이 창조하신 인간들이 회개하고 새롭게 되지 아니하면 나머지 피조물에게는 소망이 있을 수 없다. 그러나 하나님의 새로운 방식으로 보고 존재하고 우선순위를 정하며 살아간다면 아마도 하나님의 창조의 면류관인 우리가 다시 한 번 모든 창조 세계를 관리하고 돌보는 책임과 함께 하나님이 주신 창조 명령을 맡을 수 있게 될 것이다. 즉 인류는 지구상에서 이미 기형적으로 변했거나 기형적으로 변하고 있는 외래종의 모습이 아니라 하나님이 지으신 창조 세계, 즉 하나님의 정원과 그 정원에 있는 모든 생물을 돌보고 구원하는 청지기 역할로 돌아갈 것이다.

물론 이런 일이 일어날 것이라고 상상하기는 쉽지 않다. 왜냐하면 우리는 조상으로부터 물려받은 문화적, 사회적 책임의 무게를 무시하고 죄악 된 가치와 방향으로 나아가며 그것에 얽매여 있기에 우리 앞에 놓인 경주의 출발선조차 넘을 수 없기 때문이다. 그러나 우리는 동시대 사람들과 이전에 뛰었던 사람들의 증언을 잘 경청하여, 비판적인 그리스도인들과 불신자 모두가 반대하더라도 한스 헛(Hans Hut)이 언급한 "모든 피조물의 복음"을 선포하며 인내를 가지고 달려야 할 것이다.

우리가 현실적이고 확고한 소망을 가질 수 있는 근거가 있는가? 우리는 그렇다고 믿어야 한다. 우리가 인류가 만들어 낸 이러한 혼란에 초점을 둔 사이에도 창조 세계는 궁극적인 구원을 간절히 기대하며 기다리고 있다. 악은 승리할 수 없다(롬 7:7-25; 8:18-24). 하나님의 형상은 훼손될 수는 있지만 인류 안에서 결코 근절될 수는 없다. 우리는 하나님께 소중한 존재다. 우리는 사랑받고 있다. 그리고 우리는 구속받을 수 있는 존재다. 데이브 부클리스가 그의 발표 "창조 세계 돌봄을 위한 성경적 기초"에서 강력하게 주장한 것처럼, "하나님의 최종 계획은 돌보라고 우리를 부르신 창조 세계를 파괴하고 교체하시는 것이 아니라 그것을 갱신하고 다듬고 회복시키는 것이다. … 하나님의 형상을 지닌 인류의 첫 번째 임무는 자연계와 그 생물체를 보존하고 보호하는 것과 관련이" 있다. 재난의 시대에 이것이 우리의 소망이다.

부록

기독교 도서

Bell, Colin and Robert S. White, eds. *Creation Care and the Gospel: Reconsidering the Mission of the Church*. Lausanne Library. Peabody, MA: Hendrickson, 2016.

Berry, R. J. (Sam) with Laura S. Meitzner Yoder. *John Stott on Creation Care*. London: IVP, 2021.

Hayhoe, Katharine. *Saving Us: A Climate Scientist's Case for Hope and Healing in a Divided World*. New York: One Signal Publishers, an imprint of Simon & Schuster, 2021.

Ingleby, Jonathan. *Christians and Catastrophe*. Gloucester: Wide Margin, 2010.

Jenkins, Philip. *Climate, Catastrophe, and Faith: How Changes in Climate Drive Religious Upheaval*. New York: Oxford Univ. Press, 2021.

Moo, Douglas J. and Jonathan A. Moo. *Creation Care: A Biblical Theology of the Natural World*. Grand Rapids: Zondervan, 2018.

Yoder, Laura S. Meitzner, ed. *Living Radical Discipleship: Inspired by John Stott*. Carlisle, Cumbria, UK: Langham Global

Library, an imprint of Langham Publishing, 2021.

일반 도서

Carson, Rachel. *Silent Spring. New York: Houghton Mifflin*, 1962. 한국어판, 《침묵의 봄》(레이첼 카슨, 에코리브르, 2011)으로 번역 출간되었다(옮긴이 주).

Eisenstein, Charles. *Climate: A New Story*. Berkeley, CA: North Atlantic Books, 2018.

Goodell, Jeff. *The Heat Will Kill You First: Life and Death on a Scorched Planet*. New York: Little, Brown and Company, 2023.

Horrell, David. *Ecological Hermeneutics: Biblical, Historical and Theological Perspectives*. London: T. & T. Clark, 2010.

Jackson, Wes and Robert Jensen. *An Inconvenient Apocalypse: Environmental Collapse, Climate Crisis, and the Fate of Humanity*. Notre Dame, IN: Univ. of Notre Dame Press, 2022.

Kara, Siddharth. *Cobalt Red: How the Blood of the Congo Powers Our Lives*. New York: St. Martins Press, 2023.

Klein, Seth. *A Good War: Mobilizing Canada for the Climate Emergency*. Toronto: ECW Press, 2020.

Magnason, Andri Snaer. *On Time and Water*. Translated by Lytton Smith. Rochester, NY: Open Letter, 2021.

McGuire, Bill. *Hothouse Earth: An Inhabitant's Guide*. London: Icon, 2022.

Thunberg, Greta. *The Climate Book: The Facts and the Solutions.* New York: Penguin, 2023.

Vince, Gaia. *Nomad Century: How Climate Migration Will Reshape Our World.* New York: Flatiron, 2022.

Von Brackel, Benjamin. *Nowhere Left to Go: How Climate Change is Driving Species to the Ends of the Earth.* Translated by Ayça Türkoğlu. New York: The Experiment, LLC, 2022.

Walia, Harsha. *Border and Rule: Global Migration, Capitalism, and the Rise of Racist Nationalism.* Chicago: Haymarket, 2021.

Wallace-Wells, David. *The Uninhabitable Earth: Life after Warming.* New York: Tim Duggan Books, 2019. 한국어판, 《2050 거주 불능 지구》(데이비드 월러스 웰즈, 추수밭, 2020)로 번역 출간되었다(옮긴이 주).

Watson, Brian T. *Headed into the Abyss: The Story of Our Time, and the Future We'll Face.* Swampscott, MA: Anvilside, 2019.

일반 소설

Doerr, Anthony. *Cloud Cuckoo Land: A Novel.* New York: Scribner, 2021. 한국어판, 《클라우드 쿠쿠 랜드》(앤서니 도어, 민음사, 2023)로 번역 출간되었다(옮긴이 주).

Robinson, Kim Stanley. *The High Sierra: A Love Story.* New York: Little, Brown and Company, 2022.

Williams, Joy. *Harrow*. New York: Alfred A. Knopf, 2021.

기사

Rosen, Julia. "The Science of Climate Change Explained: Facts, Evidence and Proof: Definitive Answers to the Big Questions." *The New York Times*, April 19, 2021, updated Nov. 6, 2021.

온라인 웹사이트 및 국제 과학 및 정부 보고서

Padilla-DeBorst, Ruth. "Fleeing the Hot Spots: Climate Change, Migration and Mission." Alexander Duff Lecture for COP26, November 16, 2021. YouTube video, https://media.ed.ac. uk/media/Ruth+Padilla+DeBorstA+Fleeing+the+hot+spot- sA+Climate+change%2C+migration+and+mission/1_9us- wa9v9/42247861.

Francis (pope). "*Laudato Si'* : On Care for Our Common Home." Encyclical letter, Vatican Press, May 24, 2015, https://www. vatican.va/content/francesco/en/encyclicals/documents/ papa-francesco_20150524_enciclica-laudato-si.html.

────. "The Pope, the Environmental Crisis, and Frontline *Leaders* | The Letter: *Laudato Si Film*." YouTube video, Oct. 4, 2022, https://www.youtube.com/watch?v=Rps9bs85BII. Trailer: "Official Trailer | The Letter: Laudato Si Film." You-

Tube video, Sept. 27, 2022, https://www.youtube.com/
watch?v=l3EBHebH17Y.

UN. *Intergovernmental Panel on Climate Change* (IPCC). https://
www.ipcc.ch/.

UK Church Mission Society. "Sustainability and Mission." *Anvil
38*, no. 2 (November 2022), https://churchmissionsociety.org/
anvil-journal-theology-and-mission/sustainability-and-mis-
sion-anvil-journal-of-theology-and-mission-vol-38-issue-2/.

UK Tearfund. "Policy positions—Closing the Loop: The Bene-
fits of the Circular Economy for Developing Countries and
Emerging Economies." 2016, https://learn.tearfund.org/en/
resources/policy-reports/closing-the-loop.

Yale-Edinburgh Group. "Creation, Climate Change, and World
Christianity." Yale-Edinburgh Conference, New College, Ed-
inburgh, June 21-23, 2023,
http://www.cswc.div.ed.ac.uk/events/yale-edinburgh-2023/.

다큐멘터리 영화

Baichwal, Jennifer, Nicholas de Pencier, and Edward Burtynsky.
"Anthropocene: The Human Epoch." Canadian documenta-
ry film, 2018. Trailer: "Anthropocene-Official U.S. Trailer."
YouTube video, May 16, 2019,
https://www.youtube.com/watch?v=ikMlCxzO-94.

가타와 로렌스(Gatawa, Laurence)

옥스퍼드 선교 연구센터(Oxford Centre for Mission Studies)를 거쳐 미들섹스 대학교(University of Middlesex London)에서 박사학위를 받았다. 그는 PTS대학및대학원(PTS College and Advanced Studies, 구 Presbyterian Theological Seminary)의 총장이자 필리핀아시아신학대학원 이사회 의장이다. 필리핀 장로교에서 목사 안수를 받은 그는 카비테주(Cavite)에 있는 엠마누엘크리스천교회(Emmanuel Christian Church)의 총회장으로 임명되었다. 그는 랭함 파트너십인터내셔널(Langham Partnership International)의 지원을 통해 박사 학위를 취득했으며 랭엄출판사(Langham Publishing) 및 기타 출판사에서 논문을 발표했다. 그는 아르셀린 가타와와 결혼, 랜트와 리넷이라는 두 자녀를 두는 축복을 받았고 필리핀 카비테주에 살고 있다.

고 로렌스(Ko, Lawrence J. C.)

싱가포르의 환경 및 도시 프로젝트와 관련한 사회적 기업인 아시안 저니즈(Asian Journeys Ltd.)의 창립자이자 이사다. 그는 지난 25년 동안 고등 교육 기관의 청소년 지도자들을 위한 봉사 학습 및 환경 교육을 조직해 왔으며 《Can the Desert Be Green? Planting Hope in the Wilderness》(2014)와 《From the Desert to the City: Christians in Creation Care》(2020) 등을 집필했다. 그는 싱가포르세계선교센터

(2012-2022년)의 전 국내 이사였으며 신학교에서 기독교 선교에 관해 가르치고 있다. 그는 또한 아시아로잔위원회(Asia Lausanne Committee), 국제고등교육협의회(International Council for Higher Education), 아시아복음주의연합선교위원회(Asia Evangelical Alliance Mission Commission)의 이사회에서 섬겼다. 그는 2007년부터 싱가포르 공무원 대학의 부교수로 재직 중이며 마스터코치협회(Mastercoach Institute)의 국제 고문이다.

김선만(Kim, Sun Man)

텍사스 댈러스에 있는 사랑의 교회(구 McKinney Shalom Church)의 담임 목사다. 그는 또한 댈러스의 한인 라디오 방송국 "Today's Meditation"(2017년-현재)에서 말씀을 전하고 있다. 2012년부터 2015년까지 코네티컷 주 해외 선교 연구센터(OMSC) 이사, 코네티컷 한인교회협의회 및 목회자 협의회 회장(2014년), 뉴잉글랜드노회(KAPC) 총회장, 코네티컷 주 하트포드 제일 장로 교회의 담임 목사(2006-2016년)로 섬겼다. 그는 또한 뉴욕 플러싱에 있는 동방개혁장로신학교(Eastern Reformed Presbyterian Theological Seminary)의 교수 및 이사로 재직했다(2010-2015년). 저서로는《요한계시록 강해설교》(CLC, 2014)가 있다. 그와 그의 아내는 장성한 네 자녀와 두 명의 손주를 두고 있다. 2023년 현재, 그는 타란카운티(Tarran County) 한인 교회 협의회 회장으로 섬기고 있다.

김우용(Kim, Woo-Yong)

한국침례신학대학교에서 선교학 Th.M. 과정 중에 있으며 한국침례교신학연구소 연구원으로 재직하고 있다. 그는 선교적 교회를 중심으로 10,000사역(평신도 사역)과 아나뱁티스트 전통을 연구하고 있다. 건설중장비업체인 (주)디엠엘 대표이사를 역임했으며, 온누리교회 사회

선교본부 생명과 환경팀 사무총장, 2000선교본부 1만 사역 팀장, S브릿지공동체 대표를 맡고 있다. 온누리교회의 비전인 Acts 29의 평신도 지도자다.

김인수(Kim, Insoo)

서울대학교에서 박사 학위를 취득하고 1991년부터 민들레공동체의 창립자이자 이사로 활동하고 있다. 그의 초기 사역은 농촌 전도와 교회 개척에 중점을 두었으며, 농촌 교인들의 건강을 증진하고 친환경 농업을 확산하는 것이 지금까지 그의 주요 관심사였다. 민들레 팀은 캄보디아(ISAC: Institute of Sustainable Agriculture and Community Development)와 히말라야(CRBC: Council of Rengma Baptist Churches와의 선교 파트너십)로 선교를 확장했으며 농촌 자원 개발 및 관련 국가를 지원하고 있다. 현재 그는 아프리카 및 아시아 선교 및 농촌 지도자를 위한 민들레공동체 개발 과정(민들레대학 프로그램)을 이끌고 있다. 그와 그의 아내 권근숙은 경남 산청에서 살고 있다.

김진봉(Kim, Jinbong)

조나단 봉크가 원장으로 있던 OMSC에서 국제교회관계 대표로 섬기면서 2008년 KGMLF 포럼을 건의하고 그때부터 코디네이터로 섬기고 있다. 2016년 6월 OMSC를 떠나 봉크, 제닝스, 드와이트, 정근삼 박사 그리고 이재훈 목사 등과 GMLF라는 새로운 단체를 코네티컷주 정부에 등록해 대표로 섬기고 있다. 그는 1990년 코트디부아르 선교사로 출발 1994년에는 아내인 정순영 선교사와 GMS 선교사로 파송받았고 1998년에는 WEC국제선교회와 더불어 아프리카 기니(Guinea)에서 풀라니 무슬림 사역을 감당했다. 그는 총신대학신학대학원과 선교대학원 졸업 후 영국과 프랑스 그리고 미국에서 선교학 공부를 했으며 동시에 그곳에서 인터십을 비롯 다양한 현장경험을 쌓았다. 선교사 은퇴와 노후를 포함 선교사 멤버케어에 관심이 많은 그는 한국선교의 국제네트워크의 발전을 위해 여러 국제컨퍼런스와 포럼에 참석하면서 KGMLF 영문서적을 전 세계에 보급하는 일에도 힘쓰고 있다. 그는 아내, 두 아들과 함께 미국에 거주하고 있다.

김한성(Kim, Hansung)

바이올라대학교(Biola University, Cook School of Intercultural Studies)에서 D.Miss.를 취득하였으며, 현재 한국 아신대학교(ACTS)의 선교학 교수로 섬기고 있다. 그는 국제OM선교회 소속 선교사로 서남아시아에서 사역했으며, 한국복음주의선교신학회에서 2010년과 2011년에 편집장으로, 2012년과 2014년에 동학회 총무로, 2015년에는 동학회 부회장으로 섬겼다. 《한국 교회와 네팔 선교》(아세아연합신학대학교, 2017), 《선하고 거룩한 동역》(죠이선교회, 2021), 《선교지에 어떤 교회를 세울 것인가?》(예영커뮤니케이션, 2020) 등을 저술했고, 《기도 전도》, 《타 문화권 교회 개척》, 《모금의 영성》, 《타 문화권 교육 선교》 등을 번역했다. 그는 아내 버지니아(Virginia, 캐나다 국적) 사이에 세 자녀와 함께 세종시에서 살고 있다.

김형민(Kim, Hyoungmin)

빛의자녀교회 담임목사이자 빛의자녀학교 설립자다. 햇불트리니티 신학대학원대학교 이사로도 섬기고 있다. 이전에 중동선교사였고 한국침례신학대학교 이사로 섬겼다. 청년들을 일으키는 다음세대 선교에 주력하고 있으며, 포스트 코로나 시대와 선교 위기의 시대에 고립화되는 세계 교회가 열방 선교를 열어 가도록 환경 선교를 알리는 데 헌신하고 있다. 저서로 《많이 힘드셨죠?》(두란노, 2019)가 있다.

이니 도카스 다(Dah, Ini Dorcas)

평신도 설교자이며 부르키나파소여성협회(AEJDF: Association Evangélique pour la Joie et le Développement de la Femme, Burkina Faso)의 창립자이자 회장이다. 독일 뮌스터대학 Arbeitsselle für Theologische Genderforschung, Katholisch-Theologische Fakultät의 알렉산더폰홈볼트재단(Alexander von Humboldt Foundation)의 연구원이며, 가나 쿠마시에 있는 디퍼라이프국제성경훈련칼리지(Deeper Life International Bible Training College)의 신학부 임원 자격(Executive Certificate in Theology) 과정 중에 있다. 또한 옥스퍼드선교대학원(Oxford Centre for Mission Studies), 아크로피크리스톨러신학교(ACI: Akrofi-Christaller Institute of Theology), 선교연구자및연구기관연합 암리 프로젝트(AMRI Project: Alliance of Mission Researchers and Institutions Project)의 기관 연구 코디네이터(프랑스어권 아프리카), 코트디부아르 부아플레(Bouaflé)의 헤브론목회기관(IPH: L'Institut Pastoral Hébron)의 교수(방문)이자 아크로피크리스톨러신학교의 겸임 연구원이다. 그녀는 기독교 선교에 관한 책과 기독교 선교, 신학, 인간의 필요와 환경, 아프리카의 영성과 희망에 관한 기사를 저술했으며, 연구 관심 분야는 기독교 역사, 복음과 문화, 전인적 선교와 개발이다. 그녀는 부르키나파소 출신으로 현재 독일 뮌스터에서 살고 있다.

마이클 G. 디스테파노(Distefano, Michel, G.)

히브리어 성경 분야에서 경력을 쌓을 수 있는 빠른 길을 가고 있다고 생각했지만, 1980년대 성경 대학(Providence)과 신학교(TEDS) 이후 그 계획은 10년 넘게 중단되었다. 그 후 그는 간호학을 공부하고 신생아 집중 치료실에서 일했다. 2000년에 맥길대학교(McGill University)에서 박사학위를 취득한 뒤 히브리어 성경과 ANE 강사로 일했다. 최근에는 독립학자가 되어, 2019년부터 KGMLF에 편집자로 참여하고 있다. 그는 조나단 J. 봉크 박사와 40년 이상 알고 지낸 각별한 사이이며, 바이블칼리지에서 만난 그의 캐나다인 아내 사이에 세 자녀, 며느리, 그리고 귀여운 손주들이 있다.

크리스토퍼 J. H. 라이트(Wright, Chirstopher J. H.)

선교학자이자 성공회 성직자이며 구약학자다. 랭함 파트너십 인터내셔널(Langham Partnership International)의 국제 디렉터였으며 기독교 학자이자 작가로서의 저술 사역을 통해 전 세계에 랭함(Langham)의 비전과 작업을 대표해 홍보하며 조직의 영적, 전략적 리더십을 공유했다. 영국 교회의 안수목사인 그는 인도에서 5년간(1983-1988년) 구약을 가르쳤고, 13년 동안 영국의 올네이션스크리스천칼리지(All Nations Christian College)의 학장이자 총장(1988-2001년)을 역임했다. 존 스토트의 요청에 따라 랭함 파트너십(Langham Partnership)을 설립했다. 그의 아내 리즈(Liz)와 함께 런던 랭함플레이스에 위치한 All Souls Church의 명예 사역자다. 다작의 저자인 그는 수십 권의 책과 기사를 출판 했으며 복음주의와 선교학으로 세계에 잘 알려져 있다. 그의 가장 최근 출판물은 《The Great Story and the Great Commission: Participating in the Biblical Drama of Mission》(Baker, 2023)이다.

죠 리(Zhou, Li)

푸단대학교(Fudan University)에서 경제학 박사 학위를 취득한 후, 칭화대학교(Tsinghua University) 경영학 박사 후 연구원으로 일했다. 중국 인민대학교(Renmin University of China) 농업 농촌 개발 대학원(the School of Agricultural and Rural Development) 교수이자 중국 국가사회과학재단(National Social Science Foundation) 주요 프로젝트의 수석 전문가다. 그는 국가 공공 문화 서비스 시스템 구축 전문위원이자 중국은행협회(China Bankers Association) 연구원이다. 프랑스 사회과학재단(French Social Science Foundation, MSH), 캘리포니아대학교 로스앤젤레스(UCLA), 미국 농업무역정책연구소(IATP: Institute for Agricultural and Trade Policy), 호주 그리피스대학교(Griffith University), 뉴질랜드 링컨대학교(Lincoln University)의 방문 연구원이다. 그는 인도, 태국, 브라질, 남북한, 케냐 등 30여 개국에서 현장 조사 경험을 갖고 있다. 그의 아내는 중국 베이징에서 부목사로 사역하고 있다.

제이 마텡가(Mātenga, Jay)

풀러 선교 대학원(Fuller School of Intercultural Studies)에서 선교학 박사(DIS) 과정을 마쳤고, 오클랜드에 기반을 둔 마오리 선교 신학자로, 뉴질랜드 아오테아로아(Aotearoa)에 있는 선교단체들의 연합체인 미션인터링크(Missions Interlink)의 디렉터로 섬기고 있다. 그는 미션인터링크에서 세계복음주의연맹(WEA: World Evangelical Alliance)에 파견되어 글로벌위트니스(Global Witness) 부서의 이사와 WEA 선교위원회의 전무이사로 섬기고 있다. WEA에서 섬기기 전에는 뉴질랜드 아오테아로아에서 선교사 파송 기관인 파이오니어(Pioneers)를 이끌었다(2000-2015년). 그는 《Mission in Motion: Speaking Frankly of Mobilization》

(2016)과 수많은 기사의 공동 저자이며, 그중 대부분은 그의 웹사이트인 jaymatenga.com에서 참조할 수 있다. 이 웹사이트는 마오리 원주민 관점의 선교를 매달 호스팅한다.

안나 리사 무다히(Mudahy, Anna lisa)

코네티컷 대학교(University of Connecticut)에서 해양과학과 해양학을 전공했다. 그녀의 주요 관심 분야는 수질 모니터링 및 환경 모델링이다. 그녀는 사회, 환경 정의에 대한 열정을 가지고 있으며 주님이 주시는 모든 방법으로 복음 사명을 완수하려고 노력한다.

박기홍(Park, Gihong)

KGMLF 2023의 한영 번역·편집자인 그는 코네티컷 주립 대학교(University of Connecticut)에서 박사 학위를 받았으며 해양 플랑크톤 생태학자이기도 하다. 그는 2011년부터 코네티컷 주립 대학교에서 기후 변화에 대한 플랑크톤 적응, 상호 포식자 독성 먹이 적응 및 유해 조류 번성을 연구해 왔다. 그는 롱아일랜드 해협의 플랑크톤 모니터링 프로젝트에 참여 중이며, 생태학을 통해 하나님의 뜻을 설명할 수 있는 방법을 찾고 있다. 또한 아내 신영미와 함께 뉴잉글랜드 지역에서 IVCF(InterVarsity Christian Fellowship) 자원봉사 스태프로 활동하고 있다. 그와 아내, 그리고 세 아들은 미국 코네티컷주 워터포드(Waterford)에서 살고 있다.

조나단 J. 봉크(Bonk, Jonathan J.)

아프리카기독교전기사전(Dictionary of African Christian Biography, www.dacb.org)의 명예 이사이며, 1997년부터 2013년 7월 은퇴할 때까지 섬

졌던 해외선교연구센터(OMSC: Overseas Ministries Study Center)의 명예이사다. 1997년 7월부터 2013년 6월까지 〈IBMR〉(International Bulletin of Missionary Research)의 편집자였으며, 지금까지 5권의 책을 저술했고, 11권의 공동 저서를 편집했으며, 거의 200편에 달하는 학술 논문, 책, 리뷰 및 사설을 출판했다. 그의 가장 잘 알려진 책은 《Missions and Money: Affluence as a Western Missionary Problem》(Orbis, 1991 and 2006)이다. APM, ASM, EMS 및 세계선교신학회(IAMS: International Association for Mission Studies)의 전 회장인 그는 2011년부터 GMLF의 이사장으로 KGMLF를 주도적으로 섬겼으며 지난 일곱 번의 KGMLF를 통해 각각 영어와 한국어 책이 출판되었다. 지난 2023년 10월에 J. 넬슨 제닝스에게 이사장직을 물려주었다. 캐나다 매니토바주 위니펙에 있는 포트개리메노나이트펠로우십(Fort Garry Mennonite Fellowship)의 사역자이기도 한 그는 에티오피아에서 선교사 부모 밑에서 자랐다.

데이브 부클리스(Bookless, Dave)

케임브리지대학교(University of Cambridge)에서 박사학위를 받았으며 현 아로샤 국제본부(A Rocha International)의 신학 디렉터이며, 로잔 운동의 창조 세계 돌봄의 촉진자다. 그는 인도에서 태어나고 자랐으며, 그의 부모 모두 신학을 가르쳤으며, 1991년부터 런던의 다인종 사우스올(Southall)에서 살고 있다. 저서로는 중국어, 네덜란드어, 프랑스어, 독일어, 한국어, 스페인어로 번역된 《Planetwise: Dare to Care for God's World》(IVP, 2008, 한국어판, 《나의 지구를 부탁해》[데이브 부클리스, 앵커출판미디어, 2021]로 번역 출간되었다[옮긴이 주])가 있다. 그는 30권이 넘는 책을 저술했고, 6개 대륙에 걸쳐 40개국 이상에서 강의했으며, 다양한 글로벌 이사회와 위원회에서 활동하고 있으며, 여러 신학교에서 생태 신학을 가르치고 있다. 그의 학문적 관심 분야는 생태학적 선교학, 다문화 교회, 야생 동물 보호 신학 등이 있다. 그는 여행하지 않을 때 그의 아내 앤(Anne)이 사우스올(Southall)에 있는 성공회 교회를 이끄는 것을 돕는다. 휴식 시간에는 걷기, 달리기, 조류 관찰, 인도 음식 및 영화를 즐긴다.

에드 브라운(Brown, Edward[Ed] R.)

전 세계 교회가 하나님의 창조물을 돌볼 수 있도록 동원하는 것을 사명으로 하는 미국에 기반을 둔 캠퍼스의 넬슨환경연구소(Nelson Institute of Environmental Studies)에서 명예 연구원으로 활동했다. 그는 창조 세계 돌봄의 촉진자였으며 그 역할에서 피조물 돌봄과 복음을 위한 세계적인 캠페인을 이끌었고, 이는 세계적인 로잔/세계복음주의연맹(WEA) 창조 돌봄 네트워크를 탄생시켰다. 그는 《Our Father's World: Mobilizing the Church to Care for God's Creation》과 《When Heaven and Nature Sing: Exploring God's Goals for His People and His World》라는 두 권의 책을 저술했다. 그는 〈Evangelical Missions Quarterly〉의 2023년 봄호를 포함하여 여러 책과 저널에 원고와 기사를 기고했다. 그의 아내 수잔나(Susanna)는 미국 위스콘신주 매디슨에 거주하며 성인이 된 자녀 4명과 손주 3명을 두고 있다.

신영미(Shin, Youngmi)

KGMLF 2023의 한국어·영어 번역·편집자인 그녀는 코네티컷 주립 대학교(University of Connecticut)에서 해양 물리학 박사를 취득한 후 미국 환경보호국(EPA)에서 환경 과학자로 일하고 있다. 그녀는 뉴잉글랜드 지역 IVF의 대학원 및 교수부(Graduate and Faculty Ministries, https://gfm.

intervarsity.org/)에서 캠퍼스 스태프로 활동하고 있기도 하다. 과학자로서 그녀의 연구는 기후 변화 및 기후 변화에 대응하여 해수를 이동시키는 물리적 과정을 조사하고 생지화학적 역학을 통해 연안 해양의 수질을 모니터링하는 데 중점을 두고 있다. IVCF 스태프로서 그녀는 코네티컷 대학교 해양 캠퍼스(Avery Campus)에서 대학원생·교수 사역을 위한 성경 공부와 펠로우십 모임을 주도하고 있다. 그녀와 남편 박기홍, 세 아들 고든(Gordon), 이든(Eden), 린든(Lyndon)은 미국 코네티컷주 워터포드(Waterford)에 살고 있다.

엄주연(Eum, Jooyun)

옥스퍼드 선교 대학원(Oxford Centre for Mission Studies)에서 박사학위를 받았으며 서울에 있는 한국선교훈련원(GMTC: Global Missionary Training Center)의 교수다. 또한 한국 교회와 선교단체의 선교 정책을 분석하고 조언하는 전문 연구 및 컨설팅 기관인 한국선교정책연구소(MaP: Mission and Policy)의 디렉터로 섬기고 있다. 그는 필리핀의 도시 무슬림들을 위한 선교사로 봉사했으며 선교학, 종교 신학, 선교 전략에 관한 여러 권의 책을 번역하고 출판했으며, 많은 국내외 선교 저널에 선교학 연구 논문을 발표했다. 현재 한국 교회와 전 세계 많은 선교 공동체를 위한 선교와 관련된 다양한 주제로 강의하고 있다. 그의 아내 손경화 여사는 한국 교회와 선교 공동체에서 여성의 리더십을 연구하고 지원하는 단체인 여성리더십포커스(WLF: Women's Leadership Focus)의 책임자로 섬기고 있다.

로라 요더(Yoder, Laura S. Meitzner)

일리노이주 휘튼칼리지(Wheaton College)의 정치 생태학자이자 존 스토트(John Stott) 휴먼니즈&글로벌리소스(Human Needs & Global Resources) 의장이자 환경학 교수다. 그녀의 학생들은 남아시아·동남아시아, 아프리카 및 라틴 아메리카의 지역 기독교 단체에서 인턴을 한다. 그녀는 갈등, 재난 또는 정치적 소외 상황에서 소작농과 산림 거주자의 경험에 중점을 두고 인간과 환경의 상호 작용을 연구한다. 그녀는 서파푸아(West Papua)와 쓰나미 이후 인도네시아 메노나이트 중앙위원회에서 일했으며, 동티모르 외쿠시(Oecusse) 지역에서 토지·산림 통제에 대한 장기 연구를 수행했다. 그녀의 가족은 지역 메노나이트 교회에서 활동하고 있다.

제프리 요더(Yoder, Jeffrey T. M.)

토목 공학자이자 교육자이며 미국 일리노이주 휘튼칼리지(Wheaton College)의 엔지니어링 프로그램 책임자다. 그는 안정적인 인프라가 없는 농촌 지역의 물 공급과 위생을 개선하기 위해 최선을 다하고 있다. 그는 잠비아, 태국, 동티모르, 인도네시아 서파푸아의 구호 및 개발을 위해 메노나이트 중앙위원회(Mennonite Central Committee), 국제구조위원회(IRC: International Rescue Committee), 옥스팜(Oxfam), 지역 교회, 국립 대학교 및 양자 기관에서 봉사했다. 그는 또한 지역 단체와 협력하여 쓰나미 이후 인도네시아 아체에서 재해 복구 프로그램을 감독했다. 그는 미국연방재난관리청(Federal Emergency Management Agency)과 함께 미국의 홍수 대응을 다루었다. 그의 가족은 지역 메노나이트 교회에서 활동하고 있다.

유진아(Ryu, Regina)

서울 온누리교회의 안수목사로 2014년부터 생명과 환경팀을 포함해

26개 사역팀으로 구성된 사회선교본부의 창립 멤버로 섬겼다. 온누리 교회 사역에 합류하기 전, 그녀는 처음에는 뉴욕의 폴,웨이스,리프킨 드,와튼&개리슨(Paul, Weiss, Rifkind, Wharton & Garrison)에서, 그리고 한 국 서울의 김앤장(Kim & Chang)에서 기업 법무 업무를 수행했다. 그녀 는 프린스턴대학교에서 역사학 학사학위를, 뉴욕대학교 법과대학에서 법학박사 학위를 취득했으며, 12년 동안 사법 실무를 수행한 후, 서울 에 있는 장로회신학대학교에서 신학 공부를 시작하여 공공신학 분야 에서 목회학 석사학위(M.Div.)와 신학 석사학위(Th.M.)를 취득했다. 그 녀는 예수께서 선포하신 하나님 나라 복음에 대한 총체적인 이해가 교 회의 사회적 사명의 신학적, 성경적 기초와 존재 이유가 되어야 한다 는 확고한 신념을 가지고 있다.

이명석(Lee, Bright Myeong-seok),

아크로피크리스톨러신학교(ACI: Akrofi-Christaller Institute of Theology)에 서 박사학위를 취득했다. 세계선교학회(International Association for Mis- sion Studies)의 사무총장이다. 그는 한국얌스펠로우십(Korea IAMS Fel- lowship)의 공동 회장이며 선교연구자및연구기관연합 암리(AMRI: Alli- ance of Mission Researchers and Institutions)와 함께 온라인 선교 연구 프 로젝트에 참여하고 있다. 그는 아신대학교(ACTS)에서 교목 및 조교수 로 가르치고 있다. 그와 그의 가족은 19년간(2002-2021년) 가나에서 독 일 팔츠(Palatinate) 교회와 협력하는 에큐메니칼 동역자로 봉사했다. 그 는 8년간(1994-2002년) 한국에서 이주 노동자들을 섬겼고, C3TV(기독교 방송사, 현 GoodTV)의 창립 멤버 겸 총책임자(1997-2002년)였으며, 한국 의 장로회신학대학교, 햇불트리니티신학대학원대학교에서 겸임교수 로 가르쳤다. 그와 그의 아내 그레이스(Grace)는 양평에서 살고 있다.

이명수(Lee, Myung-Soo)

서울에서 태어나 고려대학교에서 법학(BA & ML)을, 하버드 로스쿨(LLM & SJD)에서 국제공법 및 분쟁 해결·협상을 전공했다. 그녀는 하버드 로스쿨의 동아시아법률연구 조교수·연구 책임자였으며, 뉴욕대학교(New York University) 로스쿨의 연구원이었다. 그녀는 사립 기독교 학교인 맨해튼제네바스쿨(Geneva School of Manhattan)의 이사회에서 봉사했으며, 인도주의적 지원 단체인 월드에이드뉴욕(World Aid New York)의 핵심 회원으로 활동했다. 그녀는 또한 타임스퀘어교회(Times Square Church)에서 여성 사역의 공동 지도자로 섬겼다. 그녀는 현재 뉴욕대학교 법과대학원 미·아시아법률연구소의 선임 연구원이며, 한반도 통일 외교협의회(CDKU) 이사회에서 활동하고 있다.

이봉주(Lee, Bong Ju)

한양대학교(B.S. Nuclear Engineering) 졸업 후 미국 위스콘신대학교(University of Wisconsin-Madison)에서 M.S. 와 Ph.D.를 취득한 플라즈마 과학자다. 한동대학교 교수이자 (주)그린사이언스, (주)이노파우더 대표이사다. 1997년 미국에서 귀국한 후 모든 종류의 가연성 쓰레기를 활용하는 플라즈마 발전소를 기반으로 10만 개의 선교 센터를 세우는 데 헌신했다. 그의 플라즈마 발전소는 폐기물을 포함한 탄화수소 연료를 다이옥신, 퓨란 등과 같은 유독 가스를 배출하지 않고 청정 에너지로 변환한다.

이정숙(Lee, Jung-Sook)

프린스턴 신학교(Princeton Theological Seminary)에서 박사학위를 취득했다. 서울에 위치한 횃불 트리니티 신학대학원 대학교(Torch Trinity Graduate University)에서 교회사 교수로 제5대 총장을 역임했다. 그녀는 아시아신학연맹(ATA: Asia Theological Association)의 부회장, 옥스퍼드선교대학원(Oxford Centre for Mission Studies) 이사, 제네바 국제종교개혁박물관(International Museum of the Reformation)의 국제 고문으로 섬기고 있다. 최근까지 그녀는 아시아를 대표하는 칼빈 연구에 관한 국제 대회의 프레시디움 회원(praesidium member)으로 섬겼다. 횃불트리니티신학대학원대학교 총장 외에 한국교회사학회, 전국신학대학협의회, 한국복음주의신학대학협회의 첫 여성 회장을 역임했다. 그녀는 한국 기독교 TV에서 여러 시리즈의 교회사와 성경 공부를 강의하고 있으며, 개신교 종교 개혁과 그 유산, 기독교 예술, 여성 사역에 관한 책을 영어와 한국어로 번역하고 책과 기사를 집필했다. 그녀는 결혼해 장성한 두 자녀를 두고 있다.

이한영(Lee, Han Young)

남아프리카공화국 노스웨스트대학교(North-West University)에서 박사학위를 취득했다. 현 아신대학교(ACTS) 부총장이며 구약학 교수, 서부교회의 연구 목사, 서울의 세계형제애선교부(Global Fraternity Mission) 이사이기도 하다. 그는 브라질에서 선교사 자녀(MK)로 성장하였고, 미국에서 공부했으며, 신학을 추구하고 가르치는 사역을 하기 전에는 의사였다. 그는 한국의 기독교 베스트셀러가 된 묵상집 《명자 누나》(두란노, 2018)를 포함하여 수많은 책, 성경 주석, 기사를 썼다. 미국 시민권자인 그는 미군 군목 출신이고, 지난 23년 동안 미군 군의관으로 복무해 왔다.

정승현(Chung, Seung-hyun [Nathan])

2007년 풀러 신학 대학교(Fuller Theological Seminary)에서 박사 학위를 받았으며, 그 후 2008년부터 2010년까지 인도네시아 자카르타 신학교(Sekolah Tinggi Filsafat Theologi Jakarta)에서 선교학 교수로 사역했다. 그는 2011년부터 인천 주안대학원대학교에서 선교학 교수로 재직 중이며 〈선교와 신학〉, 〈장신논단〉, 〈무슬림 크리스천 인카운터〉(Muslim-Christian Encounter)의 편집 위원으로 활동하고 있다. 그의 연구 및 교육 관심 분야는 선교 신학, 선교 교회, 이슬람 및 창조 신학이다.

정운오(Jung, Woon-Oh)

온누리교회의 장로이며, 현재 교회 사회선교본부 산하 생명과 환경팀 리더로 섬기고 있다. 서울대학교 경영대학 명예교수로 재직 중이며, 서울대학교 교수로 재직하는 동안 삼일회계법인(Samil Pricewaterhouse-Coopers)의 회계학과 석좌교수를 역임했으며 그의 강의와 연구는 재무 회계 및 세무 계획에서 기업 윤리에 이르기까지 다양하다. 그전에는 일리노이주립대학교 어바나-샴페인(University of Illinois in Urbana-Champaign)의 회계학과 부교수로 재직했다. 그는 한국 회계 기준의 공표 기관인 한국회계기준위원회에서 3년간 활동했으며, 한국세무학회장을 역임하기도 했다. 또한 LG생활건강, LX인터내셔널(구 LG상사), 금호석유화학의 이사회에서 활동하는 등 다년간의 업계 경험을 보유하고 있다. 서울대학교에서 경제학 학사학위를, 코넬대학교(Cornell University)에서 경영학 석사학위를, UCLA에서 경영학 박사 학위를 취득했다.

J. 넬슨 제닝스(Jennings, J. Nelson)

에든버러대학교(University of Edinburg)에서 박사학위를 받았다. GMLF

이사장이며 〈Global Missiology-English〉(globalmissiology.org)의 편집
자다. 아시아기독교전기사전(Dictionary of Christian Biography in Asia; dc-
basia.org) 및 선교연구자및연구기관연합 암리(AMRI: Alliance of Mission
Researchers and Institutions; amriconnect.net)를 포함한 여러 온라인 선교
연구 프로젝트에 참여하고 있다. 그와 그의 가족은 일본에서 13년간
(1986-1999년) 사역했는데, 처음에는 교회 개척을 하다가 도쿄 기독교 대
학에서 가르쳤다. 그는 커버넌트신학교(Covenant Theological Seminary)
에서 12년 동안 세계 선교를 가르쳤고 2018년부터 겸임 자격으로 다시
재직했다. 해외선교연구센터(OMSC, 2011-2015년)에서 섬겼고 온누리교
회의 선교 컨설턴트(2015-2021년)로도 있었다. 그는 다수의 책과 기사를
출판했으며 〈Missiology: An International Review〉 및 〈Internation-
al Bulletin of Missionary [now Mission] Research〉의 편집자로도 섬겼
다. 그와 그의 아내 캐티(Kathy)는 둘 다 미국인이며 미국 코네티컷주
햄든(Hamden)에서 살고 있다.

더글라스 데이 카우프만(Kaufman, Douglas Day)

최근 기후 행동에 영감을 주는 조직인 침례교기후협력체(Anabaptist Cli-
mate Collaborative)의 전무이사가 되었다. 23년 동안 미국 인디애나주 고
센에 있는 벤튼메노나이트교회(Benton Mennonite Church)의 공동목사로
섬겼다. 토론토대학교(University of Toronto)에서 생태학 박사학위를 취
득한 그는 수백 명의 목회자들을 기후에 관해 훈련시켰다. 그는 자신
이 새신자에게 세례를 주던 강이 종종 너무 많은 분뇨로 인해 오염된
다는 사실을 발견하고 피조물 보호에 적극적으로 참여하게 되었다. 그
는 세 명의 장성한 아들을 둔 아버지다.

토니 리나우도(Rinaudo, Tony)

1981년부터 1999년까지 서부아프리카 니제르에서 농업가이자 선교사로 봉사했다. 그곳에서 그는 장기적인 농촌 개발과 정기적인 대규모 구호 프로그램을 감독했다. 이를 통해 그는 니제르인의 농업 방식을 변화시키고 600만 헥타르가 넘는 토지를 재조림하는 데 기여했으며, 이는 여전히 전 세계적인 재조림 운동에 영감을 주고 있다. 인류와 환경을 위해 18년 동안 봉사한 공로로 니제르 정부는 그에게 최고의 명예인 농업공로훈장(Merite Agricole du Niger)을 수여했다. 1999년 호주 월드비전(World Vision Australia)에 합류한 이후 그는 전 세계적으로 중요한 토지 재생 프로젝트를 시작 및 감독했다. 현재 주요 기후 행동 고문으로 활동하고 있는 그는 월드비전 파트너십 내외에서 전 세계적으로 산림 및 혼농임업 계획을 홍보하고 있다. 그와 FMNR(Farmer Managed Natural Regeneration, 산림복원사업)이 최근 받은 주요 상은 '최소한의 비용으로 건조지를 녹색화하여 수백만 명의 생계를 개선할 수 있는 방법을 대규모로 입증했기에' 2018년 대안노벨상(Right Livelihood Award)과 세계미래이사회농생태학상(World Future Council Agroecology Award)을 수여 받았다. 2019년에 그는 호주 국민 훈장(일반 부문)의 회원(AM)으로 임명되었으며, 현재 모든 오디오북 플랫폼에서 구매 가능한《The Forest Underground》라는 책과 "숲메이커"(The Forest Maker)라는 다큐멘터리가 온라인으로 제공되고 있다.

벤 토레이(Torrey, Ben)

한국 강원도 태백에 있는 예수원, 삼수령센터 소장이다. 그는 또한 북한 개방을 준비하는 데 전념하는 미국 비영리 기업인 네 번째 강 프로젝트(The Four River Project, Inc.)의 디렉터다. 그는 그의 부모인 아처

(Archer)와 제인 토레이(Jane Torrey)가 선교사로 섬겼던 한국에서 자랐다. 토레이 부부는 한국전쟁 이후 서울에 성공회 신학교를 다시 세운 뒤 태백으로 이주해 1965년 그곳에 중보기도 공동체인 예수원(Jesus Abbey)을 세웠다. 벤은 당시 10대였다. 그는 대학과 직업을 위해 1969년에 미국으로 돌아갔으나, 미국에서의 목회 사역과 기독교 중고등학교 설립에 이어 주님은 2002년 그와 그의 아내 리즈(Liz)를 북한의 개방을 준비하기 위해 한국으로 돌아가게 하셨다. 이때 그는 "네 번째 강 프로젝트"를 수행할 장소로 삼수령센터를 기획하고 건설하기 시작했다. 벤과 그의 아내는 대부분의 시간을 태백에서 보내지만 가끔 미국에 방문하기도 한다.

앨리슨 하웰(Howell, Allison M.)

2023년 KGMLF 토픽 결정을 비롯 구체적인 소제목들에 지대한 영향을 끼친 앨리슨 하웰 박사는 2023년 포럼 후인 11월 14일 72세의 나이로 소천했다. 에든버러대학교(University of Edinburg)에서 박사학위를 받은 후, 가나에서 38년 동안 섬겼다. 초기에는 SIM 선교사로, 그 후에는 아크로피크리스톨러신학교(Akrofi-Christaller Institute of Theology)에서 문화 및 선교 연구소의 부교수와 겸임교수로서 박사 과정 후보자들을 계속 지도하고 온라인 활동에 참여했다. 그녀는 다수의 책과 기사를 썼는데, https://aci.edu.gh/images/Archives-FAs/ALLISON_M_HOW-ELL_PAPERS_9.pdf에 나와 있다. 그녀의 《A Daily Guide for Culture and Language Learning》 네 번째 판은 2023년 초에 나이지리아의 카프로인터내셔널(CAPRO International)을 통해 출판되었다. 최근까지 모국인 호주에 거주하며 호주인미션투게더(AMT: Australians in Mission Together) 이사회에서 섬겼다.

홍종호(Hong, Jong Ho)

코넬 대학교(Cornell University)에서 경제학 박사학위를 취득한 후 한국 개발 연구원(KDI)과 한양대학교에서 연구 및 학술 직책을 역임했다. 현재 서울대학교 경제학과 교수로 있고, 전 서울대학교 환경대학원 학장을 역임했다. 그의 강의와 연구는 환경·에너지 경제학, 지속 가능한 경제 및 정책에 중점을 두고 있다. 그는 학교 내에서 환경계획연구소 및 지속가능발전연구소의 이사를 역임했다. 또한 세계은행(World Bank) 및 아시아개발은행(Asian Development Bank)과 같은 국제기구에서 컨설턴트로 일한 광범위한 경험을 가지고 있으며, 아시아 환경자원경제학회(AAERE: Asian Association of Environmental and Resource Economics), 한국 환경경제학회(Korea Environmental Economics Association), 한국재정학회 (Korean Association of Public Finance) 회장을 역임한 바 있다. 환경 단체 관련 활동에도 힘쓰고 있으며, 환경운동연합(Korean Federation for Environmental Movement)의 공동회장을 역임하고 있다. 현재 에너지전환포럼(Energy Transition Forum Korea)의 공동대표를 맡고 있다.

참가자

가타와 로렌스(Dr. Gatawa, Laurence)
President,
PTS College and Advanced Studies,
Philippines Dasmarinas,
Cavite, Philippines

강철민(Rev. Kang, Cheolmin)
Representative, Korean Missionary Association for Chinese (KMAC),
Seoul, South Korea

고 로렌스(Mr. Ko, Laurence J.C.)
Founder-Director,
Asian Journeys Ltd.
Bedok Central, Singapore

김대로(Rev. Kim, Daero)
Scripture Union Korea,
Director of Publication,
Seoul, South Korea

김대진(Dr. Kim, Dae Jin)
CEO,
Coram Deo,
Yongin, South Korea

김선만(Rev. Kim, Sun Man)
Senior Pastor,
Dallas Korean Church of Love,
Carrollton, Texas, USA

김숙희(Mrs. Kim, Sookhi)
Lay Leader,
Seungdong Church,
Seoul, South Korea

김우용(Mr. Kim, Woo-Yong)
Researcher, Korean Baptist Theology Institute, Student, Korea Baptist Theology University/Seminary, Seoul, South Korea

김인수(Dr. Kim, Insoo)
Founder and Representative,
Dandelion Community, Sancheong-Gun,
Gyeongsangnam-do, South Korea

김종호(Rev. Kim, Jongho)
Associate Regional Secretary,
East Asia, IFES,
Seoul, South Korea

김진봉(Rev. Dr. Kim, Jinbong)
Managing Director, GMLF,
Coordinator, KGMLF,
Shelton, Connecticut, USA

김한성(Dr. Kim, Hansung)
Professor of Missiology,
ACTS/Ashin University,
Yangpyeong-gun, Gyeonggi-do,
South Korea

김홍주(Rev. Kim, Hong Joo)
Director, Department of Missions,
Onnuri Church,
Seoul, South Korea

김형민(Rev. Kim, Hyoungmin)
Senior Pastor,
Shine Church,
Seoul, South Korea

이니 도카스 다(Dr. Dah, Ini Dorcas)
Experienced Researcher,
Alexander Von Humboldt Foundation,
Münster, Germany

마이클 G. 디스테파노(Dr. Distefano, Michel G.)
Independent Scholar, formerly at McGill,
KGMLF Editor,
Near Homewood, Manitoba, Canada

크리스토퍼 J. H. 라이트(Rev. Dr. Wright, Christopher J. H.)
Global Ambassador, Langham Partnership,
Honorary Curate, All Souls Church,
London, UK

뤼용칭(Dr. Lyu, Yongqing)
Professor,
Renmin University of China,
Beijing, China

죠 리(Dr. Zhou, Li)
School of Agricultural and Rural Development, Renmin University of China,
Haidian, Beijing, China

제이 마텡가(Dr. Mātenga, Jay)
Director, Mātenga Global Witness Dept.,
Executive Director, Mission Commission,
World Evangelical Alliance,
Auckland, New Zealand

안나 리사 무다히(Ms. Mudahy, Anna lisa)
Research Assistant,
University of Connecticut,
Groton, Connecticut, USA

박기홍(Dr. Park, Gihong)
Research Scientist, Department of Marine Sciences, University of Connecticut,
Waterford, Connecticut, USA

박용해(Mr. Park, Yong Hae)
Elder, New Haven Korean Church,
CPA and Treasurer, GMLF,
Cheshire, Connecticut, USA

조나단 J. 봉크(Prof. Bonk, Jonathan J.)
Outgoing President, GMLF,
Research Professor of Mission,
Boston University School of Theology,
Winnipeg, Manitoba, Canada

진 봉크(Mrs. Bonk, Jean)
Lay Leader,
Fort Garry Mennonite Church,
Winnipeg, Manitoba, Canada

데이브 부클리스(Rev. Dr. Bookless, Dave)
Director of Theology,
A Rocha International,
Catalyst for Creation Care,
Lausanne Movement
Southall, London, UK

에드 브라운(Rev. Brown, Edward [Ed] R.)
Executive Director,
Care of Creation Inc.
Madison, Wisconsin, USA

손경화(Mrs. Son, Kyunghwa)
Director,
Women Leadership Focus (WLF),
Seoul, South Korea

신영미(Dr. Shin, Youngmi)
Research Scientist, Department of Marine Sciences, University of Connecticut
Researcher, US EPA, Stamford, Connecticut, Waterford, Connecticut, USA

신원석(Rev. Shin, Won Seok)
Pastor, Secretary General,
Betterworld,
Seoul, South Korea

신헌승(Mr. Shin, Hunseung)
Elder,
Onnuri Church,
Seoul, South Korea

엄주연(Dr. Eum, Jooyun)
Professor,
Global Missionary Training Center,
Seoul, South Korea

유정자(Mrs. Yoo, Jung Ja)
Lay Leader,
New Haven Korean Church,
Cheshire, Connecticut, USA

로라 요더(Dr. Yoder, Laura S.Meitzner)
John Stott Chair and HNGR Director,
Professor of Environmental Studies,
Wheaton College,
Wheaton, Illinois, USA

제프리 요더(Mr. Yoder, Jeffery T. M.)
Engineering Program Director,
Wheaton College,
Wheaton, Illinois, USA

유진아(Rev. Ryu, Regina)
Pastor,
Onnuri Church,
Seoul, South Korea

이대행(Mrs. Lee, Daehaeng)
Director,
M-Bridge,
Seoul, South Korea

이명석(Dr. Lee, Bright Myeong-Seok)
Assistant Professor, ACTS/Ashin University International Graduate School,
Yangpyeong-gun, Gyeonggi-do,
South Korea

이명수(Dr. Lee, Myung-Soo)
Senior Fellow, US-Asia Law Institute,
New York University School of Law,

Seoul, South Korea

이봉주(Dr. Lee, Bongju)
Handong Global University,
Green Science Corporation,
Pohang, Kyungsangbuk-Do, South Korea

이정숙(Dr. Lee, Jung-Sook)
Professor in Church History,
Torch Trinity Graduate University,
Yongin, South Korea

이정옥(Mr. Lee, Jeong Ok)
Missionary,
SIM International,
Yangon, Myanmar

이재훈(Rev. Lee, Jae-Hoon)
Senior Pastor,
Onnuri Church,
Seoul, South Korea

이한영(Dr. Lee, Han Young)
Executive Vice President & Old Testament Professor, ACTS/Ashin University, Dean, ACTS International Graduate School, Yangpyeong-gun, Gyeonggi-do, South Korea

임훈(Mr. Lim Hoon)
Mission Subcommittee/Chairman,
Onnuri Church,
Yongin, South Korea

장창수(Rev. Chang, Chang Soo)
WEC(IMM),
Deputy Director,
Seoul, South Korea

전영수(Mr. Jun, Youngsoo)
Elder, Onnuri Church,
Chairman,
Society of World Internet Mission,
Seoul, South Korea

정근삼(Dr. Chung, Keun Sam)
Board Member, GMLF
Elder, New Haven Korean Church,
Woodbridge, Connecticut, USA

정봉길(Rev. Chung, Bong Gil)
Missionary,
SIM International,
Yangon, Myanmar

정승현(Dr. Chung, Seung-hyun[Nathan])
Professor of Missiology,
Juan International University,
Incheon, South Korea

정운오(Prof. Emer. Jung, Woon-Oh)
College of Business Administration,
Seoul National University,
Elder and Leader, Life and Environment
Team of Onnuri Church,
Seoul, South Korea

정순영(Mrs. Jung, Soonyoung)
Administrative Assistant,
GMLF,
Shelton, CT, USA

정혜숙(Mrs. Chung, Hyesook)
Lay Leader,
New Haven Korean Church,
Woodbridge, Connecticut, USA

J. 넬슨 제닝스(Jennings, J. Nelson)
President, GMLF,
Editor, Global Missiology - English,
Hamden, Connecticut, USA

조대식(Dr. Jo, Daeshik)
Elder, Onnuri Church,
Secretary General, KCOC,
Seoul, South Korea

샘 조(Dr. Cho, Sam)
National Director,
Interserve,
Seongnam-si, Gyeonggi-do, South Korea

스티브 차(Rev. Dr. Cha, Stephen)
Director,
Onnuri International Ministry,
Seoul, South Korea

최두열(Rev. Choi, Joseph Duyol)
Senior Pastor,
Saemaum Church,
Yongin, South Korea

더글라스 데이 카우프만(Rev. Kaufman,
Douglas Day)
Executive Director,
Anabaptist Climate Collaborative,
Goshen, Indiana, USA

토니 리나우도(Mr. Rinaudo, Tony)
Principal Climate Action Advisor,
World Vision Australia,
Melbourne, Australia

벤 토레이(The Reverend Torrey, Ben)
Executive Director, The Fourth River
Project Inc., Director,
The Three Seas Center,
Taebaek, Gangwon-do, South Korea

리즈 토레이(Mrs. Torrey, Liz)
Member of Jesus Abbey,
Director, The Fourth River Project, Inc.,
Taebaek, Gangwon-do, South Korea

앨리슨 하웰(Dr. Howell, Allison)
Associate Professor, Adjunct Staff,
Akrofi-Christaller Institute of Theology,
Mission, and Culture,
Akropong-Akuapem, Ghana

응우옌 카 호(Rev. Ho, Nguyen-Kha)
Commissioner,
The Executive Board of the Evangelical
Church of Vietnam,
Soc Trang, Vietnam

황성수(Dr. Hwang, Sungsu)
Hansarang Church,
Lead Pastor,
Seoul, South Korea

황용종(Dr. Huang, Yongzhong)
Professor, Fujian Dehua Rural Revitaliza-
tion Research Institute,
Fujian, China

황이린(Dr. Huang, Yilin)
Professor, Fujian Dehua Rural Revitaliza-
tion Research Institute,
Fujian, China

홍정희(Dr. Hong, Junghee)
President,
Ezer Community Fellowship,
Seoul, South Korea

홍종호(Dr. Hong, Jong Ho)
Graduate School of Environmental Stud-
ies, Seoul National University,
Seoul, South Korea